U0658444

COMMERCIAL BANKING
RISK MANAGEMENT

新监管要求下的
商业银行风险管理

（美）田卫东（Weidong Tian）◎ 编著

中国金融出版社

责任编辑：吕　楠
责任校对：孙　蕊
责任印制：丁淮宾

"First published in English by Palgrave Macmillan, a division of Macmillan Publishers Limited under the title Commercial Banking Risk Management：Regulation in the Wake of the Financial Crisis by Weidong Tian. This edition has been translated and published under license from Palgrave Macmillan. The author has asserted his right to be i-dentified as the author of this Work."

Copyright ⓒ Weidong Tian

北京版权登记图字 01－2018－3109
《新监管要求下的商业银行风险管理》一书中文简体字版专有出版权属中国金融出版社所有。

图书在版编目（CIP）数据

新监管要求下的商业银行风险管理／（美）田卫东编著 . —北京：中国金融出版社，2019. 12

ISBN 978－7－5220－0172－2

Ⅰ.①新⋯　Ⅱ.①田⋯　Ⅲ.①商业银行—风险管理—研究　Ⅳ.①F830. 33

中国版本图书馆 CIP 数据核字（2019）第 263430 号

新监管要求下的商业银行风险管理
Xinjianguan Yaoqiu xia de Shangye Yinhang Fengxian Guanli

出版
发行　**中国金融出版社**

社址　北京市丰台区益泽路 2 号
市场开发部　（010）63266347，63805472，63439533（传真）
网 上 书 店　http：//www. chinafph. com
　　　　　　　（010）63286832，63365686（传真）
读者服务部　（010）66070833，62568380
邮编　100071
经销　新华书店
印刷　北京市松源印刷有限公司
尺寸　169 毫米×239 毫米
印张　20. 5
字数　349 千
版次　2019 年 12 月第 1 版
印次　2019 年 12 月第 1 次印刷
定价　89. 00 元
ISBN 978－7－5220－0172－2
如出现印装错误本社负责调换　联系电话(010)63263947

前言

Preface

　　我们从 2007 年到 2008 年的国际金融危机中得到的最重要的教训之一是对金融机构的监管，尤其是商业银行，需要进行一次重大改革。世界各地的金融市场已经进行了许多监管改革。例如，2010 年 7 月，美国签署《多德—弗兰克法案》，并将其列入联邦法律；从 2009 年开始，巴塞尔委员会开始通过巴塞尔协议 III 加强对银行的监管；金融危机后成立的金融稳定委员会，为全球金融领域的系统性风险确定了框架；沃尔克规则已被金融监管机构正式采纳，用于遏制美国商业银行的冒险行为。金融机构必须在强烈的监管压力下管理各种风险，并由此进入一个全新的风险管理时代。

　　本书旨在新的监管要求下，全面覆盖所有现代商业银行所需要管理的风险，包括市场风险、交易对手信用风险、流动性风险、操作风险、公平贷款风险、模型风险、压力测试，从实用的角度来进行综合资本分析和评估（CCAR）。它涵盖了企业风险管理和现代资本需求框架的主要组成部分。每一章都是由相关领域的权威人员编写。所有贡献者都有着丰富的行业经验，具有大型商业银行、咨询公司、审计事务所、监管机构和大学的工作经历；他们中的许多人还拥有博士学位，并撰写过相关领域的专著和文章。

　　本书分为八个部分。第一部分使用两章讨论了资本监管和市场风险。具体来说，"巴塞尔协议 III 中的资本金监管要求"一章为商业银行和全球系统重要性银行的巴塞尔协议 III 中资本金监管要求提供了一个全面的解释。它还涵盖了巴塞尔协议 III 的进展和制定动机。"巴塞尔协议框架下的市场风险模型"一章解释了巴塞尔 2.5 和巴塞尔协议 III 下的市场风险模型框架，介绍了市场风险管理的关键要素，并介绍了市场风险管理的先进风险防范措施，对市场风险的最新资本要求也作了简要的记录。

　　第二部分主要关注信用风险管理，特别是交易对手的信用风险管理。"管理对手信用风险的 IMM 方法"一章首先描述了公认处理对手信用风险的标准方法，然后用案例研究来说明这些方法是如何被用于衡量和减轻主要商业银行的交易对手风险。在 2007—2008 年国际金融危机之后，最近的一个挑战是在信贷市场实施的一系列估值调整。"金融危机到来之际的各种估值调整"主要介绍了信用风险 – XVAs 的估值调整的几个版本，包括信用评估调整（CVA），债务估值调整

（DVA），融资估值调整（FVA），资本估值调整（KVA）以及边际估值调整（MVA）。

第三部分包含三章内容。这三章分别讨论了三个非常重要的风险领域，它们是现代监管风险管理框架的关键组成部分。"流动性风险"一章详细介绍了现代流动性风险管理的方法，主要介绍了目前使用的两种方法，并对流动性风险提出了一些前瞻性的观点。在2007—2008年国际金融危机之后，人们已认识到运营风险管理的关键作用，运营风险管理已成为资本压力测试的一个重要因素。"操作风险管理"一章，阐述了现代经营风险管理的方法，并对现代经营风险管理的方法和几个实例进行了讨论。"公平贷款监测模型"关注商业银行的另一个关键风险管理领域——公平贷款风险。这一章强调了监测和衡量公平贷款风险的一些量化挑战，并提出了建模方法。

第四部分介绍了模型风险管理。"告诫数字：商业领袖如何使定量模型变得更有用"一章解释了模型的重要性，并给出了一个强有力的框架，使商业领袖和模型开发人员能够理解模型并改进定量分析。相比之下，"当前环境下的模型风险管理"对模型风险管理开展了广泛的讨论。本章完整地记录了包括方法、框架及其管理组织结构等在内的模型风险管理。本章还介绍了在实践中经常遇到的挑战，并提出了解决这些模型风险问题的一些方法。

第五部分的两章着重讲述了《多德—弗兰克法案》的一个主要组成部分以及对商业银行的资本压力测试。"区域和行业对商业贷款组合压力测试的影响"介绍了一种通用的建模方法，在宏观投资组合的宏观经济框架下进行资本压力测试。"估计模型局限性在资本压力测试中的影响"讨论了在资本压力测试中的模型局限性问题，提出了一种"自下而上"的不确定性建模方法和计算模型限制缓冲区的方法。

在相应章节详细讨论每个风险问题之后，第六部分将介绍现代风险管理工具。"从业人员的定量风险管理工具"，对定量风险管理技术进行了全面的介绍，这些技术在商业银行中大量使用，以满足监管资本和内部管理风险的要求。"现代风险管理工具和应用程序"提供了一种替代和补充的方法，通过选择一组风险管理工具来演示几种解决标准风险管理问题的方法。

第七部分讨论了另一个最近出现的重要风险管理问题：风险管理中的数据和数据技术。商业银行和金融机构通过改进数据库和报告技术，密切关注风险和来自监管方面的挑战。在第七部分的两章中深入地解释了一个被广泛接受的最近的技术解决方案及其治理、风险和遵从性（GRC）。"GRC技术介绍"介绍了GRC技术的动力、原理和框架；"GRC技术基本原理"解释了GRC技术及其在基本原理中的使用案例。"GRC技术介绍"和"GRC技术基础"两章，提供了关于风险的许多要素的数据技术问题的全面介绍，包括操作风险、公平贷款风险、模型风险和系统风险等。

本书的第八部分（最后一章），"金融危机后的数量金融"，概述了未来商业银行风险管理面临的挑战和发展方向。它包括了前几章所涉及的许多主题，例如，XVAs、操作风险管理、公平贷款风险管理和模型风险管理。它还包括一些其他主题，如金融犯罪的风险，可以使用前几章中介绍的一些风险管理工具来解决。面临挑战和未来的发展方向并不明确；尽管如此，本章将介绍风险管理的方法和适当的细节，以阐明这些极为重要的观点，并说明在未来的时间里，商业银行风险管理可能会有很大发展。

对外经济贸易大学 2017 级金融研究生参与了此书的翻译，其中，邢月翻译第一章，杜柯翻译第二、第三章，李泽群翻译第四章及前言，郭鑫翻译第五、第七章，覃甜雨翻译第六、第十三章，韩越翻译第八、第十一章，吴尚明翻译第九章，袁玉翻译第十章，王曼宁翻译第十二章及索引，钱丽新翻译第十四章，曲亭达翻译第十五章，王晓寒翻译第十六章。全书的翻译工作由张红地、蒋先玲总负责。

田卫东

致谢

我对这本书的贡献者们致以深深的感谢：玛雅·贝尔坎、约翰·卡彭特、罗伊·德雷奥、道格拉斯·T. 加德纳、杰弗瑞·R. 格洛克、拉瑞·李、詹姆斯·奥尔德罗伊德、凯文·D. 欧丹、瓦列留·A. 俄梅尔、托德·普卢恩、杰夫·瑞卡、布莱恩·A. 托德、洪旭、杨东、杨一明、张翰、庄德明和史蒂文·H. 朱。许多作者在北卡罗来纳大学夏洛特分校的系列金融研讨会中讨论了相关问题，这本书的起源是通过组织这些精心设计具有见地的演讲来激发的。因此，我还要感谢其他研讨会演讲者，包括凯瑟琳·李、伊凡马克特、兰迪·米勒、马克·J. 诺瓦科斯基、布莱恩·波特、李·斯洛尼姆斯基、马修·维多和斯蒂芬·D. 扬。

感谢来自北卡罗来纳大学的同事和我的朋友们。我特别感谢以下几个人：费利姆·博伊尔、理查德·布帝默、史蒂文·克拉克、约翰·甘达尔、黄厚本、金道娴、克里斯托弗·M. 柯比、李祥林、大卫·莫尔、史蒂文·奥特、C. 威廉·希里、王江、王坦和闫红。特别感谢蒋俊雅、季双双和伊万诺夫·卡特琳娜出色的编辑支持。

感谢帕尔格雷夫·麦克米伦出版社的工作人员对本书编辑工作的支持。感谢编辑莎拉·劳伦斯和编辑助理艾利森·纽伯格的鼓励、建议、耐心和其他帮助使这个项目圆满完成。

最重要的是，我要向我的妻子江文霞和我们的女儿米歇尔表达深深的感激之情，感谢她们的爱和耐心。

目录

Contents

1

图目录

List of Figures

List of Tables

第一部分

资本监管和市场风险

第一章
巴塞尔协议Ⅲ中的资本金监管要求*

田卫东

介绍

从巴塞尔协议Ⅱ（BCBS，《资本测度以及资本标准的国际性收敛：一个修正性框架》，2006 年 6 月；《巴塞尔协议Ⅱ的增强》，2009 年 7 月；《对巴塞尔协议Ⅱ市场风险框架的修订》，2009 年 7 月），到巴塞尔协议Ⅲ（BCBS，《巴塞尔协议Ⅱ一个全球性的银行系统管理框架》，2010 年 12 月，2011 年 6 月修订；BCBS，《巴塞尔协议Ⅲ：全球流动性风险测度、标准及风险监管框架》）最大的变化是在风险管理问题上，从"风险敏感"到"资本敏感"的转变。风险敏感指的是市场风险、信贷风险以及营运风险，这些风险都被分开对待[①]。这三种风险都是巴塞尔协议Ⅱ中关于资本管理第一大支柱的三个组成部分。资本敏感，导致了在严峻的经济市场情形中紧缩的资本需求。这一观念被金融稳定管理局（FSB）在 2014 年 11 月衍生为总亏损吸收能力（TLAC），《全球系统重要性银行的足额亏损吸收资本》强调了全球性重要金融机构（G–SFI）与金融系统是一个整体[②]。

产生以上资本关注点变化的一个主要原因是银行没有足够多高质量的资本准备来吸收在特定情况下预期的以及未预期到的损失。当银行建立起超额的表内以及表外杠杆，资本在一段时间内下降时，资本金将会起到一个缓冲的作用来吸收因此导致的信贷损失，从而维持其在经济中充当存款人和投资者之间的中介角

* 田卫东系北卡罗来纳大学夏洛特分校金融学教授、风险管理和保险讲座教授。田博士曾在滑铁卢大学担任教职，并在麻省理工学院斯隆管理学院担任访问学者。他的主要研究专长是资产定价、衍生品和风险管理。田博士在许多学术期刊上发表了论文，包括《金融研究》《管理科学》《金融和学术研究》《数学金融学》《数学经济学期刊》《风险与保险期刊》，他在《固定收益期刊》和《投资期刊》也发表过文章。在加入滑铁卢大学之前，他曾在金融机构担任过多种职务，并有丰富的咨询经验。

色。否则，资产价格将会因没有吸收足够多的资本而在去杠杆过程中大幅下降，这将导致大幅的流动性和信贷能力紧缩，正如2007—2008年发生的国际金融危机一样。

建立一个有弹性的、阻止银行恐慌传染到实体经济的银行系统对于监管者来说是最重要的目标。因此，这种检验风险管理的方法被写入巴塞尔银行监管委员会（BCBS）、金融稳定管理局（FSB）以及其他管理者、监管者、国际组织的商业银行现代资本敏感框架。

在本章中，我们将一一讨论资本管理框架中的组成部分。

- 资本是什么？
- 为什么对于银行来说资本很重要？
- 巴塞尔协议Ⅲ中的资本要求。
- 资本缓冲以及巴塞尔协议Ⅲ中的资本充足框架。
- 作为总损失吸收的资本以及国际系统重要性银行的附加。

我们先从银行的资本概念开始。

简单来说，资本是银行资产中法律上不需要偿付给任何人或者在很久以后才需要偿付的部分。根据这个定义，资本在破产偿付中排在最后（是最小的偿付义务以及最高流动性的资产），普通股显然是最好的资产。除了普通股以外，留存收益以及一些没有偿付义务合约的长期次级债是银行资本的例子。无论如何，由于概念非常复杂，我们需要小心应用。

让我们来举一个简单的例子来阐述。一个银行有80万美元的普通股、1000万美元贷款并吸收了920万美元的存款，贷款在银行资产负债表的资产方，负债方由存款以及普通股组成。如果贷款运行良好，那么银行可以满足对存款者以及短期投资者的义务，并且为股东创造利润。如果贷款的风险权重是100%，那么目前资本/资产的比率为8%。如果贷款风险较小并且它的风险权重为50%，那么资本比率为16%（使用巴塞尔协议Ⅱ、巴塞尔协议Ⅲ中的计算方法）。

如果贷款发生了一些损失，如60万美元的贷款没有偿还，那么80万美元的资本可以用于保护存款者，但是此时的资本率降到2/94 = 2.15%（假设贷款的风险权重为100%）。在这种情况下，80万美元的普通股成了有效的资本缓冲，因为它们在任何情况下都不需要被偿还，但此时资本缓冲从80万美元降到了20万美元。事实证明，20万美元的资本缓冲会使得银行在抵抗未来的风险时变得十分脆弱。一种增长资本缓冲的方法是发行新股，如30万美元的股票。在现实中即使这样做了，新股会以一个折扣的价格发行出去，因此，事实上新的资本率会低于（2 + 3）/（94 + 3）= 5.15%。

在其他的极端情况下，一大群存款者同时取出存款时，银行在资产负债方面就会出现不匹配，因为银行的资产期限远远长于负债期限。在我们拥有80万美元普通股的例子中，当50万美元存款被取出时，银行可以动用50万美元的资本缓冲来偿付，此后资本缓冲降到30万美元。然而，如果920万美元中的100万美元被取出，资本缓冲就不够满足存款者的要求，银行将不得不以折扣价售卖流动性更差的资产（贷款）。因此，高质量的、充足的资本对银行的运营来讲至关重要。

从巴塞尔协议Ⅱ到巴塞尔协议Ⅲ的主要变化

巴塞尔协议Ⅱ是根据巴塞尔协议Ⅰ（BCBS，资本测度以及标准的国际性收敛，1998年7月）修订的，制定了全球银行和监管者的标准。如果不是2007—2008年的国际金融危机，这个标准本应该早就被实施的，由此也催生了巴塞尔协议Ⅲ的诞生。从某种程度上来说，巴塞尔协议Ⅲ只是巴塞尔协议Ⅱ框架的一个修订，但是现在的风险管理监管公司大部分都开始采用巴塞尔协议Ⅲ以及一些适用于国际系统重要性银行的监管改良。值得一提的是，各国金融公司拥有在巴塞尔协议Ⅲ规定范围内自己调整判断标准的权利。

在接下来的内容中，本书将主要介绍巴塞尔协议Ⅱ中的资本概念并强调其在巴塞尔协议Ⅲ中的修订部分。这样做的原因有：（1）展示现实情况，因为大部分的银行都处于从巴塞尔协议Ⅱ到巴塞尔协议Ⅲ的过渡阶段，而这一阶段对于不同资本充足率要求的公司经历的阶段是不一样的；（2）巴塞尔协议Ⅲ以及其他监管要求在解决问题和银行部门新问题等事情上仍处于不断发展的过程中。因此，巴塞尔协议Ⅱ与巴塞尔协议Ⅲ之间的比较不仅提供了历史性的回顾，还提供了一个前瞻性的资本监管框架。最后，"资本需求框架历史概述"给予了一个关于BCBS的简单历史回顾。

从巴塞尔协议Ⅱ到巴塞尔协议Ⅲ主要有四个改变，这些改变将在2023年以前全面生效。

（1）资本要求

（a）一个监管资本的国际标准和更清晰的定义。一些巴塞尔协议Ⅱ中的资本（例如，三级资本以及部分二级资本）不再是巴塞尔协议Ⅲ中的资本。

（b）增长的总资本需求。2013年到2019年，普通股一级资本由巴塞尔协议Ⅱ中的风险加权资本2%上升至巴塞尔协议Ⅲ的4.5%。

（c）总资本要求（一级资本和二级资本）。截至2009年1月，总资本要求从巴塞尔协议Ⅱ的8%增长到巴塞尔协议Ⅲ要求的10.5%。一些管辖范围内可以有更高的资本率要求。

（d）截至2019年1月，实施一项新的2.5%的资本留存缓冲（详见《巴塞尔协议Ⅲ资本留存缓冲》部分）。

（e）截至 2019 年 1 月，实施一项新的 2.5% 的逆周期资本缓冲（详见《巴塞尔协议Ⅲ逆周期资本缓冲》部分）。

（2）在资本框架中增强风险覆盖

交易账户和银行账户的资本要求均增加。

（a）银行持有的再证券化敞口以及特定的流动承诺需要更多资本。

（b）在交易账户中，银行适用于新的"风险压力价值"模型，增加了交易对手风险、其他金融机构敞口、证券化敞口的资本要求。

（3）新杠杆率

（a）引进了新的测量，银行总敞口，而不是风险加权的、包括表内表外活动的杠杆率。

（b）最小杠杆率将在 2019 年 1 月前实施。

（c）有保护模型风险和测度风险的额外层级。

（4）两个新的流动性比率

（a）流动性覆盖率（LCR），高质量的流动资产等于或是超过一个月期高压力现金流，从 2015 年开始实施。

（b）净稳定资金比率（NSFR），可用的稳定资金等于或超过一年期所需的稳定资金，从 2018 年 1 月开始实施。

在这些变化中，本章节集中于资本以及资本要求，并加以讨论。"巴塞尔协议下的市场风险模型框架"和"营运风险管理"章节覆盖了相关方面的细节资料[3]。巴塞尔协议Ⅲ下的风险覆盖将在"巴塞尔协议下的市场风险模型框架"章节以及"金融危机苏醒中的 XVA"章节中讨论。最后，"流动性风险"章节讨论了流动性风险管理[4]。

巴塞尔协议Ⅲ中的资本

巴塞尔协议Ⅲ中的资本分为两种类型：一级资本（持续性资本）以及二级资本（非持续性资本）。国际资本标准制定的一个目的是解决跨境之间资本定义的不一致性，以及缺少市场衡量比较跨境资本质量的披露机制。与巴塞尔协议Ⅱ中的资本定义相比，资本的质量、一致性以及透明度有了很大的提高。简单来讲，一级资本主要形式是普通股和留存收益，二级资本与之前巴塞尔协议Ⅱ中一致，之前的三级资本被完全取消。另外，巴塞尔协议Ⅲ着重于高质量的资本，即普通股，这赋予了它最高的损失吸收能力。接下来我们将在文中阐述一些细节。

一级资本

具体来说，一级资本是普通股一级资本（CET 1）或其他的一级资本。

普通股一级资本

普通股一级资本大部分是银行发行的普通股、留存收益加上第三方持有的，符合资本管理目的的银行子公司发行的普通股。进一步地，计算普通股一级资本时可以有管理上的调整。

有14个分类管理资本普通股的判断标准（详见 BCBS，2011 年 6 月，14－15页），因此笔者重点强调以下几点：（1）普通股对于剩余资产根据发行总资本比例有所有权；（2）在破产中是最次级的清偿次序；（3）本金除了在清算时永不退还；（4）银行在发行时不做该工具会被买回、退回或取消的保证；（5）分配并不是一种义务，只有在所有的法律和合同性偿付后才可能偿付该部分。这样的工具是持续性的损失吸收工具，被确认的支付在资产负债表中作为资产（而不是负债）出现。

然而，银行必须在决定管理减少调整之后确认普通股一级资本，包括：

• 商誉以及其他无形资产（除了抵押服务权）在计算中需要被扣减，其数量等于去掉在相关会计准则中商誉削减导致未来将消失的递延所得税负债影响后的金额。银行必须使用国际金融报告准则（IFRS）在监管允许的情况下来定义无形资产。

• 依赖于将被实现的未来盈利的递延所得税资产（DTAs）需要从普通股一级资本中减掉，当递延所得税资产和负债是一个主体时，可能需要排除掉递延所得税负债的影响。如果递延所得税负债在计算无形资产、商誉或者是养老基金资产时被减掉，那么不需要排除递延所得税负债的影响，这部分资金必须分配到递延所得税资产数据基础之前。

• 资产负债表上与对冲项目相关的不以公允价值计价的对冲储备在计算普通股一级资本时需要重新确认。这意味着正的数量要被减掉，负的数量要加回去。

• 未来预期产生损失的股票的亏空应该被减掉，并且要考虑到税收的影响。

• 任何由于证券化交易（例如，期货保证金收益的确认）导致的所有者权益的增长要被减掉。

• 任何由于银行自身信贷风险所导致的负债及公允价值变动导致的未确认的收入和损失要被减掉。

• 资产负债表中的固定收益养老金基金负债在计算普通股一级资本时需要被

全额确认，而在计算普通股一级资本时这部分需要被减掉。在监管批准的情况下，基金中的不受渠道约束的资产可以被抵偿部分削减。

● 所有有合同义务的在自身普通股以及自身股票上的投资需要被扣减。

● 门槛性削减：与全额削减不同的是，这些科目在计算普通股一级资本时最高确认 10%，如在非合并银行、保险和金融实体、抵押服务以及由暂时性差异导致的递延所得税资产上的重要投资（超过 10%）。从 2013 年 1 月 1 日起，银行必须削减以上三种项目累计超过普通股 15% 的部分。在 2018 年 1 月 1 日以后，这三种项目的数量在所有管理调整后不得超过普通股一级资本的 15%。以上三种项目不能削减的将在风险加权资产中拥有 250% 的权重。

● 以下将在巴塞尔协议 II 中一级、二级资本削减 50% 的项目拥有 1250% 的风险权重：特定证券化敞口、违约概率下的特定权益敞口/损失违约法（LGD）、不交割的非 DVP/PVP 交易⑤以及重要经济实体上的投资。

其他一级资本

除了普通股一级资本之外，还有其他一级资本，包括银行发行的满足一级资本的工具以及由于发行工具（包括银行合并子公司由第三方持有的部分）产生的资本盈余。

这里将简要介绍其他一级资本的特征（根据 BCBS 有 14 条判断准则，2011 年 6 月）：它们的发行和支付次于存款者、一般债权人、银行次级债；这些工具没有到期日，同时也没有提前赎回的激励（然而，一些有这样特征的创新性的工具在巴塞尔协议 II 中被认定为第 1/2 级资本，比二级资本或高或低）；这些工具在发行五年后得到高管的同意可以被召回，确认看涨期权被执行后资本头寸高于最低资本要求，而且银行并没有创造一个看涨期权会被执行或是归还本金应该被高管批准（通过回购或是赎回）。

在股利或是息票部分，股利/息票必须被支付，银行除了在违约的情况下必须对是否取消股利分配和息票支付时刻保持谨慎，并且必须拥有足够的取消支付来满足到期义务的渠道；这里没有信贷敏感的特点，换句话说，股利和息票根据总体或是部分银行组织的信贷状况被周期性重设。

如果其他一级工具因报表原因被分类为负债，那么就必须通过在提前确定的条件下转换成普通股，或是依据提前写好的损失相关处理机制来吸收本金损失。该机制主要有以下效果：（1）减少清算时的索取权；（2）减少看涨期权被行权时所支付的数量；（3）部分或是全部减少息票、股利的支付。

二级资本

二级资本是非持续经营的资本，它的判断准则被修改为许多版本（详见 BCBS，《在无法生存时确保管理资本损失吸收的办法》，2010 年 8 月）。二级资本包括在二级资本工具发行过程中银行的发行工具，或是第三方持有的银行合并子公司中符合二级资本判断准则的资本或是资本盈余。

二级资本的目标是提供可持续的损失吸收，下面介绍一些工具。

首先，这些工具必须在发行和支付上次于银行存款者和一般债权人，到期日一般至少为五年并且在剩余的五年中每年进行管理资本的重新认定并以直线法摊销，并且没有激励或是提前赎回。这些工具在最少五年后在高管同意下可能被赎回，但是银行并没有创造赎回的预期。而且，银行不能执行期权，除非有以下几种情况：（1）资本头寸在期权被执行后超过最小资本要求；（2）银行在收入能力可持续的情况下用同样或是更为优质的资本代替可赎回工具。股利/息票支付不是信贷敏感的。另外，除非是在破产清算的情况下，投资者没有加速还款的选择权（不论是股利/息票还是本金）。

而且，银行二级资本有两个更一般的条款。当银行使用标准化方法去测量信贷风险时（在巴塞尔协议Ⅱ中，详见章节"管理对手信贷风险的 IMM 方法"），未来的条款或是贷款损失准备也包括在二级资本中，要排除掉归因于特定资产或负债的恶化部分。然而，在标准化计算中，一般条款/一般贷款损失准备中符合二级资本条件的被限制在最高只能到 1.25% 的信贷风险加权。另外，对于使用内部评级法（IRB）的银行，在使用 IRB 方法时，总预期被确认为在二级资本中的损失最高只能比信贷风险加权资产高 0.6%。

资本缓冲的作用以及资本充足要求

章节"巴塞尔协议Ⅲ中的资本"给出了资本的分类，这些资本在不同的市场环境中组成了资本缓冲。资本充足在资本风险管理框架中是一个非常重要的因素。它代表着银行资产超过负债的水平，也是银行承担金融损失能力的一种测度。只有达到一些定义好的最小资本率要求、监管资本充足框架中的杠杆率后，才能达到资本充足。在这部分中，我们讨论巴塞尔协议Ⅲ总的资本充足要求。

为了了解资本缓冲以及重要的资本充足需求，首先了解 RWA（风险加权资产价值）是非常重要的。

风险加权资产

从定义上来说，风险加权资产是银行根据风险来进行资产加权。目前，市场风险、信贷风险以及运营风险组成了管理资本的第一大支柱。对不同的资产提供不同的风险加权的想法，首先在巴塞尔协议 I 中被提出（BCBS，巴塞尔协议，1998），其主要目的是提供一个直接、强劲的方法作为全球风险管理的标准。这同时在风险加权方法中也可以观察表外敞口。

RWA 是以下项目之和：

$$RWA = CreditRWA_{standardize} + CreditRWA_{IRB} + 12.5 \times OperationalRWA + 12.5 \times MarketRWA$$

（A）$CreditRWA_{standardize}$：这是由巴塞尔协议 II 标准化的信贷风险的风险加权资产。通过使用这个方法，衡量外部评级机构的测量方法被用于定义风险权重，例如：（1）主权或是中央银行的索取权；（2）非中央政府公众部门主体索取权；（3）多边发展银行索取权；（4）银行或是证券公司索取权；（5）公司索取权。值得注意的是，在标准化方法下，资产负债表敞口通常以账面价值衡量。

（B）$CreditRWA_{IRB}$：这是由巴塞尔协议 II 下内部评级方法决定的风险加权资产。在内部评级方法下，风险权重是四个变量和敞口的方程（如公司、零售、小到中型企业），四个变量是：

- 违约概率（PD）
- 违约损失（LGD）
- 到期日
- 违约敞口（EAD）

两种内部评级法的使用有所不同：（1）在基础内部评级法下，PD 由银行自行决定，但是其他变量由监管者决定；（2）在高级内部评级法下，银行决定所有变量值。

（C）营运风险资本：营运风险资本使用以下三种方法计算：（1）基础指标法；（2）标准化方法；（3）高级测度法（详见章节"营运风险管理"）。

（D）市场风险资本：市场风险资本使用以下一种或是结合起来的方法计算：（1）标准法，在这种方法下，每一个风险类别被分别决定；（2）内部模型法，在这种方法下，银行被允许使用自己的风险管理系统来计算市场风险，资本只要满足一些标准。章节"在巴塞尔协议下的市场风险模型框架"以及"从业者量化风险管理工具"将介绍市场风险资本分析的细节。

最小资本要求

资本是抵抗预期以及非预期损失的缓冲这一点是被公认的，但是对于银行、经济来说是否越高的资本要求越好这个问题仍然被学术界、监管者，以及银行家广泛讨论。例如，在一些经典的银行模型中，资本被认作是信贷和资本的成本，因此最优的资本水平依赖于许多因素。设计一个最优的银行资本结构对学术界以及银行家来说是一个非常重要的问题，该讨论已经超出了本章的范围。最小资本要求是资本监管框架中一个非常关键的因素。

目前，最小资本的要求是：

- 普通股一级资本必须永远超过风险加权资产的 4.5%。
- 一级资本必须超过风险加权资产的 6%。
- 总资本（一级资本加上二级资本）必须超过风险加权资产的 8%。

杠杆率

作为以风险为基础的资本需求的组成部分，杠杆率也是为了银行业中限制杠杆以规避去杠杆过程中的不稳定性而设定的。这是一个简单、非以风险为基础的方式，目的是为了提高以风险为基础的资本率。

简单来说，巴塞尔协议 Ⅲ 中的杠杆率被定义为资本测度除以敞口。在巴塞尔协议 Ⅲ 中杠杆率最小为 3%。

$$杠杆率 = \frac{一级资本}{总敞口}$$

分子为一级资本，详见章节"巴塞尔协议 Ⅲ 中的资本"（这里是否能够用普通股一级资本或是总监管资本代替仍在讨论中）。

总敞口测量使用会计价值。换句话说，这个方法实际上遵循了会计处理方式。原则上来说，在资产负债表上非衍生敞口的测量除去了条款和价值调整；物理或是金融抵押、保证或是信贷风险转移都不允许减去，也不允许使用贷款和存款的净值。

准确来说，总敞口是以下敞口的总和：

（A）在资产负债表中的资产，包括在资产负债表中的衍生品和证券金融交易中不包括以下（B）—（D）部分的抵押品。

（B）衍生品敞口，包括以下衍生品合约和对手信贷风险敞口。

（C）证券金融交易，包括回购协议、储备协议、融资融券交易。

（D）其他表外敞口，包括承诺以及流动性工具、保证、直接信贷替代和随时准备信贷的协议。

总敞口 = 表内资产敞口 + 衍生品敞口 + 证券金融交易 + 表外敞口

监管资本要求

给定最小资本需求和风险加权计算方式，银行监管资本要求由巴塞尔协议Ⅱ和巴塞尔协议Ⅲ实施。管理资本需求是另一个资本重组管理框架中重要的组成部分。它依赖于银行账面敞口或是交易中的账面敞口是否被包括。

银行账面敞口

银行账面敞口的管理资本需求是以下三者的成果：

$$资本需求_{银行账面} = EAD \times RW \times 资本率$$

- EAD，敞口的数量
- RW，风险加权敞口
- 资本需求率

如果这是一个没有融资的承诺，这个计算公式要乘以信贷转换因子。RW的计算在不同的方法下有不同的计算方式（例如标准化方法和IRB方法）。

案例：一只一亿美元的没有评级的高级公司债券，风险权重为80%，巴塞尔协议Ⅱ中的资本需求是8%，并假设巴塞尔协议Ⅲ中资本需求是10.5%，对于其来说资本要求在巴塞尔协议Ⅱ下是640万美元，在巴塞尔协议Ⅲ下为840万美元。

从巴塞尔协议Ⅱ到巴塞尔协议Ⅲ在银行的账面敞口上有许多变化。最显著的变化是证券化敞口和风险加权方法。

交易账面敞口

风险资本需求在巴塞尔协议Ⅱ下为：

在标准化方法中，银行使用一系列的参数来决定敞口数量，这一数量是净市场价值和管理预期正敞口倍数两者中的较大值，乘以规模因子。

管理资本需求在特定的情形中可能包括一个标准化和模型方法的结合。

巴塞尔协议Ⅲ在管理资本要求的内部模型应用中有许多基本的变化。

（A）新压力下的风险价值需求。

银行需要计算新的"压力下的风险价值"测度，这个方法需要代替由银行目前组合中在相关市场因素下的压力VaR计算。例如，连续12个月的重大金融压力时期的压力VaR。情景包括一些重要的金融危机区间，包括1987年的股票冲击、1992—1993 年的欧洲货币危机、1998 年俄罗斯金融危机、2000 年科技泡沫破灭以及 2007—2008 年次贷动荡。

压力下的在险价值可以被用于评估银行吸收潜在风险资本的能力，并明确银行用于减少风险和保存资本的方法步骤。

（B）修订的资本需求。

每个银行必须满足日常的资本需求，是以下项目之和：

（1）前一日的 VaR 数值或前 60 日 VaR 平均值中两者的较高值，乘以一个乘数因子；

（2）最新的可用压力 VaR 数值或前 60 日压力 VaR 的平均数两者的较高值，乘以一个乘数因子。

（C）模型风险测度。

巴塞尔协议Ⅲ在模型风险测度上实施了很多一般性准则。在巴塞尔协议Ⅲ下，模型被要求捕捉增量违约和迁移风险。否则，在标准测量方法下的银行需要使用特定风险要价。模型需要包括与银行价格模型相关的所有因素，市场价格或可观察的输入值甚至应该被用于流动性不太好的市场。而且，除金融报告中的价值变化外，银行需要建立一个计算流动性不太好的头寸的价值调整过程。

章节"在当前环境下的模型风险管理"详述了巴塞尔协议Ⅲ模型框架风险测度。

（D）对手信贷风险要价以及信贷价值调整（CVA）。

在巴塞尔协议Ⅲ下的对手信贷风险管理有重大的变化，这个变化已经在巴塞尔协议Ⅱ中被某种程度上确认了。本文给出了信贷价值调整详细的解释，还讨论了交易对手信贷风险资本要价，因此，本章只列出在巴塞尔协议Ⅲ下主要的关于交易对手信贷风险资本要点。

●随着交易对手的信用减少，银行关于交易对手敞口增加，即产生所谓的"错误方法"风险，对交易对手信贷风险违约风险资本要价是以下两者中更大者：（1）使用当前市场数据的基于有效预期正敞口（EEPE）的资产组合水平的资本要价（包括信贷价值调整）；（2）使用压力数据基于有效预期正敞口的资产组合水平资本要价。

●银行提高了资本要价以覆盖所有场外市场衍生产品的基于可预期的交易对手风险的盯市风险。

●证券化敞口不能被当作金融抵押品。特定风险资产要价由精准的外部信贷评估决定。

●银行有激励对于场外市场衍生品去使用中央交易对手（CCPs）。受某些情形管制，如果它们遵循中央交易对手的 CPSS 和 IOSCO 推荐，中央交易对手的抵押品和盯市敞口的风险权重为 2%[⑥]。

（E）信贷衍生品和相关度交易资产组合。

巴塞尔协议Ⅲ定义了一个新的"相关度交易资产组合"，将证券化和非首次违约信贷衍生品包括进去。银行可能在相关度交易资产组合中包括一些与零售敞口和抵押敞口相关的头寸（住宅和商业）。

相关度交易资产组合一些特别的风险资产要价是 max（X，Y）。以下是银行计算的数值中较大者：

X = 应用于从净多头相关度交易敞口结合净多头的总特定风险资本要价

Y = 应用于从净空头相关度交易敞口结合净多头的总特定风险资本要价

对于第一违约衍生品，它的特定风险资本要价为 min（X，Y）：

X = 篮子中个人信贷工具的特定风险资本要价总和

Y = 合同中最大可能信贷事件支付

对于第 N 违约衍生品，当 N 大于 1 时，它的特定风险资本要价是以下较小者：

（a）篮子中个人信贷工具的特定风险资本要价的总和，但是排除 N − 1 个拥有最低特定风险资本要价的债务。

（b）合同中最大可能的信贷支付。

（F）营运风险要价。

在营运风险要价问题上，详见章节"营运风险管理"。

巴塞尔协议Ⅲ的资本保留缓冲

作为一个巴塞尔协议Ⅲ中的资本管理工具，资本保留缓冲被设计为确定银行在压力区间外建立了当损失发生时可以被用于减少的资本缓冲。动机是银行应该持有超过监管最小标准的（详见章节"资本缓冲以及资本充足要求的角色"）资本保留缓冲，资本保留缓冲致力于减少银行通过慷慨的盈余分配减少的资本缓冲辨别力。利益相关者（股东、雇员、其他资本提供者）而不是存款者要承担风险。

资本保留缓冲只由普通股一级资本组成。在压力区间外，银行应该持有超过监管最小标准（范围在下面阐述）以上的缓冲。当缓冲下降时，银行有两个方法将缓冲加回去。第一，银行减少盈余任意裁决分配，如股利支付、回购以及雇员奖金支付。这个框架通过强化其抵抗恶劣环境的能力来减少银行任意裁决。第二，银行可以选择从私人部门增加新资本。这两个选择之间的权衡应该被监管者作为资本计划过程讨论。框架的实施致力于在衰退时期增加部门抵抗能力，并提供在经济恢复的早期重建资本的能力。

资本保留缓冲的计算

资本保留缓冲被要求与下节解释的反周期缓冲同时实施。

有三个重点：

第一，资本保留缓冲只包括普通股以及资本。

第二，普通股一级资本在剩余值可以分配到资本前必须满足最低资本要求（包括 6% 和 8% 总资本要求）。举一个极端的例子，一家有 8% CET1 且没有其他一级或二级资本的银行可能满足所有之前提到的三个最小资本要求，但是其保留缓冲为零。在另一个极端例子中，一家拥有 6% CET1 以及 2.5% 其他一级资本和 2% 二级资本的银行将不仅满足最小资本要求，而且也有足够的 2.5% 的保留缓冲。精确来说，资本保留缓冲如下计算：我们首先计算一下下面三个比率中最小的（1）普通股一级资本减去 4.5%，（2）自有资本减去 6%，（3）总资本率减去 8%。如果该数据大于 2.5%，就被理解为资本保留缓冲已达到，资本保留缓冲项目的数值在 2018 年前被预期将会被转移。换句话说，资本保留缓冲是风险加权资产的 2.5%。

第三，资本保留缓冲随时间变化。当资本缓冲减少，银行需要设法通过减少盈余任意裁决分配重建它们。资本缓冲减少得越多，越需要更努力去重建缓冲。因此，资本缓冲的范围被用于资本分配约束。即当资本水平减少到这个范围内，银行的运营正常，2.5% 资本保留缓冲约束被应用于盈余的任意裁决分配。

资本保留缓冲框架

如果银行破坏了资本保留缓冲，它必须保留利润的一定百分比。下面两个概念对于理解框架是有用的：

（A）分配。包括盈余分配和股票回购的约束下资本分配、在其他一级资本工具的任意支付以及任意分红。

（B）收入或合格留存收益。收入是在税后但是未减去分配限制的可分配利润。在联邦储备的建议下，合格留存收益是目前季度之前 4 个日历季度净收入（基于银行季度报告），减去分配以及相关的没有反映净收入的税收效应。

接下来我将解释资本留存缓冲是如何影响巴塞尔协议Ⅲ中的收入的。我们注意到联邦储备局在季度合格留存收益施加相同限制。同时我们也注意到通过监管者的实施可能是不同的，例如资本留存缓冲条件不在普通股一级比率上。

- 当普通股一级比率在 4.5% ~ 5.125%，在接下来的金融年度中，收入的 100% 需要被留存作为最小资本留存缓冲。
- 当普通股一级比率在 5.125% ~ 5.75%，在接下来的金融年度中，收入的 80% 需要被留存作为最小资本留存缓冲。
- 当普通股一级比率在 5.75% ~ 6.375%，在接下来的金融年度中，收入的 60% 需要被留存作为最小资本留存缓冲。
- 当普通股一级比率在 6.375% ~ 7%，在接下来的金融年度中，收入的 40% 需要被留存作为最小资本留存缓冲。
- 当普通股一级比率大于 7%，没有收入需要被留存作为最小资本留存缓冲。

举例来说，考虑一个拥有普通股一级资本比率为 7.5%，一级资本比率为 8.5%，总资本比率为 9%，资本留存缓冲是 min（3%，2.5%，1%）——1% 的银行，如果我们使用普通股一级资本比率，银行没有在留存收益上的限制。换句话说，如果我们强调留存资本比率，因为保留资本比率处于 0.625% 以及 1.25%，联邦存款保险公司依赖收入的最大比例的 20%。

巴塞尔协议Ⅲ的逆周期资本缓冲

逆周期资本缓冲是另一个新的巴塞尔协议Ⅲ下的因素，一个引入逆周期资本缓冲最主要的原因是 2007 年许多城市的银行部分建立了表内、表外的超额杠杆，这侵蚀了资本基础并在接下来的高压期间减少了流动性缓冲。根据实证研究，当在超额信贷增长期间经济下行时，银行部门发生的损失通常是十分大的。因此，在信贷增长期间建立一个与系统风险相关的资本缓冲来保护银行部门抵抗未来潜在预期以及非预期的损失是非常重要的。与集中于微观层次留存缓冲相反，逆周期资本缓冲考虑宏观金融环境。

逆周期资本缓冲的实施

逆周期资本缓冲包括许多普通股一级资本，另外，全额损失吸收资本可能在以后会被接收。

在实施逆周期资本缓冲时有许多步骤：

第一，国际组织将监管可能标志着系统性风险的出现以及衡量信贷增长是否是超额的以及是否是领先于系统性风险出现的信贷增长以及相关指标。根据这个评析，国际组织将实施逆周期缓冲。依赖于系统性风险程度的判断，逆周期缓冲从风险加权资产 0 ~ 2.5% 不等[⑦]。

第二，每个银行的逆周期缓冲反映资产组合信贷敞口的组成。这个信贷敞口包括依存于信贷风险要价或为特殊风险、IRC 和证券化的风险加权等价交易账面资本要价所有私人部门信贷敞口。在每个管辖范围中的逆周期缓冲的信贷敞口从 0 ~ 2.5% 不等。

第三，对于国际银行，逆周期缓冲是每个管辖区缓冲的加权平均数（在第二步中）。权重是银行与管辖区内个人信贷敞口相关的总信贷风险要价除以与管辖区内个人部门信贷敞口银行总信贷风险要价。总之，银行的逆周期缓冲从总风险加权资产的 0 ~ 2.5% 不等。

资本留存缓冲的实施

逆周期缓冲需求也被通过章节"巴塞尔协议Ⅲ的资本留存缓冲"中的资本留存缓冲拓展实施。如果银行破坏了逆周期缓冲，它必须留存部分收益。

例如，如果银行被要求 2.5% 的逆周期缓冲，银行的保留比例必须满足根据普通股一级资本（包括其他损失吸收资本）变动。

- 当普通股一级资本在 4.5% ~ 5.125%，在接下来的金融年度中收入的 100% 需要被留存作为最小资本留存缓冲。

- 当普通股一级资本在 5.75% ~ 7%，在接下来的金融年度中收入的 80% 需要被留存作为最小资本留存缓冲。

- 当普通股一级资本在 7% ~ 8.25%，在接下来的金融年度中收入的 60% 需要被留存作为最小资本留存缓冲。

- 当普通股一级资本在 8.25% ~ 9.5%，在接下来的金融年度中收入的 40% 需要被留存作为最小资本留存缓冲。

- 当普通股一级资本大于 9.5%，没有收入需要被留存作为最小资本留存缓冲。

与资本留存缓冲相平行，逆周期缓冲制度在 2006 年 1 月到 2008 年 12 月之间实施，并且在 2019 年 1 月完成实施。巴塞尔协议Ⅲ允许管辖范围内考虑加速资本留存缓冲的建设，逆周期资本缓冲，并可以实施更大的逆周期缓冲要求。

全球系统重要性银行（G - SIB）追加罚款

每个在国际上活跃的银行都被要求满足巴塞尔协议Ⅲ中的资本充足衡量来确保每个银行维持与自己敞口适宜的资本水平。在银行系统中，全球系统重要性银行在交易和资本市场相关的活动较大的敞口特别重要。除去以上的资本重组测度，许多额外的政策测度是施加于这些系统重要性银行的。这些测度被希望强调系统重要性银行的负外部性。施加额外的政策测度也是因为由系统重要性银行带来的跨境负外部性。因此，关于系统重要性银行的国际最小协议由监管者、管理者以及相关部门发布。

在这部分中我首先解释BCBS发布的高损失吸收需求，"全球系统重要性银行：更新的估值技术以及更高的损失吸收需求"，其次介绍FSB的政策测度。BCBS的方法以及FSB分享了主要的观点并互补。

对全球系统重要性银行发布额外政策测度的目标是（1）通过增加它们的持续性损失吸收减少全球系统重要性银行倒闭的风险；（2）通过增加全球恢复以及解决框架，减少全球系统重要性银行倒闭的程度或是影响。

评估系统重要性银行的系统重要性

BCBS建立了一个通过使用基于指标的评估系统重要性的方法。被选择的指标反映哪些因素产生负外部性以及使得银行成为对金融系统稳定非常重要的不同方面。换句话说，全球重要性银行应该通过银行倒闭对金融系统的影响来测量，而不是导致倒闭的风险。借贷风险测量方法，这个全球系统重要性方法被看作是全球的、系统性的、损失已知的而不是违约的概率。

明确全球系统重要性银行的管理方法依赖于反映五个系统重要性方面指数的构建：银行的大小，联系度，和服务相关的随时可用的替代品或是机构设施的匮乏，全球活动，复杂性。这个方法给予20%相同的比例给每个指标，无论什么时候每个分类中的指标被给出，每个指标也被赋予相同权重。

（A）大小

以上定义的总敞口被用于代表大小。原因是大银行的破产或失败更容易对金融系统的信心产生破坏。大小是系统性风险的一个关键测度并在理解"大而不倒"时成了一个关键角色。

（B）联系度

给定每个公司运作的关系网，一个大银行的金融破产可以显著性地增加其他银行破产的可能性。一个银行的系统性影响可能与其他银行的运行产生正相关性。这里有三个指标：（1）内部金融系统资产，（2）内部金融系统负债，（3）在外证券。

（C）代替性/金融机构基础

三个指标被用于测量代替性/金融机构基础：（1）监管下的资产，（2）支付活动，（3）债券股票市场上的发行交易。这个分类的动机是银行，作为市场参与者以及顾客服务提供者，银行倒闭的系统性影响被认为与可替代性程度，及金融机构基础之间的负相关性。换句话说，这被认为与银行提供的金融机构基础有正相关性。

（D）全球跨境活动

这个分类中有两个指标来衡量银行在其管辖范围外活动相对于总体活动的重要性：（1）跨境所有权；（2）跨境负债。

（E）复杂性

复杂性被认为与银行倒闭系统影响有正向关系，更复杂的银行在于更高的成本以及更多的时间来运作。三个指标被使用：（1）场外市场衍生产品名义数据；（2）三级资产；（3）交易以及可供出售债券。

一个银行的例子

基于指标的测量方法使用一个大银行的例子作为全球银行部门的代表。选择银行的准则是：

• 基于金融年度末巴塞尔协议 Ⅲ 杠杆率敞口测量，BCBS 定义的最大 75 个国际银行。

• 银行在上一年度被定义为全球系统重要性银行。

• 被国际监管者使用监管要求加入例子中的银行。

如何确定全球系统重要性银行

跟随以上描述的基于指标的测量方法，可以产生一个指数。当这个分数超过一个 BCBS 确定的"线"之后，银行被分类为全球系统重要性银行。监管判断可能随着一个因素而变化。

通常来说，机构来进行评估并基于分数分配系统重要性银行到不同的类别。全球系统重要性银行将会基于它们系统重要性的分数被分配到四个相等大小的篮子，不同的篮子之间有不同的损失吸收要求。

全球系统重要性银行的损失吸收

全球系统重要性银行被要求有额外的资本缓冲，这个损失吸收需求用普通股一级资本来满足。是否会引发资本能够可持续性地被用于损失吸收工具还有待讨论。[8]

- 对于第一个篮子里的全球系统重要性银行，额外的损失吸收为 1%；
- 对于第二个篮子里的全球系统重要性银行，额外的损失吸收为 1.5%；
- 对于第三个篮子里的全球系统重要性银行，额外的损失吸收为 2%；
- 对于第四个篮子里的全球系统重要性银行，额外的损失吸收为 2.5%；
- 对于空篮子里的全球系统重要性银行，在以上四个流行的篮子以外的，最高额外的损失吸收为风险加权资产的 3.5%，来提供一个激励银行未来增加它们的系统重要性。

金融稳定管理局（FSB）总损失吸收资本

FSB 实施的政策测度强调了与大规模的、市场重要的、相关度的系统重要性机构相关的系统和道德风险，它们的倒闭以及失败会导致重要的金融系统中的位置错配以及不好的经济结果[9]。系统重要性金融机构包括国内系统重要性金融机构、国际系统重要性金融机构，我们主要介绍国际系统重要性发行者以及国际系统重要性非银行以及非发行者的金融机构，关注国际系统重要性银行的总损失吸收能力框架。

与吸收预期到的和未预期到的损失相关的资本需求相比，与国际系统重要性银行相关的是它们的功能是可以持续的，而不用公共基金或金融稳定性置于风险之中。因此，国际系统重要性银行需要被满足新的要求，是巴塞尔协议Ⅲ设定的最小监管资本要求以外的最小额外损失吸收能力。

校准的最小额外风险吸收资本

- 除了巴塞尔协议Ⅲ下的任意可用的管理资本缓冲，最小额外风险吸收资本在 2019 年 1 月后必须至少为 RWA 的 16%，在 2022 年 1 月后必须至少为 18%。
- 最小额外风险吸收资本在 2019 年 1 月后必须至少为总量（定义为巴塞尔协议Ⅲ杠杆率分母）的 6%，2022 年 1 月后必须至少为 6.75%。
- 在特定的环境下，国内相关机构可以应用超过标最低额外风险吸收资本公司特定的需求。

最小额外风险吸收资本工具的合格标准：

- 可支付；
- 没有被保；
- 没有受出发或是可持续地降低损失吸收能力的净权利管制；
- 有最小为一年或是永久的剩余合同期限；
- 不可被持有者在到期日前赎回；

● 不可被直接投资或是通过持续地或其相关方直接投资。

某种程度上来说，最小额外风险吸收资本工具在巴塞尔协议框架中拓展了资本概念；绝大多数算作是最小管理资本要求的资本也是满足最小额外风险吸收资本的资本。对于最小额外风险吸收资本与资本要求之间的关系，我们推荐《总损失吸收能力条款书》，2015 年 12 月。

总之，图 1.1 阐述了资本、资本率以及巴塞尔协议 III 提出的杠杆率。杠杆率的敞口与一级资本相同。除了资本率（CET1/一级、一级加二级），留存缓冲、逆周期以及国际系统重要性银行缓冲也被一并介绍。

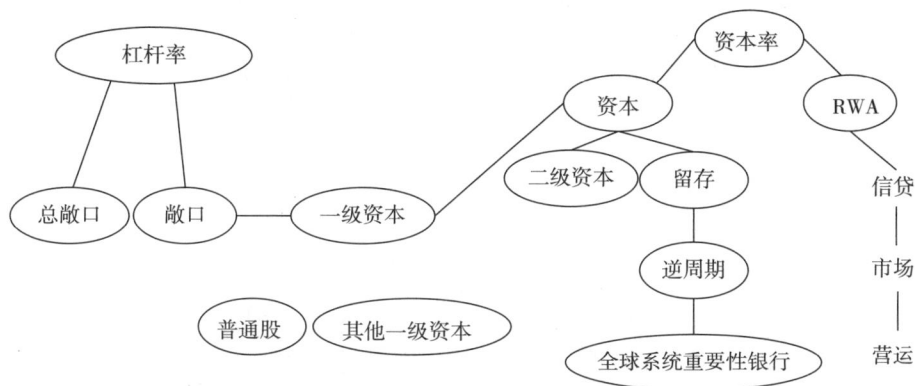

图 1.1　巴塞尔协议 III 中的资本、资本率以及杠杆率

一个简单资本需求框架的历史介绍

资本概念以及资本需求在不同的国家之间不同，因此 BCBS 有动力去实施国际银行部门一系列的标准。为了实施 BCBS 提出的标准，跨国不同法律以及管理者的理念与巴塞尔协议在很大程度上是一致的。

以美国银行部门为例，有三个管理者或是管理机构卷入商业银行的管理，每一个都有些许不同的关注点（其中有很多重复的）。联邦储备管理属于联邦储备系统的银行控股公司以及州立银行；金融审计局（OCC）管理国属银行；联邦存款保险公司（FDIC）管理其他是公司会员的州立银行。《多德—弗兰克华尔街改革和消费者保护法案（Dodd－Frank）》着重强调了"大而不倒银行"于 2010 年 7 月被写进了联邦法律[⑩]。

在一份最早的美国机构文件中，资本被分为两个部分[⑪]，"第一级资本"和"第二级资本"。第一级资本包括普通股、特定储备、长期险的优先股；第二级资本包括其他形式的优先股以及次级债。总资本包括一级资本和二级资本。三个美国管理者同意创建另外一个对于地方性银行（资产处于 1000000000 ~ 1500000000 美元）

以及社区银行（资产小于 1000000000 美元）的规定。在 1981 年对于美国银行最小资本要求是地方性银行一级资本为 5%，社区银行为 6%，总资本地方性银行为 6.5%，社区银行为 7%。允许地方性银行有较低资本的主要原因是地方性银行有更多的资产，分散程度更高。然而，地方性银行与社区银行的不同产生了一些问题，因此在 1985 年管理者要求所有银行一级资本为 5.5%，总资本为 6%。

美国银行的管理文件在这个时候对 BCBS 有一个重大的影响[12]，即巴塞尔协议 I。例如，一级资本成了第一级资本然而二级资本与第二级资本有些许不同。1980 年，资产的风险加权系统也受美国银行采用的计算方法影响，在这个阶段里每一种类型资产都被赋予不同权重 0，0.2，0.5，最安全的资产被赋予最细的数值，风险最高的资产被赋予最高的数值。如本章前面所述，巴塞尔协议 II 以及巴塞尔协议 III 与巴塞尔协议 I 相比在风险的概念上有了很大的提升。

总　结

充足资本管理已经成为商业银行非常重要的风险管理工具，商业银行被要求实施巴塞尔协议 III 以及其他管理或是法律的要求（在美国的、欧洲的 EBA 的联邦、OCC、FDIC、Dodd – Frank Act）最主要的部分。我们有足够的理由相信一些以后的改进将会在 2023 年 1 月前进行——官方指定的巴塞尔协议 III 的截止日期——来反映实证以及学术上的进展。

例如，两个基础问题仍然有待讨论。第一，即使我们都认可资本的重要性，多少资本是最被需求的，最优水平是多少？一些人争论普通股资本率应该非常高，如 30% ~ 50%，然而其他人建议高资本率损害了社会最优，建议资本率应该低一些。第二，一些总损失吸收工具是否应该被对待为管理资本，尤其是在计算资本率时或有资本是否应该与一级资本同样看待？涉及一个与足够风险需求相一致的损失吸收工具也很重要。

本书中其他章节将会阐述一些在最近的管理风险系统中最重要的实践。但是仍有许多没有解决的问题，这些讨论已经超出了这本书以及本章节的范围。

注　释

①在巴塞尔协议 I 与巴塞尔协议 II 之间，一个所谓的巴塞尔协议 $1\frac{1}{2}$ 也修正了现存的巴塞尔协议 II。对于巴塞尔协议 $1\frac{1}{2}$，我们推荐 BCBS 的 "巴塞尔协议 II 市场框架的增强"，2009 年 7 月，以及 "巴塞尔协议 II 市场框架的修订"，

2009 年 7 月。

②经济资本和其他风险，例如流动性风险以及法律风险以不同的方式阐述。对于第二支柱以及第三支柱，详见 BCBS "国际资本测度以及资本标准的覆盖：一个修订的框架——综合版" 第三部分以及第四部分，2006 年 6 月。

③对于巴塞尔协议Ⅲ中的杠杆率，详见 BCBS "巴塞尔协议Ⅲ：一个对增强防御性的银行和银行系统的国际管理框架"，2011 年 6 月，以及 BCBS "巴塞尔协议Ⅲ杠杆率框架和公开要求"，2014 年 1 月。

④对于巴塞尔协议Ⅲ中的流动性风险，详见 BCBS "巴塞尔协议Ⅲ：流动性覆盖率以及流动风险监管工具"，2013 年 1 月，以及 BCBS "巴塞尔协议Ⅲ：净稳定资金率"，2014 年 10 月。

⑤DVP 代表着交割—支付。非 DVP 方法交易被定义为顾客中介在有确定的对手方价值流入前将会代表顾客交割证券的债券交易。

⑥CPSS 代表支付与清算系统委员会以及 IOSCO 代表着国际证监会组织。

⑦详见 BCBS "国际组织运营逆周期资本缓冲指导"，2010 年 12 月。

⑧美国管理者非常喜欢普通股一级资本，但是一些欧洲区域在资本要求中允许高额资本。例如，瑞士信贷集团 AG 以及 UBSAG，选择额外发行联合资本来满足 3% 的追加罚款。

⑨详见 FSB "减少系统重要性金融机构带来的道德风险"，2013 年 9 月，FSB "国际系统重要性银行损失吸收资本的充足性"，2014 年 11 月，以及 FSB "国际系统重要性银行损失吸收以及再资本化能力的原则——总损失吸收资本条款书"，2015 年 1 月。

⑩题目为 "在金融系统中美国通过提升会计以及透明度提高提出金融稳定来结束大而不倒的法案，为了保护美国纳税人结束紧急救助来保护消费者免予金融服务的滥用以及其他的原因"，2010 年 7 月 21 日生效。

⑪详见 "资本充足的政策性描述"，1981 年 FDIC；以及 "资本充足指导"，1982 年，联邦以及 OCC。

⑫对于 BCBS（巴塞尔委员会以及银行监管），详见 "巴塞尔委员会以及银行监管章节"，2013；以及 BCBS "一个简短的巴塞尔委员会历史"，2015 年 10 月；以及亚当·莱博尔（Adam Lebor），"一个运营着世界巴塞尔之塔的秘密银行朦胧的历史"，2013。

参考文献

1. BCBS, "International Convergence of Capital Measurement and Capital Standards", July 1988. Basel I (the Basel Capital Accord).

2. BCBS, "Basel II: International Convergence of Capital Measurement and Capital Standards: a Revised Framework", June 2004.

3. BCBS, "Basel II: International Convergence of Capital Measurement and Capital Standards: a Revised Framework-Comprehensive Version", June 2006.

4. BCBS, "Enhancements to the Basel II market framework", July 2009.

5. BCBS, "Revision to the Basel II market framework", July 2009.

6. BCBS, "Proposal to ensure the loss absorbency of regulatory capital at the point of non-viability", August 2010.

7. BCBS, "Guidance for national authorities operating the countercyclical capital buffer", December 2010.

8. BCBS, "Basel III: A global regulatory framework for more resilient banks and banks system", December 2010, (rev June 2011)

9. BCBS, "Basel III: International framework for liquidity risk measurement, standards and monitoring", December 2010.

10. BCBS, "Basel Committee on Banking Supervision (BCBS) Charter", 2013.

11. BCBS, "Basel III: The Liquidity Coverage Ratio and Liquidity Risk Monitoring Tools", January 2013.

12. BCBS, "Global Systemically Important Banks: Updated Assessment Methodology and the Higher Loss Absorbency Requirement", July 2013.

13. BCBS, "Basel III leverage ratio framework and disclosure requirement", January 2014.

14. BCBS, "Basel III: The Net Stable Funding Ratio", October 2014.

15. BCBS, "A Brief History of Basel Committee", October 2015.

16. FSB, "Reducing the moral hazard posed by systemically important financial institutions", October 2010.

17. FSB, "Progress and Next Steps Towards Ending "Too-Big-To-Fail" (TBTF)", September 2013.

18. FSB, "Adequacy of loss-absorbing capacity of global systemically important banks in resolution", November 2014.

19. FSB, "Principles on Loss-absorbing and Recapitalisation Capacity of G-SIBs in

Resolution-Total Loss-absorbing Capacity（TLAC）Term Sheet"，November 2015.

20. Lebor，Adam，"The Shadowy History on the Secret Bank that Runs the World"，PublicAffairs，New York，2013.

第二章
巴塞尔协议下的市场风险模型框架*

张翰

导论

市场风险是指银行的交易组合的价值可能因一些市场因素的波动而下降，这些市场因素包括资产价格、利率、信贷利差、外汇汇率、商品价格以及其他在公开市场上定价的指标。无论是资产负债表内还是表外的损失，其风险都是来自金融工具的市场风险因素的变动。从监管的角度来说，应当通过监管资本来管理市场风险，降低银行和银行家的风险激励所带来的市场风险，从而稳定整个银行业。但是，也有个别银行自行对其资产组合实施了经济资本管理。

自国际金融危机以来，市场风险管理变得前所未有的重要。在一个综合资本框架下，涌现出很多关于市场风险的先进的风险措施和资本要求。

由于巴塞尔银行监管委员会在监管框架中至关重要的地位，本章重点关注巴塞尔协议下的市场风险模型框架。本章开头介绍《巴塞尔协议Ⅱ》，以便建立起市场风险管理的主要框架。然后，本章对修正的《巴塞尔协议 2.5》进行了解释，强调了其重点，阐释了一些关键部分。此后，对两个广泛运用的风险计量方法以及它们的优缺点也进行了简单的说明。最终，本章对 2016 年 1 月出版的最新的市场风险最低资本要求进行了检验。

对巴塞尔银行监管委员会的介绍

巴塞尔银行监管委员会（BCBS）是一个 1974 年由十国集团国家的中央银行

---

* 本文所表达的观点仅代表作者个人意见，不代表富国银行。

张翰是富国银行的董事总经理，也是市场风险分析集团的负责人。他负责市场风险分析团队的设计、实现和监控所有主要市场风险资本模型（包括一般的 VaR 模型，债务/股权特定风险模型，压力 VaR /特定风险模型以及增量风险模型），对手方和信用风险模型和经济资本模型。张翰博士毕业于上海交通大学材料科学专业，同时拥有数学金融、计算机科学和机械工程三个硕士学位。

发起建立的银行监管权威组织。它是最早的银行谨慎性监管的全球标准制定者，同时它还组织举办有关银行监管事务合作的论坛。它的使命就是以提高金融稳定性为目的，加强世界范围的银行规范、监管和实施。由于巴塞尔银行监管委员会将其秘书处设立在瑞士巴塞尔的国际清算银行，并经常在巴塞尔举办会议，巴塞尔银行监管委员会又被称为巴塞尔。

巴塞尔银行监管委员会发布巴塞尔协议（有关银行监管的建议）。现存的巴塞尔协议有三部——《巴塞尔协议 I 》（1988）、《巴塞尔协议 II 》（2007）和《巴塞尔协议 III 》（2010 – 11）。

为市场风险而制定的巴塞尔协议

1988 年，巴塞尔委员会发布了一系列银行最低资本要求[①]。这些最低资本要求被十国集团国家采用，并作为 1988 年协议（或巴塞尔协议 I ）被广泛认知。《巴塞尔协议 I 》的主要目的是：

1. 加强国际银行系统的稳定性。

2. 建立一个公平的、一致的国际银行系统，以减少国际银行间的不公平竞争。

巴塞尔协议 I 最初将重点放在资产信用风险和对资产风险的合理衡量上。尽管巴塞尔协议 I 提到了市场风险，却并没有要求银行拿出资本来覆盖市场风险可能带来的损失。巴塞尔委员会清楚地认识到了这一问题，并把巴塞尔协议 I 作为建立一个更加全面的资本监管框架的第一步。

1996 年对巴塞尔协议 I 的修订

1996 年，巴塞尔委员会发布了对 1988 年巴塞尔协议 I 的修订案。这份修订案为银行所面临的价格风险提供了明确的资本缓冲对策，特别是银行交易活动产生的价格风险[②]。这份修订案最初在 1996 年 1 月发布，1997 年 9 月进行了修改，1998 年正式实施。

这份修订案提出了两个对银行市场风险模型框架产生多年重要影响的主要条款：

1. 协议提出"一般市场风险"和"特定风险"框架。一般市场风险指一般市场波动引起的市场价值变动。特定风险指与证券发行者有关的、一般市场波动所不能反映的因素引起的个别资产价值的变化。

2. 市场风险可以通过两种不同的方式计算：一种是利用标准化的巴塞尔模型，另一种是利用内部风险价值（VaR）模型。这些内部模型只能用于那些满足巴塞尔协议定性和定量标准的大型银行。

1996 年修订案中关于 VaR 模型的突出点包括：

1. 使用专有模型的银行应当每天计算 VaR，对 10 个交易日的数据使用 99% 的单边置信区间，观测期至少为一年。

2. 使用专有模型的银行计算资本要求的方法是：计算前一天的 VaR 和倍增因子（在最低值 3 的基础上，加上一个 0 到 1 之间的"增加因子"）乘以前 60 个交易日的日均 VaR，取两者中的较高者。

3. 使用"回测"的方法（模型计算结果与实际表现的事后比较）得出加在倍增因子 3 上的"增加因子"。

1997 年进行了调整，包括以下主要变化：

1. 委员会决定取消 1996 年市场风险修订案中"内部模型特定风险资本的计算受整体最低资本要求的制约"的规定，其中整体最低资本等于用标准方法计算出的特定风险的 50%。

2. 委员会发布了一些对特定风险的定性和定量的要求，并使达到这些要求的银行以特定风险模型为基础计算特定风险资本，而不用参考最低要求。

3. 引入特定风险附加资本要求，以应对突发事件风险和违约风险。

由于这个修订案的发布，银行首次被允许使用内部模型以达到巴塞尔协议的资本要求。尽管相比之前对不同资产使用同一固定风险比重的方法而言，内部模型方法得出的资本要求总体上更低，但自 1988 年起 VaR 已经开始成为行业和监管的风险计算标准。巴塞尔委员会之所以采纳了这个模型，是因为这个模型可以反映风险多样化战略的益处，激励公司发展和应用健全的风险管理工具。

1996 年也标志着监管、银行管理以及风险管理的实践开始越来越多地受到定量风险模型的影响，一个新的风险量化专业正在被建立起来。

巴塞尔协议 II

巴塞尔协议 II 修订于 2004 年 6 月至 2006 年 6 月[3][4][5]，有以下几处主要的更新：

1. 扩大了风险的范围。

a. 信用风险

b. 市场风险

c. 操作风险

2. 包括从标准模型到内部模型越来越复杂的一套方法。

3. 三大支柱模型。

a. 第一大支柱：最低资本要求

b. 第二大支柱：监督审查

c. 第三大支柱：市场纪律

2004 年的巴塞尔协议 II 沿用了 1996 年巴塞尔协议 I 中对市场风险的资本

要求。

巴塞尔协议 2.5 框架下的市场风险资本要求

1996 年以后，全球金融环境改善，新的金融机构和创新型产品出现。原有的市场风险资本要求框架跟不上新发展和新实践的步伐——基于"市场可以为产品提供流动性，因而银行可以快速展期或套期保值"的假设，对交易账户的市场风险资本要求低于对银行账户的市场风险资本要求。在 2007—2008 年的国际金融危机期间，这种观点被证明存在问题。

巴塞尔协议 2.5 框架

巴塞尔委员会认识到巴塞尔协议 II 的市场风险框架需要更加全面的修整，在 2009 年 7 月发布了所谓的巴塞尔协议 2.5，并重点关注了风险较高的信用产品，以解决人们对银行资本要求的日益增长的担忧⑥。以下是巴塞尔协议 2.5 框架的一些重要部分：

● 它向交易账户风险价值框架内补充了对无担保信用产品的风险资本要求，包括违约风险和迁移风险。

● 对于有担保的产品，在运用银行账户资本要求时，应排除某些相关交易活动。在这些相关交易活动中，监管者允许银行在计算综合风险资本要求时参考严格定性的最低要求和压力测试要求。这些措施将会减少交易账户和银行账户之间的监管套利动机。

● 引入压力风险价值要求。在金融危机期间，银行的交易账户的大多数损失显著高于前文提及的第一大支柱所要求的最低资本。因此巴塞尔委员会要求银行在基于最近一年观测期所计算出的风险价值的基础上，加上基于与重大损失有关的一年观测期计算出的压力风险价值。这个额外的压力风险价值要求将有助于减少市场风险最低资本要求的顺周期性。

在调整后的美国规则里，银行被要求在 2013 年 1 月之前实行巴塞尔协议 2.5；对于有事先批准的特定风险模型的银行，批准其延长一年，并且其特定风险模型在 2013 年受美国监管机构审查。

巴塞尔协议 2.5 是一个提高监管者在各种变化中对资本框架的信心的战略方案。以下是几处显著的变化或补充：

巴塞尔协议 2.5 中内部模型方法的显著变化

在巴塞尔协议 2.5 的市场风险框架中，巴塞尔委员会收紧了定性和定量标准。这些定性和定量标准包括以下关键因素：

- 风险因素：

——被认定与定价功能相关的因素应当被纳入 VaR 模型中（否则应向监管者说明）

——期权和其他有关产品（如抵押贷款支持证券、分步发行证券产生的风险敞口、非首次违约信贷组合衍生品）非线性相关

——相关风险

——基差风险（如信用违约互换和债券之间的基差风险）

——聘用的代理人应当对所持头寸情况有良好的跟踪记录（如单个股票头寸的权益指数）

- 允许在持有期间（一至十天）使用缩放方法（如时间的平方根），但必须定期接受监管者审查。
- 只要得出的资本要求没有降低，对加权方案的使用可以更灵活。
- 应至少每月更新数据集（允许更频繁的更新）。
- 为核验而强制进行的有假设（或无假设的）回测。
- 压力测试（使用近期的压力测试情景实例）。
- 所有价格风险的组成成分都必须捕捉到。
- 不再允许使用附加资本要求模型。

巴塞尔协议 2.5 中内部模型框架的重要补充

有三个新加入的模型：增量风险费用模型（IRC）、综合风险模型（CRM）和压力 VaR 模型（sVaR）。虽然这些模型的确扩大了资本要求，要求总资本是这些新增风险计量方法算出的资本与 VaR 算出的资本之和，但是我们也应注意到其中存在着重复计算，尤其是对结构产品来说，VaR 模型、压力 VaR 模型以及标准化费用模型很容易导致总资本变得大于所承担的风险的 100%。

下文将讨论这些模型下，风险建模所面临的挑战。

压力 VaR

压力 VaR 是巴塞尔协议 2.5 新增的计量方法；其设计目的是把压力条件下的

潜在风险资本化。以下是压力 VaR 的几个特点：

- 用当前的 VaR 方法计算压力 VaR。目的是复制出相关市场风险驱动因素经历压力时，银行当前投资组合的 VaR 值：

——在 99% 的一致性方法和 10 天期限下，应用于 VaR 覆盖的所有头寸。

——历史观测期被修改为连续 12 个月的重大金融压力时期。

——由于压力 VaR 是产品或业务线（LOB）具体化的，不同的产品和业务需要用不同的压力期和修正方法。

- 一个能在所有历史数据中检索出连续 12 个月的历史数据的算法，在此算法下，压力期应当定期更新并提前获得监管者批准。

VaR 模型中第一个面临挑战的部分是校准方法，这个校准方法必须在检索算法开始前选取一个时间范围；大多数银行可使用 2007 年以后的数据来检索压力时期，但必须保证 2007 年以前银行的资产组合没有发生重大损失。

尽管规章声明了 GVaR 方法应当被用于压力 VaR 的计算，但是实践与设计的情况之间存在两种可能的偏离，因为压力 VaR 和 GVaR 使用的是两个不同时期的历史数据。

- 以上这两个时期的历史市场数据的有效性可能不同，并且总体上压力期的数据有效性较低，这是由市场流动性降低或压力期之后新产品的发明所引起的。即使数据是有效的，比起仅仅处理过去 2～4 年的数据，追溯到过去某一时间（如 2007 年）的数据的检索和准备工作量要大得多。

- 压力期的历史市场数据变化总体上大于定期追溯期内的数据变化，这可能使得银行的风险 P&L 评估方法遭受挑战，尤其是在金融机构仍使用 delta - gamma 近似的条件下。

但是总体上，2008 年以来，压力 VaR 开始使得数据模型面临越来越多的挑战。

增量风险费用和综合风险度量

另外两个新增的主要模型是增量风险费用（IRC）和综合风险度量（CRM）。这两个模型为违约风险建模和关联交易风险计算设定了更高的标准。以下是突出的变化点：

- IRC 被用于捕捉信用违约风险，而信用违约风险以前包括在特定风险（SR）模型中。

——监管机构收回对银行结构性产品和关联交易债务的特定风险模型的批准；在巴塞尔协议 2.5 框架下，结构产品被放进标准化模型，关联交易也在标准化模型或者在新近发展的 CRM 模型下进行建模计算。

——突发事件风险被添加到 SR 模型中，违约风险不再被包括在 SR 模型中，而是被包括在 IRC 模型中；权益类产品（不包括可转换股票）是个例外，权益类产品仍被包括在违约风险的权益特定风险模型中。

• 在 IRC 模型中，违约风险在一年的时间范围内进行计算，不再是旧的规则下 SR 模型十天的时间范围。在风险水平不变的定义下，置信水平从 99% 提高到 99.9%；这些改变大幅增加了信用违约风险的资本费用。

• 改进的 CRM 模型包括了关联交易的所有风险（合成的 CDO、FTD 和 NTD），并且标准化模型为标准资本要求设置了 8% 的最低限度，而 CRM 模型本身被证明是难以建模的。

风险价值模型外的风险

VaR 以外的风险（RNiV）指的是一种包括了库存、抵押品和资本的程序，它用于处理没有在 VaR 模型中反映，或者建模时受到限制的特定风险。这个程序是涵盖了市场风险模型和这些模型相关控制手段的一个一致的过程。RNiV 没有被写入巴塞尔协议 2.5 规则，但是在巴塞尔协议 2.5 模型测试的过程中成了巴塞尔协议 2.5 的一个组成部分，并且大部分银行收到了"需要注意的事项"（MRA），其中要求建立一个追溯到 2012 年的程序来涵盖 RNiV，此后 RNiV 也延伸至综合资本分析和审查（CCAR）以及多德—弗兰克法案压力测试（DFAST）的程序、其他建模区域以及更广泛的模型外风险（RNiV）。

尽管这些模型很有用，但是它们也的确存在局限性甚至缺陷。RNiV 程序使模型开发者和模型检验者能更高效地处理这些模型局限性和缺陷，并为包括监管者在内的"股东"们提供了提高赤字透明度的新工具。在 VaR 背景下，尽管整体的 VaR 框架可以得到批准，但是风险建模的质量在不同的产品间有所变化，具体取决于以下几点：

• VaR 所使用的前台定价模型质量不同；
• 不同产品甚至不同交易的历史市场数据的可用性和质量不同；
• 风险定价方法：

对于权益交易、信用交易或者结构信用交易，由于谨慎性的资本管理，监管机构可以禁止具有风险建模局限性的产品进入 IRC/SR 标准化的资本要求框架。对于利率产品、商品交易或者外汇交易，新创立的 RNiV 框架将给监管机构额外的资本缓冲，以应对建模局限性。

一般而言，一个 RNiV 框架应当能够：

• 识别、分析和存储模型的局限性；
• 审查所储存的 RNiV 库存；
• 为库存的模型局限性提供量化分析；
• 建立一个临界值以分析这些量化影响的重要性；
• 将 RNiV 库存上报给管理层；

- 针对重要的 RNiV 项目提出建议；
- 为 RNiV 项目的规避计划提出建议。

作为巴塞尔协议 2.5 对大多数银行提出的市场风险"要求注意事项"的一部分，以下几条被频繁地提及：

- VaR 应包括偏斜风险；
- VaR 应包括股利风险；
- VaR 应包括可提前兑付债券的短期利率波动风险；
- VaR 应包括结构产品的预付款和违约风险。

风险价值（VaR）和期望损失（ES）

虽然自 1996 年起 VaR 被广泛接受并用于市场风险资本的计算，但是对它的缺点的批判却从未停止，尤其是在 2007—2008 年的金融危机和 2010 年 5 月摩根大通宣布损失以后。

风险价值

风险价值指的是一个在某段时间和某一置信水平下计算一个给定的投资组合的潜在损失的方法，它基本上回答了"事情可以变得多糟糕"的问题。如果一家银行的十日 99% VaR 是 300 万美元，那么这就意味着这家银行的损失超过 300 万美元的可能性是 1% 。

对于 VaR 方法的发展而言，有两点值得注意：

- VaR 的数学基础是由哈里·马柯维茨[7]等人在投资组合理论背景下开发出来的，是为了努力最大化给定风险水平下的回报。这发生在 1952 年，远早于 20 世纪 90 年代"风险价值"这一术语的广泛运用。
- 摩根大通和 RiskMetrics 集团：RiskMetrics 集团建立于 1994 年，概述这个方法的技术文件发布于 1994 年 10 月。1996 年摩根大通与路透社联合，以强化这个方法并使数据广泛地为从业人员和公众所用。这一举动为衡量市场风险奠定了基础，同时创造了计算市场风险的方法。

RiskMetrics 计算 VaR 的方法中假设了投资组合或投资者的回报是正态分布的。RiskMetrics 描述了 VaR 建模的三种方式：

- 协方差方法；
- 历史模拟——一个现在被广泛运用的方法；
- 蒙特卡罗模拟。

VaR 的局限性

VaR 对度量可能性损失是有帮助的，但是不当使用这一计量方法以及狭隘地只关注这一方法，可能导致严重的错误。其中有以下几个主要问题：

1. VaR 在提前定义的分位点上提供一个点测。它不提供可能发生的最大损失的信息。换言之，VaR 可以告诉你一个投资组合损失 300 万美元的可能性是 1%，但不能提供更多信息，例如这个投资组合有 0.01% 的可能性会损失 30 亿美元甚至更多。

2. VaR 不是一个一致性的计量。一致性风险计量是一种满足一系列资产的风险计量方法。特别地，有一种名为"次可加性"的属性，它意味着两个投资组合合起来的总体风险不会高于两个投资组合各自风险的总和；这就是多样化原则。次可加性资产是一个没有被意识到的波动可能给风险建模带来严重的后果，比如提供错误的安全感或导致金融机构进行次优投资。

3. VaR 假设市场条件很正常、交易清算很便利；这可能在压力条件下或市场流动性枯竭的时候提供错误的信息。

4. VaR 项目是基于历史观测值的，而被追溯到的历史时期可能无法估计出所有未来可能出现的结果。因此 VaR 在捕捉信用风险、离散事件风险和经济中的结构性转变方面有局限性。

期望损失

就在巴塞尔协议在资本计算中调整 VaR 之后两年，1998 年学术研究中开始批评 VaR 有基础结构缺陷，并认为它应被一致的风险计量方法代替。2001 年，期望损失（ES）被广泛地修改以便与 VaR 并用。在接下来的十五年里，有许多关于 VaR 是否应当被期望损失方法代替的学术辩论。

期望损失又被称为条件 VaR 或者尾部损失；它是一种一致的风险度量方法。ES 估计投资组合在损失尾部的期望收益，因此它对损失分布图形的尾部更为敏感。ES 提供了最坏情况下的平均损失，它会对极端"异常值"非常敏感。因此，在同样的置信水平下可能需要比 VaR 模型更多的观测值才能达到同样的精确度。损失分布的厚尾也表明 VaR 和 ES 有很大不同。

市场风险的最低资本要求

2016 年 1 月，巴塞尔委员会出版了新的《市场风险最低资本要求》（又称 FRTB）[8]。这是巴塞尔委员会最后一次主动用更一致和连贯的框架来修改巴塞尔协议 2.5 框架。在金融危机之后，巴塞尔协议 2.5 用提高交易账户的资本要求的方法来应急，它主要旨在巩固现有的计量方法并减少资本水平在银行间的不同。

与巩固委员会三份关于交易账户基本审查的协议文件的政策基本原理一致，修正后的市场风险框架新增了以下几处关键点。

修正的内部模型方法（IMA）

这一新的方法引入了：更严格的模型审批流程，允许监管者取消对个人交易平台内部模型的许可；更一致的银行间重要风险因素的识别和资本化；以及限制了用套期保值和多样化来降低资本要求的行为。

最近被提出的损益归因测试，作为模型审批流程的一部分，将会作为银行和风险量化的主要重点。这个新的审批流程将会被层层执行，为个人产品风险计算提供更多的审查。为了做损益归因测试，风险量化必须发展其工具以测试以下项目：

- 识别遗漏的风险驱动因素；
- 找出风险损益计算方法的不足；
- 改进风险建模中的数据建模。

这一方法还将促进风险观点和交易观点之间的协调，并且使监管者在审查风险模型时对交易业务有更深入的洞察；同时这也将促进前台在定价和数据建模的实施上有更高的标准。

IMA 中另一个值得注意的是模型内与模型外风险因素；它为不能建模的风险因素提供了计量方法。当前 RNiV 的一种普遍做法是，把一种基于压力脚本的方法广泛运用于 RNiV 定量估计；新的规则要求"每种不可建模的风险因素都应用一个压力脚本资本化，这个压力脚本的校准至少要与风险建模的期望损失校准一样谨慎。"这将正式把 RNiV 库存中的大部分项目转移到具有可行的实践指南的建模框架中。

新的框架还减少了 IMA 方法中资产多样化和套期保值效应带来的好处，但其影响效果还需在未来进行检验。

修正的标准化方法（SA）

这次修正从根本上修改了标准化方法，使其对风险充分地敏感，以作为 IMA 的可靠的后备方案，同时也为不需要复杂的市场风险处理的银行提供合适的标准。

在巴塞尔协议 2.5 框架中，一个标准化模型涵盖了信用产品、权益产品和信用结构产品。在新的框架中，为了成为 IMA 的可靠的后备方案，标准化方法被扩充以涵盖所有产品。在第一份咨询文件中，巴塞尔委员会提出了两种方法，相对于基于现金流的方法，基于敏感度的方法获得了全面压倒性的赞同。

新提出的标准化方法完全不同于原先的基于因素的方法；它是一个类似 VaR 的参数化方法，附带监管者预定的参数，同时也是一个有非常详细规定的方法。自此，行业开始讨论新规则如何用于所有产品，并试图从字面规则中理解如何运用这些规则。

尽管巴塞尔委员会提到了标准化方法可以作为 IMA 方法的后备方案，但是这个方法本身并没有明确后备机制应如何运作，并且不论金融机构是否被批准使用 IMA 方法，它都要求金融机构用标准化方法计算。由于银行仍然在等待全国规章出台，将这个后备机制写进去；否则地方监管者需要逐个对金融机构批准 IMA 方法，那么此方法将受制于当地监管。

总体来说，标准化方法可能导致一些产品有更高的资本要求；尤其是旧框架中只能使用 IMA 方法的产品。但是对于具有多种资本要求计算方法如 VaR、压力 VaR 和标准化资本要求计算法的结构产品而言，这一新标准化方法将不太可能导致资本要求超过风险敞口的 100%，因此它可能会导致比巴塞尔协议 2.5 更少的资本要求。

压力下风险的转变：从风险价值到期望损失度量

ES 的使用将有助于保证在重大金融市场压力期间更谨慎地捕捉"尾部风险"和资本充足率。

正如前面所提到的以及巴塞尔委员会所声明的那样，ES 可在损失尾部捕捉更多的信息。在执行方面，如果一家银行有一个很好的模拟模型，VaR 和 ES 就只是两个不同的风险计量输出方式，执行所面临的挑战实际上是很小的。

除了 ES 模型，巴塞尔委员会还引入了全集/减少集的概念把 VaR 和压力 VaR 计量方法结合起来。全集/减少集方法试图解决巴塞尔协议 2.5 的压力 VaR 建模中提到的数据可用性问题。在巴塞尔协议 2.5 模型的审批过程中，有许多关于一家银行是否可以用正常时期的数据代表压力时期的数据的讨论，这些讨论似乎找出了一致的解决方法，巴塞尔委员会假设风险驱动因素全集和减少集的 ES 比率与压力期和正常期的 ES 比率相同——至少这是没有更多信息的情况下最好的方法。

关于 ES 的另一件事情就是回测。正如 Gneiting 等人指出的，当提到"进行和评估点预测"时，需要"可探性"这种属性，但是由于 ES 不具有这种数学属性，所以它不能进行回测[9]。Acerbi 和 Szekely 提出了三种独立建模的、无参数的回测方法[10]。在新的框架下，假设 VaR 和 ES 所用的基本方法是相同的，那么仍对单日 VaR 值进行回测即可。

市场流动性不足风险的纳入

不同的流动性范围被纳入修正的 SA 和 IMA 中，以减轻突发的资产市场流动性风险。在当前框架下它们代替了 VaR 下对所有交易工具假设的 10 天的范围。

现在，在更长的时间范围内计算资本要求，最长可达一年，具体取决于风险驱动因素的类型。这使得风险资本要求的计算更多地根据风险驱动因素而不是交易种类来分类，并使新框架下的模型在资本计算方面更具谨慎性，但是风险管理目标却变得更不透明。正如巴塞尔委员会在新框架下定义的，风险管理可使用不同的方法或模型，得到监管批准即可。

修正后的交易账户和银行账户边界

一个更客观的边界确立将降低银行账户和交易账户间的套利激励，尽管在银行的风险管理实践中可能走样。

新的监管规则更加严格，这是为了防止金融机构在银行账户和交易账户之间转移资产，风险部门必须定期与财务和金融部门共同讨论交易账户和银行账户之间的界限。与沃克尔规则相比，金融机构将如何处理监管部门的事务也并不清楚。

结 论

正如我们可以从近期的历史中看到的，监管条例和资本要求的计算方法的确随着金融危机的到来有了进步，整个行业将会在新的监管条例下重塑。在 2016 年 1 月出版了新的监管条例以后，金融行业和监管部门仍需要时间来适应新的《市场风险最低资本要求》；我们相信新规则总体上提供了比巴塞尔协议 2.5 更好的监管，并且新的规则也解决了一些过去几年中出现的结构问题。关于新规则如何影响金融行业，有一些相关理论，但真正的影响还有待观察。

注 释

①巴塞尔委员会，《资本计量与资本标准的国际趋同》，1988 年 7 月，巴塞尔协议 I（巴塞尔资本协议）。

②巴塞尔委员会，《纳入市场风险的资本协议修订案》，1996 年 1 月（修订），见 http：//www. bis. org/publ/bcbs24. htm。

③④⑤巴塞尔委员会，《巴塞尔协议Ⅱ：资本计量与资本标准的国际趋同：一个修正的框架》，2004 年 6 月；巴塞尔委员会，《纳入市场风险的资本协议修订案》，更新于 2005 年 11 月；巴塞尔委员会，《巴塞尔协议Ⅱ：资本计量与资本标准的国际趋同：一个修正的框架——综合版》，2006 年 1 月。

⑥巴塞尔委员会，《对巴塞尔协议Ⅱ的风险框架的修改——最终版》，2009 年 7 月。

⑦哈里·M. 马柯维茨.《投资组合选择》，金融期刊，1952，7（1），77–91。

⑧巴塞尔委员会，《市场风险最低资本要求》（标准），2016 年 1 月。

⑨参见 T. Gneiting, Making and Evaluating Point Forecasts, Journal of the American statistical Assoaation, 106（494）：746–762, 2011.

⑩参见 C. Acerbi and B. Szekey, Backtesting Expected Shortfall, December 2014.

参考文献

1. BCBS, "International Convergence of Capital Measurement and Capital Standards", July 1988. Basel Ⅰ（the Basel Capital Accord）.

2. BCBS, "Amendment to the Capital Accord to Incorporate Market Risks", January 1996（Amendment）.

3. BCBS, "Basel Ⅱ：International Convergence of Capital Measurement and Capital Standards：A Revised Framework", June 2004.

4. BCBS, "Amendment to the Capital Accord to Incorporate Market Risks", Updated November 2005.

5. BCBS, "Basel Ⅱ：International Convergence of Capital Measurement and Capital Standards：A Revised Framework - Comprehensive Version", June 2006.

6. BCBS, "Revisions to the Basel Ⅱ Market Risk Framework – final version", July 2009.

7. Markowitz, Harry, M., Portfolio Selection, Journal of Finance, 7（1），77–91, 1952.

8. BCBS, "Minimum Capital Requirements for Market Risk"（Standards），January 2016.

9. BCBS, "Fundamental Review of the Trading Book", May 2012.

10. BCBS, "Fundamental Review of the Trading Book：A Revised Market Risk Framework", October 2013.

11. BCBS, "Fundamental Review of the Trading Book: Outstanding Issues", December 2014.

12. Tilman Gneiting, Marking and Evaluation Point Forecasts, Journal of the American Statistical Association, 106（494）: 746-762, 211.

13. C. Acerbi and B. Szekey, Backtesting Expected Shortfall, December 2014.

第二部分

交易对手信用风险

第三章
交易对手信用风险的内部模型方法[*]

庄德明

导论

　　银行的交易对手风险，是指银行在场外市场衍生品交易或证券融资交易过程中，其交易对手在结算前违约造成经济损失的风险。突出例子是 2008 年一个月内接连发生多起信贷事件：房利美公司、房地美公司、雷曼兄弟、华盛顿互惠银行、冰岛国民银行、格利特尼尔银行以及考普森银行。显然，交易对手风险是我们在 2007—2008 年经历金融危机后的主要驱动因素之一。交易对手信用风险（CCR）是大多数机构的金融风险管理的重要组成部分，正是它导致了交易对手违约和信用评级降级引起的经济损失。CCR 在很多方面与其他信用风险类似，但是它有一个显著特征，即银行对其交易对手的风险敞口的不确定性，这一点将CCR 与其他形式信用风险明显地区别开来。

　　当交易对手违约时，银行必须与违约的交易对手平仓。为确定交易对手违约导致的损失，通常假设银行会与交易对手签订相似的合约，以维持其市场持仓量。由于新合约替换旧合约后银行的市场持仓量没有变化，损失由违约时的合约替换成本决定。如果违约时合同价值对银行而言是负的，银行就通过向交易对手支付合约的市场价值来平仓，同时与其他交易对手签订相似的合约并收到该合约的市场价值——因此银行净损失为零。另外，如果违约时合同价值为正，银行零支付平仓，与其他交易对手签订相似的合约，但向交易对手支付该合约的市场价

---

[*] 本章所表达的观点仅代表作者个人意见，不代表其现在和曾经的雇主。

　　庄德明自 2000 年以来一直在金融行业工作。他曾在不同的金融风险管理领域工作。曾在加拿大皇家银行工作，后来在道明银行工作，现在供职于花旗集团。庄德明博士是研究对手信用风险敞口模型开发和IMM 模型验证的专家。他在加拿大的达尔豪西大学拥有应用数学博士学位和计算机科学硕士学位。在金融行业工作之前，庄德明于 1989 年至 1998 年在圣文森特大学的数学和计算机研究系担任终身教授职位。他的主要研究方向是非线性分析和数值优化。他在多家期刊上发表了 20 多篇研究论文。

值。在这种情况下银行的净损失不是零，实际上是合同的市场价值。

值得注意的是，看似合理的替代合同暗含了市场上的合同有足够的流动性这一前提。然而，贷款很少有流动的二级市场。合约的替换成本很难确定。因此，本章不涉及这类交易对手风险。

为了管理交易对手信用风险，《巴塞尔协议Ⅱ》和《巴塞尔协议Ⅲ》对与场外交易和证券融资交易（SFT）（如资产贷款、回购和逆回购协议）有关的风险资本计算提出了明确要求，使用潜在的一年期交易对手违约风险敞口。标准方法（SA）和内部模型方法（IMM）是两种需要监管者审批的交易对手信用风险计量方法。本章着重研究 IMM 方法。

发展 IMM 的动机

内部模型方法鼓励银行在前台和后台之间构建一个统一定价和分析的集合，这样一来，使用全部净额结算收益估计资产组合的风险敞口就会更精确。净额结算的出现基于组织［"ISDA"（国际掉期与衍生工具协会)］间的合法净额结算协议。因此，一旦 IMM 的实施获得监管部门批准，通常会导致严重的资本节约。

为了使用 IMM 量化交易对手信用风险，银行建立一个交易对手信用风险管理基础设施，作为中心分析引擎，它在净额结算和保证金协议交易对手层面上，计算需求方的信用风险敞口。这个分析引擎可以估计潜在替换成本的分布，或估计场外市场（OTC）衍生品交易和证券融资交易（SFT）中价格随流动性变化产生的风险敞口。这一引擎的主要组成部分是蒙特卡罗模拟过程。这一过程以因素的假定变动趋势、协方差结构、历史波动率为基础，模拟了与这些交易有关的市场因素（风险因素）未来的表现。这个分析引擎还具备在给定水平下合并风险敞口并生成适当的报告的功能。

一般而言，一个金融机构通常会与每个交易对手进行多项交易，形成一个投资组合。因此，银行对一个交易对手的风险敞口是与这个交易对手签订的所有协议的持仓量的替换成本之和。如果用蒙特卡罗模拟，对交易对手的潜在信用风险敞口可能会以这个投资组合中最长的期限为标准进行计算。交易对手信用风险的双边性意味着估计交易对手信用风险时，必须考虑银行与其对手签订的净额结算协议。考虑了净额结算协议和保证金合约后，对所有相关市场因素的模拟可以精确并且一致地捕捉投资组合效应。投资组合中的每一笔交易都在离散区间内用模拟路径重新估值：在这些模拟情景中，可以得出投资组合在未来每一时间点的市场价值。然后就可以在特定的置信水平下，计算模拟的市场价值的分布。监管者要求期望正风险敞口（EPE）、潜在未来风险敞口（PFE）以及其他量化交易对手风险敞口都要在这些分布的基础上被计算出来。

现阶段有几点值得一提。首先，对大多数市场因素来说，其变化趋势被认为是遵循对数分布的。这个假设是行业公认的，并且被金融从业者普遍运用，得到了学者的支持和经验证据的支撑。此外，其他的趋势也被用于模拟市场因素的变化。金融机构有选择模拟趋势的权利，只要它们能用敏感性分析、压力测试和回测结果向监管者证明其选择的模拟模型在概念上是稳健的、健全的、稳定的即可。

其次，另一个可能与实际情况相悖的重要假设是，投资组合在模拟过程中保持不变。换句话说，在整个时期内没有任何新的交易发生。有了这一假设，风险敞口的估计过程就需要频繁运行，通常是每日运行，并且要使用更新后的市场因素价值和投资组合结构。

再次，蒙特卡罗模拟过程所用的协方差结构和波动率根据历史损益（P&L）的变化情况进行校准。协方差结构和波动率在整个模拟期间保持不变。这是对市场真实情况的简化。因此，协方差结构和波动率需要定期更新，以反映当前市场情况。事实上，监管机构已经开始要求金融公司模拟交易对手风险敞口的变化时考虑动态波动率甚至动态协方差矩阵。

最后，还有其他减少场外交易中交易对手信用风险的方法。比如抵押协议，它导致的风险敞口减少量等于所持有的抵押数量；再比如 CVA 法和使用中央清算所等。抵押法和 CVA 法在本书的其他章节（第四章）中介绍。

蒙特卡罗模拟框架

简单而言，一个对历史价格变动校准的、使用协方差矩阵和波动性结构的蒙特卡罗模拟框架模拟了与投资组合交易相关的标的市场因素的未来表现。包含了各种净额结算和保证金条款的市场因素的完整模拟可以精确并且一致地捕捉投资组合效应。投资组合中的每一笔交易都在离散区间内用所有生成的模拟路径重新估值。可以在这些模拟情景中得出投资组合在任何时段的市场价值。然后，可以在特定的置信水平下计算出模拟市场价值的分布。

在下文中，我们将展示以上概述的蒙特卡罗模拟框架的具体细节。

计算交易对手信用风险敞口分布的分析引擎包含以下几个主要部分。

市场因素模拟

为了估计对交易对手的信贷风险，我们首先在一个固定的未来日期集合内生成潜在市场情景。市场情景由具体未来日期内与交易对手的交易相关的所有市场因素集合构成。这些市场因素分为两类：被模拟的因素和没有被模拟、未来在每条路径中都保持不变的因素。例如，标的市场因素的历史波动率和相关性经常被假设在模拟过程中是保持不变的，而利率、外汇（FX）汇率以及信贷利差则被假设是按某一趋势变动的，并且在每个未来模拟日被模拟出来。市场因素的波动率不变假设和相关性结构不变假设主要是为了简化模型。这些模型假设对市场现实情况进行了抽象，取得了理想的效果，但这些抽象概念简化得有些过度。它们经常被看作是模型的局限性所在，并且被认为可能导致模型风险。相应的补偿机制包括频繁更新波动率和相关性结构以及定期监测和复核模型。

这个情景生成过程包括大量模拟，它们会生成有关投资组合内交易的市场因素的模拟路径。以下是一些常见的场外市场衍生交易需要的市场因素：
- 利率；
- 信贷利差；
- 外汇汇率；
- 股票和指数的现货价格；
- 商品期货价格；
- 波动率曲面；
- CDO 交易的相关性偏斜。

一般而言，用 x_i 代表以上市场因素之一，如果我们假设 x_i 服从对数分布，那么这些市场因素可以用下面的动态过程来模拟：

$$\frac{\mathrm{d}x_i}{x_i} = \mu_i \mathrm{d}t + \sigma_i \mathrm{d}W_i(t) \qquad (3-1)$$

且有以下性质：

$$\mathrm{d}W_i(t) \cdot \mathrm{d}W_j(t) = \rho_{ij}\mathrm{d}t \qquad (3-2)$$

假设其中漂移系数 μ_i、波动率 σ_i 和相关系数 ρ_{ij} 保持不变。

波动率和相关系数应根据历史数据定期更新。

对不同市场因素进行模拟时，所使用的动态过程可以是不同的。事实上，不同金融机构做市场因素模拟时的确在使用对数动态过程以外的一些动态过程[1]只要 IMM 模型开发者能够用模型框架在理论上的稳健性、健全性、稳定性使监管者对所选的模拟过程信服即可。

未来情景下的交易定价

接下来，我们探讨投资组合在未来的价值。使用前台定价库，根据每一个模拟日和每一个潜在市场风险因素的现实情况，在前文所述的模拟过程生成的市场情景中给投资组合内每笔交易定价。前台定价库通常是经过严格检验的并已获得监管机构批准。它们能在一个十分精确的水平上为交易定价。对前台定价库的充分利用使公司的交易、市场风险管理和交易对手风险管理具有一致性。

过去，对于一家大型金融机构而言，由于相关的计算强度高且很复杂，运用前台定价库来估计交易对手信用风险敞口是十分困难的。标的物的违约或者信用评级变化是小概率事件。没有足够数量的模拟路径，这些小概率事件就很难被捕捉到。

因此，除了在资产组合净额结算和保证金算法上运用高度复杂的计算以外，投资组合中的每一笔交易必须在未来时间点内进行大量的未来情景模拟分析。

现在，有了可用的并行的计算方法和日益提高的计算能力，对许多产品而言，将模拟过程和交易部门的定价机制结合起来就成为可能了。然而，依赖路径的交易，比如美式/百慕大和基于资产的衍生品的定价面临挑战，这是由于这些交易的价值可能取决于一些早期发生的事件（例如执行一个期权），或者取决于引导定价日的整个路径（例如壁垒或者亚式期权）。一般来说，不得不对这些产品使用近似分析或简化的定价模型。

风险敞口剖面的生成

对于每个模拟日期和每个标的市场风险因素，交易对手风险敞口都来自净额结算和保证金条款。

期货的交易对手风险敞口可以通过风险敞口剖面的方式变得可见。这些剖面是通过计算每一模拟日的风险敞口分布的某些统计量获得的。例如，期望正风险敞口剖面（EPE）是通过计算每一模拟日的风险敞口的期望得出的，而可能的未来风险敞口剖面（PFE）是通过计算高百分位（比如97.7%或99%）的风险敞口得出的。虽然用不同的风险敞口计量方法得到的剖面不同，但是它们通常具有相似的形状。

图3.1画出了这个框架的三个组成部分——情景生成、定价和聚合。

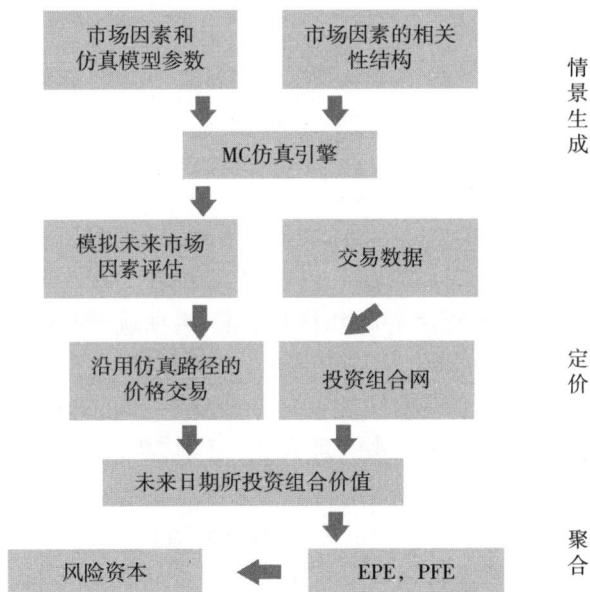

图3.1　交易对手风险管理框架的三大组成部分

成分的应用

以上描述的三个组成部分的应用如下所示：

令 P 为对某一特定交易对手的交易构成的投资组合。假设 P 包含 N 个相关交易。这些交易被命名为 A_1，A_2，$\cdots$，A_N。为了简化，我在此不考虑保证金。以未来时间点的模拟市场因素为基础，在离散的未来模拟日的集合上对这些交易定价。令 t_0 为估值日期（当前日期），令 t_1，t_2，$\cdots$，t_n 为我们要进行模拟的未来日期的集合，其中 t_n 是这些交易的最长到期时间。更明确地，令 M_j 为估值日与交易 A_j 的到期日之间的时间段（以年为单位），$j=1$，2，$\cdots$，N。

令 M 为最长的时间段，定义为

$$M = \max \ \{M_j : j = 1, \ 2, \ \cdots, \ N\} \tag{3-3}$$

如果模拟在等长度的时间集合上进行，那么我们可以很容易地确定这个模拟所需的步数如下：

令 l 为模拟的单位时间间隔的长度。那么这个模拟所需的步数，命为 n，就可通过下式得出

$$n = \left[\frac{M}{l} + 1\right] \tag{3-4}$$

其实，时间间隔的长度不需要在模拟过程中保持不变。在模拟的开始时间段用更短的时间间隔是合理的，这表明了我们对模拟出的 MTM 价值的信任。例如，我们预先将时间间隔的长度定义为：

- 每天一步直到一周；
- 每周一步直到一个月；
- 每月一步直到到期日 M。

与投资组合 P 中的交易相关的所有市场因素必须全部进行模拟。与任何交易对手之间的投资组合的模拟步数都可以被计算出来。为了使我们的介绍更加准确，我们假设整个模拟期被分为 n 个时间间隔，并明确开头的几个时间间隔的长度与之后每月的时间间隔不同。

在置信水平 α 下，与交易对手之间的投资组合 P 的风险敞口是一系列价值 $\{P(t_k) : k = 0, \ 1, \ 2, \ \cdots, \ n\}$ 中的最大值，其中 $P(t_k)$ 是特定将来时间点 t_k 时，模拟的投资组合价值集合的第 α 个百分位。

假设模拟的总体数量是 S。令 m 来作为模拟情景的指标：$m=1$，2，$\cdots$，S。我们计算每个交易在每个模拟路径下每个未来日期可能的市场价值。令 $A_j^m(t_k)$ 为第 m 个情景下交易 A_j 在时间 t_k 的可能的市场价值。令 $P^{(m)}(t_k)$ 为第 m 个情景下投资组合在时间 t_k 时的风险敞口。

那么

$$P^{(m)}(t_k) = \sum_{j=1}^{N} \tilde{A}_j^{(m)}(t_k) \tag{3-5}$$

其中 $\tilde{A}_j^{(m)}(t_k)$ 被定义为

$$\tilde{A}_j^{(m)}(t_k) = \begin{cases} A_j^{(m)}(t_k), \text{可作净额计算时} \\ [A_j^{(m)}(t_k)]^+, \text{其他} \end{cases} \tag{3-6}$$

在此，我们定义 $[x]^+ = \max\{0, x\}$。

基本模拟算法可被描述为：

步骤一：计算 t_0 时的投资组合的价值。此价值应当符合投资组合的市场价格。用"容忍度检验"来进行检验。

步骤二：设 $m = 1$。

步骤三：用市场因素模拟过程生成时间间隔 $[t_0, t_1]$ 内相关市场因素的价值。

步骤四：计算 t_1 时的投资组合的价值。

步骤五：在 t_1, t_2, …, t_n 重复步骤三和步骤四，计算出 $P^{(1)}(t_2)$, $P^{(1)}(t_3)$, $P^{(1)}(t_4)$, …, $P^{(1)}(t_n)$。

步骤六：设 $m = m + 1$。重复情景模拟流程（步骤二至步骤五）S 次，得到：

$$\{[P^{(m)}(t_0)]^+\}_{m=1}^S, \{[P^{(m)}(t_1)]^+\}_{m=1}^S, \{[P^{(m)}(t_2)]^+\}_{m=1}^S, \cdots,$$
$$\{[P^{(m)}(t_n)]^+\}_{m=1}^S \tag{3-7}$$

那么以上结果的第 α 百分位，命为 $PFE_\alpha(t_k)$, $k = 0, 1, 2, \cdots, n$，在 α 置信区间内形成投资组合的 PSE 剖面。α 置信水平下最高的 PFE，命为 PFE_α，表示为以下函数：

$$PFE_\alpha = \max\{PFE_\alpha(t_k): k = 0, 1, 2, \cdots, n\} \tag{3-8}$$

例如，我们可以用 $\alpha = 97.7\%$ 或 $\alpha = 99.0\%$ 的置信水平。

我们还可以计算 EPE（期望正风险敞口），它被定义为每一时间 t_0, t_1, t_2, …, t_n 的期望正风险敞口的最大值。具体地，在时间 t_k 时，我们可以计算：

$$EPE(t_k) = \frac{1}{S}\sum_{m=1}^{S}[P^{(m)}(t_m)]^+ \tag{3-9}$$

EPE 投资组合包含所有 $EPE(t_k)$, $k = 0, 1, \cdots, n$ 那么投资组合 P 的最高 EPE 就是集合 $\{EPE(t_k)\}_{k=0}^n$ 中的最大值。

有效 EPE 的计算

2005 年 7 月，巴塞尔委员会宣布了一些修正框架的重大改变，这些改变试图解决精确度不足问题。《巴塞尔协议Ⅱ》框架首次允许银行使用高级内部模型方法计算监管资本，在计算内部信用风险时，通过运用长久以来被认为是"最好的实践"的技术来降低资本要求。新方法的核心是对预期风险敞口（EE）和 EPE

的精确计算。更重要的是，EE 必须用于计算可能的未来风险敞口剖面（PFE）同样复杂的模型计算，即模拟多个未来时间的市场情景下的风险敞口。

未来时间 t 的"预期风险敞口"，命为 EE_t，是时间 t 的平均正风险敞口。换言之，$EE_t = EPE(t)$。"有效预期风险敞口"，命为 effective EE，用递归方式计算为：

$$\text{effective } EE_t = \max\{\text{effective } EE_{t_{k-1}}, EE_{t_k}\}$$

有效 EPE 被定义为未来风险敞口在第一年的平均有效 EE。如果所有净额投资组合中的合约在一年以内到期，那么有效 EPE 就被定义为直到投资组合内所有合约到期时的平均有效 EE。

我们也可以将有效 EPE 作为有效 EE 的加权平均来计算，如下：

$$\text{effective}EPE = \sum_{k=1}^{\min\{1y, maturity\}} \text{effective}EE_{t_k} \times \Delta_k$$

其中，$\Delta_k = t_k - t_{k-1}$。注意权重 Δ_k 允许未来风险敞口在不同时间长度下进行计算。

有了这些计算结果以后，我们可以用 α 和有效 EPE 的结果来计算风险敞口价值。

$$\text{风险敞口价值} = \alpha \times \text{effective}EPE$$

其中，α 根据《巴塞尔协议Ⅱ》修正框架被设定为 1.4。这一参数调整了以下事项的监管资本估计：

• 风险敞口的波动性、不同交易对手间的风险敞口的相关性、风险敞口和违约之间的相关性。

• 一个公司的交易对手风险敞口间可能存在的独立性不足问题。

• 模型、估计和数字化差错。

《巴塞尔协议Ⅱ》框架允许使用快捷的简单保守估计法得到附加保证金协议的净额收益的有效 EPE，而不需要对整个时期进行模拟。对有保证金的交易对手，有效 EPE 可以用一个基数加上一个附加值的和来计算，这个附加值反映有保证金的潜在风险敞口和无保证金的有效 EPE 中较低者。在内部模型方法下，《巴塞尔协议Ⅱ》中陈述了一个比有效 EPE 更保守的方法，这个方法可以取代计算 α 与有效 EPE 的乘积这一步。本书有大量有关保证金交易对手的内容，读者可在其他章节查阅具体细节。

回溯测试

要用 IMM 来计算 CCR，金融机构就被要求提供证据以向监管机构证明 IMM 概念上是稳健的，并且可以被完整地使用。监管机构对大多数金融机构必须达到的定性标准进行了规定。回溯测试就是这些 CCR 风险敞口模型框架的定性标准之一。巴塞尔监管资本框架要求 IMM 银行对它们的预期正风险敞口（EPE）模型进行回溯测试，其中回溯测试被定义为：定量比较 IMM 模型的预测值与实际值。监管者没有规定回溯测试的具体方法或统计检验方法。

回溯测试以标准的统计推论方法为基础，其目的是确定风险敞口的实际表现是否在模型预测的范围之内。回溯测试的基本思想是证明在某一置信水平下，历史路径与模拟预测的路径在统计数据上没有明显不同。换言之，回溯测试从统计角度将历史路径与模拟路径做比较，并评估模型在预估观测值的未来走向上是否成功。

回溯测试流程包括测试数据的选择；测试的投资组合和市场的选择；合适的统计检验方法的选择和开展；以及测试结果的插入。回溯测试在市场因素和假设投资组合上都可以运用。进行假设投资组合的回溯测试时，模型在回溯测试给出的特定的时间窗口（通常为一年）内预测的事前风险（百分位数或平均值）形成了回溯测试的壁垒。

如果投资组合价值在某一给定的模拟时间点上是小于临界值的，那么我们就称这个检验是成功的。否则，我们就说在这一时间点上出现了断点。然后我们对窗口期出现的断点进行计数。研究并检验多个时间窗口内多个投资组合的断点分布的各种统计学特性。

市场因素回溯测试涵盖了主要市场因素，比如权益的现价、利率、信贷利差、商品、外汇。回溯测试的结果反映了直接模拟模型在这一特定市场因素上的表现。为了解释，我们列出了在几个百分点上的一个市场因素的回测：例如 1%、2.3%、15%、35%、65%、85%、97.7% 和 99%，如图 3.2 所示。

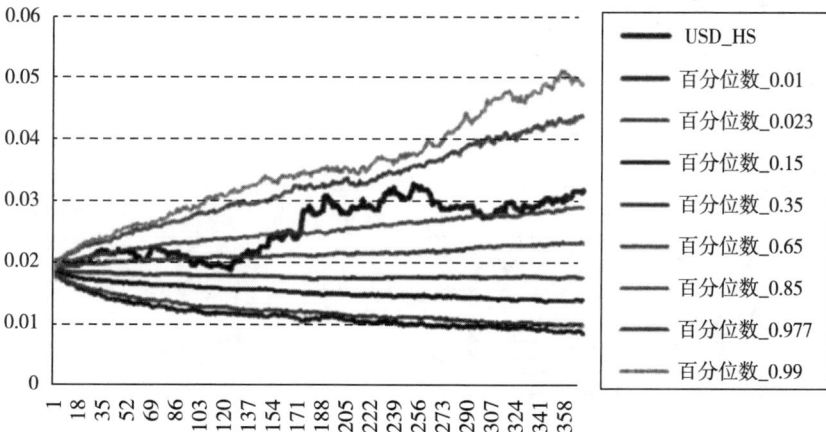

图 3.2　市场因素回溯测试

假设投资组合的回溯测试对 PFT（在给定的百分点）和 EPE 都要进行。投资组合的历史 MTM 通过使用历史市场数据（价格、利率、隐含波动率）给每一

个交易定价从而建立起来。图 3.3 展示了回溯测试的一个简单例子。在图 3.3
中，在 2010 年 9 月 30 日至 2011 年 9 月 30 日间，对一个10000000美元 5 年期的
希腊信用违约互换合同的保护买方进行回溯测试。在这期间标的信贷利差上升到
了非常高的水平。回溯测试结果表明，PFE（97.7%）是充分保守的，因为整个
检验期间没有出现断点。然而，EPE 显示出许多断点，表明：EPE 在压力期间有
不足之处。

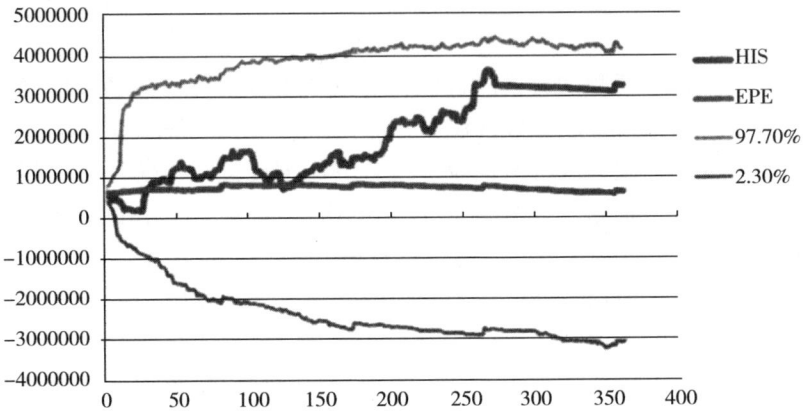

图 3.3　回溯测试的一个例子

另一个例子是，我们探讨 2010 年 12 月 31 日至 2011 年 12 月 31 日的压力期，
因为 2011 年夏天欧元发生了危机，美国评级降低。2012 年 6 月 20 日到期的保护
买方的回溯测试结果如图 3.4 所示，图 3.4 显示出，当信用市场开始恶化时，即
使是 97.7% 水平下的 PFE 也出现了大量的断点。在这一案例中，我们称在检验
期间交易的回溯测试失败了。

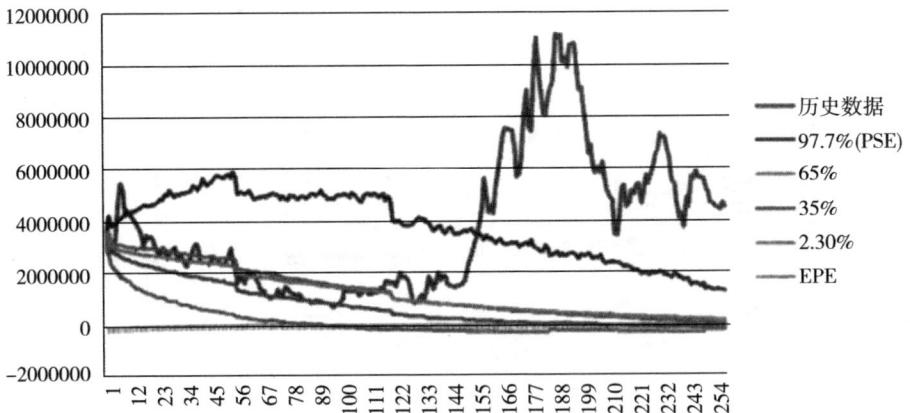

图 3.4　回溯测试的另一个例子

IMM 模型计量交易对手信用风险有很多不同的方法论和统计学分析方法。既

然 IMM 模型对 CCR 的回溯测试还有待巩固才能成为被行业和监管部门普遍采用的明确的方法，金融机构就可以开发属于自己的回溯测试技术。

案例分析

在这一节中，我们用一个简单的利率互换来解释以上讨论过的 IMM 方法。我们探讨简单的单种货币的 5 年期利率互换。我们用普通的利率期限结构模拟模型来模拟利率。图 3.5 显示了未来的模拟利率：

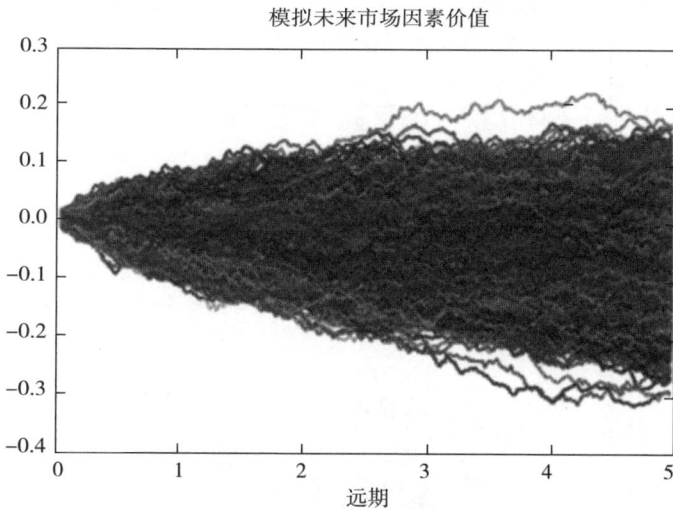

模拟未来市场因素价值

图 3.5　未来时期的模拟利率

通过模拟的未来市场因素价值（在这个案例中只有利率），我们可以对未来时间的互换价值进行估算，如图 3.6 所示。这些就是通过模拟市场因素价值得到的互换的市场价值。

考虑 PFE 和 EPE，我们需要计算正风险敞口。图 3.7 显示了互换的正风险敞口。

进行平均后，我们得到了如图 3.8 所示的互换的 EPE 剖面。

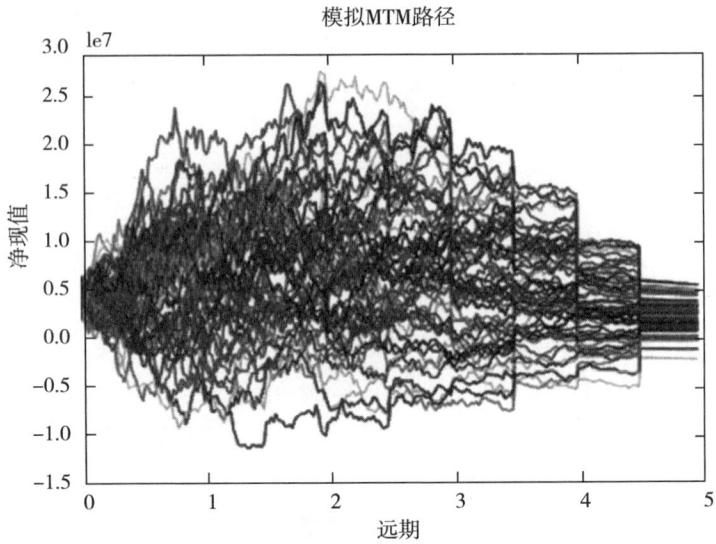

图 3.6　模拟情景下的投资组合价格

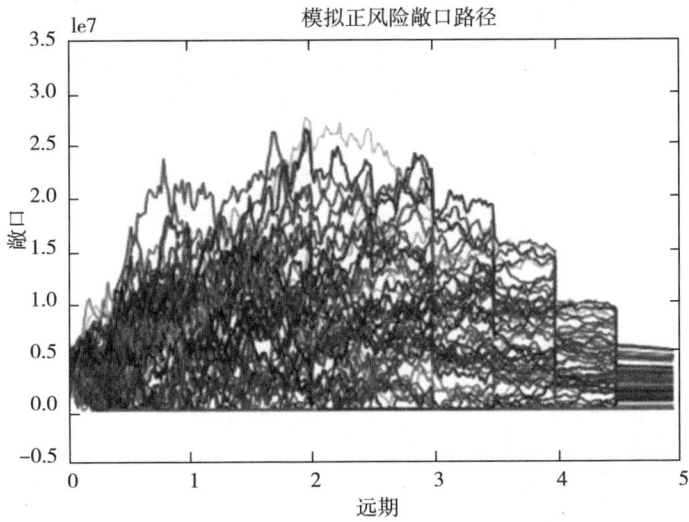

图 3.7　模拟情景下投资组合的正风险敞口

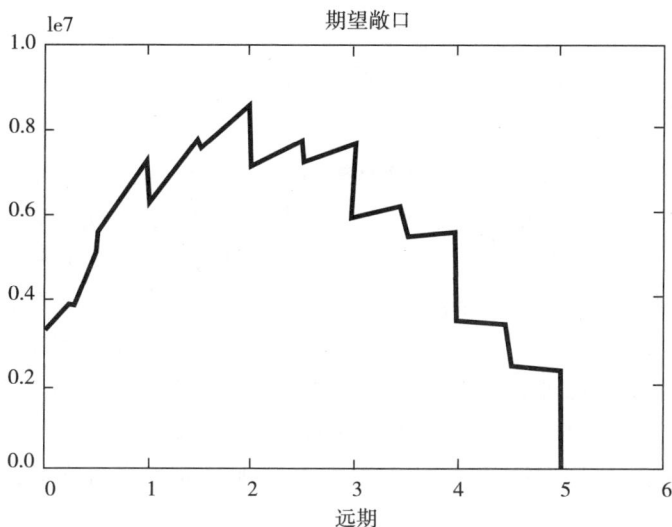

图 3.8　五年的预期正风险敞口的剖面

我们在给定的百分位（本案例中是 97.7%）对模拟正风险敞口路径进行整理，得到这个交易的 PFE 剖面。PFE 和 EPE 剖面都在图 3.9 中显示，便于比较。

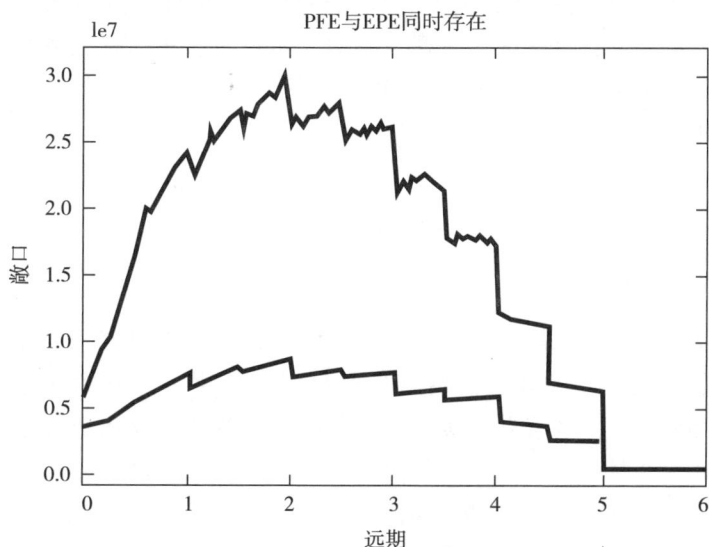

图 3.9　97.7 百分位下的 EPE 和 PFE

选出 EPE 和 PFE 剖面的最大价值，我们分别得到了一个 EPE 的数和一个 PFE 的数（在给定的百分位下）。根据监管要求，这两个数应被运用在风险资本监管中。

讨论

为了使交易对手信用风险管理的 IMM 框架成功获得监管批准，一家金融机构必须阐明其模型框架的概念合理性、模型计算精确性以及模型表现稳定性和稳健性，尤其是在压力情景下。充足的证据，比如回溯测试结果和框架的敏感性分析，必须不断地被收集并分享给监管者。前台定价库和模拟模型的无缝衔接是 IMM 框架至关重要的一点。前台定价成功地被用作估计与交易对手间投资组合的未来价值，加上所有保证金和净额结算合约的正确运用，就会向监管者传递清晰的信号，表明 IMM 框架的确能生成连贯的银行的未来交易对手风险敞口。为了达到这一点，要求运用 IMM 框架的银行拥有精确的前台定价库和强大而复杂的 IT 基础设施。

自 2006 年《巴塞尔协议 II》出版以来，行业从业者和学者见证了交易对手风险管理的巨大进步。由于本书出版的空间和时间的限制，我们只能重点用简化的案例来解释 IMM 框架中已成熟的那些主要部分。估计交易对手信用风险敞口是一个复杂的话题。许多有关 CCR 的研究和降低交易对手信用风险的工具，例如抵押、保证金、中心交易对手结算、流动性问题等，并没有包括在本章内。为了进一步的研究和调查，读者可以查询本书其他章节和参考文献，尤其是有关 CCR 的官方规章。

结论

比较大型的金融机构都十分渴望运用与《巴塞尔协议 III》兼容的 IMM 框架。在本章中，我们描述了 IMM 方法在管理交易对手信用风险方面的运用。本文概述了一种合理的方法，这个方法实际上在美国的一些主要商业银行中运用得很成功。我们希望，以上对框架的展示和对案例的阐释提供了这一方法的鸟瞰图，并且为读者运用 IMM 模型时的疑问提供了参考。

注释

①约翰·乔治. 交易对手信用风险和信用价值调整. 威利金融学，2012 年 10 月.

参考文献

1. Basel Committee, "The non – internal model method for capitalising coumerparty credit risk exposures", Consultative Document, Basel Committee on Banking Supervision, September 27, 2013.

2. Basel Committee, "Sound practices for backtesting counterparty credit risk models", Basel Committee on Banking Supervision, December 2010.

3. Basel Committee, "Basel Ⅲ: A global regulatory framework for more resilient banks and banking systems", Basel Committee on Banking Supervision, June 2011.

4. Basel Committee, "The standardised approach for measuring counterparty credit risk exposures", Basel Committee on Banking Supervision, April 2014.

5. Basel Committee and BIO, "Margin requirements for non – centrally cleared derivatives", Basel Committee on Banking Supervision and Board of the International Organization of Securities Commissions, September 2013.

第四章
金融危机到来之际的各种估值调整[*]

约翰·卡彭特

引言

自 2008 年国际金融危机以来，实际上已经有许多不同的、在传统定价模型中未提及的制约因素增加了场外衍生工具市场的成本。在这些经济变化中，一些是由于新的市场力量（例如，银行发行的长期债务的成本现在显著高于 LIBOR），一些是由于监管变化（例如巴塞尔协议对资本金的要求，强制性清算，双边初始保证金），以及一些会计变更（例如所选负债的公允价值期权）。尝试衡量管理这些额外成本的价格和风险，将导致对交易对手信用（CVA），自己的信用（DVA），融资成本（FVA），监管资本（KVA）和初始保证金（MVA）等进行一系列估值调整。

本章将从实践的角度来依次介绍这些调整，重点讨论调整的结构根源以及实施和进行风险管理时，实践中需要注意的事项。本章只会涉及一些基本的定价公式，而其他章节将覆盖到一些更高级的理论。应该指出的是，各种估值调整（XVA）的成熟程度大不相同，一方面是由于方法在很大程度上取决于目前的学术前沿研究进展，另一方面取决于多年的实践。

信用估值调整

信用估值调整（CVA）是衍生交易对手可能违约，导致尚存的一方经济价

---

* 本文所表达的观点仅代表作者个人意见，并不代表美国银行的观点。

约翰·卡彭特是美国银行在夏洛特市的公司财政部的高级货币和利率交易员。2012 年加入美国银行之前，他曾在摩根士丹利、德意志银行和花旗集团任职超过 10 年，在不同的货币、利率和信贷产品上都有过交易经验。约翰有纽约大学的 Courant 研究所的数学金融学硕士学位和北卡罗来纳大学教堂山分校的计算机科学硕士学位。

值损失，其丧失的是衍生品的市价（减少所有的回收品或抵押品）。在金融危机之前，CVA 就已经得到了公众认知和普遍了解，并且财务会计准则委员会在 2007 年通过的《FAS 157 规则》中就要求将其纳入衍生品公允价值计算。尽管其定价和概念从根本上没有太大的区别，但从 2008 年以来出现了两个重大变化：

第一，风险管理的方法变得更加保守，更依赖于设定更严格的限制，而不是创造对冲策略。这是由于以下几个原因：（1）对冲工具的流动性和实用性已经下降（例如，在一篮子交易对手的信用违约互换中，CDO 是不可用的）；（2）在 2008—2009 年由于交易对手违约造成了巨大损失之后，对潜在衍生风险敞口的内部信用风险的管理变得更加保守；（3）由于新"巴塞尔协议"要求，持有非抵押衍生工具与抵押衍生工具所需的监管成本往往提高经济平衡，这样的替代方案对银行和客户都更可取；（4）对利率互换和某些违约掉期等产品交易的强制性结算降低了 OTC 交易活动的整体规模。

第二，CVA 是增加一个新的 CVA 指标——监管 CVA，它与传统的 CVA 指标完全不同。监管 CVA 是在《巴塞尔协议 II》和《巴塞尔协议 III》中提出的，并根据 CVA 的波动性费用提出了风险加权资产（RWA）。计算 RWA 的方法与在险价值（VaR）相似，因为它考虑了 CVA 在最恶劣情况下波动性分布结果的最大损失部分。

CVA 费用变化的理由是，在危机期间，许多金融机构因为 CVA 的公允价值上涨（主要是因为交易对手的扩大，意味着违约率和隐含波动率的增加）造成季度盈利亏损，而不是实际的交易对手违约。既然这个标准已经建立起来了，那么现在就要考虑定价和对冲两个不同的 CVA：对冲预期违约风险的成本和持有 CVA 费用本身 VaR 资金的成本。

简要介绍：信用支持附件（CSA）

CSA 是 ISDA（国际掉期和衍生品协会）规定的主要条款的一部分，它明确提出在衍生交易对手之间签订抵押安排条款，以规避 MTM（逐日盯市制度）的信用风险。每日盯市市值亏损方（担保方）一般会将现金或证券抵押给市值盈利一方（被担保方），他们会用这些现金或证券来抵消出现违约情况下的损失。各种衍生工具的市值损失可能会根据主要的 ISDA 条款清算，投资组合的净市值变化（MTM）会根据 CSA 处理。每日结算是信用风险的重要缓释方法，否则，收益的一方将面临信用风险，他们所有有收益的交易可能会遭受损失，而同时他们自己也会存在大量损失的交易，他们在这些交易中也会有欠款。不同交易的净收益和损失敞口，当被合法结算后，大大降低了信用风险。

CSA 条款规定了支付的时间、金额、构成、减值、利率（担保方占用现金而支付的）等其他项目。通常两家大型经销商会拥有 ISDA 定义的标准 CSA（SCSA），并将有效联邦基金利率（OIS）或担保方的每日现金保证金规定为每日使用现金的利息。SCSA 使用 OIS（而不是 LIBOR），因为现金支付的利率让市场一致认为，衍生工具应在 OIS 的基础上贴现。这与 LCH Clearnet（伦敦结算所）或 CME（芝加哥商品交易所）等中央对手方结算制度（CCP）的条款保持一致，有助于 OTC 对 CCPs 的禁止。

一般来说，衍生品的估值是建立在 SCSA 条款上的，任何估值调整（XVA）条款都是对基准值的调整，以反映实际 CSA 的经济意义。

使 SCSA 普遍存在所有衍生交易中并完全消除 CVA 似乎是很简单的，但是一个银行客户对终端用户必须发布衍生工具的 CSA 来说不是一件简单的事情。例如，如果来自非金融公司的财务主管以浮动利率贷款，为具有预期固定回报率的项目提供资金，则可能会将贷款利率由浮动转为固定。现在有一个通过固定利率负债融资的项目，并且贷款从确定到支出的初始收益回报也是固定项目。如果衍生品的市值（MTM）发生变化，则会使终端用户的现金管理更复杂，并造成运营负担以及为抵押品提供资金。如果限制银行信贷的风险敞口并拥有单边 CSA，那么只是安全的一方，而不必做出任何承诺。最终必须平衡一下，满足终端客户和银行的信用风险偏好的需求。由于执行一次交易的双方都要承担法律责任，所以 CSA 很少被重新协商，而当交易执行之后，这些条款就会被 CSA 绑定在一起，并且不会受到 CSA 条款的任何后续更改的影响（除非明确的变化）。因此，即使构成理想 CSA 的因素在理论上都发生了改变，仍然会存在"遗留问题"，这个问题既来源于被记录的新交易的长期 CSA，也来源于更长期的衍生品。

CSA 面向客户的条款在实务中差异很大，可能包含以下项目的任何组合，所有这些项目都具有可能影响各种估值调整（XVA）的经济价值。

• **单向 CSA**——只有银行发布——政府/超主权金融机构有时候不愿意/无法发布。

• **CSA 的缺失**——传统交易没有 CSA。

• **阈值**——仅在 MTM 超过固定金额时才提供抵押品。例如，客户的阈值为 1000 万美元。如果 MTM 小于 1000 万美元，就不需要抵押品；如果 MTM 为 1200 万美元，客户就需要提供 200 万美元的抵押品。

• **最小转移金额（MTA）**——除非自上次转账以来，MTM 的变动超过最低限额，否则抵押金额不会发生改变。这个项目旨在减轻操作负担。

• **再抵押**——担保方是否可以将抵押品用于其他目的，例如将其抵押给另外一个合约方，还是必须保留在隔离账户中？如果不能进行再抵押，这些抵押品会抵消信用风险，但却成了没有任何收益的"死钱"。

• **初始金额（IA）**——也称"初始保证金"，超过 MTM 以上的额外抵押品，可以创造额外的缓冲。

- **降级效应（物质变化）**——如果发生了评级下调至一定级别（例如投资级别），则可强制实施（例如要求补足 IA）。
- **相互终止违约条款**——交易对手可以在未来一段时间内以现行 MTM 解除交易。
- **可接受的抵押品和最便宜的交割（CTD）**——CSA 在可接受的抵押品类型上有很大差异，可以从仅接受现金到货币，到政府证券，再到非投资级证券。高质量流动资产（HQLA）的状况需要重点考虑。
- **交叉违约/加速**——衍生金融支付违约是否会触发对冲工具违约［特别是信用违约互换（CDS）的参考债务］？
- **第三方保管人**——持有抵押品的担保方是否必须为第三方？

CVA 的价值

如果 CSA 的条款允许公开披露，CVA 是由于交易对手违约而在衍生工具到期前预期市值（MTM）损失的现值。如果对冲工具（即交易对手的 CDS）存在且可以交易，则 CVA 的价值与在交易期间与对冲违约风险相关的预期负收益的现值相同。衍生工具与纯粹的资产（例如客户贷款可能以一条曲线减值或是增值）不同，它在整个生命过程中有可能是资产或负债。

广义而言，有三种 CVA 定价方法：

（ⅰ）当期暴露法，基于现在对 MTM 进行的粗略估计，通常是由较少交易的衍生用户使用。这种方法没有考虑到潜在市场变量的波动性，也没有严格的数学基础。

（ⅱ）单向 EPE 法，有风险的对手方有一个选择：在违约事件发生时违约。

（ⅲ）双向 EPE 法，在相同的框架中考虑双方的违约。这在理论上要复杂得多，因为它依赖于违约的情况，并且具有更复杂的对冲影响，它考虑到自己的违约概率（并且与监管 CVA 的方法不同）。

本节的其余部分将包含适用于所有方法的一般性解释，但任何具体针对定价的方法都会使用方法（ⅱ）。因为银行不会使用方法（ⅰ），方法（ⅲ）太复杂，超出了本章的范围。

评估方法开始假设仍然存在的交易对手是期权的空头，来避免 MTM 交易带来的不安全风险。不像传统的期权，当其处于价格范围内时就会被执行，这种期权只有在交易对手违约的情况下才会被执行。如果我们将 $PD(x, y)$ 定义为间隔 (x, y) 的违约概率，并将预期的正风险敞口（EPE）作为欧式期权的价值，以抵消现有衍生品的价值，该值大于零，也大于任何可能提供的抵押品（例如阈值），则：

$$CVA = (1 - Recovery) \int_{t=0}^{t=T} EPE(t) \times PD(t, t + dt) \, dt \qquad (4-1)$$

这个积分可以离散化，可以认为是在每个时间间隔中，离散交换的欧式期权的价值乘以那时发生违约的概率。这个公式可以从对冲成本的角度来解释：大部分的对冲成本是在交易的整个生命周期内购买信用保护所带来的负收益。

示例：利率互换和交叉货币互换

EPE 的状况取决于其现在性质。主要因素是互换尾部的风险、远期的自然走势及其经过的时间。就交叉货币互换而言，尾部风险仍然保持不变（最终本金交易占主导地位，即每个部分的货币现值大约为平均水平），EPE 持续增加，因为期权的时间长度可能会增加（因此可能会从原点走高），利率的变动使这个远期有更多时间具有正的价值。相比之下，利率互换在向上倾斜的收益率曲线上收益固定，在交易的中间的某个地方达到峰值，其间随着中间券息的减少而下降。在互换的后半部分，远期浮动利率将高于合约利率，这也自然会使 EPE 降低。

离散 $CVA = (1 - 0.40) \times \sum EPE[t, t + i] \times PD(t, t + i) \qquad (4-2)$

管理 CVA 风险

如果 CVA 的费用以逐日盯市的方式被计入，并且在收益报告中和其他任何衍生品一样披露，那么图 4.1 将是 CVA 费用的重要特征。

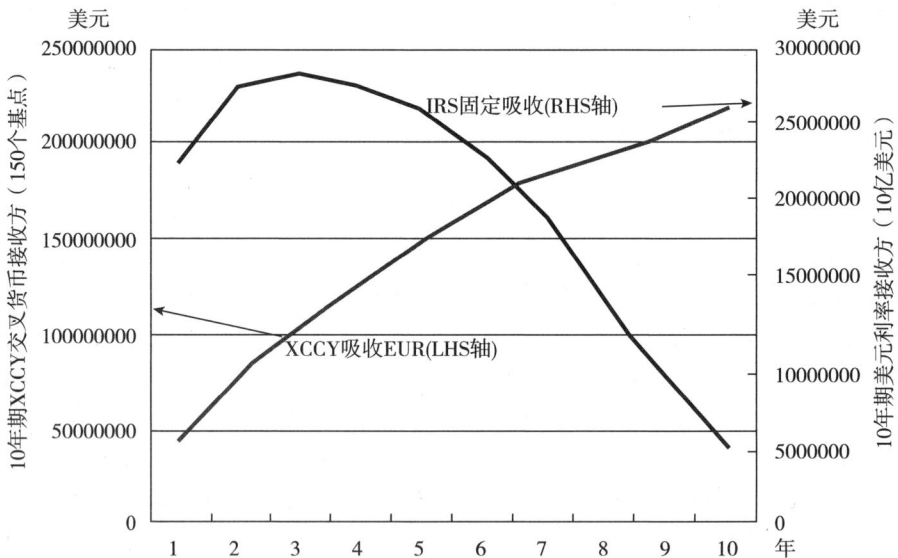

图 4.1 欧元兑美元的交叉货币互换和美元利率互换的 EPE 状况

表 4.1　　　　　　　　　　间隔违约概率和 EPE 状况

用 CDS 数据核准的破产概率				破产概率交叉货币互换（接收欧元方）		美元利率互换（固定利率接收方）	
时间段	CDS	幸存率	PD [t, t+i]	远期	EPE	远期	EPE
1 年	50bps	0.84%	0.84%	8730000 美元	46200000 美元	15300000 美元	23000000 美元
2 年	75bps	2.92%	2.07%	26770000 美元	73400000 美元	23700000 美元	27100000 美元
3 年	100bps	4.96%	2.05%	48460000 美元	99700000 美元	26700000 美元	28400000 美元
4 年	125bps	8.62%	3.66%	70480000 美元	124600000 美元	26600000 美元	27700000 美元
5 年	150bps	12.16%	3.55%	92180000 美元	148100000 美元	24300000 美元	26000000 美元
6 年	165bps	16.38%	4.22%	111880000 美元	164300000 美元	20500000 美元	23200000 美元
7 年	185bps	20.41%	4.03%	129680000 美元	178800000 美元	15700000 美元	19300000 美元
8 年	190bps	23.96%	3.55%	146000000 美元	191900000 美元	10600000 美元	14300000 美元
9 年	200bps	27.36%	3.40%	160520000 美元	203700000 美元	5300000 美元	8700000 美元
10 年	205bps	30.59%	3.24%	173880000 美元	214600000 美元	2700000 美元	3800000 美元
				CVA（基点）	29142000 美元		3572000 美元
			CVA in running bps		32		4.0

- 市场风险不仅存在于交易对手的利差，还存在于衍生品上（标的资产为外汇、利率、股票等）。也就是说，即使交易对手的利差不变，CVA 的费用也将以损益为基础，并需要进行对冲。

- 这个类似于在 EPE 支付的期权意味着 CVA 费用将对底层（即 Vega）的波动性具有敏感性，即使衍生品本身没有。例如，在普通的利率互换交易中，CVA费用的评估需要纳入从互换或上限/下限价格得出的利率的波动，即使互换本身的价值并不如此。

- 随着交易对手的违约可能性增加，信贷风险敞口将随着衍生工具的市场价值的变化而变化，信贷费用的公允价值也会增加。

- 由于活跃交易的交易量很小，所以不可能对所有交易对手方提供 CDS。一种可能的方法是用流动性 CDS 指数来对冲信贷利差（CS01）的整体敏感性。

- 需要一种动态的对冲策略，这种策略将有大量的"交叉游戏"，这意味着潜在市场风险因素的变化可能会引发买入/卖出 CDS 的需求，反之亦然。在极端情况下，当交易对手即将面临违约风险时，CVA 成为一个纯粹的欧式期权来消除潜在风险。

- 投资组合效应：如果我们将 EPE 替换为可以在上述定义中得到的多个衍生品组合，它就不会是 CVA 对其基础成分的费用之和。这可能需要蒙特卡罗模拟，也必须考虑对新交易的边际投资组合效应。注意，在上面的公式中，不可能有任何费用是负值，但是新交易的边际贡献可能是正的（如果对于交易对手来说，这个期权是深入的，并且抵消了其他风险，那么直觉上它是有意义的）。

• 校准可能很困难，因为许多交易对手没有可观察的 CDS 或风险债券（可以用一个评级机构的扩展矩阵来近似，但是如何对冲呢？），并且许多波动性和相关性也无法观察，因为没有期权市场存在。

• 如果你在 CSA 中有选择权，允许提供多种类型的抵押品，那么就会有上文未提及的更复杂的一个层次（通常在 FVA 部分中考虑得比较多——见后面的部分）。

CVA（又称对手管理，CPM）部门

在一个专门的 CVA 部门中，整合管理至少一部分银行的交易对手，有很多好处。例如，如果外汇部门在其 CSA 中对一个客户给予 1000 万美元的阈值，那么它可能不知道这个客户还在与银行进行另一个交易，这个交易的市场价值为 −0.5 亿元，大大抵消了之前所给的阈值。CVA 本质上是一个在法律上可以强制执行的投资组合概念。而在投资组合的背景中，是一种必须评估退出或做新交易的增量价值。在一个投资组合的交易中可能会有自然的抵消，这样可以减少信用保护的交叉出价需求。实际的后果是，交易管理层不希望每一个部门都能获得交易信贷，因为这不是他们的专长。CVA 部门还需要专门的基础设施，具有详细的 CSA 条款和结算集合。

一种常见的方法是通过对底层部门的衍生品市价进行"赎回"担保，使 CVA 部门与其他做市部门进行交互。CVA 部门向做市部门在开始/退出市场时收取费用（通过客户价格转交），并承担交易对手的风险。做市部门设法按标准 CSA 执行，当发生违约时，CPM 部门将它们全部按市值扣留。

一个问题是如何将单个 CVA 费用分配给不相关的部门。由于多样化影响的作用，CVA 的对冲成本将低于单个成本的总和。这一问题的一个自然推论是，是否要以增量方式或独立方式对终端用户定价。虽然公司的价值可能更接近于增量方式，但在另一个市场（场外市场）的参与者会以独立方式定价。

结算风险

即使是 SCSA 也不能完全消除交易对手的信用风险。上面讨论的 CVA 值是由于交易对手违约而导致的衍生金融工具的预期损失值。在违约时的衍生品的市场价值可能不足以弥补实际的损失。最有可能的是衍生品的市场风险在其他地方被抵消，抵消的形式是大概相反方向的另一种衍生品，这个衍生品可能面临的是另一个尚存的交易对手。假设 CVA 部门已经完成了它们的工作，该公司将免受衍生品违约导致的市值损失。问题是交易不再存在，因此交易的市场风险必须被替代。如果在违约发生的那一刻，交易不能准确地在中间市场替换，那么市场风险可能来不及被覆盖（这时买/卖会发生）。通常情况下，由于不确定性和违约发生时导致的宽限期延长，时间会变得更复杂。就交易员而言，损益看起来不错，要归功于 CVA 部门提供的保护。然而，风险报告是一个问题，因为与违约交易对手进行交易的所有风险都已经退出，但我们仍然在对冲。如果交易对手在整个市场上都足够重要，以至于其违约会损害到整个市场，这是特别有害的（参见下面的"数学上的错向风险"）。

对结算风险的认识形成了初始金额模型（以下简称 MVA 部分）、资本配置模型和其他离岸准备金等的理论依据。衡量结算风险的方法在概念上有点像 VaR，即假定的违约发生在一个特定过程中的特定时间段，然后根据一个投资组合的损益分布来衡量 99% 或 95% 百分位时的尾部亏损值。

数学上的错向风险（WWR）

有许多从业者甚至没意识到在信用模型中，隐含的假设变量是独立的，这是很常见的。标准思想是"风险现金流的现值是无风险折现因子乘以风险中性下对手方尚存的概率"。通常来说，为了折现来自具有风险的交易对手的现金流，可以采用 CDS 或风险债券价格，并校准标准强度模型。

校准瞬时违约概率为 $\lambda(t)$。$S(t)$ 是 t 时刻的尚存量，由下式给出：

对于持续的信贷扩张 $S(t) = e^{-\lambda t}$，或者 $S(t) = e^{-\int_{u=t}^{u=t} \lambda(u)\,\mathrm{d}u}$

如果 $\lambda(t)$ 有一个期限结构。

定义指标函数 1_t，如果违约，则随机变量为 0，否则为 1。预期衍生工具的现金流是 $V(s)$，若是来自风险交易对手，则变为 $E[1_t \times V(S)]$。注意 $E[1_t] = S(t)$。

一种典型的做法是，通过将远期利率乘以尚存概率和无风险的折现率，将 CDS 或债券价格与风险现金流进行折现，即

$$PV_{risky}[V(S)] = E[1_t] \cdot V(S) \cdot RFDF(t) \qquad (4-3)$$

这就是当现金流量 $V(s)$ 和 1_t 的价值具有协方差时，隐含的独立性假设，但不起作用。

$$E[1_t \times V(S) \neq E[1_t] \times E[V(S)] \quad 当\ cov[V(S), 1_t] \neq 0\ 时$$

$$(4-4)$$

这种现象与量化调整相似。为了衡量违约概率与潜在的概率之间的相关性，需要更复杂的模型。它也提出了如何校准相关性的难题。与有时可以观察到的期权市场的波动性不同，对于隐含的相关性，在市场中几乎无法观察到，而实际上也没有办法对冲真正的相关性风险（虽然潜在的风险增量将随着一个包括相关性的更复杂模型的函数而发生变化）。

从交易员的角度看错向风险

对于市场变量之间的相关性是怎样的、应该是怎样的，尤其是那些可能不会很容易就在某个模型或是在市场上直接观察到潜在的破坏相关性，良好的交易者应该在前瞻性的基础上有一些直觉。这很重要，因为事实上很难观察到——违约通常很少发生并且相关市场一般不存在。这些难以直接观察到的相关性通常被称为"正确的风险"和"错误的风险"。当实际表现出来时，可能会很严重。

CVA 视角下的正确风险。当对手欠你更多的钱时，交易对手的价差会在相同环境下变小。例如，在一家银行与石油生产商签订的大宗商品衍生品合约中，客户卖出石油看涨期权，买入看跌期权。当油价上涨时，客户就会由于衍生品的市值变化而欠银行一笔钱（银行在对手方合约中更有可能保持良好的状态）。

CVA 视角下的错向风险。当对手欠你更多的钱时，交易对手的价差会在相同环境下扩大。随着衍生品的市值增加，购买更多的保护会花费更多的钱。例如，一个交叉货币互换，接收美元并向俄罗斯银行支付卢布。有时还不清楚多重风险是正确的还是错误的，需要经验和判断力来辨别。违约和价差扩大可能是由于多种原因造成的，可能是具体原因，也可能是系统经济因素的作用。系统性的因素对于同时破坏标的市场和信用风险有更大的潜力。

注意布朗运动扩散模型，因为市场会在压力中出现缺口。考虑一个以新兴市场主权国家为交易对手，接收美元并支付当地货币的例子。如果这种交叉货币互换是用市场隐含的外汇波动和历史校准的 CDS 利差波动的模型来进行模拟的，那么在扩散模型中，即使 100% 的相关性也不足以捕获真实风险。在主权债务违约的情况下，肯定会出现大规模的货币贬值。

即使没有违约，错向风险也会导致很大的损失

当错向风险产生时，CVA 部门将以所有可能的方式经历"短伽玛"。为保持

正常的风险视角，人们会倾向于在标的和 CDS 保护上买高卖低。在这种情况下，重新对冲流动性较低的市场风险也是一个难题，因为你在追逐市场。短时间内的损失很容易超过第一天所承担的全部信贷费用。

错误的风险也有可能由复杂的结构化产品而人为地创造出来。当多家银行的交易部门拥有相同类型持有其他国家产品的客户时（例如，反向动能双币票据，陡峭/扁平型的杠杆 CMS）就会出现混乱，所有的交易员都被迫向同一个方向操作，就会产生巨大的波动。例如，如果交易员已经从粮食生产商那里买了以美元计价的长期看涨期权。如果粮食生产商的信用质量恶化，所有的经销商都可能试图在同一时间回购长期的波动性，这将会使错向风险成为自我实现的预言。

特别是如果交易对手违约的消息足够重要到具有传染效应（雷曼兄弟就是一个典型的例子），那么结算风险和错向风险都是存在的。

监管资本角度下的 CVA

巴塞尔银行监管委员会认识到，由于交易对手信贷导致的金融危机期间的损失更多来自 CVA 费用本身（公允价值增加），而不是实际违约。考虑到这一事实，在巴塞尔协议 II 和巴塞尔协议 III 中加入了 CVA 的 VaR 费用，这是信用风险加权资产（RWA）计算的一部分，它将提高比率的分母，并吸引更多的资本。计算 CVA 的 VaR 方法从巴塞尔协议 II 到巴塞尔协议 III 以及巴塞尔协议 III 框架内从标准方法到高级方法都有重大差异。在所有三种情况下，计算 CVA 的 VaR 的方法都是标准化规定的。

巴塞尔协议 III 高级方法的基本原理相当于分别对应两个 10 天—99% 的 VaR，它们的期限是两个不同的一年周期，其中一个是当年，另一个是在一个压力期。可以通过信用对冲（例如 CDS）来降低风险，而不是市场风险对冲。因此，计算风险敞口 + 信用对冲的投资组合 VaR，然后将费用确定为 3 × （VaR_1 + VaR_2），其中，两个 VaR 对应于两个周期（当前和压力）的校准。VaR 费用的波动是由利差的波动而非标的资产的波动所驱动的。这种方法受到了批评，因为其偏离了基于价值的方法。对于某些交易对手（主权国家）的豁免，美国和欧洲监管机构之间存在一些微妙的解释。

还有两个问题：（1）减少这笔资本费用的最优对冲是什么？（2）在增加的 CVA 的 VaR 费用中，资本成本的现值是多少？第一个问题提出了一个值得商榷的问题，因为从资本费用角度进行的最优对冲将不会与从估值角度的最优对冲相匹配。这就需要在承担公开市场风险（即对冲资本费用）或降低市场风险但要吸引更多资本需求之间做出权衡。当然，造成实际损失的任何公开市场风险将导致盈利减少，从而使资本减少。目前，对冲资本费用未来是否会被排除还是未知的。第二个问题提出了一些困难，如资本成本和确定远期资本，这与 KVA（资本估值调整）部分的一些问题有关。

债务评估调整（DVA）

DVA 和 CVA 几乎是一样的，只是它针对自身信用。假设一家银行有单向 CSA，即交易对手提供抵押品，但银行不提供。假设有一个以无风险利率估值为 1000 万美元的衍生工具（银行欠交易对手的钱）。从交易对手的角度来看，应该有一个根据账面价值的 CVA 费用反映银行的信用风险。如果该银行不承认其在 1000 万美元债务中可能违约的好处，那么这两家交易对手将不会有同样的价格。从简单意义上说，DVA 是对手方的 CVA。

对 DVA 的认识主要是危机之后出现的（不像 CVA），因为在雷曼兄弟破产之前，大型银行被普遍认为几乎没有风险。这一假设导致对银行信贷风险的重视程度不高，仅专注于 CVA 风险，即非银行对手方的信用风险。

DVA 给银行提供了一定焦虑的概念，因为它不符合经营活动和银行盈利的想法，因为自身的违约概率增加，这和直觉是相反的。在收益报告中，股票分析师常说"前 DVA"和根据 DVA 产生的收入与营业收入不同。

DVA 主要来自无担保的场外衍生品和结构性票据（与股票、商品、利率、外汇等相关的负债），这些都是在 FVO 下计算的。

背景：简述债务会计制度

银行至少可以有四种考虑债务的方式。

- 权责发生制——将债务的账面价值保持发行价格直至到期。这是最简单的，但任何对冲都会产生单侧的损益波动，因为对冲工具是盯住市场的，而债务不是。如果不需要对冲，则这种方式适用于简单的浮动或固定利率债务。

- FAS 133，它指定了有效的对冲工具，并且基本上重新评估了随利率变化的债务的账面价值，但不会改变信用利差（因此无 DVA）。这是用普通利率互换对冲普通固定利率债务的首选方法，但它是非常有限制性的，如果债务具有衍生品的特征，就不能使用这种方法。

- 嵌入式衍生会计。指定一个仍然保持在票面价值的债券，并单独地衡量其市场风险的账面价值中具有衍生品特征部分的价值。这在对冲和债务工具之间创造了对称性，而不会因信用利差而发生任何变化。

· 公允价值期权（FVO），它充分地体现了债券的所有特征（包括信用的变化）。

2007 年前后，会计准则更偏好 FVO 会计，而非嵌入式衍生会计。部分原因是：（1）在某些情况下很难确定什么是衍生品，什么是标的资产；（2）它与客户期望的回购市场价格一致。因为如果在回购时，当前利差的价值与账面价值不同，那么它可以尽早避免债务损益。

在选择 FVO 之后，由于 2008—2009 年（以及 2011—2012 年）信贷利差扩大，银行获得了极大的 DVA 收益，但在信贷市场稳定之后，这些利差又被扭转。

DVA 和资本

虽然 DVA 在利润表中披露，但它被排除在监管资本之外。理由是由于市场对公司信用价值的看法恶化而使自身负债减值导致资本价值升高。2016 年 1 月，FASB 更新了会计准则，允许 DVA 在 FVO 下的债务视为"其他综合收益"，而不是"实现净收入"。衍生 DVA 将仍是"净收入"。两种类型的 DVA 将继续被排除在资本之外，直到实现了收益。

对冲 DVA

对 DVA 理论反对之一是"如果它有价值，那么你如何用货币衡量它的价值呢？"许多研究人员已经提出了解决方案，其中包括比较合并后公司的债务与股权的相对价值。另一些人则建议用自己的债务进行动态交易。

据报道，有些公司已经在衍生品上交易 CDS，用来作为对冲自己的 DVA 的委托。这带来了一些其他风险（例如违约），考虑到监管机构对多家系统重要性金融机构风险敞口的担忧，导致这不太可能成为一种可行的策略。用货币衡量或对冲 DVA 确实是困难的。有许多研究报告建议，要动态地发行或回购债券，以对冲 DVA 的风险。在实践中有许多约束，使其很难成为现实。

· 一家银行通常不能在没有正式投标的情况下进行回购，而且在收益中断和其他重大事件发生时也会受到限制。投标不能随意进行。新的债券发行是在战略基准规模上进行的，目标与对冲 DVA 不同。不要混淆投资者和这种噪声。

· 如果要回购债务，则对目标收益影响不大，因为债务是典型的不会因为自身信用而随市场变化，因此账面价值的影响更重要。

· 在利差扩大的时期，任何债务偿还的信号，都可能与更重要的融资目标和资金的可获得性（在危机中通常需要为其他类型的资金流出保持现金储备）相冲突。

融资估值调整（FVA）

FVA 承认由于不完全抵押头寸而导致的融资成本。假设银行给一个客户支付利率互换中的固定利率，为 10 万美元的基点美元值（DV01），但不提供抵押品。银行在银行间市场（SCSA）进行抵押，利率出售 100 个基点，损益是平的，但银行必须向抵押对手提供 1000 万美元的变动保证金，并且不会收到客户交易的任何抵押品。1000 万美元的变动保证金可以获得隔夜指数掉期利率（OIS）。银行可以在隔夜市场筹集到 1000 万美元吗？或是以它更高的真实成本而造成负面的拖累？在实际操作中，一个掉期交易部门将从公司的资金中心那里以资金转移定价（FTP）利率借出 1000 万美元，这通常反映了整个公司的资金成本（存款和长期债务的混合），并且比 OIS 高得多。如果假设以 OIS 融资，这将立即使交易部门不愿为一种新的无抵押衍生品资产支付费用。反映 OIS 资金成本与真实资金成本之间差异的调整是 FVA。

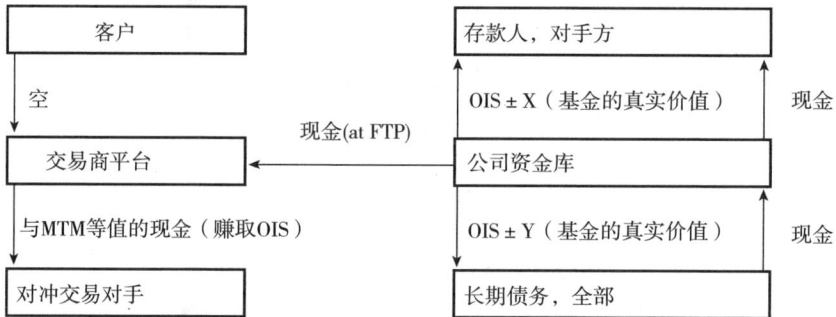

图 4.2　无担保的衍生资产的资金流动

一些学者（如 Hull 和 White，2012）认为 FVA 不存在，对于它的价格和估值不应该进行考虑。虽然会计准则并没规定，但几乎所有的大银行现在都会报告 FVA，并且在首次引入调整时，已经进行了相对大规模的一次资产减记。目前学术界和业界仍然都在热烈争论。

例如，上面的例子中的学术观点是，在 FTP 利率中反映的融资成本不是合并公司的成本，因为它反映了该公司必须违约的负债期权价值。

为什么学者不喜欢

悖论 1 这不符合一价定律。两个不同的银行将根据其资金成本（如果适用 FVA）在相同的非抵押衍生产品上报出不同的价格。这违反了公司融资原则，即融资与估值分离。估值应该清晰地反映出它在市场上的价格。在 FVA 的理论框架下，没有一个真正的价格。

悖论 2 在银行资产组合中的公司债券不会有融资风险价值，它只会简单地盯住市场。为什么同样公司现金流的衍生品收入却不同呢？

悖论 3 一家银行怎么向比自己信用好的客户提供贷款呢？如果应用 FVA，那么这个值就会是负的。

悖论 4 想象一下，一家公司在伦敦银行的融资成本为 LIBOR + 500。如果其资产流入为 LIBOR + 100，当该资产的公允市场价值为 LIBOR + 50 时，其是创造还是损害了股东价值？

反之：

悖论 5 另一方面，对于银行的普通债务应该如何处理呢？如果不使用 FVA，那么直接的 DVA 将对 bond – CDS 基础的考虑存在一些偏差（即该负债的账面价值将高于其发行价格或市场价格）。

悖论 6 假设没有 CVA（例如，客户评级为 AAA 或提供不可再抵押的抵押品）。如果 FVA 不存在，那么以 OIS 的形式借给客户是否可行？

它如何与 DVA／CVA 进行交互

FVA 与 DVA 和 CVA 具有潜在的重叠。找出一个统一 CVA／DVA／FVA 的综合框架具有挑战性并超出现在的范围。但是，我们仍试图找出几个关键的挑战。

对于 DVA，我们如何将违约风险与融资分开？考虑一个纯粹的非抵押衍生负债，一旦使用 DVA 去补偿违约风险，如果用于支付债务的利差再使用 FVA，那么违约概率就会被重复计算，因为它已经隐含在风险债券的利差中。其中一种建议是将风险债券分为纯粹的违约部分（可能来自 CDS）和剩余的利差部分，把利差部分归因于"融资"。从这个意义上说，FVA 可以作为 DVA 的附加组件来解决风险债券的价格问题。尽管理论上有吸引力，但其中一个问题是如何处理当信用违约掉期 – 现金（风险债券）为负时。这种情况经常发生在当市场为购买保护而都在购买 CDS 的时候（从源头上来说，进行逆回购和卖空公司债券要难得多）。

FVA 与 CVA 在无抵押的衍生资产的情况下有重叠。该资产的价值需要有一个 CVA 条款来计算交易对手风险，但如果银行的融资成本使用这一增量，那么似乎又被重复计算了。假设一个客户可以以 LIBOR + 200 个基点的利率借款，而银行则以 LIBOR + 100 个基点的利率借款。这是否意味着银行应该以 LIBOR + 300 个基点的利率放贷？如果客户的市场融资成本是 LIBOR + 200 个基点，客户永远不会接受银行的放款。另一种观点是，在这两家公司的合并利差小于总和的情况下，显然存在一种"先到违约"的效应。另一个应考虑的矛盾是，考虑一家只有一项资产的银行，即向对手方提供利率为 LIBOR + 200 个基点的贷款。由于这是唯一的资产，银行的风险与交易对手相同，因此它们应该以 LIBOR + 200 个基点发放贷款。如果它们以 LIBOR + 200 个基点的利率贷款给客户，并申请 CVA 和 DVA，那么根据会计准则减损 200 个基点的价值，但实际上没有创造或减损任何的价值。

并不是所有的负债都是平等的：对资金和法律本质的考虑

在理论上，债务或衍生债务通常是从贷款人的角度来考虑的。换句话说，由谁承担违约风险。从这个角度看，衍生品交易对手或债券持有人或保护的出售者对银行来说，风险是相同的，因此应具有同等的违约概率。这可以通过对 CDS 或风险债券的观察价格进行校准。

从资金的角度看，融资要复杂得多，简单地反映违约风险是一种过度简化。到目前为止，我们一直使用"银行"这个词，但债券和 CDS 的市场价格通常是由控股母公司（在美国）发行决定的，该公司有许多子公司，其中一些是存款银行，另一些是证券公司。控股母公司发行债券是整个公司最昂贵的资金来源方式（该银行可能会通过其他来源来为自己提供更低的成本，比如存款和担保借款），同样，这种融资方式是整个公司中最可替代的资金来源。母公司通常可以向银行提供流动性，而不是反过来，母公司可以在必要的情况下向证券公司提供贷款。证券公司中直接产生的资金也很可能陷入困境。

在目前的环境下，母公司发行债务一般不是因为立即需要资金。母公司会持有大量过剩的流动性，以满足未来的或有债务和监管的巨额要求，其中包括流动性覆盖比率、净稳定融资比率、总损失吸收能力、综合流动性评估指标、依赖于短期融资的系统重要性银行缓冲等。

如果对理论 FVA/DVA 的调整激励了对新合成衍生负债支付的价格，这种新合成衍生负债的利率与长期债券相同，那么这个过程必须非常小心。一个没有担保的衍生品负债预期存续寿命，对上述指标的处理与普通的长期债务是非常不同的（也就是说，它可能无助于改善其中任何一个）。此外，由于客户通常会面对证券公司或银行，而不是母公司，因此"融资"方式可能不会被替代，而可能被困在其所募集的实体中。对于整个公司来说，这当然不会有相同的融资价值，尽管对于对手方的违约风险可能是一样的。

其结果是一种根本的不对称，即获得一种新的衍生资产的融资成本是真实的，并将由该公司承担。然而，衍生债务的融资收益可能不会有太大价值，因为它可能不会降低长期债券发行的需求，而这些需求对上述监管指标的某些组合具有很强约束力。

资本估值调整

这里只简要地介绍资本估值调整（KVA）及其大概状况。鉴于 KVA 的复杂性，它目前仍处于研究的前沿。其背后的驱动因素是一种简单的认知，即衍生品使用的是监管资本和经济资本。这种用法至少有三个来源：巴塞尔协议Ⅲ标准、巴塞尔协议Ⅲ高级，以及综合资本分析和评估（CCAR）的压力测试。根据这三个来源中的哪一个是对某特定公司的强制约束，新衍生品对总监管资本的边际贡献将会产生成本。除了确定投资组合水平"delta"的建模复杂性外（这个 delta 是新交易的必要资本的 delta），在远期的基础上，很难知道需要多少资金（如监管和资本基础本身进化），甚至很难知道什么是资本本身的真实成本。然而，很明显，资本密集型交易有一个真正的额外成本，在没有 KVA 的情况下是不会被捕获的。

保证金估值调整（MVA）

FVA 解决了可变差额资金不匹配的成本问题，而 MVA 解决了将初始保证金提交给一个 CCP（例如 LCH. Clearnet 或 CME 集团）或场外衍生品交易对手的成本问题。历史上，交易商间的衍生品仍然是场外交易的衍生品，只有在 MTM（没有最初的保证金）中有变动。这一范式的第一个变化是为了减少交易对手风险，SEC/CFTC 要求掉期交易商和掉期参与者清除某些标准产品（利率互换、CDS 等）。随后与 CCP 的活动增加，使初始保证金成为最重要的部分，而 CCP（不像典型的交易商间交易委员会）需要初始金额。范式的第二个变化来自一项由 IOSCO/BIS 提出的要求，该规定将于 2016 年 9 月开始生效（与小型参与者同步），并对未清算的场外衍生品也要求初始保证金。这一初始保证金将作为对结算风险的缓冲。从抵押者的角度来看，这是一种对资金的增量使用，高于任何变动保证金。它适用于互换交易商、主要的互换参与者和使用互换材料的金融终端用户。

双边结算机构可能比中央结算机构影响力大得多：

- 既然没有一个中央枢纽（如 CCP 一样），那么自然会与不同的交易对手积累或多或少的风险敞口。它也适用于有物质互换风险的金融参与者，因此可以将一些客户交易纳入范围。

- 它是定量保守的（10 天 – 99%）。

- 双方交易对手必须在没有再抵押的情况下以同样的方式进行交易。

- 投资组合净额部分会受到限制（即使外汇利率、大宗商品和股票在破产清算时使用相同的 ISDA 净额表，但它们其实都设有独立的净额表）。实物结算的外汇交易可能会免税。

- CCP 和双边结算的合格抵押品类型一般比流动性证券的变动幅度更大，所以典型的变动保证金只能是现金。

如果这种可抵押的证券已经存在于银行资产负债表上，那么这基本上是没有成本的，虽然这听起来可能很诱人，但这却是不利于融资的，因为证券可能不再以 HQLA 的形式被视为流动性资产，也不太可能用回购或直接销售等方式产生实际的流动性。因此，任何对证券的使用都会由于流动性的重置价值而造成增量成本。

定价、估值和对冲

保证金估值调整尚处于起步阶段。在最坏情况下，定价的方法将与 FVA 一样，即通过所讨论衍生品的风险状况基于时间的变化，确定所需 IA 的预期期限结构。然后，根据需要融资的成本为 IA 提供资金。MVA 在某种程度上类似于 FVA，但它们的寿命却有很大的不同。产生 FVA 的交易更可能是面向客户的（交易商间的 CSAS 完全抵押），因此，结构化资产很有可能被持有至到期。从这个意义上讲，收取 FVA 的费用，并将资金的全部成本现值计算至到期更合理。就 MVA 而言，寿命可能要短得多。例如，一个为期 10 年的通货膨胀互换，面对另一个交易商，可能在几个月后就很容易被抹平（或者它的风险被另一个交易所抵消）。对十年的 IA 融资只收取一天的独立费用很可能会导致这笔交易不划算。带有行为重叠的契约期限和预期期限问题对于这一领域来说肯定不新鲜，但应该成为经济学发展的一个重要驱动力。

新的保证金规则的最终结果可能是：（1）普遍偏好的一个明确的可选方案（可能的意图）；（2）对交易对手进行优化的巨大机会，以降低风险；（3）由于需要大量的流动资金而导致成本的普遍增加。

LCH – CME 基础

在规则制定之前，尽管多数 MVA 的分析都是投机性的，但在 CCP 中的一个有趣的现象，表明 MVA 的市场影响是 LCH 和 CME 之间的掉期交易的基础。一种结构的不平衡导致了一个巨大的缺口（高达 3~5 个基点）。

• 两笔交易的现金流量是相同的（除了 IA 对 CCP 的数额外）。

• 公布的总 IA 是基于风险的，随着交易的净公开风险的增加而增加。

• 相对有价值的客户（比如掉期交易的付款人和被清算的美国国债期货）更倾向于芝加哥商品交易所，因为客户有能力清算期货和掉期交易。

• 结果是从客户到交易商都对希望通过 CME 进行清算有很大的兴趣，交易商不愿接受固定的利率，而 CME 知道，它们必须与另一家交易商 LCH 进行对冲，并最终对两家交易所提供 IA。

图 4.3　交易商 1 在执行过程中的交易流向

在放弃 CCP 之后，交易商 1 向 CME 和 LCH 提供更多的 IA。

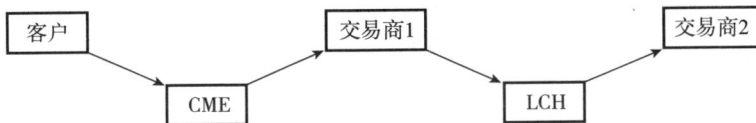

图 4.4　交易商 1 在强制清算后收到固定交易流量

双边保证金生效的其他考虑因素

• 由于需要为所有涉及的实体起草新的 CSA，所以文档将会变得很麻烦。

• 模型标准化；每天如何就 IA 的数量达成一致；解决争议的方式。

• 将遗留交易的风险与在新的 CSA 上进行的交易分开。它们如何被分开？

• 如何进行内部关联交易及其优化？

• 如果一方想要解除与另一方交易商的现有交易并换一个新的交易对手，那么新交易对手该如何做呢？

- 对于匿名的交易间经纪人模式意味着什么？交易对手将更关心它们是谁。

一价定律的质疑

FVA 开始质疑一价定律，因为不同的经销商可能会有不同的融资成本。虽然各个银行的资金成本都不太一样，但有理由认为，可能会出现一种无资金支持的衍生品，它们接近一个一致的价格。资金成本可能与一些交易商的大致可比较的资金成本的平均数差不多。

然而，就 MVA 而言，在两家公司之间的未结算风险头寸上，做完全相同的场外衍生品交易具有完全不同的经济含义。

例子

时间 0：银行 A 面对的是一个免税的客户。银行 A 与银行 B 在交易间市场上进行对冲。银行间对冲产生 Y 美元的 IM。

时间 1：银行 A 的客户。如果银行 A 相对于银行 B 降低市场风险，则总 IM 从 Y 美元减少到零。如果银行 B 降低和银行 C 的风险，那么银行现在的 IM 总额为 2Y 美元，因为它向银行 B 和银行 C 都提供 IM（尽管没有市场风险）。

一个潜在的更好的替代方案是，抵消原始客户与另一个豁免客户面临的交易，从而避免了交易商间 IM 产生的对冲。

IA 成本的大致估计

大多数保证金模型在结算阶段都是基于 VaR 概念。为了得到一个数量级，如果我们假设标的资产服从对数正态分布。例如，欧元对美元的汇率，年化收益率为 11%，一共 260 个交易日，则 10 天的 99% 的 VaR 为

$$N^{-1}(99\%) \times 11\% \times sqrt\left(\frac{10}{260}\right) = 5.0\% \tag{4-5}$$

其中，$N(\cdot)$ 是标准累积正态分布。

将其与基于 1 天至第 99 天的芝加哥商品交易所外汇期货的 IA 相比，它的成本是芝加哥外江期货的 3 倍多。针对利率而言，假设服从 85 个基点／帕的正态分布，那么这意味着 36 个基点的 DV01 互换双边 IA，这与 LCH/CME 具有相同

的数量级（使用机构专属模型并区分不同的支付者和收款者）。

结 论

大多数经典的金融理论都可以通过杠杆式的自我融资套利策略来进行定价。诸如融资、资本、资产负债表和违约风险等资源，现在都已经引入了物质摩擦，这不仅为衍生品市场的交易前定价和风险管理提供了挑战，也为标的资产市场自身的供需因素带来了挑战。这一领域将继续发展，因为理解和优化这些稀缺资源的回报将是巨大的。

参考文献

1. Basel Committee on Banking Committee，"Margin requirement for noncentrally cleared derivatives"，September 2013.

2. Basel Committee on Banking Committee，"Basel Ⅲ：A global regulatory framework for more resilient banks and banking systems"，December 2010（rev June 2011）.

3. Basel Committee on Banking Committee，"Basel Ⅲ counterparty credit risk and exposure to central counterparties-Frequently asked questions"，December 2012.

4. Basel Committee on Banking Committee，"Review of the credit valuation adjustment risk framework"，July 2015.

5. Hull，J.，and A. White. Is FVA a cost for derivatives desk，Risk，2012.

6. Financial Accounting Standards Board. Statement of Financial Accounting Standards No. 157. Fair Value Measurements.

第三部分

流动性风险、操作风险和信贷市场风险

第五章
流动性风险[*]

拉瑞·李

引言

2008 年国际金融危机爆发以来，无论是从企业还是从完善监管的角度看，流动性风险都是金融行业最关心的问题之一。金融机构评估的标准已经不仅仅是"及格就好"，更要求其表现"坚挺"。换句话说就是要有财力、有流动性、有盈利能力等，这样才有实力抵御可能遇到的所有风暴。任何系统性风险的管理和控制都要通过企业个体和金融业全体的共同努力。因此，我们需要从微观和宏观两个层面来理解流动性风险。

从宏观的层面看，2013 年 1 月，巴塞尔银行监管委员会[①]阐述了流动性问题的缺陷：

这场危机使我们重新审视流动性在保证金融市场和银行业正常运转中的重要性。在这场危机之前，资产市场蓬勃活跃，资金的获取成本极低。市场状况的迅速反转证明了流动性蒸发速度之快和非流动性之持久。银行系统备受压力，这亟须中央银行出手以支撑货币市场和某些情况下一些个体机构的运行。

另外，微观层面的流动性考虑意味着一家金融机构需要确保自己持有足够的流动资产以应对严峻的流动性压力，同时需要避免对于短期资金的过度依赖。

2014 年一个标志性的事件是重要流动性监管条例的最终版本出台，尤其是美国银行业监管机构提出的流动性覆盖比率和巴塞尔委员会关于净稳定资金比率

---

* 本文仅代表作者个人观点，不代表其当前或之前所在工作单位的观点。

拉瑞·李是摩根大通的执行董事，他在全球范围内设计了广泛的商业模式，包括公司、投资银行和资产管理公司。他有大约 20 年的定量建模和风险管理经验，涵盖了从开发到评估包括估值模型和风险模型等所有建模活动。拉瑞也是银行和资产管理行业的市场风险、信用风险和操作风险方面的专家。此前，他曾供职于安永、Ospraie、德意志银行和星座能源等一系列领先的金融公司。拉瑞在多伦多大学获得了经济学硕士学位并获得了金融博士学位。他于 2000 年还获得了 GARP 金融风险管理公司的证书。

的最终条例。

除了探讨实施流动性风险管理的动机之外，本章我们还关注流动性风险管理的整体框架和方法论，并将进一步讨论流动性覆盖比率（LCR）、大额存款、操作性超额方法论以及商业银行流动性管理等各个相关话题。

动机

一个金融机构进行风险管理的方法涉及风险领域的方方面面，例如信用风险、市场风险、流动性风险、模型风险、结构性利率风险、本金风险、国家风险、操作风险、信托风险和声誉风险。事实证明，诸多危机都是压力状况下流动性风险管理不到位引起的，因此 2008 年金融危机后，流动性风险已自成一派，成为重要的风险类别。2008 年以来，许多监管要求中都包括了流动性风险的部分。最后，金融业已被重塑，并且仍在努力适应，以求更好地解决常规和压力情景下的流动性风险问题[2]。

流动性风险的问题可以划分为以下三个方面：

1. 监管要求：相关领域的例子如下

a）宏观环境——行业层面

• CCAR[3]流动性要求，流动性压力测试，流动性覆盖比率（资本要求）。

• CCR（交易对手信用风险）和巴塞尔 IMM 规则：雷曼兄弟破产引发的流动性/CCR 的要求。

• VaR/SVaR[4]（监管市场风险要求）。

b）微观层面

• 流动性测量的例子：基于交易所或场外交易市场的买卖差价或交易量，统计测量，流动性指标的每日变化/不持续的滞后，陈旧的度量方法，交叉相关性等。

• 指数隐含波动率——代理选择和数据来源（流动性风险的控制是通过一些估价控制过程来实现的，而非提前锚定，例如基于月份数据来计提准备金）。

2. 宏观环境——公司层面

a）公司层面资产负债管理委员会（ALCO）以及其他公司层面的委员会

• 整体流动性政策/应急资金计划。

• 高质量流动性资产（HQLA）报告。

• 流动性覆盖比率（LCR）报告。

• 净稳定资金比率（NSFR）报告。

b）风险偏好与限制结构

建立风险偏好与限制结构可以明确流动性限制、市场限制和净利润净亏损容忍度等的定义。

3. 交易操作

基于算法交易和高频交易市场的广泛发展，以及市场流动性在这些发展中的重要性，这个领域的流动性风险管理备受关注。

在这个领域，最值得关注的、著名的、与流动性相关的事件——2010 年闪电暴跌。该事件发生于 2010 年 5 月 6 日，它导致了股票市场兆亿美元的暴跌。在此期间，主要的股票市场指数诸如标准普尔 500 指数（S&P500）迅速崩盘后反弹。许多人将这次暴跌归因于市场流动性，诸如纽约时报当时曾报道，"股票市场的电脑自动交易在探测到买卖的激增时停止工作"。股票市场中存在电脑高频交易，因而发生了流动性的缺乏，并最终导致一些著名公司的股票价格被压低至 1 美分或是抬高到 10 万美元。这些极端价格的产生同时也是由于这些公司总是与来自自己库存的客户订单交易，而不是与公共市场上的零售订单交易。

就投资组合优化和中央银行流动性账目（Central Liquidity Book）而言的自动交易，通常用于管理一个存在于金融机构内部、在不同的交易平台间互相作用的集中式库存（流动性池），这是为了服务于投资组合执行的。部分操作如下：

a）强化风险管理：风险抵消产生的收益在不同时间流向不同的交易平台。

b）优化执行成本：让可获得的流动性对所有内外部客户都完全可利用，以实现执行成本的最小化和最优化。

c）提高交易效率：系统性的存货管理方法使金融机构能够更多地关注客户需求，减少客户亏损。

d）提高执行质量：交易应当集中于更少而优的知情交易员手中。

e）完善向客户提供的风险价格。

在目前阶段的所有方面中，流动性风险管理的潜在挑战如下：

• 如何适应千变万化的监管环境中那些互相关联和重叠的要求？

• 如何在公司层面找到有效的、一致的方法，来化解各种流动性问题和挑战？

• 如何有效地管理资源，使之不仅能在问题发生时将其解决，更能提前将其根源问题拔除，防患于未然？

• 如何确保解决方案的常态化和商业流程的可持续性？

框架和方法论

这一节我们将关注流动性风险管理的整体框架和方法论，同时也将进一步讨论压力框架、流动性覆盖比率（LCR）、大额存款、操作性超额方法论以及商业银行流动性管理等各个相关话题。由于流动性风险涉及诸多方面的问题，很显然，我们并没有一个针对所有流动性问题的通用解决方案。因此，流动性风险管理就是一个框架，在这个框架下，所有的解决方案都是缺一不可的。就像一个被嵌入在不同相关领域的程序，虽然大部分是相关联的，但总归是有区别的。

以下的各小节涵盖了相关的六个领域。

流动性风险管理：总体治理与框架

第一，流动性是金融机构进行风险偏好决策时需要考虑的重要因素之一。风险偏好是对金融机构的风险容忍度的全面评估，用于测量其在机构层面和商业层面上应对风险中的一些定性和定量因素的能力。流动性风险是这个风险偏好框架中最重要的定量因素之一，其他定量因素还有市场风险、结构化利率风险、大额信贷风险、消费信贷风险、操作风险、压力状态下的净利润、资金压力和信誉风险等。这个风险偏好框架决定了流动性风险因素应当以合适的频率上报，至少不应低于其他相关规定。

第二，流动性风险应当在公司层面、商业层面和法律主体层面上被管理和监测。适当的流动性风险管理能提供具有针对性的、贯穿整个机构的独立评估、监测和控制。

如图5.1所示，商业层面和法律主体层面的覆盖范围可能存在重叠部分。整体流程可以简化成如下几个步骤。

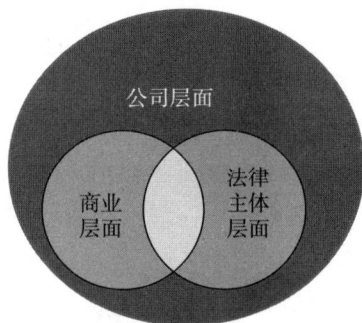

图5.1　公司层面覆盖范围的重叠部分

- 鉴定与评估

这涉及政策和程序的发展，其他战略和新产品发展在商业层面和法律主体层面的一致性，流动性假设的独立定性、定量评估。

- 审批与控制

这涉及新流动性压力假设的审批，公司层面和商业层面流动性上下限和指标的设定、法律主体层面流动性问题的风险升级。

● 测量和报告

这涉及公司层面和商业层面、法律主体层面针对流动性压力和资产负债表提交的独立报告。

● 监测、分析和反馈

这涉及公司层面和商业层面、法律主体层面在不同市场情景中和不断出现的现实生活压力场景中对潜在流动性影响进行主动监测和分析。流动性风险的管理是动态的过程，这个过程也是基于持续性和前瞻性，在战略性流动性项目中发挥作用。

压力框架下的流动性风险管理

流动性风险管理与压力框架紧密交织在一起，原因在于，当市场处于压力状态下，流动性是极易枯竭的重要因素之一。同时，在 2008 年金融危机中我们观察到，进一步的流动性恶化可能在恶性循环中导致更大的压力。因此，近期的法规更注重所谓的压力框架，以确保一个金融机构有充足的流动性来应对一段确定的时间内（如 365 天）最高的现金流出，在一个异质的市场压力的组合中定义 90 天或 365 天风险偏好。

1. 90 天风险偏好。对于一个金融机构而言，这与 90 天压力相一致，是基于流动资产缓冲（LAB）、NFOs。其目标是继续商业常态化运作，并保持 LAB 的充足水平。这里的 LAB 被定义为：只包括高流动性的未被担保证券，在相关压力情景中的一定市场压力下，总的来说比 LCR 更具有限制性。

2. 365 天风险偏好。这包括减缓措施：从 91 天到 365 天的销量是基于市场交易量约束、20% 来自公司交易量约束、流动性折价率和 50 个基点的资本限制来建模的。

3. 流动性流出。异质的和市场压力组合包括：

● 基于客户关系、信用质量、产品种类等的广度和深度做出的由上而下的估计。总体来说，压力假设可以更广泛地进行应用，或者说比巴塞尔协议Ⅲ中的 LCR 限制更严格。

● 评级降至 Ba3/BB 级。

● 零售和批发存款的现金流出。

● 安全资金的潜在来源的减少。

● 无担保的批发资金量的降低。

● 评级下降和衍生品头寸的市场风险敞口触发的现金流出。

● 已委托但未使用的信用和流动性工具的非预期使用。

● 与主要服务业务相关的现金流。

● 其他的合同流入/流出和非合同债务。

一家金融机构通常会规定 LAB 与净流动性流出的比率达到某固定水平（如100%），以此应对 90 天压力。

通过流动性覆盖率的流动风险管理

1. 巴塞尔银行监管委员会在 2010 年 12 月[⑤]发布了最初的巴塞尔协议 Ⅲ 全球标准，这一标准旨在为加强全球银行业机构的弹性。这一标准首次引入两个特定的流动性全球量化最低标准：流动性覆盖比率（LCR）、净稳定资金比率（NAFR）。

2. LCR 的目标在于确保每一个机构保持足够的无限制、高质量流动资产（HQLA），这类资产可以转化为现金，以帮助机构承受一股为期 30 天的剧烈压力。

3. 欧洲银行管理局在 2013 年发布了 LCR 监管规则，并在 2014 年 10 月公布了最终版本。最终版本中进一步强化了对欧洲相关机构的要求：

EBA LCR = HQLA（未抵押、高质量流动资产）的库存/30 天内净现金流出量

各机构的这一比率需要在 2015 年达到 60%，2016 年达到 70%，并最终在 2018 年提高到 100%。

HQLA（无限制、高质量流动资产）的库存定义为：

- 未抵押、高质量流动资产的限制清单。
- 经过相关的折价后，对 L1、L2A、L2B 资产的分类。其中，L1 是指现金、中央银行存款、主权债务、PSE、超国家主权债券等（L1 占 HQLA 的最低比例为 60%）；L2A 是指 20% 风险加权资产代理，公司债（AA - 级或更高评级），担保债券（L2A 占 HQLA 的比例不超过 40%）；L2B 是指合格的住房贷款抵押证券、资产证券化产品、公司债（A + 级至 BBB - 级）（L2B 占总库存的比例不高于 15%）。
- 在财政风险管理/流动性风险管理的控制下。

大额存款的流动性风险管理

对大额存款的流动性风险管理可描述为：

1. 大额存款可被划分为两个流动性类别：经营性的和非经营性的，其中，用于经营性存款余额由客户持有，对维持商业活动至关重要。

2. 基于压力感知的稳定性主要依靠经营性余额，经营性余额要求用于支持客户业务。因此，相比非经营性存款，经营性存款更难挪作他用。

3. 存款余额分类和现金流出要素共同决定了流动性的大小。

对大额存款的流动性风险管理的特点：

1. 经营性大额存款余额

由一个金融机构持有的大额客户资金。

a）在经营性账户中。

b）客户与该金融机构有托管、结算或现金管理等业务关系。

c）存款余额被要求用于支持经营性业务（托管、结算或现金管理等）。

2. 非经营性大额存款余额

由一个金融机构持有的大额客户资金。

a）在非经营性账户中。

b）在经营性账户中，但并不被要求用于提供经营性业务（例如超额经营性存款）。

3. 决策树（见图5.2）

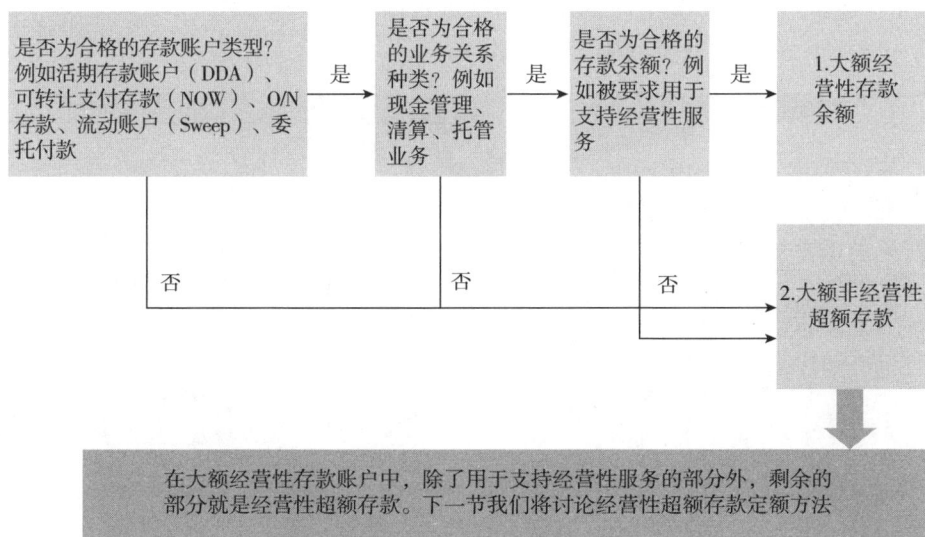

图5.2　决策树

基于超额经营性方法论存款的流动性风险管理

框架的定义：

1. 两个可以用于计算超额经营性存款的框架：基于支付的或基于资产托管的。

2. 基于支付的超额经营性存款鉴别方法应用于支付业务，同时覆盖了现金管理和清算业务。例如，客户存款用于公司支付便利（工资、向供应商付款等）。

3. 基于资产托管的超额经营性存款鉴别方法应用于托管业务。例如，客户存款用于支持贸易的结算、赎回等。

框架中的度量：

1. 基于支付的

a) 如何度量基于支付的超额经营性存款。

• 度量一个客户在一个历史时期内的支付行为（日均总额）。

• 对余额进行修正以确保支付可以在压力情景下实现（超额经营性存款上限）。

b) 超额经营性存款上限的定义是天数乘以日均支付额。

2. 基于资产托管的。

a) 如何度量基于资产托管的超额经营性存款。

• 确定一个客户的托管资产。

• 修正用于支持托管业务的存款余额（超额经营性存款上限）。

b) 超额经营性存款上限的定义是托管资产的百分比。

超额经营性存款数量的确定见图 5.3。

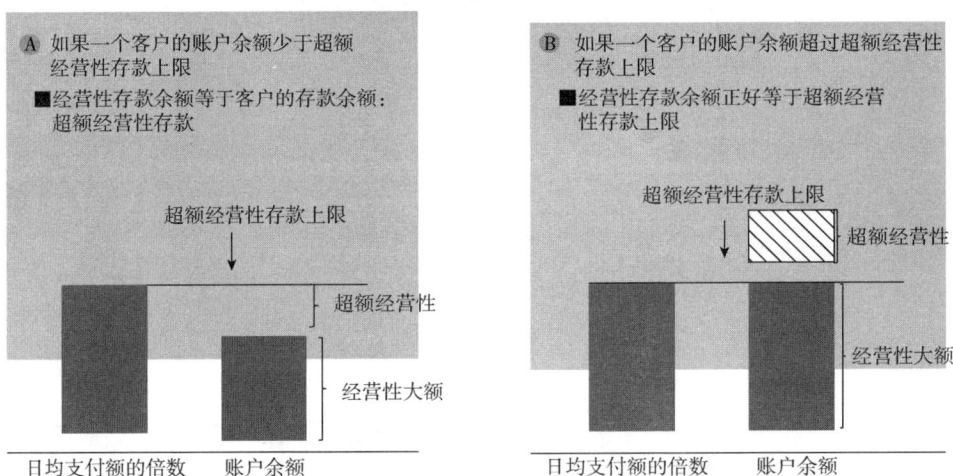

图 5.3　超额经营性存款数量的确定

针对商业银行的流动性管理

为了提供贷款、促进金融交易以及提供战略性财务建议，银行通常对委托存款采取主动管理。这涉及资本、应收款项、风险、战略性建议、支付的管理，以及出于商业目的的流动性管理，如图 5.4 所示。

出于商业目的的流动性管理通常包括：

1. 活期存款

2. DDA（活期存款账户）、定期存款账户、货币市场账户

3. 客户服务

4. 流动账户，零余额账户

5. 信息服务

6. 银行每月结单

7. 商业在线服务

8. 分行业务

以上的方法论框架在金融业中被广泛应用，并且由于金融机构和监管者们正共同努力达到动态成熟，这一方法在行业中还可以被广泛地传播。

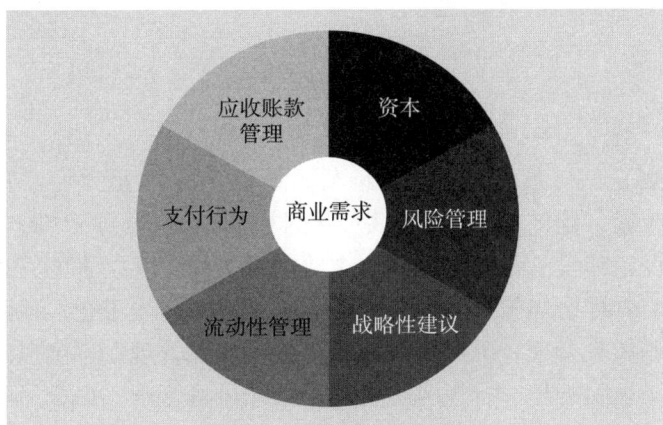

图5.4　商业需求分解

讨论

这一小节需要阐明的重要一点是，流动性风险管理与风险管理的其他方面是紧密联系的。接下来，我会通过一些例子来证明这一点，特别是通过流动性风险管理和模型风险管理的联系。

第一，在一个金融机构的官方模型库存中有大量可用于流动性建模和流动性风险评估的模型。结果是，这些模型风险管理政策、程序、过程和控制将通过模型与流动性风险管理直接相关，反之亦然。

第二，由于对流动性和压力测试以及后续的监管要求的所有关注，在过去几年内，模型风险管理标准已经被提高。所以我们能看到，至少是出于估价和风险管理意图，越来越多的机构将压力测试作为模型开发实验和模型验证测试的一部分。

这些压力测试的用途是在微观层面上确保单个模型在压力情景下和流动性危机中都能良好运行。一个合适的案例是由李祥林（David Li）最先提出的联结模型（the Copulas Model）。这一模型的相关性假设在金融危机期间失效，最终导致许多信用衍生品头寸的估价错误，也因此很多人指责这个模型导致了金融危机的产生。目前的模型风险管理实践会基于相关性假设进行一个彻底的压力测试，测试内容包括模型在市场和流动性压力情景下如何运作、如何通过极限控制和估值储备来减轻风险等。

以上流动性风险管理和模型风险管理之间的联系也可以被形容为流动性风险管理与风险管理的其他方面的联系，例如市场风险管理和信用风险管理。

目前的发展

2008 年金融危机以后，流动性风险管理变得越来越重要，监管也在围绕流动性管理逐渐收紧。同样显而易见的是，行业中的人们投身于⑥跨金融机构的流动性管理基础设施建设。如今，在一些主要金融机构年度报告的管理讨论与分析中，流动性风险管理已经普遍成为一个独立的章节，并列于企业风险管理、信用风险管理、市场风险管理、国家风险管理、模型风险管理、本金风险管理、操作风险管理、法律风险管理、合规风险管理、信托风险管理、信誉风险管理和资本管理等。

结论

总而言之，我们回到前几节中提到的流动性风险管理面临的挑战，并且提出一些简短的最终观点：

如何适应千变万化的监管环境以及互相关联和重叠的监管要求？

一个金融机构应该建立公司层面的针对所有相关监管的资源/专业技术中心，用于向机构的不同操作提供监管支持（每个相关的监管都要有一个论题专家）。

如何找出有效解决诸多流动性问题和挑战的公司层面的可持续方法？

一个金融机构应该建立公司层面的流动性风险监督委员会框架，用于管理这一公司层面的可持续方法/成果。

如何有效地管理这些资源，使之不仅能在流动性风险相关事件发生时发挥作用，更能防患于未然？

一个金融机构应该建立一个紧密运行的"三道防线"防御系统，用于识别、解决、验证和追踪问题。其中，业务是第一道防线，独立风险管理是第二道防线，内部审计是第三道防线。

如何确保问题解决方案和相关商业常态化运营流程的可持续性？

一个金融机构不应该只是识别、解决、验证和追踪与流动性风险相关的问题，更应该关注贯穿整个流程的解决方案的可持续性。

总而言之，每一个挑战都需要一个公司层面的框架，使得流动性风险管理的每个组成部分——监管条例（核心资本充足率、巴塞尔协议等）、压力框架、流动性覆盖率（LCR）、大额存款、超额经营性存款、商业银行、贸易等互相影响，形成杠杆效应并主动管理，以达到最好结果。

注释

①国际清算银行．巴塞尔协议Ⅲ：流动性覆盖率和流动性监测工具，2013年1月（http：//www.bis.org/bcbs/publ/bcbs238.pdf）。

②巴塞尔协议Ⅲ：流动性风险测量、标准和监测的国际框架，2010年12月。国际清算银行．巴塞尔协议Ⅲ：流动性覆盖比率和流动性风险监测工具，2013年1月（http：//www.bis.org/bcbs/publ/bcbs238.pdf）。国际清算银行．巴塞尔标准的实施：向G20领导人提交关于巴塞尔协议Ⅲ监管改革的报告，2014年11月（http：//www.bis.org/bcbs/publ/bcbs238.pdf）；国际清算银行．巴塞尔标准的实施：向G20领导人提交关于巴塞尔协议Ⅲ监管改革的报告，2015年11月修订——2015年11月（http：//www.bis.org/bcbs/publ/d345.pdf）。

③核心资本充足率（CCAR）象征着资本的全面分析和审查，这是美联储的主要监管机制，用来评估大型、复杂的BHCs（银行控股公司）的资本充足率。

④VaR（风险价值）是一种被广泛使用的风险测量方法，它是在一个特定的金融投资组合中出现的损失风险。SVaR（压力风险价值）是一种被广泛使用的风险评估方法，它是一种在压力情景下的特定风险投资组合出现损失的风险评估。

⑤巴塞尔协议Ⅲ：流动性风险测量、标准和监测的国际框架，2010年12月（http：//www.bis.org/bcbs/publ/bcbs188.pdf）。

⑥据观察，主要的咨询公司，如四家大型的咨询公司，在流动性风险管理领域有广泛的实践和服务，这些实践和服务与市场风险管理、信用风险管理和模型风险管理等其他领域相结合。

参考文献

1. Liquidity Black Holes—Understanding, Quantifying and Managing Financial Liquidity Risk, Edited by Avinash D. Persaud.

2. Implementation of Basel Standards: A Report to G20 Leaders on Implementation of the Basel Ⅲ Regulatory Reforms, Bank for International Settlements, Revision—November 2015. http: //www. bis. org/bcbs/publ/d345. pdf.

3. Implementation of Basel Standards: A Report to G20 Leaders on Implementation of the Basel Ⅲ Regulatory Reforms, Bank for International Settlements, November 2014. http: //www. bis. org/bcbs/publ/d299. pdf.

4. Basel Ⅲ: The Liquidity Coverage Ratio and Liquidity Risk Monitoring Tools, Bank for International Settlements, January 2013. http: //www. bis. org/bcbs/publ/bcbs238. pdf.

5. Basel Ⅲ: International Framework for Liquidity Risk Measurement, Standards and Monitoring, December 2010. http: //www. bis. org/bcbs/publ/bcbs188. pdf.

6. JPMC – 2014 – AnnualReport, 2015.

7. JPMC – 2013 – AnnualReport, 2014.

8. JPMC – 2013 – AnnualReport, 2013.

9. JPMC – 2013 – AnnualReport, 2012.

10. Panel Discussion: The Risk of Liquidity Black Holes, Axioma Quant Forum, 2015.

11. 2010 Flash Crash, Wikipedia.

第六章
操作风险管理[*]

托德·普卢恩

引言

操作风险的简单定义是指由于不完善或失败的内部程序、人员及系统或外部事件造成损失的风险。这一简单定义掩盖了操作风险的复杂性，操作风险包括除了信用风险导致的大多数风险。比如，债务违约风险和市场风险——投资价值将因为市场因素而下降的风险。操作风险包括法律风险，但不包括策略风险和声誉风险。然而，大多数声誉事件实际上是由操作风险损失导致的。

操作风险的例证包括如下：

- 欺诈风险：用伪造的信用卡向别人的账户收费；
- 人为错误风险：在抵押贷款申请表上输入错误的工资金额；
- 系统崩溃风险：运行手机银行业务系统的电脑停机；
- 人事风险：某位员工从楼道上摔落，需要其同事的加班工作和该员工的赔偿金；
- 法律风险：一客户因为一笔投资亏损而控告银行；
- 合规风险：一家银行由于反洗钱系统不完善而被处以罚款。

巴塞尔银行监管委员会（BCBS）将所有操作风险分为以下七类：

- 内部欺诈；
- 外部欺诈；

---

[*] 托德·普卢恩是伊利诺伊州芝加哥的 Protiviti 公司的董事总经理。作为 Protiviti 的数据管理和高级分析解决方案的模型风险实践的领导者，托德专注于操作、市场、信贷和利率风险等的风险建模和模型验证。最近，托德正在帮助大型银行进行压力测试模型的开发、验证和内部审计。他为世界上大型金融机构制定了模型治理程序和风险量化处理程序，并担任模型风险管理功能内部审计的行业专家。托德拥有麻省理工学院的建模博士学位，同时在斯隆管理学院辅修金融学，而且在包括随机建模在内的核物理领域也有着很深的造诣。

- 雇员制度和工作场所安全；
- 客户、产品和商业运作；
- 实物资产损坏；
- 交易中断和系统故障；
- 执行、交付和流程管理。

动机

首次操作风险测量的主要框架出现在巴塞尔协议 II 中，巴塞尔协议 II 中提供了三种用于操作风险中的资本评估方法，即基本指标法（BIA）、标准化法（SA）、高级计量法（AMA）。后文的资本估值部分详细描述了这三种方法，包括对现阶段用于资本评估的高级计量法的详细评价。2014 年，巴塞尔银行监管委员会提出了一种新的资本估价方法，名为修订标准化法，以取代 BIA 和 SA[①]。2016 年 3 月 4 日，BCBS 提出了适用于操作风险的新标准化测量法。这一方法的提出取代了之前用于操作风险资本评估的三种方法（BIA，SA 和 AMA）。由于本书的时效性，目前的方法指的是新标准测量法[②]。

自 2008 年金融危机以来，操作风险管理的实践有了重大更新。除了 BCBS 发起的重大变革外，对大型银行标准的提高［OCC（美国货币监理署）］同样提升了对大型银行操作风险管理的期待值。此外，在金融危机之后作为关键风险管理活动出现的压力测试，要求新的操作风险测量方法。这些方法的发展是为了估算给定预计假设的经济情景下的预期损失。

框架和方法论

操作风险框架不仅必须包括操作风险测量，还必须包括操作风险管理。以下目标是必须在操作风险管理中考虑到的：

- 监视操作管理环境，管理风险与管理的自我评估程序；
- 预防或降低操作风险损失的影响；
- 通过计划情景分析和应急方案来缓和操作风险；
- 通过提高操作风险训练来加强银行的风险文化；
- 追踪操作风险损失事件以及确定其根本原因；
- 通过帮助商业机构考虑操作风险的过程和系统变化以及新业务来支持管理层的变更；

- 针对资本评估和压力测试的操作风险测量；
- 为执行主管和董事会主任提供支持监视操作风险偏好的报告。

一系列框架、组织结构和活动构成了商业银行的操作风险管理程序。除了需要解决上述目标的核心活动外，操作风险个体通常也包括相关风险和企业风险管理（ERM）活动，如商户管理，信息技术风险监督，终端用户计算机控制和模型风险。

操作风险的缓解依赖于主动控制。共同用于操作风险测量和管理的信息来源主要有四种。就测量而言，这些数据来源和评估可用于资本评估和压力测试，如下所述。就风险管理而言，这些数据可以用于各个维度的监测和向高层管理者报告变动情况，因为董事会对于重大风险的管理是极其重要的。

操作风险测量和监管所需的四种数据来源分别是内部损失数据（ILD）、外部损失数据（ELD）、情景分析（SA)[3]和商业环境与内部控制因素（BEICFs）。

内部损失数据

内部损失数据（ILD）是监控和建模二者最重要的数据来源。银行的操作风险损失事件一定会按业务单位追踪而且与巴塞尔协议Ⅱ的操作风险类型标准相对照。内部数据应保有详细信息，包括发生数据、发现数据、会计数据、总损失量、恢复量、地点、人员和系统所受影响、原因信息等。

在损失监视的初期，选择高阈值采集管理追踪较小损失的成本效益。高达10000 欧元的阈值用于大型国际银行。这些高阈值降低了估算压力测试预期损失和提供强化欺诈管理的能力。因此许多银行已经降低了阈值。在能有效最大化数据可用性的前提下，应该尽可能低地设定阈值。

外部损失数据

外部损失事件数据包括发生在其他组织的操作事件。其他组织的来源主要有以下两种：（1）银行的内部损失数据在为此目的设立的银行集团内部匿名分享，如操作风险数据交换协会和美国银行协会（ABA）的操作损失数据分享集团。（2）基于新闻的损失数据收集——从头条新闻中收集损失事件。集团数据的好处在于虽然是匿名分享，但关于数据、损失和恢复量的数据是完整提供的。基于新闻的损失数据收集是重要的，因为其不是匿名的而且往往包含附加的原因信息。

外部损失数据（ELD）能洞悉银行可能暴露的潜在风险。对 ELD 的审查使操作风险管理人员深入了解其他金融机构操作的风险损失，从而得以提前规划和缓解类似事件。ELD 也提供施行情景分析的信息。

情景分析

专家建议情景分析用于对尚未发生的事件进行规划，并在资本和压力测试的操作风险评估中施行保守主义。通过情景分析过程收集的数据可在质和量两方面加强风险测量和管理。情景分析通常在研讨会上进行，风险管理者和业务部门负责人聚在一起评估其自身银行和其他银行的过往事件，从而在可能性和影响两方面做出评估。该流程应根据每个业务部门来定制，并考虑银行的风险偏好、文化以及风险管理框架。情景分析可能会考虑到由多个同时发生的操作风险损失事件导致的潜在损失。

情景分析经常用于调整基于 ILD 和 ELD 的模型。情景分析也用于当实际数据不可用时直接分析潜在操作风险损失。这些方法让其产生偏差，所以应保守地和仔细地制定基准。

商业环境与内部控制因素

商业环境与内部控制因素对于操作风险管理和报告十分重要。BEICFs 的关键方法是风险与控制自我评估（RCSA），或者是越来越常见的风险与控制评估（RCA）。这些评估试图为系统、进程和业务单位确定控制环境的强度。

操作风险资本评估

操作风险的实践随银行的规模和复杂程度不同而不同。巴塞尔协议 II 提供了应对操作风险留存资产评估的三种方法：基本指标法（BIA）、标准法（SA）和高级计量法（AMA）。最新提出的正在形成的方法为标准化评估法（SMA）。最大的商业银行的操作风险规模是基于高级计量法的。然而，基于 2016 年的建议文件，上述三种流行的评估方法可能会在近期被取代。

BCBS（巴塞尔银行监管委员会）表明这一新方法会替代用于操作风险的现有方法。根据 BCBS 秘书长 Bill Coen 所说，"高级计量法的作用不如预期"。正如下文所概括的那样，高级计量法（AMA）不仅复杂而且依赖于可改变评估结果的主观建模决策。这种主观性对操作风险管理有利，但限制了规范资金评估模型的有效性。

Coen 还表明高级计量法也可能会有大范围改动或被直接淘汰。他在采访中说，"有一种可能的解决方法（由于模型差异导致的风险权衡资产的重大区别）是设立一个更简单且健全的标准，这一标准能让银行有动力收集操作损失数据以及加强风险管理实践"。

操作风险模型开创以来，学者和银行家们已证明，资产评估的高度可变性与银行风险预测的根本差异没有必然的联系。操作风险模型建立的挑战来源于内在的不确定性以及事件发生和解决方法的产生存在长时间延迟，特别是对于法律性和合规性事件。

与 AMA 相比，BIA 多用于复杂度较低的银行。该方法几乎不用于北美地区，因为该地区较小银行拥有操作风险资本的流动性而大银行已使用 AMA，但是 BIA 在其他国家的小银行的应用较多。对 BIA 而言，操作风险的留存资金等价于三年平均年度总收入的 15%，亏损额不计入平均值中。

SA 比 BIA 稍复杂，常用作北美操作风险资本的基准和其他国家的规范资本评估，SA 也依赖于三年总收入的平均值，但是其正向和负向的总收入可以跨业务相抵销。对 SA 而言，与 BIA 的所有收入都用 15% 的比例不同，不同的业务有不同的收入比例（或称 Beta 系数）。原始提出的 Beta 系数根据行业不同从 12% 到 18%。这些百分比可能会因为地方管理者对于 SA 的完善而调整。

高级计量法

在北美，最先进的操作风险资本模型测量方法是损失分布法（LDA）。在 LDA 中操作风险损失的频率是利用离散概率分布来建模的，如泊松分布。损失的严重性是用损失事件数量拟合重尾连续概率分布来实现。一旦频率和严重性吻合，即可用蒙特卡罗模拟计算出一个资本估计来确定 99.9% 的累积损失分布。这个过程是以测量级别为单位完成的。测量单位通常基于损失事件的种类来选择，但是也可能会考虑业务单元和其他损失特征。

优势

虽然高级计量法即将成为替代品，但基于巴塞尔协议 II 提出的模型很可能将继续用于操作风险管理。这是因为用于跟踪测量操作风险的方法可以让银行依据自己的风险偏好来报告操作风险。损失分布法将内部损失事件数据和外部损失事件数据、情景分析、商业环境、内部控制信息相结合，从而理解和解释银行整体的操作风险是如何随时间变化的。标准测量法（SMA）是一个更直接的测量法，对资本评估更佳，但对于操作风险管理而言还需要其他数据的支撑。

挑战

虽然高级计量法是基于高度发展的风险估值（VaR），且常用的损失分布法是一个成熟的损失估计方法，在保险业已成功使用多年，但是损失分布法对于操作风险损失的估计并不稳健（Embrechts，2003）。限制稳健性的最大因素是

99.9%的资本评估使用风险估值，这很难让模型在高置信水平下保证稳健性，但是鉴于数据缺乏以及操作风险的不确定性，99.9%的水平是十分易变的。此外，虽然频率估计已经与泊松分布的使用和类二项分布的使用合并，一种广泛的连续分布经常用于拟合损失严重性数据。

因为损失严重性分布的重尾现象十分严重，所以在选择分布、拟合技术、加权尾部拟合和整体拟合时要有充分的判断。通过改变进程来适应这些选择，几乎每个分布和损失量都能在超过某些阈值的情况下被估计出来。因此，一些基准性技术，如历史操作风险资产和标准法，可能会相对于模型本身来说对于资产评估有更大的影响。

这些挑战是 BCBS 计划用 SMA 取代 AMA 的原因之一。基于其认定 AMA 的内在复杂性以及受"缺乏广泛的内部建模实践而缺乏可比性"的影响，巴塞尔委员会提出了将 AMA 移出管理框架的提案。修正后的操作风险资产框架将基于单一的操作风险资产评估计算方法 SMA。根据 2016 年 3 月的咨询性文件，SMA"是建立在简化性与兼容性上的标准化方法，象征着先进方法的风险敏感度"。

SMA 结合了商业指标（BI）和基于 RM 的自身历史操作损失的内部损失乘子，保留了 AMA 的这一关键部分。商业指标是和之前的标准法一样基于同样的保护和损失（P&L）条例，但加强了亏损价值的确定过程和因子的综合。商业指标（BI）的系数也受银行规模的影响。

对于较大的银行，内部损失乘数与商业指标一起形成风险敏感度，这一敏感度不是现在而是之前的标准化方法。这也让银行有动力去完善操作风险管理。"对于风险管理更有效，操作风险损失低的银行将会收取较低的操作风险规范资金费用"（出自咨询性文件）。

SMA 完成了公众评价的第一时期，但是关于方法转换的新信息在创作本书之时还没有公布。

操作风险压力测试

服从压力测试要求的银行必须将构建操作风险预测作为损失估计的一部分。每个银行在基于由服从假定不利条件和严苛压力条件下的经济因素组成的假象经济情景时，对自身未来四个季度的资产负债表和收益表来制定的压力测试过程包括《多德—弗兰克法案》压力测试（Dodd – Frank Act Stress Testing，DFAST）和整体资产分析与评价（CCAR）。对操作风险而言，潜在未来损失的估计一定要与这些经济情景一致。在 CCAR 开始的几年中（2011—2015 年）经常用于操作风险测试量化部分的有两种主要方法。它们分别是回归法和损失分布法。在我们描述这两种方法之前，我们将回顾操作风险损失的一个示例分布。

操作风险经济资本模型和压力测试模型的关键不同在于模型的使用方法上。经济资本模型关注未预期损失，经常处于较高的置信水平上，如99.9%。压力测试模型关注预期损失。

图6.1中的曲线表示一个理想化的累积损失分布。预期损失是平均损失而且表示的是银行将会在一个平均年经历的操作风险损失。对于用于该例子的重尾分布如对数正态分布来说，预期损失倾向低于最可能损失值。未预期损失是预期损失和某些高风险价值分位值（在该例中为99.9%）间的区别。超过这99.9%风险价值分位值的就是尾部损失。

压力测试的回归依据是一种用于测量收入和支出或银行其他方面损失的方法，如拨备前净收入（PPNR）模型。对于这些模型，需要一个历史损失的时间序列。这一时间序列可以对历史变量进行回归，历史变量的预期可在预计期间内进行预测。因变量可以使每月或每季度的亏损频率。如果使用频率，那么其预测可以乘以每个时间的平均损失（平均数、中位数或其他相似指数），进而确定每期的预期损失，形成自变量的数据与内部损失数据、外部损失数据和情景分析。回归模型是估计一个变化中的经济对于操作风险损失数量的影响。回归中的自变量包括由监管者提供的宏观变量和如果逾期形成时公司具体规模的变量。这种模型的好处在于它对宏观变量有一定的敏感度，并且它与对于其他收入和支出类别的方法是一致的。

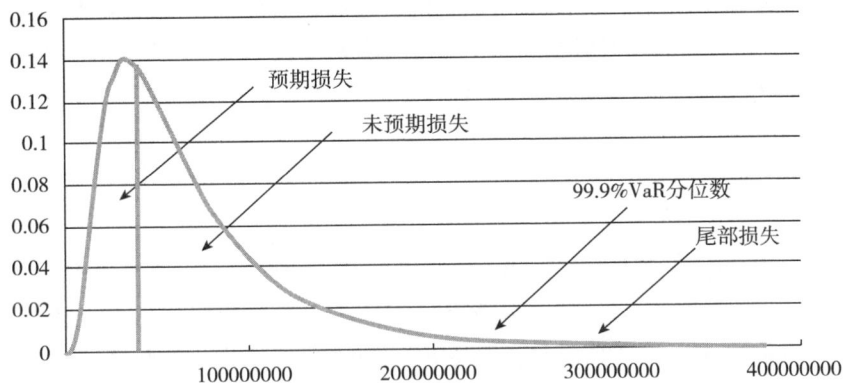

图 6.1　总损失分布

主要挑战在于操作风险可能对经济因素不具有足够的敏感度。如果敏感度不显著，或是有悖常理，或采用保守型压力测试，调整或覆盖都需要有一个可用的模型。此外，对于一个基于外部损失的模型，某些测量单位可能没有足够的建模数据。在这些情况下的模型可以从外部损失数据中构建，或可以将简单平均用于较少资料的测量单位中，并用情景分析和合适的商业调整来进行补充。

第二个方法是基于损失分布的方法。这一方法对于已经有了一套服从巴塞尔协议Ⅱ条例的成熟的 AMA 模型的银行来说很有效。在 LDA（Loss Distribution Approach）中，频率和严重性的适配与上述资产估计方法类似。然而，其他方法也是有可能的，这些分布往往与蒙特卡罗方法一起使用。一旦一个累积损失分布建立，损失数量就可以在不同的置信水平下进行选择。基本情况下可能是中位数或平均损失。更高的置信水平，如90%（十年中的一次损失）可能会被用于反向压力测试的案例。一个95%或98%的损失能代表一个严重的方向损失情景。这些置信水平与99.9分位数作为资产估计的方差不同；然而，这一方法还面临其他挑战。其中关键挑战之一是分位数必须由专家判断得出，这限制了这一建模方法的稳定性。另一个挑战是损失分布法（LDA）模型可能优化估计尾部损失，特别是在99.9%置信水平下。由于关注尾部而删减损失信息集或拟合技术，较低分位数可能会有较低的准确性。

一种混合技术既使用损失分布法也使用回归法。此时，频率已回归到宏观变量，所以频率均值与宏观环境相异，但即使不将简单平均用于损失严重性，频率和严重性分布在宏观研究时也已经结合。特别是，频率没有充分改变这类模型的稳健测试。在这一案例中，可能还是会像基于损失分布方法一样增大分位数。

这两种用于操作风险压力测试的主要方法的关键区别在于回归法中，宏观变量通过回归分析明确连接。在基于 LDA 的方法中，经济变化的影响必须通过分位数的选择体现。虽然蒙特卡罗分析中的变量包含了大多潜在未来经济状况，但哪种状况会使用是取决于以 LSA 为基础的方法。两种方法的共同挑战是它们很难在没有显著性损失数据的情况下施行。回归法要求长期损失时间序列数据，最好是不同经济状况间的数据。基于 LDA 的方法要求分别估计严重性和频率的显著性数据。

压力测试的挑战

在压力测试中，发现宏观经济活动指标和操作风险之间的关系是一个挑战。这在根本上是因为绝大多数操作风险事件不依赖于经济状况。然而，由于与宏观经济变量的相关性是衡量其他收入与支出类别的标准方法，因此所有出现的相关性都应审查。

发现和估计宏观变量和操作损失间相关关系的附加挑战如下：

• 操作损失历史数据不完整。

• 将缺失数据库的截断值金额降至特定阈值之下。即使金额下降到某点，在更高阈值的历史数据也很难和期望损失或频率估计相结合。

• 不同种类的风险（法律的、有形损失、欺诈等）可能会分组，即使它们属于不同的行为和发起人。

- 多笔因为损失可能会记录的数据（事件、缘由、会计/冲销等）。
- 诉讼、监管或工人损失赔偿的长期决议时间框架都可能导致突发事件和解决措施或冲销的长期延迟。

时间性挑战的一个例子就是由于 2008 年之前对于抵押贷款的低承销标准导致的各种损失。虽然一种由于普遍的承销标准而导致的损失应该是一种信用危机或可能是一种策略性风险，但如果是在承销贷款或甚至是在起草承销标准时犯错误，那么损失就应该是操作风险。此外，所有法律和监管的损失，甚至由于缺乏信用危机而造成的损失，都是操作风险损失。

举例：假设有一笔损失是因为在制定贷款承销时出错导致的，以下各点是可能会受影响的方面：

- 数据不完整：如果认定损失出现在 2005 年，这是源错误出现的时间，但是操作风险损失收集从 2008 年开始，这些损失可能对于频率估计不再适用，因为 2005 年的总损失频率是不可知的。
- 截断：损失的某些方面可能会少于 10000 美元而未被录入。因此，它们不能与其他损失合并，如合并同一事件产生的所有损失一样。
- 不同的种类：这一损失可能很难分类或归于同类损失，因为它被视为一种执行错误（EDPM），是一种法律的或监管的风险（CPMP）（由于与后期的共同解决方案合并），或外部欺诈（如果申请人能隐瞒信息）。
- 多笔数据：损失可能是由于 2005 年的一个错误，导致了 2009 年的一笔冲销，最终在 2012 年完成。
- 长期解决方法：从错误出现到解决，上述几点共形成了 7 年的延迟。因为这一时间比压力测试的时间长，所以不能用于压力测试建模。

由于银行必须应对与网络袭击、大数据、恐怖威胁、市场波动相关的挑战和持续增加的法律与监管的挑战，操作风险将逐步上升。

总 结

本章描述了操作风险管理和评估的最新方法。作为一个操作风险实践者或一个资深风险管理者，操作风险在影响范围以内，应该采取什么行动来承诺稳定的操作风险管理呢？以下是操作风险管理的两个重要组成部分：

1. 损失追踪：操作风险损失的追踪十分重要。虽然大型银行已经追踪操作风险损失事件，多年来支持巴塞尔协议 II 中高级计量法（AMA）的操作风险建模，但各种规模的银行都应该区分总账中的操作风险损失项。损失事件数据库将通过允许监督风险控制过程的影响和允许压力测试的进一步建模以及其他风险测量活动，从而加强操作风险管理。

2. 情景分析：情景分析是将商业领导者所理解的操作风险转换成有用的测量标准的最好方法之一，它能增强压力测试和资产管理活动，以及助力于寻找能够加强应对操作风险的风险管理活动的最有价值的区域。

注释

①详见 BCBS，"操作风险——变更为更简单的方法——咨询性文件"，2014年10月。

②详见 BCBS，"操作风险的标准化测量方法"，2016年3月。

③由于情景分析和标准化方法有相同的缩写，笔者将避免在它们的定义中使用缩写形式。

参考文献

1. BCBS, "Operational Risk—Revisions to the Simpler Approaches—Consultative Document", October 2014.

2. BCBS, "Standardised Measurement Approach for Operational Risk", March 2016.

3. Basel Committee on Banking Supervision, "Principles for the Sound Management of Operational Risk", June 2011.

4. The Basel Accord, "International Convergence of Capital Measurement and Capital Standards: A Revised Framework", Updated November 2005.

5. AMA Group Document, "The Risk Management Association 1 December 2011, Industry Position Paper, I". Scenario Analysis—Perspectives & Principles.

6. Embrechts, P., Furrer, H., Kaufmann, R. Quantifying Regulatory Capital for Operational Risk, Derivatives Use, Trading & Regulation, 2003, 9 (3): 217-233.

7. Michael Power, The Invention of Operational Risk, Discussion Paper 16, June 2003.

8. Department of the Treasury Office of the Comptroller of the Currency 12 CFR Parts 30 and 170 [Docket ID OCC - 2014 - 001] RIN 1557 - AD78 OCC Guidelines Establishing Heightened Standards for Certain Large Insured National Banks, Insured Federal Savings Associations, and Insured Federal Branches; Integration of Regula-

tions，September 2，2014.

9. Philip E. Heckman，Glenn G. Meyers，The Calculation of Aggregate Loss Distributions from Claim Severity and Claim Count Distributions. The exhibits associated with the paper "The Calculation of Aggregate LOSS Distributions from Claim Severity and Claim Count Distributions" by Philip E. Heckman and Glenn G. Meyers（PCAS LXX，1983）appear in the subsequent volume of the Proceedings（PCAS LXXI，1984）（Proceedings：1983 Volume LXX，Number 133 & 134）.

第七章
公平贷款监测模型[*]

玛雅·贝尔坎

引言

正如其名，商业银行或其他金融机构的客户贷款小组是负责为客户提供信贷的，包括住房抵押贷款、信用卡、汽车贷款、学生贷款和小企业贷款，以及其他产品。这些贷款的获准和结构严重依赖于消费者的信用价值、抵押品的类型和价值以及产品市场的竞争力。一般来说，贷款专员在审核申请贷款时需要遵循指导方针和政策。根据申请人的信用属性和担保特征，承销政策将规定贷款是否应获批准，定价政策将决定贷款的定价方式。无论这一过程是完全自动的还是部分可自由支配的，都有可能出现公平贷款风险，机构需要适当进行控制，以监督遵守公平贷款规则[①]的情况，并采取纠正措施，以防万一。

动机

公平贷款风险描述如下：

- 截然不同的影响：如货币监理署（OCC）的《公平贷款手册》所述。

当一家银行对所有信用申请者的种族或其他特征一视同仁地实行政策或其他操作，但又在非法的基础上不平等地将某些人排除在外或加重其贷款负担，那么

---

[*] 本文仅代表作者个人观点，不代表富国银行的观点。

　　玛雅·贝尔坎是一名数学统计学家。她在统计方法、金融、心理测量和公共卫生等方面有丰富的应用经验，曾在加州大学洛杉矶分校和哈佛大学讲授统计学和数学。自 2007 年以来，她一直与富国银行合作，在资产管理、市场风险分析以及最近的监管风险管理领域开展研究，她是分析模型的引领者。之前她曾担任多伊奇银行的定量投资组合经理，之后在瑞士信贷建立了长期/短期股票策略并在美国、欧洲建立了进行交易的统计套利模型。她在终极价值理论领域拥有法国巴黎六世的数学统计学博士学位。

就会产生完全不同的影响，这样的政策或操作被描述为"具有截然不同的影响"。

"截然不同的影响"：在货币监理署（OCC）的惯常说法是"不成比例的不良影响"或"效应测试"。

● 区别对待：如货币监理署（OCC）的《公平贷款手册》所述。

非法区别对待的存在可能是建立在表示银行具有明确的禁止条款的声明上（公开证据）或建立在无法用合法非歧视因素解释的区别对待行为上（比较证据）。

公平贷款风险监控包括事后收集所有的信息和交易数据，并开展调查，而不是预测模型。每一阶段都涉及一组不同的数据、不同的人类行为、市场行为和决策。从定量的角度来看，使用信用机会法（ECOA）和公平住房法（FHA）监管给定组的合规性可能是一个真正的挑战，尤其是在决策和定价方面允许自由裁量权的情况下。消费者金融保护局（CFPB）对各个机构进行了有目的的信用机会法评估，以识别和评估提高公平贷款风险的领域。这些评估通常集中在特定的业务领域，如抵押贷款、信用卡或汽车金融。它们通常包括一个统计分析，在某些情况下，还包括一个评估机构的贷款文件对信用机会法遵从性的审查，和它在选定的业务条线内的实施条例、备选条例。消费者金融保护局没有披露所使用的统计模型，只给出了如何实施公平贷款的一些指导原则。机构只能猜测并试图复制CFPB模型。最常见的猜测模型是定价的多元线性回归和包销的多元逻辑回归。我们将讨论在公平贷款监控环境中使用这些模型的危险，并提供一个更合适的替代方案。

框架及方法论

当被禁止的筛选依据受到贷款机构的政策或待遇的损害时，就会产生公平贷款风险。在ECOA中，被禁止的筛选依据可以是以下任何一种：

1. 种族或肤色
2. 宗教
3. 国籍
4. 性别
5. 婚姻状况
6. 年龄
7. 申请人从任何公共资助中获得的收入
8. 任何在消费者信用保护法案中规定的正确的、善意的申请人行为

在公平住房法（FHA）中，被禁止的基础条件可能是以下任何一种：

1. 种族或肤色

2. 国籍

3. 宗教

4. 性别

5. 家庭状况（定义为 18 岁以下的儿童与父母一方或一个法定监护人，孕妇，以及拥有 18 岁以下儿童监护权的人群）

6. 残障

说到种族和性别，有两种主要的情况需要考虑：

1. 申请人的种族和性别是被诸如住房抵押贷款信息披露法（HMDA）数据等所记录的。在这种情况下，可以将种族和性别分类变量包含在模型中。通常的做法是将种族设为一个因素，将性别设为另一个因素，并将白人和男性分别设为参照。将种族和性别分类并联合应用可能会让人混淆，需要相应的定义。例如，在大多数情况下，抵押贷款的模型需要联合应用，对于同种族的夫妇，我们很容易定义；但对于非同种族的夫妇，种族的联合应用则很难被定义。同样的情况也可能发生在性别的联合应用上。此外，申请者对他们的种族和性别有自己的定义，这给数据带来了不确定性和干扰。

2. 对于信用卡、自动贷款、学生贷款，种族和性别并没有被记录下来。在这种情况下，分析师试图评估非观测分类变量的处理效应。美国消费者金融保护局（CFPB）推荐使用一个用于种族和性别的代理——贝叶斯改进的姓氏地理编码（BISG）。根据姓氏和贷款申请人的地址，就能确定种族和性别分类的概率（埃利奥特等，2008）。这种方法在以前的代理上有所改进，它只依赖于姓氏，但是仍然有很高的分类错误，尤其是在非西班牙裔的黑人和美洲原住民当中。美国消费者金融保护局（CFPB）还建议在多元回归模型中使用 BISG 概率作为预测因子，以评估在公平贷款风险监测环境下的种族和性别效应。所有推断种族的方法都有一个限制——虽然 BISG 支持在个体层面上进行建模，但它还不够精确，不足以支持个人级别的干预，需要大量的样本来进行精确的计算。因为一个同样大小的样本，种族推断的方法都比自我报告种族的方法有一些固有的信息缺失。另一个限制是预测概率的直接使用比使用种族的 1／0 分类指标稍复杂，并且一些分析师可能对此不熟悉。传统上，分析师或是使用单个分类变量，每个级别表示一个特点种族/民族，或是使用一系列虚拟变量，通过取 0 或 1 将变量分离（每个种族/民族是一个变量）。例如，当一个人不是亚洲人，则对应的变量取 0；若他是亚洲人，则变量取 1。BISG 的后验概率是连续变量，值从 0 到 1，使用方法稍有不同。

传统模型

假设 r 是利率，X 是贷款的信用和抵押属性的集合。如果申请人来自一个受保护的种类，则令 T 这一指示变量为 1，否则，令 T 为 0。这种二分法处理产生了两个样本总体 P_1 和 P_2。在 P_1 和 P_2 中，X 和 Y 的联合分布可能不同。给定 X 的值，r 的条件期望被称为 $X = x$ 时的响应面，我们用 R_i (x)，$i = 1$，2 表示。$X = x$ 时的响应面的差值表示为

$$\tau = R_1(x) - R_2(x) \tag{7-1}$$

这是 $X = x$ 时处理变量的效应。我们的目标是得到 τ 的无偏估计。

经济学家一直在通过多元回归分析来衡量在结果变量连续的情况下种族或性别的影响。公式形式就是，$Y = \tau T + \beta X + \varepsilon$，其中，$\beta$ 是一个回归系数的变量，X 是一个独立变量的矩阵，ε 是残差变量。因为数据不是由随机试验产生的（有相似属性的个体在干预或事件之后被随机分到处理组和控制组，两组进行测量并评估处理效应），偏差不能通过多元回归来完全控制。观测数据产生的主要偏差有：

● 选择偏差：个人申请信用存在自我选择的过程，因此我们不是从一个有信用资格的人口的随机样本开始。

● 变量选择偏差：信用申请人的属性和特征是由贷款专员收集的，一些重要的变量可能会被遗漏。由于缺少协变量，可能会引入隐藏的偏差。多元回归的残差部分体现了所有遗漏的和不完全测量的变量的影响。任何与未测量或错误测量的因素相关的回归因素都将对它们起作用。

● 混淆偏差：当一些解释变量与结果和处理变量相关时，便产生了混淆效应。例如，FICO 评分会影响信贷承销决策，但它也与种族相关（FICO 的影响是完全不同的）。正如一些少数民族的信用评分平均数低于非少数民族的那样。

观察性研究中的偏差最小化

交易数据不是在一个设计的试验框架中获得的，分配到处理组或控制组的过程不是随机的，因此我们面临一个观察性研究。混淆因素可能会增加研究对象中处理组出现的概率，并混淆分析结果。因此，通常的 t 检验或回归调整并不适用于处理效应的检测。

在观察性研究的因果推论这一领域，大量的研究都是由 Donald Rubin 和 Paul Rosenbaum 等学者们开创并引领的。他们发表了大量的著作，尤其是在流行病学和公共卫生相关的期刊上。想要在一种非随机研究中分析出处理效应，就必须设计出一个尽可能接近的方法来模拟随机研究。这意味着要先抛开结果，并且将试

验组和控制组的预处理属性尽可能地匹配，以创造一个平衡的效应，将选择偏差降低到一个可以忽略的水平。在匹配和平衡检查之后，您可以对匹配过的案例使用标准的配对 t 检验，并获得处理效应的估计。然而，由于这是一个事后的过程，并且，在没有随机化的情况下，一个隐藏或缺失的协变量不包括在匹配中，偏差仍然存在，我们需要在处理效应的评估之后评估缺失协变量的敏感性。只要在非随机化的设置条件下应用随机化方法，都应该评估敏感性。

给定一个从大量人口中挑选的、大小为 N 的样本，令 T_i 为虚拟变量，来表示观察对象是属于试验组还是控制组，1 代表试验组，0 代表控制组。相应地，两种情况下的结果分别写作 $r_i(1)$ 或 $r_i(0)$。令 $X_i = (X_{i,1} \cdots X_{i,m})$，代表在 i 个个体上观察到的 m 个协变量的向量。相应地，令 $r = (r)_i$ 为向量且 $X = (X)_i$ 为矩阵。我们的目标是估计

$$ATT = E \{ Y(1) - Y(0) \mid T = 1 \} \qquad (7-2)$$

ATT 是试验组的平均处理效应。主要的问题在于，对于每一个个体 i，我们只能观察到 $r_i(1)$ 或 $r_i(0)$ 中的一个。有一个方法是，在给定 $r_i(1)$ 的情况下来推导和估计 $r_i(0)$。假设 $\widehat{Y_i}(0)$，这样就能得到 ATT 的估计值。这与因果分析（鲁宾，2005）相关联，因为它的目的是回答如下问题：如果试验对象来自控制组，我们将观察到什么样的结果？在这个公平借贷框架中，尽管受保护类（试验组）是我们无法控制的，因为每个贷款的决定涉及一个受保护类的申请者，我们可以想象一个对照的贷款决策，涉及一个具有完全相同特征的基本类（控制组）申请人。

令

$$t(x) = E\left(Y(1) - Y(0) \mid X = x \right) \qquad (7-3)$$

在如下所述的无混淆性条件下，$t(x)$ 是可以估计出来的，平均处理效应是

$$ATT = E\left(t(X) \right) \qquad (7-4)$$

这是 $t(x)$ 的均值。因为 X 可能非常细微，在实际操作中上述 ATT 的计算并不可行。Rosembaum（1983）提出了倾向得分，这是在给定协变量的情况下，分配到试验组的概率：

$$p(x) = E(T = 1 \mid X = x) \qquad (7-5)$$

这是给定一组观察到的属性，受到处理的条件概率。根据倾向评分，观察到协变量的分布与这个主体是否是试验组是相互独立的。因此，我们可以通过对这个标量变量的匹配观察来获得平均处理效应的无偏估计。另一种方法是，人们可以用倾向得分的倒数作为权重来衡量观察结果并计算加权处理效应。

$$ATT = \frac{1}{N} \sum_{i=1}^{N} \left(\frac{T_i Y_i}{p(x_i)} - \frac{(1 - T_i) Y_i}{1 - p(x_i)} \right) \qquad (7-6)$$

模型理论

在公平借贷模型中，试验组是受保护类别，控制组是基础类，这两种说法可以换着使用。倾向得分研究法由许多匹配观察组成，除了对处理变量的观察外，其他协变量的观察都是相同的。倾向得分是控制组的分布 $f(x)$ 的权重 $w(x)$，所以它与试验组的分布是相同的，换句话说就是

$$f(x \mid protected) = w(x)f(x \mid base) \tag{7-7}$$

因此，运用贝叶斯公式，计算 $w(x)$，我们得到

$$w(x) = K \frac{f(protected \mid x)}{1 - f(protected \mid x)} \tag{7-8}$$

K 是一个与 x 无关的常数，并且在最后的分析结果中不会出现。$f(protected \mid x)$ 是偏好得分。令 p_i 为观察 i 的倾向得分，从上面的等式可知，用 $\frac{p_i}{1 - p_i}$ 作为基本类中对观察 i 的权重，将使基本组属性的分布与目标组的分布保持一致。基本组中特性与受保护组差别很大的申请者的权重将基本接近于 0，因为他们的倾向得分很接近于 0。在对基础组的观察赋予权重后，基础组与受保护组唯一不同的特征是处理状态（种族、性别或年龄），还有干预和结果。

令 γ、X、T 分别为结果、协变量、受保护组指标，受保护组和基本组之间的平均结果（ATT）定义为

$$ATT = \frac{\sum_{i=1}^{N} T_i Y_i}{\sum_{i=1}^{N} T_i} - \frac{\sum_{i=1}^{N} (1-T)_i w(x_i) Y_i(0)}{\sum_{i=1}^{N} (1-T)_i w(x_i)} \tag{7-9}$$

我们可以从控制组的各个单位中与 $r_i(1)$ 最接近的倾向得分来估计 $r_i(0)$。然而，因为这两个得分并不完全相同，且用的估计的倾向得分也不是真实的，所以在干扰因子中可能存在不平衡。

Rosenbaum（1984）证明了对倾向得分的分层可以消除干扰因子中存在的大部分偏差。试验人员根据倾向得分的分布和数据的规模，使用了 5~10 个层次。在层次内的观察值是由在层次内试验的数除以数据中试验的总数来赋予权重的。

假说

观察性研究的因果推断的基础是两个强假设。给定结果 γ，协变量 X 的向量和处理 T，我们需要

1. 强忽略性假说。处理的分配是无混淆的，意味着给定协方差，它是独立

于结果 $\left[\gamma(T=0),\gamma(T=1)\right]$ 的。

平衡得分 $b(X)$ 是观察协变量 X 的函数，以此得分为条件，得到处理 T 和协变量 X 的条件独立性。换句话说，给定一个平衡得分或一个具有相同平衡得分的层级，$T=1$ 和 $T=0$ 会有相同的协变量 X 分布。如果我们假设给定协变量，处理分配是强可忽略的。

$$E_{b(x)}\left[E(Y_i \mid b(X),T=1) - E(Y_i \mid b(X),T=0)\right] = \quad (7-10)$$

$$E_{b(X)}\left[E(Y_1 \mid b(X) - E(Y_0 \mid b(X))\right] = E(Y_1 - Y_0)$$

2. 稳定个体处理值假说（SUTVA）。这说的是研究下的个体的潜在结果对另一个体的潜在结果没有影响。

模型检验

为了评估这个模型的表现，我们设计了一个蒙特长罗模拟，在这个模拟中我们设置了处理效应，并通过以下方法来估计。

1. 我们将程序进行了简化，并使用以下的设计：

协变量矩阵 X 为一个三维的多元正态变量，均值为 0 且方差相同，我们对协变量矩阵 X 进行 1000 次模拟。我们得到长度为 1000 的处理向量 T，它是一个均值为 $\dfrac{1}{1+exp(1.5-(X_1+X_2+X_3))}$ 的二项分布。

结果 γ 被设置为

$$Y = 2T + 2X_1 + 2X_2 + e^{X_3} + \varepsilon$$

ε 满足标准正态分布 $N(0,1)$，$(X_1+X_2+X_3)$ 的值越大，处理的概率越高。试验的百分比约为 26%。在这里，处理效应是 2，我们假设使用 3 个匹配方法来估计处理效应：逆概率权重、倾向得分分层和配对匹配。

2. 使用 T 对 X_1、X_2、X_3 的逻辑回归估计倾向得分。处理的拟合概率用 0.1 百分位，划分为 10 个次级。表 7.1 是基于倾向得分分层地对 X_1 的平衡的检验，证明了处理效应及其与次级的相互作用是显著的。因此，倾向得分的 10 个次级中 X_1 都是平衡的。我们可以验证 X_2、X_3 的结果也是如此。在表 7.1 中，T 是处理变量，propCut 是倾向得分的一个节点，T：propCut 代表了试验和倾向得分分层之间的相互影响。

3. 将该数据生成 1000 次，对每一组生成数据用逆概率权重估计（正如上文 ATT 的表达式中）、倾向得分分层和配对 t 检验来估计处理效应。表 7.2 显示了均值、标准差、结果的第 5 个和第 95 个分位点。我们看到，3 个方法可以得到对其真实的影响——合理无偏估计，由逆概率权重得到最小偏差，由配对匹配和倾向得分分层做出的估计是具有最小标准差的。图 7.1 显示三种方法对应的处理效应的直方图。

表7.1   倾向得分分层得出的处理效应

	估计	标准差	t 值	Propscorstant
（截距）	− 0.5708	0.0422	13.5425	0.0000
处理变量 T	0.2132	0.1676	1.2717	0.2038
propCutQ2	0.6279	0.0943	6.6616	0.0000
PropCutQ3	0.8022	0.1079	7.4331	0.0000
PropCutQ4	0.7681	0.1367	5.6175	0.0000
PropCutQ5	0.7681	0.1367	5.7050	0.0000
PropCutQ6	1.1045	0.1676	6.5894	0.0000
PropCutQ7	1.0551	0.1932	5.4622	0.0000
PropCutQ8	1.1825	0.1979	5.9743	0.0000
PropCutQ9	1.6818	0.2376	7.0791	0.0000
PropCutQ10	1.6299	0.2294	7.1038	0.0000
T：propCutQ2	− 0.3275	0.2501	− 1.3096	0.1906
T：propCutQ3	− 0.3672	0.2536	− 1.4482	0.1479
T：propCutQ4	− 0.1279	0.2690	− 0.4755	0.6345
T：propCutQ5	0.0055	0.2671	0.0206	0.9836
T：propCutQ6	− 0.3708	0.2859	− 1.2970	0.1949
T：propCutQ7	− 0.1084	0.3016	− 0.3594	0.7194
T：propCutQ8	0.0012	0.3030	0.0040	0.9968
T：propCutQ9	− 0.4294	0.3318	− 1.2940	0.1960

表7.2   差异匹配法得出的处理效应

	概率权重	配对数	Propscorstant
均值	2.0556	2.0912	2.2768
标准差	0.5819	0.3632	0.3719
Quant05	0.9874	1.4522	1.7324
Quant95	2.7766	2.5841	2.8835

敏感性分析

在随机试验中，因为试验组和控制组处理的概率是一样的，所以缺失的协变量产生的偏差很小，随机性保证了关于试验分配的数据点是可交换的，并使协变量缺失产生的影响最小化。在观察性研究中，这个偏差是大量的，并且可能改变分析的结果。敏感性分析衡量了结果对于因未观测干扰因子产生的隐藏偏差的稳健性。一个敏感性分析：关于影响效应的推论是如何被不同大小的隐藏偏差所改变的，Rosenbaum（2002）运用了针对匹配数据的敏感性分析测试，这些数据是基于一些衡量试验的随机分配的偏离程度的参数 Γ。在随机试验中，试验的随机化确保了 $\Gamma = 1$。

假设处理的概率分布由式（7−11）给定：

$$P_i = P(x_i, u_i) = P(D_i = 1 \mid x_i, u_i) = F(\beta x_i + \gamma u_i) \qquad (7-11)$$

其中，x_i 是指观察到的个体 i 的特征，u_i 是未观察到的变量，γ 是 u_i 分配决策的影响。显然，如果研究中没有隐藏偏差，γ 会为0，分配概率只由 x_i 决定。然而，如果存在隐藏偏差，两个个体即使有相同的观测协变量 x，它们受到处理的概率也会不同。假设我们有一对匹配过的个体 i 和 j，F 是逻辑分布。个体受到处理的概率用 $\dfrac{P_i}{1 - P_i}$ 和 $\dfrac{P_j}{1 - P_j}$ 表示，概率的比值表示为

$$\frac{\dfrac{P_i}{1 - P_i}}{\dfrac{P_j}{1 - P_j}} = \frac{P_i(1 - P_j)}{P_j(1 - P_i)} = \frac{e^{\beta x_i + \gamma u_i}}{e^{\beta x_j + \gamma u_j}} \qquad (7-12)$$

如果两个个体都有相同的观测协变量，正如配对程序隐含的那样，向量 x 可以消掉，公式为：

$$\frac{e^{\beta x_i + \gamma u_i}}{e^{\beta x_j + \gamma u_j}} = e^{\{\gamma(u_i - u_j)\}} \qquad (7-13)$$

但是，两个个体接受处理的概率不同在于参数 γ 和它们非观测协变量的差值 u。所以，如果两个个体的非观测协变量相同（$u_i = u_j$）或非观测变量对分配的概率没有影响（$\gamma = 0$），那么这个比值为1，意味着没有出现隐藏或非观测选择偏差。现在，改变 γ 和 $u_i - u_j$ 的值，估计处理效应是如何受影响的，要通过敏感性检验来完成。为了简单起见，我们假设非观测协变量是一个虚拟变量，u_i 是 0 或 1。Rosenbaum（2002）证明了等式（7−13）隐含了这一比率的界限，界限代表了两个个体的其中一个接受了处理。

$$\frac{1}{e^\gamma} \leqslant \frac{P_i(1 - P_j)}{P_i(1 - P_j)} \leqslant e^\gamma \qquad (7-14)$$

只有 $e^\gamma = 1$ 时，才有两个匹配的个体有相同的处理概率。否则，例如 $e^\gamma = 3$，两个个体就 x 而言看起来似乎很相似，但就处理的分布而言，它们的差值是 u 值的3倍。换句话说，一个非观测协变量能使两个看起来相似的主体中的一个主体来自试验组的概率是控制组的三倍。为了对不同的 $e^\gamma = \Gamma$ 进行敏感性分析，我们使用 Wilcoxon 符号秩统计量 V，匹配配对数量为 S。它是通过每组内的差异绝对值从 1 到 S 进行排名，然后对每一组的排名进行加总，然后对配对组进行求和，在这些组中，试验组个体的反应比匹配对照组的个体要高。标准 Wilcoxon 符号秩统计量的渐进分布是均值为 0，方差为 1 的正态分布。在随机情况下（试验的概率是 0.5），均值是 $\dfrac{S(S+1)}{4}$，方差是 $\dfrac{S(S+1)(2S+1)}{24}$。用公式（7−15）来估计随机化的离散

程度。

$$E(V^+) = \frac{p^+ S(S+1)}{2} \qquad (7-15)$$

和

$$var(V^+) = \frac{p^+(1-p^+)S(S+1)(1+2S)}{6} \qquad (7-16)$$

这里 $p^+ = \frac{\Gamma}{1+\Gamma}$ 可以解释为在试验组中的概率。当它等于 0.5 时，分配是随机的；当它大于 0.5 时，分配到试验组的概率高于控制组。因为 $p^- = \frac{1}{\Gamma+1}$，我们用 p^- 替代 p^+，得到相同形式的期望和方差。需要注意 Wilcoxon 统计量是试验组（在绝对值上）比对照组高的小组的排名总和。在随机过程中，我们认为这个总和会是 $\left(\frac{1}{2}\right)\left(\frac{S(S+1)}{2}\right)$，即从 1 到 S 的和的 1/2，也是前 S 个数的标准求和公式。

我们现在使用这项技术来检验先前所述结果的非观测协变量的敏感性。假设 T 的均值是 $\dfrac{1}{1+exp(1.5-(X_1+X_2+X_3))}$，而非先前蒙特卡罗模拟中的 $\dfrac{1}{1+exp(1.5-(X_1+X_2+X_3+U))}$。换句话说，我们有遗漏变量 U，估计 p^+（或 Γ）的变化对处理效应的影响。表 7.3 展示了敏感性检验的结果。为了将分析结果从 5% 的显著性水平改到不显著，U 需要使观察在试验组的可能性是在控制组的 7 倍。事实上，p^+ 需要从 0.5 变化到 0.87 才能改变分析结果，结果是协变量缺失导致的隐藏偏差的高度稳健。

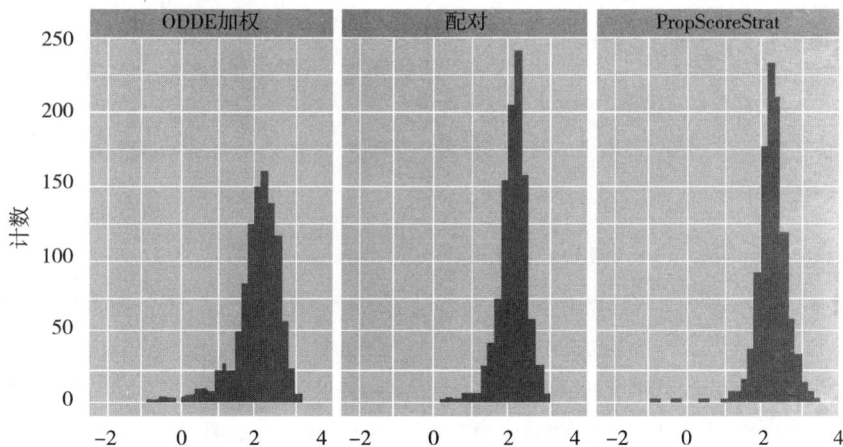

图 7.1 不同匹配方法估计的处理效应的直方图

表 7.3   敏感性分析

Gamma	下限	上限
1	0	0
1.5	0	0
2	0	0
2.5	0	0
3	0	0
3.5	0	0
4	0	0
4.5	0	0
5	0	0.0003
5.5	0	0.002
6	0	0.0083
6.5	0	0.0253

结论

　　我们在前面了解了公平贷款数据建模的复杂性，这种复杂性是由观察性研究产生的偏差所引起的。同时，我们提出了有效的消除偏差的方法，并且检验了由于重要协变量缺失引起的偏差的影响。通过简单的蒙特卡罗模拟，我们看到了三种匹配方法的表现。这些方法被广泛地应用于流行病学、犯罪学、政治学以及其他分析观察性研究数据的领域。

参考文献

　　1. Fair Lending Comptroller's Handbook，January 2010：8. http：//www. occ. gov/publications/publications-by-type/comptrollers-handbook/Fair Lending Handbook. pdf.

　　2. M. N. Eliott，A. Fremont，P. A. Morrison，P. Pantoja，and N. Lurie，A new method for estimating race/ethnicity and associated disparities where administrative records lack self-reported race/ethnicity. Health Services Research，43：1722-1736，2008，Wiley Online Library.

3. Paul R. Rosenbaum and Donald B. Rubin. The central role of the propensity score in observational studies for causal effects. Biometriks, 70: 41-55, 1983. 6, 8.

4. Paul R. Rosenbaum and Donald B. Rubin. Reducing bias in observational studies using sub − classification on the propensity score. Journal of the American Statistical Association, 79 (387): 516-524, 1984. 7, 9.

5. Donald B. Rubin. Estimating causal effects from large data sets using propensity scores. Annals of Internal Medicine, 127 (8 Part 2): 757-763, 1997. 9, 63.

6. Donald B. Rubin. Causal inference using potential outcomes. Journal of the American Statistical Association, 100 (469), 2005. 6.

第四部分

模型风险管理

第八章
警告大多数：商业领导人如何使定量模型变得更有意义[*]

杰弗瑞·R. 格洛克　　　詹姆斯·奥尔德罗伊德

问题描述

复杂的定量模型正在越来越多地被应用于回答商业方面的一系列问题。一个决定性的问题在于商业经验和定量模型技术的分歧：拥有广泛行业经验和管理智慧的领导者经常无法理解重要的模型。而定量模型的开发者由于缺乏行业经验则不能了解到模型会在哪些方面失败。由于行业经验和技术分析的分离，很少有定量模型被应用到实际模型中，从而灾难性的结果会接踵而至。

最直接的解决办法是同时雇佣拥有两种技能的人。不幸的是，几乎没有人拥有成功管理的软实力和经验，并且同时拥有必要的数学技能。因此，公司需要培养同时拥有行业经验和定量开发和分析模型的能力的人。但他们经常不能去解决这个需求。一般的领导者不理解数学、假设和量化的术语，而且他们不会批判性地分析模型是怎样运行的。同时，由于进行复杂量化模型研究的开发者的收入及社会地位及就业方面取决于他们研发和控制模型的能力，因此他们选择不去干预他们操作模型的动机。

---

* 本文观点仅代表作者个人意见。

杰弗瑞·R. 格洛克是里士满联邦储备银行定量监督与研究（QSR）的副总裁。在 2011 年加入里士满联邦储备银行之前，杰弗瑞曾是韩国首尔斯克商学院的教授、威廉玛丽学院和麻省理工学院的国际教员。2001 年在印第安纳大学获得博士学位之前，他曾是美国国务院的一名外国服务官员。

詹姆斯·奥尔德罗伊德是杨百翰大学管理学院的教授。2007 年，他在西北大学凯洛格管理学院获得博士学位。他曾在韩国首尔的 SKK – GSB 担任管理学副教授 5 年，并在俄亥俄州立大学担任国际商业助理教授 3 年。他的研究探索了网络和知识流动的交叉部分。他在诸如管理评论、组织科学和哈佛商业评论等媒体上发表过许多著作。他教授有关战略、组织行为学、全球领导力、领导团队、谈判和全球商业的课程，这些课程都是针对本科生、MBA 和高管的。此外，他还在斯克、奥苏和拜乌、印度商学院和北卡罗来纳大学任教。他积极参与为许多公司提供的领导力培训课程，包括三星、斗山、SK、Quintiles 和 InsideSales 等。

例如，最具影响和争议的模型是 David X. Li 的信用违约相关性模型，它经常被量化专家用于对处于金融危机的关键证券的定价[①]。这个模型做出的几个假设与现实世界不尽相同[②]。尽管如此，这对于大多数华尔街的人来说已经足够复杂了，以至于他们并不能充分地去理解模型并且分析它的优点和缺点。

在此模型中，计算债务违约概率的核心等式是

$$\Pr[T_A < 1, \ T_B < 1] = \Phi_2 \ (\Phi_1^{-1} \ (\Phi_A \ (1)), \ \Phi_1^{-1} \ (\Phi_B \ (1)), \ r) \ (8-1)$$

仅仅理解这个模型就需要大量的训练了，但是理解模型如何应用于资产定价还是需要定量分析的能力并且深刻理解金融市场的运作机制。使用这种模型的华尔街定量分析专家在定价资产支持型证券时严重低估了很多信用违约即时发生的概率。同时，华尔街的领导者允许量化专家使用此模型定价时似乎并没有理解这个模型和它定价上的劣势。

解决方案

商业领导者的一个核心的任务就是联系定量分析专家和拥有一手经验来应用定量分析模型的人。一个非常频繁使用的战略是忽略定量模型。这对当前和未来的领导并不是一个好兆头。定量分析在此文中被保留并且成为经营战略的必然要求。举例来讲，美联储针对大银行的压力测试是在模拟的宏观经济状况下运用量化分析模型分析其财务状况[③]。

对于公司当前对开发和理解模型的急切需要，我们并不建议让所有的决策者变成定量分析专家，而是建议领导者学习如何让他们决定模型如何运行，分析模型的优势和弱点，并且让他们决定模型是否有效。为了帮助领导者学习这项技能，我们提供了一种五个问题的框架模型，这个模型不仅能够让领导者理解模型，并且能帮助领导者提高质疑并改善模型的能力。总之，我们的目标是帮助那些在定性技术分析领域内没有取得博士学位的普通的领导者们去把他们经营经验与经常围绕在他们周围的实证技巧结合起来。这五个问题并不是用来帮助领导者们去详细理解所有模型技术上的细节，而是学会明白和批判性地评价企业模型产生的效果。尽管很多模型在很多时候非常复杂，但是这些模型起作用的核心方法经常是相对简单的。

评价定量模型的五个问题框架

计量学家 George. E. P. Box 写道，"所有的模型都是错误的，但是有一些是有用的。"为了理解他的话，我们可以想象一张曼哈顿的地图。这张地图就是曼哈

顿的一个模型，但是，就地图本身并不是现实存在的意义上来说，它是一个错误的模型。这张地图和现实中的城市看上去并不相同，缺少很多曼哈顿的属性，譬如成千上万的居民、地标性建筑、影院、黄色的计程车以及很多其他纽约具有代表性的事物。尽管曼哈顿的地图缺乏现实性，但对于想从帝国大厦前往纽约联邦储备银行的人来说是非常有用的。

经常有言论声称如果定量模型没有现实性的话就不应该被使用。然而，对于评价一个模型来说，现实性是一个错误的标准。正如曼哈顿地图的例子向我们展示的一样，一个模型可以同时是错误但是有价值的。如果模型产生了有用的输出，它是有价值的，这样使得评价模型的产出变得非常重要。我们的五个问题框架旨在帮助领导者明白一个模型是否有用，如果没有用的话如何使它变得有用。当领导者们会见模型开发者和定量分析专家时，他们可以使用以下的框架去引导讨论。

1. 模型的核心变量是什么？

什么因素被包含在模型中？什么因素没有在模型中考虑？是否有重要的因素遗漏掉了？如果这些变量加入模型中会对结果有什么影响？

2. 模型如何起作用？

哪些因素主导影响模型的结果，这些因素从商业角度来说有意义吗？如果模型是初步基于历史数据的，那过去的数据在多大可能上能代表将来？

3. 模型的核心假设是什么？

影响模型核心假设的产出是什么？这些假设对于商业来说是合理的吗？这个模型会带来什么不同的结论？

4. 模型的主要结论是什么？

模型的结论和行业专家的经验是否一致？也就是说，基于行业的知识和经验，模型的结论是否讲得通？

5. 模型发挥作用的时间有多长？

你期望模型产出的有效时间可以持续多久？如果情况发生变化，你怎样去改变模型？

为了更好地阐述领导者如何有效地使用模型，我们研究了两个案例。在第一个案例中，模型得出了一个大幅度低估潜在损失的数额。这个案例展示了领导者们如何运用五个问题框架去和模型开发者们讨论。我们假定领导者们已经运用了五个问题框架去分析这个特定的模型，他们会很容易地确定其中关键的缺陷。在第二个案例中，我们研究了一个模型产生的数字事后被证明是相当准确的，如果领导者认真对待的话是非常有用的，我们运用这个模型来阐明为什么领导者应该认真对待模型，即便他们不喜欢模型产生的数字。

案例 1　房利美和房地美有多大的风险

我们分析的第一个案例研究预测美国政府在为两个政府支持企业（GSEs）——房地美和房利美承担债务中承担的最小风险[④]。当这两个机构在 2008 年破产之后，政府和纳税者救助了它们，大概运用了 380 亿美元。五个问题框架解释了美国政府为企业提供债务担保的风险会被这个模型低估的原因。一般来说，五个问题框架模型展现了有经验的管理人，尽管缺少定量分析的专业技术知识，但是只要问了正确的问题，就明白为什么这个模型会失效。

2002 年，房地美发布了一份报告并分析了政府支持房地产行业破产的风险[⑤]。这份报告的领衔作者是哥伦比亚大学的经济学教授斯蒂格利茨，他是 2001 年诺贝尔奖经济学领域的获得者，世界银行的前首席经济学家，并且是克林顿总统任内的首席经济顾问。两个共同执笔者是经济学家中的后起之秀。奥斯泽格后来成为奥巴马政府期间的管理和预算委员会的领导者，现在是花旗银行全球银行的副首席。他的弟弟 Jonathanr Orszag 是美国进步中心经济政策的高级研究员。

他们的模型表明房利美和房地美破产的风险非常小，大体上小于五十万分之一。考虑到 GSE 模型在寻求一个预期确定的破产成本，在这个模型里有四个变量：利率、历史贷款损失率、GSE 违约的概率以及破产的成本。假设在与定性分析专家谈论过核心变量后，一个在业界有经验的领导者会发现该模型遗漏了一个在 21 世纪初发生在金融行业中的重要变化：住房抵押贷款风险的上升。历史贷款损失率是基于金融行业有着更高的贷款标准得出的。从 2006 年开始，伴随着行业开始进行风险更高的贷款，贷款损失率应该会比基于风险较低的贷款得出的贷款损失率要高[⑥]。

当房利美发布这份报告 6 年之后，房地美和房利美放一直处在被美国政府保护的位置。一直到 2010 年底，美国政府已经花费了 1540 亿美元去弥补这两个 GSEs 带来的损失。根据国会预算办公室的数据，截至 2019 年，损失可能达到 3800 亿美元[⑦]。模型预测的损失只有 200 万美元，而真实的成本是 3800 亿美元。为何产生如此巨大的错误？我们的五个问题框架模型证明了模型的问题可以被任何行业领导者发现并且给如何改善模型提供了方向[⑧]。

问题 1：模型的核心变量是什么？

GSE 模式寻求确定破产的预期成本。在模型中有四个变量：利率、历史信用损失率、GSE 违约的可能性和破产成本。在与定量专家讨论了关键变量之后，一些具有行业经验的领导者会注意到，该模型忽略了 21 世纪头十年银行业的一个关键变化：抵押贷款投资组合风险的增加。历史上的信贷损失是基于贷款行业的贷款标准而制定的。随着该行业在 2006 年发生了越来越多的高风险贷款，信贷损失利率可能会高于基于风险较低的贷款的历史利率。

一个资产负债率为大约 30% 的拥有着数百亿美元资产的金融机构犯错误的空间很小，即使违约概率有相对微小的变化，也将会导致巨大的信用损失，足以导致房利美在其历史上首次赔钱。可以解释这种失败概率的模型会在对政府为 GSEs 提供债务保证所要付出的预期成本上给出一个更加接近现实的更大的数字。

在 GSE 模型中，利率变化导致贷款损失率的变化。但是，贷款标准在决定贷款损失的因素中并不是一个核心的要素，这意味着即使业内降低了它的借款标准，正如在金融危机发生的前几年那样，这个模型也不可能解释这个变化。

行业的领导者了解贷款标准的降低，同时，更低质量的借款者在高利率下，比历史数据指示的更可能违约。第一个问题是关于核心变量的，领导者可以让量化专家通过加入一个新的代表下降的借款标准的变量方式来更新模型。

问题 2：模型如何起作用？

GSE 模型是通过以下的方式来预测因果关系的：破产的成本是 GSEs 违约的概率和的函数，而违约的概率又是由利率和贷款损失率的变化产生的损失来决定的。正如上文中所指出的，如果更低的贷款标准被加入模型当中，不考虑利率变化的水平贷款损失率可能大幅度增加。

事实上，GSEs 在 2008 年的经济衰退之前已经开始亏损了，这意味着它们的损失并不是由经济危机的震荡所导致的。

问题 3：模型的前提假设是什么？

GSE 模型是在一个风险资本标准的基础上建立的，这个标准要求是维持充分的资本可以抵御持续十年的全国性的经济危机。只要 GSEs 拥有充分的资本，那么 GSEs 不能支付的能力一定小于在压力测试中危机发生的概率[⑨]。该模型中设计的压力测试复制的情况是发生可能性低于五十万分之一。因此，假设政府为 GSEs 提供了 1 万亿美元的债务保证，那么 GSEs 就可以在任何状况下生存，除了概率为 0.000002 的几乎不可能发生的经济危机外。也因此，预期的破产成本变成了 200 万美元。换句话说，该模型假设 GSEs 拥有充足的资本并且银行破产的概率几乎为 0。

GSE 模型在评估 GSE 破产成本上主要做出了三个假设：

1. 含蓄的政府会显而易见地愿意为 GSEs 保证债务，同时也会承担所有由 GSEs 导致的损失；

2. 基于风险资本要求的监管是有效的；

3. GSEs 拥有充分的资本去抵御在资本要求下所提出的压力测试。

第一项假设是非常保守的，因为改变这项假定降低了政府的违约成本。如果含蓄的政府只保证承担 50% 的损失，那么政府最终承担的成本也会降低 50%。对于怀疑 GSEs 的破产成本只有 200 万美元的人来说，这项假设并不是问题，因为改变这项假设可以让预期成本变低。

第二项假设是一个潜在的问题。尽管对于监管者来说，要求一定数额的资本是相对简单的。然而，即使 GSEs 的资本要求满足了监管要求，但还可能有一些较为严重的问题。在巴塞尔协议 I 的资本框架下，OECD 的国家的主权债务在资本要求中被计量成现金等价物。正如欧洲债务危机清楚地表明，主权债务并不等于现金等价物。尽管这项假定后来并没有成为 GSE 模型失败的原因，一个业内有经验的领导者可以也应该拥有评价这项假定的知识。

第三项假设是受争议的，因为它只给出了 GSE 模型会失败的唯一路径：经济的下滑会带来资产价值的下跌[⑩]。这意味着经济决策并不是导致失败的潜在原因。在 GSE 模型的案例中，简单地通过降低借款标准来承担更多的风险不能由这三项基本假设所解释。

问题 4：模型的结论是什么？

模型的结论是 GSEs 只有在严重的住房市场的衰退下才可能需要政府支持，而只有在巨大的经济震荡的可能下才发生严重的住房市场的衰退[⑪]。在模型中发生的概率为 $\dfrac{1}{500000}$。如果一个有行业经验的经理测评这个模型，模型的有效性就明显亮红灯了（Red Flag）[⑫]。是否存在这样一种企业，无论多么成功或者运行得多么好，可以在 3000000 种假设中的 30000 种情况下存活？在仿真的 3000000 种模拟未来的经济状况下，没有任何一种状况可以导致苹果公司、三星或者可口可乐的倒闭吗？2001 年，也就是这项报告发布之前的年份，GSEs 有 1.4 万亿美元的资产、1.34 万亿美元的债务，并且拥有 450 亿美元的核心资本，意味着负债和净资产的比率大约为 30：1。在如此高杠杆负债率的情况下，一个公司在 3000000 种模拟未来经济状况的情况下都不会破产是讲不通的。

即使会有人接受一个金融机构拥有 10000 亿美元的资产，却没有利率风险或者信用风险，仍然有其他导致损失的方式。更加显著的是，规模如此巨大的资产组合有着巨大的经营风险。行业的专家将会非常确定地意识到 GSEs 面临着运营风险，并且在破产的情况下损失是巨大的。为了验证是否遗漏了这项，一个领导者可以询问定量分析者是否包含了这类风险在内。

问题 5：这个模型能起多久的作用？

为了评估经济震荡导致 GSEs 债务违约的可能性，GSE 模型使用了利率和信用损失率[⑬]。作者们使用了历史利率和信用损失率来模拟假设的未来可能发生的情况。利率的数据从 1958 年开始，并且使用了息票剥离法来假设未来的状况，尽管这个方法非常复杂，同时包括向量自回归移动平均模型，基本的方法是通过选择历史上的年化数据来随机地模拟未来可能发生的经济状况。这意味着模拟的未来利率反映了在论文发表之前四年的真实利率数据。

年化的信用损失数据从 1983 年才可提供，因此，论文的作者使用了一个基于利率变化的信用损失率模型。详细地说，就是信用损失率取决于前期的信用损失率和利率，这也是为什么该模型彻底失败的原因。

这个模型并没有能够成功去预测 GSEs 破产的可能性和成本，模型失败的主要原因是模型的开发者并没有意识到在论文发表的这几年内，行业发生的巨大变化而导致信用损失的急剧上升。另外，一个熟悉行业内情的人知道 GSEs 和其他很多金融机构相同，在它们的贷款组合上承担着巨大的风险。这意味着模型所依赖的历史数据并不能代表模型应用期间的数据。当行业形势发生变化时，模型需要对这些变化做出解释。

事实上，在 2002 年之前，GSEs 的借款标准的降低已经在进行中了。从 1990 年到 2000 年，GSEs 的资产从 1740 亿美元上升到了 1.1 万亿美元，其中包含了大量购买的私人抵押贷款债券，即 Alt－A 抵押贷款证券和次级抵押贷款证券。

借款标准急剧恶化带来的后果是在 2007 年之前信用损失急剧上升。在房利美，不良贷款率[⑪]从之前的 0.65% 上升到 2007 年的 0.98%，在 2008 年继续上升到 2.42%，2009 年上升到 5.38%。

图 8.1 展示了美国包括 GSEs 在内所有银行的不良贷款率。不良贷款率从 2006 年不到 2% 开始上升，最终在 11% 达到了峰值。图 8.1 同时展示了同时期 10 年期国债利率的变化。同时我们注意到，从 2006 年开始不良贷款利率上升的同时同期利率在下降，这在 GSEs 模型中是不允许的，高利率是导致高信用损失的原因。

信用损失解释了大部分 GSEs 的损失。房利美贷款相关的成本从 2000 年的 9400 万美元上升到了 2005 年的 50 亿美元，之后又上升到了 2009 年的 735 亿美元。然而，GSEs 模型却只能通过利率上升来解释信用损失。因此，模型不可能精确地预测信用损失的实际变化。

五个问题模型的关键在于有着丰富行业经验的领导者应该能够充分理解模型技术定量分析工作者的核心问题，这样就可以发现模型的缺点。对于不会定量分析的领导者来说，这篇报告中使用的向量自回归移动平均方法可能会使他们感到畏惧。然而，五个问题模型可以引导领导者更好地去理解模型和它的限制。

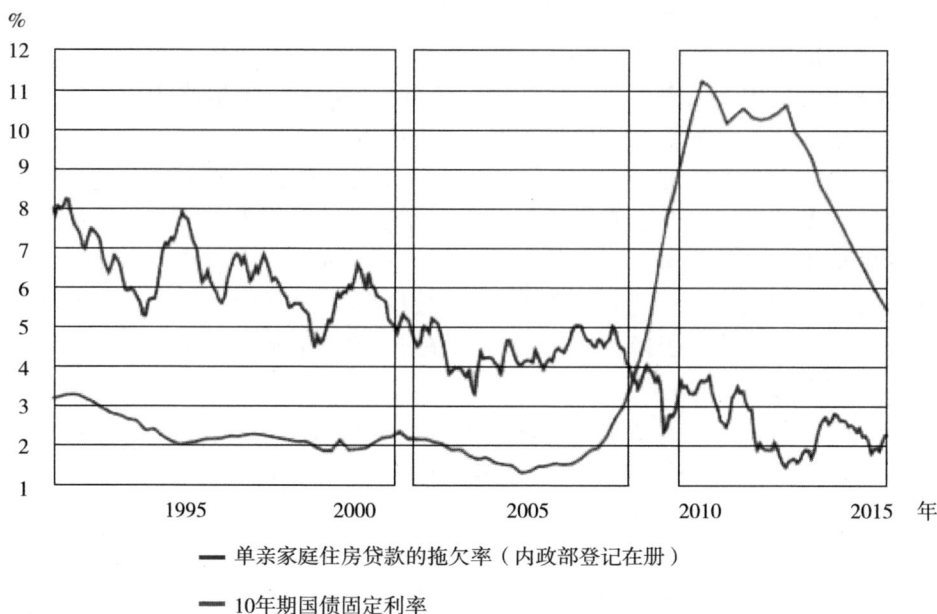

图 8.1　包括 **GSEs** 在内所有银行的不良贷款率和 **10 年**期国债固定利率

案例 2　伦敦白鲸事件

第一个案例的焦点在于估计损失模型严重低估了资产组合的真实风险。五个问题模型给领导者提供了一个向模型提出挑战的有效方法，从而可以使模型起到更合理有效的作用。第二个案例研究了一个用来估计盈利的但没有合理运用的模型。

2006 年，J. P. 摩根的首席投资办公室（CIO）开始交易信用衍生品，该衍生品以合成信贷资产组合（SCP）著称。在 2011 年之前，全国性的 SCP 的规模从 40 亿美元上升到了 510 亿美元。2011 年 12 月，建立首席投资办公室用来降低该资产的比重以达到监管的要求。CIO 不但没有采取相对直接降低风险的方法去抛售有着相对较高风险的资产头寸，反而投资了附加的衍生品来对冲现有的投资头寸。2012 年第一季度，全国性的 SCP 规模从 510 亿美元上升到了 1570 亿美元。2012 年 1 月产生了 1 亿美元的损失，2 月产生 6900 万美元的损失，3 月产生了 5.5 亿美元的损失。首席投资办公室的领导命令交易员停止交易。到 2012 年底已经产生了 62 亿美元的损失。

从银行白鲸事件中我们可以吸取很多经验教训，但是并没有很好地反映在银行的领导上和对银行的监管上。我们这部分讨论来自 2013 年 3 月 15 日美国参议院关于伦敦白鲸事件的报告中得出的结论之一[⑮]。

为了评估衍生品头寸的价值，CIO 初步采取了直接的盯市法则，运用了买卖价差的中间价。2012 年第一季度，CIO 使用了更加积极的买卖价差去估值。一个 CIO 初级交易员准备的一份价差表显示，2012 年 3 月 16 日报告产生 1.61 亿美元损失，用买卖价差中间值的方法衡量为 5.93 亿美元损失。然而 J. P. 摩根的投资银行对用来对冲 SCP 的衍生品依旧采用了买卖价差中间值的方法，这意味着 J. P. 摩根的不同业务部门对相同的头寸采取了不同的估值方法。

2012 年 5 月 10 日，该银行的领导发布了测评衍生品估值方法的备忘录。该领导认为 CIO 造成了 7.19 亿美元的合理损失，而非采用买卖价差中间价法 12 亿美元的损失。因此，这个内部的报告几乎确定地接受了一个被设计用来隐藏损失的方法。2012 年 7 月，银行重申了其利润损失报告中 6.6 亿美元的损失。

CIO 拥有几个评价头寸的风险模型，包括 VaR 模型和 CRM 模型，95% 的 VaR 模型在 95% 的置信区间上评估了一定程度上的尾损失。换句话说，银行将有可能在 100 天当中有 5 天超出 VaR 模型的损失预测。VaR 模型通过观察先前的 264 天的交易日并且计算出最坏的 33 天的平均损失，来评估了未来的潜在损失。

2012 年 1 月 16 日，CIO 为了符合 VaR 的限制条件改变了超出 VaR 模型的限制并且持续了 4 天。正如上文指出，最直接地降低资产组合风险的方法是结束风险资产的头寸。CIO 通过改变 VaR 模型使模型降低对风险的评估，目的是为了符合 VaR 模型的限制要求。1 月 31 日，CIO 建立了一个新的模型，把它的 VaR 风险从 1.32 亿美元降低到了 6600 万美元。

CRM 模型估算在市场紧缩情形下一年期的损失。它意图在 99% 的置信度上测算一个投资组合一年最多会亏损多少。2012 年 1 月，CIO 的 CRM 损失估计值从 1 月 4 日的 19.7 亿美元增加到 1 月 11 日的 23.4 亿美元，又增长到 1 月 18 日的 31.5 亿美元。到了 3 月，损失估计已超 60 亿美元。

一个 CIO 经理摒弃了这些数据，称它们毫无用处，他认为估算结果明显过高。然而，CRM 给出的 60 亿美元损失估计十分接近 2012 年的真实损失值。投行直到意识到损失值已经非常高时才做出反应。

VaR 和 CRM 模型都清晰显示 SCP 是一个高风险的投资组合，两个模型都对在 2012 年发生的损失做出了早期预警。在 VaR 的案例中，投行选择通过调整模型来生成更低的损失值，从而使得这一数值不超过 J. P. 摩根的风险限额。而对于 CRM 模型，投行则选择了无视。事实上，这个模型最后被证明在反映真实损失上的预测是十分精确的。

这个简单的例子反映了一个重要的观点：有时候模型运转良好。这些模型生成的结果十分有价值，但是 CIO 未能好好利用。有一点教训很重要，就是要仔细留意对模型的调整，特别是那些明显造成损失变小的调整。调整模型的前提是基于重要的能够提高质量的理论因素，而不只是为了创造出更被管理所接受的结果。调整 VAR 模型的原因显然是试图减少模型算出的损失估计。另一个重要的教训是要关注模型结果，尤其是生成高损失估计值这种不被行业内所欢迎的结果时。投行忽视了 CRM 模型的结果，这个结果很接近 2012 年 SCP 投资组合的真实损失值。

帮助领导者更有效利用模型的关键几点

1. **数量关系和行业内专家之间的协同**：不管模型在数学上多么复杂，只有当它们反映行业的具体信息时才有价值。GSE 模型遗漏了行业的一个重要变化——贷款标准的降低，在论文发表之前开始好转。贷款标准的变化是广泛知晓的，任何有行业经验的人都应该意识到这一点。

在伦敦白鲸事件中，经理显然提前决定了他们想要从 VaR 模型中获得的数字结果和能够产生这一结果的数量方法。管理者似乎聚焦在得到他们所想要的结果而不是运用行业的专业知识改善模型。

2. **未来或许不能等同于过去**：GSE 模型采用利率和信用损失率的历史关系来模拟未来的信用损失率。然而，大部分数据源于贷款标准还很高的历史时期。当 GSE 和其他金融机构开始发放更具风险的贷款，二者之间的关系发生了改变。信用损失率在 2005 年开始上升——那时候利率和失业率都很低且经济增长，并且达到了在美国现代未曾预料到的程度。GSE 模型假定过去的利率和信用损失率之间的关系在未来依然适用。随着信贷标准的变化，这个假设变得不可靠了。

在伦敦白鲸事件研究中，SCP 已经在过去作出了足够的成果。即使当风险管理模型开始显示风险级别上升时，CIO 还是忽略了信息。其显然是期望情形会改变从而投资组合的价值能够提升到和过去一样。

3. **平衡自我判断和模型结论**：银行业的老兵都在过去的数十年经历过很多次银行业危机[16]。当一个模型的结果和他们的直觉判断相反时，例如，当一个模型显示即便在衰退期，一个有着万亿元资产负债表规模且负债权益比为 30% 的金融机构也几乎不可能破产时，公司领导们应该感到怀疑。笔者发现，在有些情形下，任何杠杆率更低的金融机构都有发生破产的可能性。尽管领导们的判断并不总是正确的，但理应更为细致地审视模型。

在伦敦白鲸事件中，模型所得出的损失估计可能是有用的，但管理层不践行。这种情况下，模型本应该反映管理层判断从而能充分揭示 SCP 投资组合风险。

4. **当心数据**：模型经常生成一个数字来作为结论。我们强烈建议领导者不要只关注一个单一的数字。在第一个案例研究中，根据模型结果，GSEs 的债务违约将使政府损失 200 万美元。不幸的是，模型不应该给出这么简单的结论，因为数字本身是依赖于模型假设、数据以及技术的。例如，200 万美元这个数字有效是有前提的，只有当信贷标准没有大幅恶化，利率和信用损失率关系未变以及未来利率类似历史利率等条件都满足时，这个数字才可靠。

在第二个案例中，管理层希望模型生成的数字低于先前设定好的风险限额。银行便调整了模型，从而使生成的数字不必要求管理层通过出售高风险资产来降低整个组合的风险。

比起聚焦模型产生的那个数字，对于领导者而言，更好的方法是理解模型运转和生效的方式及局限性。我们为量化专家们提出了五个问题，这五个问题可被管理者用来指导他们的讨论。这五个问题能帮助领导者更好地理解、质疑并运用模型来辅助决策。模型的设计和证实不应该只是量化专家的工作，因为行业专家也有必要更为有效地使用模型。我们的五个问题将鼓励量化专家用更为通俗易懂的方式来阐述模型，从而帮助行业专家充分理解模型，确保他们做出有用的预测估计。

注释

①大卫·X. 李. 论违约相关性：相关函数方法［J］. 固定收益杂志，2002（3）.

②对于李的模型的一个关键评估，可参考 Salmon，Felix. 灾难的配方：杀死华尔街的公式. Wired，2009.

③参考"全面的资本分析和回顾 2015 年总结指导"，联邦储备系统理事会，2014 年 10 月。

④国会在 1938 年成立了联邦全国抵押贷款协会（房利美），为联邦住房抵押贷款提供联邦资金，并提高住房拥有率。1968 年，房利美转变为一家私人公司，并被划分为房利美和政府国家抵押贷款协会（吉利美）。1970 年，国会成立了联邦住房贷款抵押贷款公司（房地美）与房利美竞争。尽管房利美和房地美在技术上属于私人组织，但它们被称为政府资助企业，它们的优越地位，使它们具有竞争优势。也许最重要的是，联邦政府对它们的支持是有保证的，这一保证在 2008 年其得到政府的保护时变得明确。

⑤Stiglitz，Joseph E. ，Jonathan M. Orszag and Peter R. Orszag. 对房利美和房

地美的风险资本标准的影响．房利美论文第一卷，2002．

⑥Stiglitz 等人，见第 5 页。

⑦国会预算办公室对房利美和房地美的预算处理，国会预算办公室的背景文件，2010 年 1 月。

⑧在美国的贷款标准恶化的情况下，参考 Morgenson，Gretchen，and Joshua Rosner. 不计后果的危险．时代周刊，2011.

⑨Stiglitz 等人，见第 2 页。

⑩压力测试旨在确定一家金融机构是否有能力在衰退中生存。当一家银行进行压力测试时，它会利用当前的财务状况，对经济造成冲击，然后评估这种冲击将如何影响其资产和负债。例如，一家银行可以分析其对抵押贷款组合的影响，这一经济衰退增加了失业率，并降低了房价。如果银行在模拟的经济衰退中有偿付能力，它将通过压力测试。

⑪Stiglitz 等人，见第 6 页。

⑫也许始于 2007 年 12 月的经济衰退是如此严重，以至于代表了模型复制 $\frac{1}{500000}$ 发生可能性的场景。一是我们经历了更严重的经济冲击，如大萧条，使得 2007—2009 年的经济衰退比 $\frac{1}{500000}$ 概率发生的情况要稍微轻一点。二是 GSE 模型采用基于风险的资本标准，并使用该模型来确定它们的模拟场景会导致 GSEs 在其债务上违约的频率。特别是它们寻找利率上升或下降 600 个基点的情景，其中每年的信贷损失率至少达到 0.98%。即使它们根据当前的经济状况或基于所有的历史数据生成了 300 万种情况，会发现这种组合从来没有发生过。

⑬Stiglitz 等人，见第 3 页。

⑭当借款人连续三次或以上连续支付时，违约就发生了。

⑮JP 摩根大通鲸鱼交易．衍生品风险和滥用的案例．U. S 参议院工作人员报告，2013.

⑯要对银行业危机进行全面的研究，参考 Reinhart，Carmen M. and Kenneth S. Rogoff. 这次是不同的：8 个世纪的金融愚蠢．美国：普林斯顿大学出版社，2009.

第九章
现阶段模型风险管理理论概述[*]

杨东

模型风险管理介绍

自 2008 年金融危机以后，整个金融服务业发生了巨大的改变。其中最主要的改变就是，市场参与者从中领悟到需要加强对于模型风险管理（Model Risk Management，MRM）的重视。

尽管在这个领域里，业内目前仍然缺乏对于一些概念性的问题的统一定论，但在我系统地介绍模型风险管理之前，仍然想先从"模型""模型风险"以及"模型风险管理"这三个基本的概念开始阐述。就目前业界来看，不同的监管机构、市场参与者、业内专家，以及学术研究人员都对这些概念有着不同的解读，同时，当这些术语应用在真实世界中，往往也造成了很多歧义和混淆。

什么是模型

2011 年 4 月，根据美国联邦储备委员会 2011 年 7 月公告（The board of governors of the Federal Reserve System），以及美国通货监理局在 2011 年 12 月公告（The Office of the Comptroller of the Currency）颁布的《美国模型风险监管指引》（以下简称 SR 11-7/OCC 2011-12），"模型"被定义为"运用统计、经济、金融、数学理论、技术以及假定的数量化系统与方法，对数据进行加工预测，其中共有 3 个组成部分：（1）信息输入，指模型输入的数据；（2）数据加工，把数

---

* 本文中反映的观点为作者本人的观点，不代表所在工作单位的观点。

杨东是毕马威风险咨询服务有限公司的董事总经理，在金融服务行业有着丰富的商业经验。他的工作重点是风险管理模型、定量金融、市场和国债风险管理以及金融衍生品和固定收益证券的估值。杨东拥有金融经济学硕士学位和金融 MBA 学位以及各种专业证书，包括 CFA、CPA、FRM、ERP 和 SAS 认证高级程序员。

据变成预测参数；（3）结果报告，把预测转变成商业决策信息。"[①]

这个指引的颁布在很大程度上帮助阐释了"模型"的定义，然而，对于其中一些细节仍然存在一些争议。例如：我们可能会疑惑是否能将一个 Excel 电子程序表格定义为一个模型。在实务中，基于不同经济主体对于模型概念的不同解读，基于其不同的模型风险偏好、模型风险管理框架、模型风险管理政策和程序，以及可利用资源等特殊条件的情况，在这个问题上给出的答案也会有所不同。

除了电子表格之类的计算工具之外，将模型与程序予以区分也是十分困难的事情。一个著名的例子就是对综合性的资本压力测试（the Integration of Capital Stress）的理解。[②]一些银行认为其是一个独立的模型并将其以模型的身份记录于模型库之中，但其他市场参与者则仅仅将其视为一个计算的过程。

另外，理解模型风险和执行有效的模型风险管理的一个关键要素就是对不同种类模型的多样化性质与特征进行识别。一方面，一些模型建立在深奥的量化理论与复杂的计算过程之上，例如期限结构模型、复合金融产品估值模型、高等统计或数理模型等。另一方面，也存在大部分模型在表面上不涉及密集的数量方法或者量化过程，但是这些模型却高度依赖量化输入，尽管如此，在本质上这个模型输出的结果仍然能被认为是量化的结果。同时，在第二类模型中的一些定量输入也可能是一些商业假设，例如：（1）流动性管理和流动性压力测试模型、固定产品定价模型；（2）一些类似贷款和租赁损失修正模型，控制性详细规划模型加入监管指引、监管法规或者监管要求的模型；（3）具体财务预算、财务计划及分析模型（FP&A），加入专家判断以及业务部门的数据输入（LOBs）模型等。虽然不同主体之间对于这些模型的具体的建模方法和运用可能有极大的分歧，但是由于这些模型具体的目的和性质不同，它们通常更加依赖定性的假设和数据输入。

什么是模型风险

由于市场上对于模型概念的定义与解读的不一致以及存在模型类型之间的巨大差异，对于"模型风险"进行定义自然也成为另一个具有挑战性的问题。在实务中，模型风险一般被定义为："不恰当地运用或者运用错误的模型结果或者报告，进而引发做出的最终决策与实际结果相反的潜在风险。同时，这种风险会造成财务损失，做出错误的商业和战略决策或者损害银行的信誉。[③]"

在模型风险中存在一些共识性的内容，主要包括：

A. 模型理论及概念风险——具体指缺乏相应的建模理论、建模框架、建模结构，或者整体的建模过程与模型的目的和用途不相契合而产生的风险。

这些归因于模型理论和概念上的稳固性不足而引发相应风险的例子包括以下

几条：

- 对于数据模型的逻辑回归相比最小二乘法回归产生的差异风险；
- 期限结构模型中的多项式树和蒙特卡罗模拟；
- 对于信用风险敞口模型的物理模拟相比风险中性模拟的差异风险。

B. 建模方法与建模途径风险——包括具体的建模方法与途径并不能提供可接受的模型契合结果或使用不恰当的或者错误的算法与公式，以及运用了不合适的程序进行模型开发和使用。

以下是一些关于建模方法和途径上的模型风险：

- 运用非稳态的数据而造成的伪回归；
- 对使用对数因变量模型进行结果的转换时没有进行偏差修正产生的模型风险；
- 在动态模型更合理的情况下而选择在利率风险模型中运用静态利率曲线产生的模型风险；
- 不合理的变量选择产生的模型风险。

C. 模型假设风险——具体指的是依据模型的性质与目的去开发和使用相应的模型，而在模型开发或使用中其所运用的核心假设无法支撑其在建模环境下或者凭借商业直觉与专家评定所得出的合理的观点而引发的模型风险。

下面列举一些由模型假设引发的风险等级更高的模型风险的例子：

- 情景设计风险，例如资产负债表模型的利率情景；
- 监管规定与准则风险，例如监管资本的资产风险权重；
- 管理及业务部门预测和数据输入风险，例如提前偿付率、生产增长率、存款流失率、筹资成本、贴现窗口借贷能力等进行流动性压力测试的模型。

D. 模型输入风险——具体指在模型开发或者使用中不合适的模型数据输入或者这个过程中进行了不合适的数据清理，转换或者执行了不合适的转换流程而引发的模型风险。

模型输入中产生的风险包括以下几种：

- 回归中使用了不正确的数据序列引发的风险；
- 将不合适的截止日期数据（as – of data）运用到对利率曲线与波动率曲线类似的市场数据输入之中所引发的风险；
- 进行人工复制与拷贝数据时发生的错误所引发的风险；
- 在后续建模过程中忽视了由于数据变换所引起的残差分布特征的改变所引发的风险。

E. 模型实现风险——具体包括错误的模型实现导致模型设计和途径没有正确或者严格地实现与履行，以及缺乏稳固的技术支持去完成模型的实现从而引发的模型风险。

由模型实现问题导致的模型风险通常包括：

- 编码错误引发的模型风险；
- 使用不合适的实现软件或者编码语言而引发的模型风险；
- 缺乏合适的系统与平台对企业治理、企业风险，以及其企业合规度（GRC）进行整合与连接而引发的风险。

F. 模型治理风险——采用不严格或者不合适的模型治理框架、模型治理政策、模型治理程序，以及模型治理控制所引发的风险。

这一类模型管理风险所引发的模型风险通常包括：

- 缺乏对模型执行有效地连续监测与追踪（M&T）而引发的风险；
- 缺乏在模型评估过程中有效的模型控制引发的风险，如频率控制、范围控制、要求控制、缺陷解决和进程追踪、建立反馈和上报程序等；
- 缺乏模型变动管理制度引发的风险；
- 缺乏报告与监管程序而引发的风险。

什么是"模型风险管理"

顾名思义，模型风险管理指的是运用相应的模型管理框架，模型管理途径和模型管理活动去管理和控制我们之前所讨论过的那些模型风险。然而，实现一个全面而良好的模型风险管理框架甚至比定性模型风险更为复杂。同时，还要遵循以下几个重要的条件：（1）设立一个确保能在银行企业风险管理框架（ERM）下实现有效的治理并且具有足够资历的组织架构。（2）建立稳健且实际的政策及程序。（3）拥有关于银行模型风险侧面的不同背景的高素质人才。例如，了解银行的证券投资组合、产品构成或者业务重点方面的人才。（4）具有适合的管理技术以及管理工具。

作为一个主要的关于美国银行控股公司进行模型风险管理的监管指引，SR 11-7/OCC 2011-12 提供了多种层面的模型风险监管指导方针，包括模型开发、模型的实现与使用、模型评估、模型治理、模型管理政策和模型管理控制。虽然有这些指导方针作为市场指引，然而市场参与者在应用这些模型的风险管理原则和指导方针的时候仍然面对着许多具体的挑战和问题。因此，在本章的后半部分我将更加深入地讨论当今实务领域的模型风险管理手段。

模型风险管理概述

典型的模型风险管理组织架构

一个稳健的模型风险管理框架本身是十分复杂的，尤其是对于整体模型风险管理框架的实现而言，整个过程则更为复杂。同时，在其构建过程中也需要投入海量的资源。另外，目前主导产业的实务做法是将模型风险管理（MRM）与企业中的企业风险管理（EMR）框架、系统和实务进行有效的整合。这样来看，模型风险管理不应该被定性为一个独立的风险与合规性管理职能，而是应该将其纳入整体的组织架构、流程、文化、数据和技术管理之中。

图9.1即为一个典型的模型风险管理案例。

如图9.1所示，模型风险管理在企业风险管理框架下应该被整合为三道防线（Lines of Defense，LODs）。这样的治理结构也能确保模型风险管理执行过程中的责任分配。

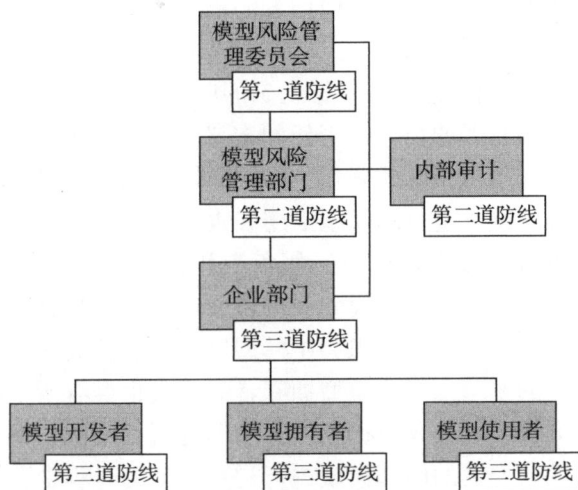

图9.1 典型的模型风险管理组织架构

第一道防线

第一道防线代表对于企业方面建立的企业防线。这些企业往往是模型的开发者、使用者以及拥有者。同时，它们也往往对于这些模型的商业要求、目的、性质、特点、数据和其他特性有着最准确的认知。所以，它们也应该作为主要的一方需要去履行关于模型开发、模型实现以及模型使用上的模型风险管理职能。这种职能主要包括：（1）模型开发测试，例如灵敏度试验、样本内或样本外测试以及关键数据测试等；（2）模型的连续监测与追踪，例如回溯测试、流程验证、基准分析、终端用户反馈、群体稳定性指标（PSI）数据测试、经济增加值数据（EVA）指标测试、产出增加值数据（PVA）指标测试；（3）模型使用测试，例如输入数据矫正、模型结果分析、模型校准。

公平地说，我们一般很难将模型开发者、模型使用者，以及模型拥有者予以区分。虽然他们通常都被认为是第一道防线的主体，但是还是存在一些需要注意的地方需要予以区分：

A. 模型开发者通常指的是开发模型的一方，一般包括模型的设计和编程。他们也通常在模型进入生产阶段前执行模型测试和模型实现。一个模型的开发者通常是一个重要的模型风险管理的利益相关者，因为这些模型都是由企业自主开发研制的或者称为"企业内部模型"，但是这对于那些由第三方供应商开发并由企业购买的模型，将其与模型开发者相提并论却不太现实。

B. 模型使用者通常指的是依据特定的目标而使用模型的一方，其目标包括常规业务（Business-as-usual，BAU）活动、压力测试等，而这些内容也通常是企业防线中的基本组成部分，导致模型使用者的概念经常随着主营业务、具体业务情况、商业用户等项目的不同而改变。

C. 模型拥有者的范围非常广，依据明确的监管指引 SR 11－7/OCC 2011－12 当中公布的关于模型拥有者的角色和责任的定义："企业部门通常需要对与其商业目标相关的模型风险承担相应的职责，而同时模型拥有者对在模型管理框架内依据银行政策及流程设定下进行的模型运用和表现负有无限责任，并且模型使用者对保障模型被合理开发、实现以及运用负有相关责任。[④]"然而在现实中，模型拥有者通常都包括模型开发者、模型使用者或者二者的集合，甚至还包括其他的利益相关者。同时，根据不同组织关于模型风险管理的具体的政策、程序、实现以及其他实务方面的要求，对于模型拥有者的定义也会有所不同。从另一方面而言，其定义在很大程度上也是根据具体的情形有所调整的，例如，在对于一个尚未投入生产阶段的新开发的内部模型进行初步验证的过程中，模型拥有者通常指的是模型的开发者或者至少包括模型的开发者和使用者。然而，对于一个已经被企业购买并使用多年的供应商模型进行评估时，模型的拥有者通常仅代表模型的使用者。

为了保证模型风险管理能有效地施行，其中很重要的一步就是理解这些定义之间的差距。例如，比较通用的实务方法是依据模型开发者以及模型使用者可能具有的不同的关注点、知识以及对于某些特定模型组件的获取能力，比如对黑匣子的获取能力，再针对类似内部模型和供应商模型去建立不同的模型评估范围、要求、模板等来达到相应的执行要求。而如果使用不进行相应的分类与区分的标准化的管理模式，经常会导致在执行必要的模型评估流程和检验活动中得出无效且不切实际的结果。

第二道防线

第二道防线是模型风险管理框架的核心部分。现在大部分银行和金融机构已经建立起了一个独立的模型风险管理部门，同时，这个部门也隶属于首席风险官（Chief Risk Officer，CRO）的报告管理体系之中。因此，这个模型风险管理部门连同其监督机构，例如不同的监管委员会，将在整个模型治理和风险管理中发挥扮演主要的角色，同时承担主要职责。

模型风险管理部门的主要职能包括以下几点：

A. 模型风险管理部门和监管委员会需要建立整个企业的模型风险管理政策和流程，而其至少应该包括以下几个方面：

- 模型风险管理组织架构，委员会章程等；
- 模型与非模型的界定；
- 模型记录；
- 模型库存清单管理；
- 模型风险评估和评级机制；
- 模型开发，模型实现，以及模型使用监管制度；
- 模型治理以及风险管理流程：
——模型评估与审批；
——连续监控与追踪；
——模型变更管理；
——模型风险报告；
——利益相关者的不同角色与职责定位。

为了实现全面的模型风险管理，这些政策和流程需要提供明确的指导方针，同时在必要时提供相应的包括模板、案例、图表在内的辅助工具以帮助理解与管理。为了确保制定的这些管理要求和指导方针具有可操作性，在制定这些政策和流程的时候也需要全面考虑企业目前的现实情况，例如，其具体的投资组合和模型种类等。换言之，直接原封不动地参考 SR 11-7 与 OCC 2011-12 的相关要求进行相应的政策和程序设定往往不能够起到很好的效果，因此，这就意味着我们需要有兼具牢固的金融建模和量化分析的专业知识，同时又对企业实务和风险状况有深刻理解的专家团队来完成相关政策和程序的制定。

B. 模型风险管理部门通常作为建立、实现和执行模型风险管理实务的主要一方，其主要作用是确保一个模型相对稳固的风险管理框架能被有效地建立并合理地实现，同时被严格地遵守。

模型风险管理部门的职责主要包括：

• 掌管企业的模型清单，包括创造、维护、更新、监控、检查，以及调和；

• 掌管模型文件数据库，同时确保其符合模型文件材料标准与要求；

• 监控模型的评估和检查情况，确保对反馈上来的模型验证和检查数据进行及时的分析；

• 引导或者协调模型评估和检查，并且进行适当且有效的压力测试；

• 向模型风险管理监管委员会或者高层管理部门定期地提供模型风险管理报告，同时确保对发现的问题建立有效且及时的沟通；

• 参与测试员和检查员，例如监管部门，对于模型风险管理的讨论。

C. 模型风险监督管理委员会通常不仅需要承担起模型风险管理监管机构的职责，同时还需要成为模型风险监管部门与董事会的联络人，因此，其也具有一些额外的职责和权限：

• 审批和监管模型风险管理政策和流程，包括在授权后可以监管和审批任何关于政策与程序变更的权限；

• 检查、探讨并修正模型风险管理报告的权限；

• 审查由模型风险管理部门或者其他部门引发的合规性问题的职责，同时具有在必要且适当的时候授予相应的免责条款政策的权限；

• 批准与模型合规性和模型性能相关问题决议的权限。

虽然不同企业之间的风险管理结构的组织结构、治理框架和具体的管理与流程差异显著，然而，一定程度上由于金融危机之后监管环境的改变，市场上的模型风险管理实务方法的逐步趋同，市场同僚们对于这种收敛的趋势也是具有明确共识的。例如，受到 CCAR 监管约束的银行更加倾向于建立拥有相同的组织、架构和规范的模型风险管理框架，但这种做法与受到"DFAST"监管约束的银行有所不同。[⑤]

第三道防线

第三道防线通常主要指的是内部审计防线。有效的内部审计能够确保企业的模型风险管理框架被合理地建立、有效地实现，以及适当地监控。同时，内部审计对于帮助完成第一道和第二道防线中的缺陷、限制以及潜在风险的识别具有重要意义。

正如 SR 11 – 7/OCC 2011 – 12 文件中指出的那样，"内部审查的职能不是去复制模仿模型风险管理活动，而是去评估模型风险管理是否足够广泛、足够严谨，并且足够有效[⑥]"，而内部审计通常需要实现以下几个目标：

A. 验证模型风险管理政策和流程的存在性、完整性以及合理性，同时还需要从利益相关者方面核实对于政策和程序的认知度。

B. 验证模型的政策和流程被有效地实现，并同时对其合规性进行审查，其中包括文档标准的验证，例如：（1）保证模型清单的管理符合相关要求；（2）保证其在过程中严格遵循了模型开发、模型实现与模型使用的各项要求、制度与标准；（3）保证及时提供模型风险报告；等等。

C. 检查和评估第二道防线中模型验证流程，这项评估需要至少包含以下方面的验证过程：（1）及时性与频度评估、范围评估、检验者的资质、独立性与组织地位；（2）对于验证具体部分的综合度、深度和契合度的评估，包括文件编制、概念稳健度、模型输入、模型假设、模型输出、模型实现、结果分析、报告、条件、模型管理、控制环境等；（3）有效性测试评估，结果相关度评估，包括结果描述、结果定位以及结果评级等；（4）模型检验结论适当性评估，包括模型全局风险评级等；（5）模型验证报告与沟通。

D. 对辅助运行系统进行性能评估，包括技术、数据管理等方面。

相比于《萨班斯法案》[⑦]的审计要求中对于会计和公司财务管理的高度重视，模型风险管理的内部审计防线同时需要审计者具有额外的知识、技能与经验要求。为了确保全面而有效的模型风险管理的内部审计防线的实现，对于量化以及金融模型中的量化层面和模型风险的相关知识的理解和掌握就变得越发重要。

模型风险管理挑战

由于这些年所进行的对于模型风险管理框架的规范化和精简化的过程，市场参与者也不可避免地需要面对一些挑战。

具体来说这些挑战包括：

A. 不明确的模型风险管理架构带来的挑战，包括不同防线的定位和职责——传统而言，通常不同的业务部门使用不同的模型，同时其也是模型风险管理职能的承担者。金融危机之后，这些新的模型管理风险架构对于银行和金融机构来说都还是新生事物。有针对性的培训对于提高不同的利益相关者的风险意识，同时明确其在企业之中的风险管理职责具有重要意义。

B. 模型风险管理职能的碎片化挑战——模型风险管理通常都是独立运行的，而没有与企业风险管理框架进行有效的整合。

C. 资源、知识与技术限制挑战——新的模型风险管理框架要求执行经理以及执行人在广泛的领域里具有足够的经验和相关的工作背景，包括量化分析、商业知识、风险管理理论以及相关技术，而这些挑战在第二道防线中体现得尤为突出。与此同时，也产生了一个核心的问题，尤其是针对模型风险管理部门来说，第二道防线应该如何表现得更像一个风险经理而不是风险管理者？

D. 组织架构缺乏独立性挑战——在 SR 11 – 7/OCC 2011 – 12 公告发布之前，

模型风险管理职能一般被分到各个不同的部门。例如，通常情况下，模型评估团队会隶属于内部审计部门，或者不同的模型评估团队依据其关注领域和掌握的技术（Skill Set）分属于不同的业务部门（LOBs），如此混合的风险防线设置必然在一定程度上造成模型风险管理独立性的缺失。而幸运的是，这个问题已经被越来越多的企业所重视，为了解决这个问题，目前的趋势是将这些零散的模型风险管理职能予以整合成独立的模型风险管理部门。

E. 缺少模型风险管理基础技术的挑战——这个问题总结起来就是缺乏成熟且高度整合的系统、数据管理技术，以及相关程序等，同时，对于专门针对模型风险管理设计的工具以及可以应用的相关的系统的需求也在急剧上升。

同时，为了确保构建和实现一个高效的模型风险管理框架，我们仍然需要面对许多其他的挑战。不过，市场参与者也已经在这个过程中成功克服了许多的困难，同时也积累了许多有价值的经验。

模型风险管理框架与途径

正如之前所讨论的那样，在现阶段的经济和监管环境之下，建立一个综合性、稳固以及有效的模型风险管理框架和途径显得尤为重要。如图 9.2 所示，我们将在后文分别阐述一些具有普遍性认知的模型管理框架及其重要的组成部分。

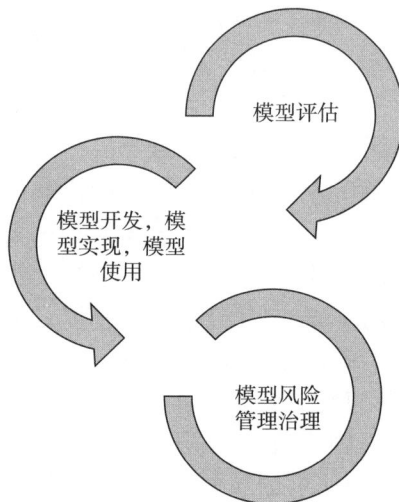

图 9.2　模型风险管理框架

模型风险管理治理

一些关于模型风险管理治理模式的重要组成部门，我们在"典型的模型风险管理架构"以及"第二道防线"的章节中已经予以阐述，包括组织架构、政策与流程，以及角色与职责。除了这些内容以外，以下内容也在模型风险管理治理模式中起到关键作用：

A. 风险评定——通常指的是模型风险的评级与分类。这个过程主要是用于对不同的模型进行具体的风险等级评级，通常的评定与分类流程包括：（1）依据模型的目的、用途以及模型的性质进行评估；（2）依据建模框架、建模方法以及模型实现的复杂度以及对模型发生错误的可能性进行评估；（3）依据模型输出与模型结果带来的影响进行评估，例如，其对企业财务业绩的影响以及对监管合规度和其他方面的影响。

B. 模型清单——以政策与程序中规定的关于模型的定性和分类标准来看，模型风险管理框架需要建立全面的企业模型清单[⑧]。该模型清单应当包含那些能够促使模型风险管理有效实现的一些关键信息，例如：

- 模型目的，模型使用以及模型的适用产品；
- 建模框架、建模途径，以及建模方法；
- 模型数据输入，包括数据种类、数据源等，以及适用的支线模型；
- 关键模型假设，包括运算假设、数学假设、数据假设，以及商业假设；
- 模型数据输出，包括数据调整、数据覆盖与下游模型；
- 模型限制，包括模型使用上的限制；
- 模型管理和控制细节，例如版本、开发数据、传输数据、升级数据、风险评级与分类、检查和评估计划、政策预测等；
- 关键利益相关者的联系方式，包括模型拥有者、模型开发者、模型使用者以及模型评估者；
- 任何对于模型清单的改变都需要予以密切地监控与追踪，同时需要建立相关的流程对于模型库存进行定期检查、确认以及升级。任何新的模型开发、模型更替、模型停用都需要准确且及时地反映在模型清单上。

C. 问题及状况追踪——需要建立一个稳定的程序去管理那些在模型风险管理检查与监控过程中发现的问题。换句话说，就是针对那些不符合模型风险管理政策与程序规范的问题予以管理，例如那些在模型评估中发现的问题。这些程序需要遵循明确的指导方针，其内容涉及评估发现的各类问题的风险，拟订管理对策，进行问题追踪与监控，包括建立一个依据风险评估制定的时间表、程序缺失性检查、决议检查以及问题状况更新。

D. 风险报告——指的是提供周期性的风险报告，例如月度、季度报告等，但是最少不能低于年度报告周期。以此为依据，模型风险管理部门需要向上级管理层提供相应的模型风险报告，例如风险委员会或者董事会对于模型风险的疏忽等。这类风险报告需要提供一个明确的关于企业模型风险的概况描述，包括重要的模型附加项（Model Additions），模型停用、检查过程中识别出的高风险问题，模型风险合规性状况，以及主要建议等信息。但是，其中有些模型风险并不能简单地由对单个模型的检查和评估得到，而是要对整体模型之间的联系有充分考虑的情况下，基于对整体模型风险的检查和分析作出测量与报告才能观测到，例如对联合模型风险的观测就是这样。因此，对于这样的综合性的模型风险，我们需要予以格外的关注与重视。

模型开发、实现以及使用（MDIU）

MDIU 通常由第一道防线进行检验，其所扮演的角色和承担的职责正如我们在"第一道防线"那个章节所讨论的那样，类似于模型拥有者、模型开发者以及模型使用者之间的区别。从模型风险管理的角度来说，MDIU 主要包括以下几个核心内容（如图 9.3 所示）。

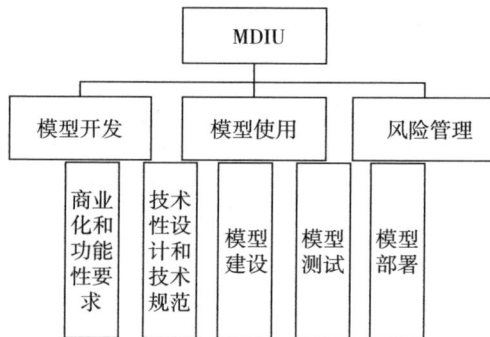

图 9.3　模型开发、实现以及适用

A. 商业化和功能性需求——这是 MDIU 的第一步，其通常要求模型开发者了解许多内容，包括：（1）了解现阶段商业状况与环境；（2）开发并记录模型的商业化和功能性需求；（3）获得和记录正式商业化要求许可；（4）获得审查者的签发。

在这个过程中，以下注意事项对于商业化要求的定性显得非常重要：（1）模型使用的约束和范围以及模型的用途；（2）模型的约束条件；（3）报告要求；（4）模型的目标受众。

另外，以下注意事项对于掌握和理解功能性需求显得尤为重要：（1）输入流程、输出流程，以及计算构成；（2）核心职能；（3）选择性架构；（4）软件容量以及软件版本；（5）系统容量以及数据库接口；（6）模型控制，包括安保程度、用户等级定性、访问权限、控制变更、版本控制。

B. 技术设计与技术规范

在这个过程中，需要完成以下流程：（1）技术设计与技术规范的研发；（2）获得审查者的许可与客户关于技术设计与技术规范的许可。

在草拟技术设计文件时，模型开发者需要考虑一些必要的因素，例如模型结构、模型中的逻辑流程和过程流程、程序编码的适用、错误检测、数据元素，以及用户交互的设计。

C. 模型构建——在这个步骤中，模型的设计和技术规范将实际用于模型的构建中，其中包括以下几个步骤：

● 编码与编程——制订模型设计与模型构建的计划，创设虚拟代码或者类似进行逻辑流程记录，同时，基于商业要求、功能要求以及技术要求进行相应的编码和编程工作；

● 进行原始测试；

● 定义并建立有关模型开发的控制手段，包括对于对版本和变更的控制方法；

● 进行模型记录。

D. 模型测试——主要是针对模型的性能以及商业接受度进行相关检验，其通常包括以下几个步骤：

● 制定测试计划与测试流程，在必要时需要获得正式的商业许可签发；

● 选择合适的时机，执行每一个测试计划并且对测试结果进行记录，整个测试需要包括数学校验与数据测试，例如敏感性测试、压力测试、数据预测测试等，同时还应该包括模型实现与系统测试，以及用户接受度测试等；

● 在必要与适当的时候，进行平行测试；

● 对测试结果进行分析，解决测试问题并且以此为依据对模型进行相应的调整，同时记录相关的改变。

E. 模型的实现与部署——这是最后且最关键的一步，其实现主要通过以下几个步骤：

● 获得不同利益相关人的签发许可，包括模型检验者和使用者；

● 制定模型实现的具体细节流程；

● 执行模型实现与部署，其中包括：（1）向生产团队传输开发编码与相关文件；（2）对不同系统与环境进行额外的编码等；

● 建立或者协助建立一个综合性的实时监控和追踪程序；

● 模型的实现和部署并不意味着模型开发者使命的完成，他们将在模型的使用中发挥重要的作用，并将在模型的调整与更新、版本控制等方面提供指导与建议。

F. 模型使用——在模型开发与实现完成之后，模型就能够被用于实际生产。然而，模型的使用不仅仅是一个简单的运转过程，其作为模型风险管理框架中的一个重要组成部分，需要主动地提供有价值的数据反馈，同时将这些数据用于促进实现模型的长期监控与优化上。模型使用者需要在使用和操作模型的过程中尝试从以下几个方面对模型风险管理做出贡献：

● 利用模型使用者在特定商业领域的知识与经验，在模型功能与运行方面提出富有成果且具有建设性的反馈与见解；

● 执行或者协助执行对于模型风险的持续性监测与追踪，同时，依据持续性监测与追踪的分析结果，对模型的长期适用性与契合度进行评估；

● 依据模型的使用对模型使用目的与使用限制进行监测，以确保模型的使用不超过其授权范围；

● 依据在不同的市场变化、产业状况与产业环境下，模型使用得到商业结果，向模型的开发者和拥有者提供问题反馈，并对模型的更新与优化提出相关建议。因为类似后台测试等方法的量化手段极其有限，这个市场反馈的过程对于测试模型的表现来说十分重要；

● 判断与证实类似管理覆盖这样的对于模型结果的调整，例如对那些相对保守的考虑进行验证等。

模型验证

在整个模型风险管理框架之中，模型风险管理部门一直被重视。因为其需要履行自己全方位的职责去保证建立起有效的模型风险管理框架，同时还要保证其合理地运行，并且受到定期监测，而模型风险管理团队最重要同时也是最烦琐的工作就是进行模型验证，其通常关注以下几个方面。

按照 SR 11-7/OCC 2011-12 文件所述，一个有效的模型验证框架需要包括以下"三个核心部分"：

● 对于概念稳固性的评估，包括模型开发证据的评估；

● 持续性监控，包括过程验证以及基准测试；

● 结果分析，包括后台测试。[9]

这个对模型性质有指导意义的指导方针，没有为进行合理的模型验证提供相关的细节，因此不可避免地需要进行一些额外的解读。

其中最广为人知的模型评估价格如图 9.4 所示。

一个综合而稳定的模型评估方法的具体细节应当包括以下几个部分：

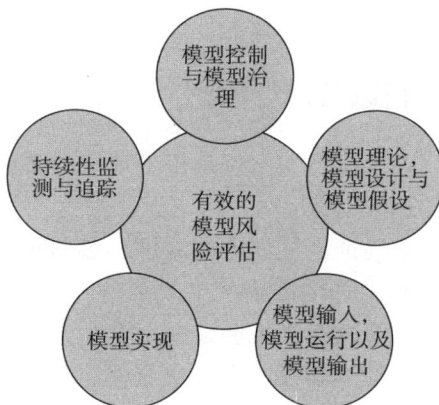

图9.4　模型评估架构

模型控制与模型治理

模型评估需要对模型控制与管理流程进行验证，包括模型变更控制、模型实现以及系统控制，比如系统安全、接入控制等，同时还包括模型使用控制，比如对模型输入和输出检查控制以及使用许可控制等。而对模型控制和治理的评估需要以企业的模型风险管理政策与流程为参考和基准。

模型理论、模型设计与模型假设

基于需要对模型的理论稳固性进行检验的原因，我们需要对模型理论、模型设计、模型方法以及模型的关键假设进行彻底的检验与测试。评估组不应该采用现有已给出的建模框架和建模理论，而是应该进行广泛的分析，以行业实务为基准进行分析，其中既包括主要的行业实务手段，也包括通用的行业实务手段，同时，在必要时辅之以学术的研究成果进行分析。另外，相对于现有的建模理论而言，也应该广泛地考虑和评估其他可选择的理论。

在检查模型设计、模型理论、模型方法和其关键假设以及进行模型的理论稳固性评估的时候，需要获得足够的模型开发依据，这不仅需要定量的依据，例如数据、编码、公式等，同时还需要定性的依据，例如商业直觉、管理投入等。另外，在模型限制方面，包括自主识别的限制和那些由模型拥有者以及模型评估组所披露的限制，对于那些可能放松监管潜在的替代方式的限制需要进行严格的审查和考虑。

检查、测试和评估理论稳固性的存在有多种方式，例如：（1）文件审查，包括模型记录审查、业务审查、监管审查、学术审查等；（2）基准测试；（3）探索性数据分析（Exploratory Data Analysis，EDA）以及验证性数据分析（Confirmatory Data Analysis，CDA）；（4）结果分析。

模型输入、模型运行以及模型输出

模型输入、模型运行以及模型输出也是模型评估的关键部分。通常这个步骤至少包括以下几个重要的组成部分：

- 数据管理和数据加工验证，例如数据清理、数据转换、数据分析等；
- 模型中使用的数据的适用性验证；
- 对于模型性质上的调整的合理性验证；
- 模型计算与模型公式的准确性验证；
- 模型功能的适当性验证；
- 输出结果分析；
- 输出结果报告中的综合性与信息性验证。

对于专有模型，例如内部模型（in-house Models），这个步骤是理论设计和理论框架同执行模型开发之间的桥梁。整个流程的重点需要放在模型开发过程和实务中，尤其是当模型评估作为模型投入生产之前最初的评估步骤，通常也是一种全方位的评估过程。例如，对数据组件的评估将主要参考模型拟合数据，而模型测试则主要关注模型开发过程中使用的数据的适用性，例如统计属性、模型目的和使用中数据的适用性。这样的评估主要用于解决以下几个问题：

- 建立在正态分布残差（Normally Distributed Residuals）假说之下的模型——而此模型拟合数据是否符合此假说呢？
- 需要对波动使用 ATM 资本/底台/互换分析法进行适当的校准——而在校准流程中是否使用过这些工具呢？
- 模型开发者应用 Akaike 最终预报误差（Final Prediction Error，FPE）技术去解释对未来预测中相比于样本内数据记录的更大的变化与差异——而结合模型的目的予以考虑，这样的实务手段是否合理呢？
- 模型中的拟合数据是由标准数据初始值不同转换过来的，用于在时间序列模型之中实现模型的稳定性——而这样的转换是否成功呢，例如，是否会在转换之后出现单位根的问题呢？

对比来说，对于供应商模型来说，以上许多问题难以解答，因为模型开发和适用过程通常是处于"黑匣子"暗箱操作的状态，而没有对模型检验者开放端口。然而，换一种思路来看，仍然有许多方法去检验模型的成分，同时，以数据输入为例，其关注点最主要还是放在模型的使用上，由此引发了以下几个问题：

- 在不同利率情景之下，运用资产负债管理（ALM）模型需要输入总分类账簿（General Ledger，GL）中的数据——而输入的数据是否和总账中的原始数据相符合呢？

● 当进行模型评估时需要输入交易的合约条款——而这些条款是否准确地被输入至模型之中呢？

● 获取的类似 Libor、掉期曲线、波动率曲线这样的市场数据是否准确？比如，是否获得了正确的曲线和数据，以及正确的原始数据？

● 其他部门的数据输入（Inputs from Other Department）是否是最新且合理的？例如，存款流量预估、新的总量预估等是否准确？

毋庸置疑的是，我们自然不会期待出现一个统一的能够应用到所有模型的统一鉴定程序和步骤。模型鉴定者需要有足够的能力去理解不同模型的性质和特点，并且以此为依据对于模型检查和测试方案进行相应的调整。

结果分析这个概念最初是在 SR 11 - 7 公告中首次提出的，其主要强调了依据商业实务以及模型的目的和使用对模型结果进行校验的必要性和重要性。结果分析大致包括回溯测试、样本外测试、敏感度测试、情景测试、压力测试、定量测试和商业表现测试等。虽然结果分析通常易于理解和执行，然而以下几点仍然需要予以关注：

● 建立一个条理化的结果分析流程和标准是非常重要的步骤，其包括预估量、设定合理的测试结果的阈值，以及一个问题解决程序；

● 依据模型的目的、设计以及实现，需要谨慎地设计并执行模型的结果分析，举例来说，对于抵押预付款模型的回溯测试周期可以是三个月、六个月或者十二个月，而对于贸易风险价值模型的回溯测试周期通常是 250 天；

● 有一些类似回溯测试这样的结果分析，不适用或者说不能够被合理地在所有模型上运用，例如，非现金产品的估值模型以及许多信用风险模型就不是非常适用，因此也需要考虑替代的结果分析手段，例如仿真测试；

● 作为最初模型评估体系的一部分，结果分析需要被作为一次性测试来予以考虑和执行，但是其也是模型持续监测以及进行常态下的模型表现追踪的主要指标之一。

模型实现

模型实现指的是实际的构建模型。这个过程包括以下几个部分：模型配置，编码和调试纠错，模型调度以及模型生产，模型安装，模型定制，供应商模型的构建，以及针对模型功能的一系列测试。

模型实现直接地影响和决定了它本身的功能性和适用性，同时，即使在模型设计得很好的情况下，模型实现中的缺陷也会导致模型的不适当使用。因此，检查和确保有效的执行模型实现的过程就显得非常重要，而在模型评估过程中需要关注以下几点：

● 评估模型编码是否准确且能服务于模型设计；

- 评估模型构建和模型参数设定是否合适；
- 评估模型系统和 IT 框架的构建是否合适；
- 评估模型实现过程中测试设计和运行是否完整良好，比如执行并行测试，同时对于运行结果进行追踪与分析。

下面我们分析一下模型持续性监测和追踪（monitoring and tracking，M&T）在模型风险管理框架内，持续性 M&T 作为独立的职能，在适当的频度下监测关键的模型风险。这是模型风险控制中的关键步骤，用于确保模型的运行符合预期，同时确保模型能在变化的经济和商业条件下保持长期的适用性。这个职责通常包含在第一道风险防线之中，其主要是由模型拥有者、模型使用者，以及在某些特定情况下的模型开发者所承担。

持续性 M&T 能够帮助观察到变化的商业环境对于模型表现的影响，主要包括产品的变化，宏观状况的变化，商业和风险敞口的变化等，同时其还能观测到一些类似商业数据这样的新的经验证据或者近期的学术研究中对于模型表现的影响。基于上述影响，模型拥有者可能以此决定是否对授权的模型进行升级，调整，再开发或者替换。举例来说，（1）如果企业之间开始交易新品种的金融衍生品，就需要对现存的风险价值模型的使用进行检查；（2）如果开发了基于回归的资产拨备金净收入模型，则可观测到大量的额外数据点，在这种情况下需要对模型进行相应的调整等。

结果分析通常是持续性 M&T 的关键部分。回溯测试以及其他的符合模型性质和目的的类似测试，通常是评估长期模型表现最有效的方式，同时这也是调整模型设计、模型设定以及模型参数的关键步骤。例如，如果对一个抵押预付模型进行一期三个月的回溯测试之后，其结果反映了预测值和实际值之间存在巨大的差距，那么对于抵押预付模型中的修正因子就需要予以考虑。

作为持续性 M&T 的一部分，其中非常重要的工作就是监控在模型的使用中是否存在违背模型限制的情况。例如，如果一个估值模型已知的限制条件是静态的利率期限结构，同时其主要用于对美式互换的定价，但对于美式互换的定价需要使用随机期限结构限制。那么在这种情况下，此类模型应用就需要被定性为违反了模型限制，并且需要对其作出相关的错误报告。

从模型评估的角度来看，确保有效的设计和执行持续性 M&T 也是非常重要的步骤，而其效果主要参考以下几个方面：

- 评估是否制定了综合性的、适合的持续性 M&T 计划，且计划中需要包括合适的 M&T 频率计划；
- 评估是否合适地实施了持续性 M&T 计划，并且找到相关支撑证据，但此方法不适用于投入生产前的初期阶段的模型评估；
- 评估是否合适地设计并执行了持续性 M&T 测试和流程；

● 评估测试结果是否被彻底地分析以及合理地解读，同时得出合适的结论，并且找到相关的数据支撑进行进一步的评估；

● 评估持续性 M&T 结果和结论是否被准确地向企业的风险管理部门以及相关管理层进行报告和沟通。

持续性 M&T 能够通过多种方式予以实现，比如说对运行表现进行类似回溯测试这样的测量和评定方法，同时还包括模型调整、定期流程化评估和检查，以及进行相应的基准测试。

对于一些具体的模型种类，持续性 M&T 也会执行一些类似"操作可行性测试"这样的检查，来对一些关键性假设的操作可行性进行相关的检查和测试。例如，在模拟情景下对一些支柱产业使用的流动性压力测试模型进行关于融资需求和资金来源的可行性测试，其主要包括内部测试与外部测试。

● 模型风险管理专家应当重点关注持续性 M&T 在不同种类的模型中的差别，因为统一的标准化流程和模板设定通常不适用于所有的模型。例如，一个 ALLL 模型的拥有者也许会对持续性 M&T 中对于基于时间序列回归开发出的资本压力测试模型的拥有者所列的要求感到困惑。因此，模型评估者需要针对不同的模型进行灵活的持续性 M&T 设计以及执行不同测试流程。

风险评级

模型评估的一个关键结果是评估模型的构建是否符合预期的目的和使用要求，换言之，其必须提供一个明确的关于模型在生产过程中的风险等级和风险性质的评估报告。这样的风险评级不仅需要包括在模型评估过程中发现的具体的问题，同时还需要对模型进行全局性的风险评估。

模型风险管理政策和流程需要有明确的关于风险评定和评级的定义和指导方针，其主要标准是参考模型表现中发现的问题的性质、原因和影响进行相应的评定。对于问题的风险评级，其主要还是考虑以下因素：（1）评估发现的风险是否属于基础的模型理论、模型设计，以及其余的模型的关键构成，例如模型假设、模型输入以及模型运行过程等；（2）评估问题是否是由于缺乏重要的模型控制；（3）评估问题对全局模型表现的影响等。模型评级一旦确定之后，应当作为制订处理方案的依据，包括评定其处理的必要性以及对规定模型拥有者的反应和修复错误的时间限制。

全局性的模型风险评估是对于模型中各个问题引发的风险进行汇总之后，再对其做出进行整体性的模型风险评估。其为模型拥有者和管理者提供了在预期模型设计之下使用模型所可能引发的风险的综合性的观点和结论。综合而言，全局性的模型风险评估主要包括以下几个等级：

● "接受"——此风险等级通常意味着模型良好，或者在模型评估中发现的问题风险等级较小，模型整体表现稳固并且符合预期；

● "附条件接受"——此风险等级通常意味着整体来说模型可以使用，但是需要满足一定的条件限制或者需要修复一定的缺陷，例如，以解决特定问题为条件；

● "拒绝"——此风险等级通常意味着模型存在根本性缺陷，并且不符合其预期使用的设计要求，需要对模型进行再开发或者更换模型；

● "限制性使用"——此风险等级通常意味着模型不应该用于生产，但是可以被用于其他的目的，例如可以作为基准测试模型或者挑战模型；

● "不确定"——此风险等级通常意味着存在明显的缺陷，例如，难以获得足够的开发证据，从而使得评估无效，导致评估难以完成。

另外，模型风险管理政策和流程需要有对风险评估和评级的明确的定义和指导方针，而进行模型风险评级的时候必须严格遵守这些规定和指导方针。

有效挑战

另一个关于模型评估的关键结果以及核心目的是对模型进行有效挑战。"有效挑战"是一个广义的概念，正如 SR 11 – 7/OCC 2011 – 12 公告中定义的那样，其知情的一方可进行客观公正的分析，清楚模型的假设，知晓模型的局限性，并提出合适的挑战。[11]

顾名思义，有效挑战指的是一种"挑战"方式，其意味着其目的和结果是识别模型中的缺陷和风险，同时其主要用于质疑模型使用是否符合其设计目的，而不是用于支撑现有的模型或者进行表面工作之类的弄虚作假行为。同时，这些挑战必须是"有效的"，其意味着在挑战过程中识别出的缺陷和问题旨在用一种有意义的方式反映模型开发、模型实现、模型使用中的真实风险，另外，其也意味着提供有效挑战的一方需要有足够的影响力和权威去充分考虑发起的挑战，并对其进行必要的回应。

在模型风险管理框架三道防线中进行的模型风险管理活动需要以有效挑战为准则——例如，商业用户需要对模型开发者提供足够的有效挑战，作为第一道防线中的有效挑战。对于模型评估者来说，这也是需要时刻遵守的一个基本原则。

总体来说，在所有的关键模型组件中都需要进行有效挑战，例如：

●模型设计框架挑战——例如，在业内普遍运用的自回归模型是否比最小二乘法更合适；

●建模方法挑战——例如，随机期限结构相比现在广泛使用的静态期限结构是否可能有更好的模型表现或者 Nelson-Siegel 模型是否比现在的三次样条法能更好地平滑收益率曲线；

●模型输入挑战——例如，如何证明在契合模型的过程中输入的是产业数据而不是企业内部数据；

● 关键假设挑战——例如，挑战其做出的存款增长假设是否符合资产管理负债模型；

● 结果分析挑战——例如，模型开发过程中执行的敏感性测试的方法论，包括设计情景，也许不合理或者模型开发者执行"全局的"敏感性测试相比于"局部的"能产生更多有意义且启发性的结果；

● 模型报告挑战——例如，基于目前前沿的产业实务，模型的报告集合也许需要包含增加的信息，比如为资产负债管理委员会做的内部收益率报告集合；

● 持续性 M&T 挑战——例如，来自修改的周期性模型中的系数波动的极值是一个固定的数，但使用系数的标准差作为模型也许更为合理，这样的差别会引起系数巨大的变化；

● 模型控制挑战——确定是需要建立固定的模型控制流程，还是依据模型整体的性质和风险进行修改等。

显而易见的是，在模型的评估过程之中还有很多不同的方法进行有效挑战，具体包括：

● 针对模型在行业实务中和学术研究中的用途进行对建模途径和过程的基准测试；

● 深入理解模型关键组件、模型的用途以及模型的使用，来进行模型风险的分析识别，确定是否存在缺陷；

● 对备选的模型框架和理论进行探索性分析，包括在必要的时候建立基准模型；

● 分析和评估模型开发者对于测试结果和与证据得出的相反结论的解读；

● 进行额外的测试，去识别在进行模型测试时，模型开发者忽视的可能误导模型结果的潜在的缺陷等；

总体来说，模型评估是持续性模型风险管理实务的重要组成部分，要求评估人具有相当高超的金融建模和量化分析技巧，同时也要求评估人具有扎实的商业知识，并且对风险管理原则和概念有深入理解。因此，对于一个合格的模型评估者的能力要求通常不会低于那些模型的开发者或者商业经理人。

结论

正如我们在这一章中讨论过的，在最近的几次金融危机中市场参与者吸取到的最直接的教训就是需要对模型风险管理实务进行革命性的革新和提升。首先，从本质上看这个任务是长期且艰巨的，必定要经过漫长且艰难的过程。其次，在这个不断发展的经济、商业和市场环境之中，市场参与者每天都会面对新的挑战，因此，对于我们完成模型风险管理的构建、改进和优化来说仍然有很长的路要走。最后，一个稳固的模型风险管理模式一定会在防止金融服务领域类似的金融风险，以及在整体的风险管理中起到关键的作用。

注释

①SR11－7/OCC 2011－12，第三页，第一段。

②通常实务中的银行资本压力测试模型包含大量的组件，用于应对不同的压力测试因子，例如，不同金融产品和证券组合的信用风险、操作风险、市场风险，以及资产拨备金净收入预测（PPNR）等，而这些模型组件被进一步整合，用于计算在不同压力场景下最后的压力测试结果。银行通常使用它们的资产负债管理系统（Asset Liability Management，ALM）去完成这些整合，但是其在方法、理论和流程上大相径庭。

③SR11－7/OCC 2011－12，第三页，第三段。

④SR11－7/OCC 2011－12，第十八页，第五段。

⑤综合性资本分析和检查（CCAR）指的是银行控股公司需要受到综合性资本分析和检查的制约，其是由美联储主导的一项年度检查。通常情况下，受到检查的银行一般是固定资产超过 500 亿美元的公司；《多德—弗兰克法案》（Dodd－Frank Act）压力测试监管的银行（DFAST）指的是对除了受到 CCAR 约束的银行进行《多德—弗兰克法案》要求的压力测试之外，还包括固定资产规模在 100 亿～500 亿美元的银行。

⑥SR 11－7/OCC 2011－12，第十九页，第二段。

⑦2002 年颁布的《萨班斯—奥克斯利法案》，又称《2002 年公众公司会计改革和投资者保护法案》。

⑧在一些企业中，模型风险管理部门可能也需要建立、维护，以及监控非模型工具，例如，用户自定义工具或者终端用户计算工具。在这种情况下，通常需要对这些非模型工具建立一些额外的风险管理框架和手段来进行相应的管理。

⑨SR 11－7/OCC 2011－12，第十一页，第一段。

⑩理论上，后台测试和样本外测试定义有所不同，虽然其服务的目标都是基于观察的数据对模型进行拟合度测试，但是，在业内往往对于这些术语有着不同的理解和解读，所以通常用样本外测试代表一系列后台测试。

⑪SR 11－7/OCC 2011－12，第四页，第四段。

第五部分

全面资本分析评论与压力测试

第十章
商业贷款组合压力测试中的地区和行业效应[*]

史蒂文·H. 朱

引言

对于金融机构而言，估计未来贷款损失不仅有助于控制商业贷款资产组合的信贷风险，而且是年度全面资本分析和审核（Comprehensive Capital Analysis and Review，CCAR）以及《多德—弗兰克法案》压力测试（Dodd – Frank Act Stress Test，DFAST)[①]中为获取监管批准所提交资本计划的必要组成部分。根据监管准则，银行必须证明在考虑宏观经济情景时，其压力测试方法在极低的风险敏感水平上也能适当刻画出贷款组合的风险特征以充分反映地区和行业效应[②]。本章叙述了一种估计时间点（point-in-time，PIT）违约概率的方法。时间点违约概率可以随宏观经济情景变化，同时能利用外部评级机构的数据获取不同地区和行业的信贷风险。该方法的关键在于对信用指数进行极大似然估计，并将相关参数修正至与历史违约和评级迁移（Rating Migration）相匹配的数据。模型中的信用指数[③]代表违约背后"隐藏"的风险因素，被认为产生于违约群集效应。此外，信用指数和相关性的估计为风险加权函数的初始构造提供了令人信服的理由，这一函数被用于计算作为巴塞尔协议Ⅱ第一大支柱的最低资本要求。由于该方法可以

---

[*] 本文仅代表作者个人观点。

史蒂文·H. 朱在定量风险和资本市场领域具有十分丰富的经验，具有 20 多年的行业经验。他从 2003 年起在美国银行工作，在市场风险和信用风险管理中担任各种职务，根据美国监管改革法案《多德—弗兰克法案》规定的资本充足率，负责市场风险分析和压力测试。2003 年至 2008 年，他在美国银行证券部门的信用分析和方法团队负责开发管理风险方法、信用风险模型、交易对手风险控制政策及不同产品线，以支持交易业务的信用风险管理的相关流程（包括外汇、股票交易、固定收益和证券融资）。1993 年，他在纽约花旗银行从事衍生品研究和交易，并在花旗银行日本分行工作了三年，在那里他管理着利率/货币混合结构衍生品交易的交易账簿。他是凯斯西储大学的操作研究硕士、北京大学的数学学士，并获得了布朗大学应用数学博士学位。他在 1992—1993 年作为麻省理工学院斯隆管理学院的访问学者进行学术研究。

做到与银行内部风险评级体系相符合，因此，其可以作为验证银行内部模型的基准模型。另外，这种方法也可以通过评级机构（如标准普尔和穆迪）的外部数据来实现，所以对于仅仅拥有内部有限的违约和迁移历史数据的机构来说，该方法是非常实用的。

违约和评级迁移的概率如何对宏观经济环境变化做出反应，对于银行在正常和紧张的市场条件下评估信贷风险准备金和资本充足率至关重要。信贷准备金和资本是银行管理和控制贷款组合信用风险的主要工具。

——信贷准备金旨在弥补正常经济周期内银行贷款组合的预期损失；

——信贷资本旨在弥补仅发生于经济衰退时期或极端市场条件下的非预期损失。

巴塞尔协议 II 规定，银行需要建立违约概率（Probability of Default，PD）的跨周期（Through-the-Cycle，TCC）模型来估算信贷准备金和资本要求。根据资产组合的类型和规模以及数据可用性，银行已经采用了各种各样的方法来估计信贷损失。这些方法可以基于会计损失法（撇账和回收）或经济损失法（预期损失）进行操作。预期损失法的损失被估计为三个因素的函数：PD、违约损失率（Loss given Default，LGD）和违约风险暴露（Exposure of Default，EOD）。一般情况下，银行可以应用计量经济学模型来估计给定情景下的损失，其中估计的违约概率是根据宏观经济因素、贷款或资产组合特征回归出来的自变量。然而，计量经济学模型通常基于数据可用性。在实践中，这对估计大型工商（Commercial and Iindustrial，C&I）贷款[④]等的低违约率和投资级投资组合的违约概率造成困难。因此，银行寻求开发一种结构化方法来模拟违约和评级转移的概率，以便估计和预测这些组合的未来损失。

在本章中，我们采用一种基于评级转移、被称为"信用指数模型"的方法来产生每个季度的压力转移矩阵。该矩阵具有前瞻性并且可以用来估计压力情景下批发贷款组合的信贷损失。拥有大量商业贷款组合的商业银行所进行的 CCAR 压力测试具有一定特殊性，本章可被看作是对该测试的介绍。

具体而言，该方法可以建立在银行内部评级体系或外部评级机构体系之上，以此推算债务人评级如何随宏观经济形势的变化而变化。模型实现的具体过程具有以下特点：

（1）将评级转移矩阵表示为被称作"信用指数"的单一综合测量指标；

（2）估计连接信用指数与情景变量的时间序列回归模型；

（3）根据时间序列模型预测多个季度规划期的信用指数；

（4）将预测的信用指数转化为完整的季度转移矩阵。

信用指数模型的修正基于 1981—2011 年共 30 年的标准普尔历史违约和转移数据。在建立信用指数后，我们进行统计回归分析建立相关关系，并得出与 2013

年 CCAR 提供的 26 个宏观经济变量相关的信用指数。由此，根据三个地区各自的宏观经济驱动因素（如 GDP、CPI 和/或失业率），我们可以预测其信用指数未来值。并且，信用指数的预测值与时间步长相匹配，得出在 CCAR 宏观经济情景下两年规划期内每年的压力情景下违约概率（Stressed PDs，压力 PD）和转移矩阵。最后，我们提供回测结果来比较模拟 PD 与 30 年历史期的真实破产概率。

信用指数模型采用了基于条件概率的信用计量（Credit Metric）方法。与无条件概率方法相比，条件概率方法捕捉到作为系统性风险因素（信用指数）的经济体信用周期以及个别债务人违约与系统性因素的相关性。更高的相关性意味着更高的违约概率和更多地从高的信用评级到低的信用评级转移。巴塞尔银行监管委员会（Basel Committee on Banking Supervision，BCBS）1999 年的出版物和美国联邦储备银行（Federal Reserve Bank，FRB）近年来的指导方针都强调了条件概率方法对模拟违约概率和转移矩阵的重要性，重点在于其提高信用风险模型准确性的能力。因此，本章所述的信用计量方法有助于使公司的 CCAR 压力测试方法与其整体信用压力测试框架保持一致。

估计违约与信用指数的相关性

首先，本节解释如何估计违约与信用指数的相关性。银行通常会建立自己的内部评级体系管理信贷风险，其中的内部评级大多基于评分卡模型来评估债务人信誉。其次，银行内部绘制出债务人长期的年度转移矩阵（如表 10.1 所示）用于评估信贷敞口、信贷准备金和信贷资本管理。最后，银行会从这些转移矩阵中得到基于评级的违约概率。因此，创立宏观经济冲击（例如 CCAR 压力情景下的冲击）对违约概率和评级迁移影响的模型可以量化此类冲击下信贷质量的变化。

表 10.1　　　　　　　1981—2011 年标准普尔历史平均转移矩阵

MS. NA	AAA	AA	A	BBB	BB	B	CCC	D
AAA	88.81	10.50	0.49	0.06	0.13	—	0.02	—
AA	0.55	90.20	8.34	0.68	0.10	0.09	0.02	0.02
A	0.05	1.88	91.36	5.90	0.51	0.17	0.04	0.08
BBB	0.02	0.18	4.31	89.43	4.78	0.93	0.12	0.23
BB	0.02	0.07	0.32	6.08	83.08	8.44	0.80	1.18
B	—	0.05	0.25	0.39	5.92	83.68	4.41	5.30
CCC	—	—	0.34	0.34	0.90	13.06	57.16	28.21

信用指数

我们运用公认的信用计量方法[⑤]，即使用连续的潜在因子 X[⑥] 和一组表示信贷质量状态的阈值来构造转移矩阵。对期初的每个初始评级设定为 G，X 被分成一组阈值或不相交的集合，使得 X 落在 $[x_g^G, x_{g+1}^G]$ 的概率等于相应的 G 到 g 历史平均转移概率：

$$p(G,g) = \Phi(x_{g+1}^G) - \Phi(x_g^C) \qquad (10-1)$$

每个初始评级有七个转移概率（即转移矩阵中的列数），且阈值按以下公式计算：

$$x_g^C = \Phi^{-1}\left(\sum_{r<g} p(G,r)\right) \qquad (10-2)$$

当 g 代表违约状态时，阈值等于 $\Phi^{-1}(PD_G)$（见图 10.1）。

为获得 PIT 违约概率，我们以渐进单因子模型（asymptotic single risk factor, ASFR）的系统性风险因子为条件模拟出违约和评级转移：

$$X_t = \sqrt{\rho} \cdot Z_t + \sqrt{1-\rho} \cdot \xi_t \qquad (10-3)$$

其中，Z_t 是 t 时刻系统性风险因子的实现值，ξ_t 表示 X_t 的特定因子，ρ 是 X_t 和系统性风险因子 Z_t 的相关系数。

系统性风险因子 Z 的值可理解为衡量给定季度转移矩阵与长期平均转移矩阵之间偏差的标准分数。在本章中，Z_t 被称为"信用指数"（Credit Index）。

给定信用指数，以 Z 为条件的 PIT 违约概率和转移概率计算公式如下：

$$PD(g \mid Z) = \Phi\left[\frac{\Phi^{-1}(PD_{1YR} - \sqrt{\rho}Z)}{\sqrt{1-\rho}}\right] \qquad (10-4)$$

$$p(G,g, \mid Z_t) = \Phi\left(\frac{x_{g+1}^C - \sqrt{\rho}\, Z_t}{\sqrt{1-\rho}}\right) - \Phi\left(\frac{x_g^C - \sqrt{\rho}\, Z_t}{\sqrt{1-\rho}}\right) \qquad (10-5)$$

方程（10-4）是 t 季度 g 评级的 PD，方程（10-5）是从 t 季度开始一年内评级从 G 到 g 的转移。

接下来，我们应用两种可替代的基于极大似然估计（Maximum Likelihood Estimate, MLE）的方法来修正信用指数季度值，这些季度值来自 1981—2011 年的历史违约和转移概率数据。

1. 按整体转移矩阵修正的信用指数

$$\max_{Z_t} \sum_G \sum_g n_{t,G,g} \cdot \ln[p(G,g \mid Z_t)] \qquad (10-6)$$

2. 按转移矩阵最后一列（仅限违约）修正的信用指数

$$\max_{Z_t} \sum_g n_{t,g} \cdot \ln\Big[p(g \mid Z_t) \Big] + (N_{t,g} - n_{t,g}) \cdot \Big(1 - \ln\Big[p(g \mid Z_t) \Big] \Big) \tag{10-7}$$

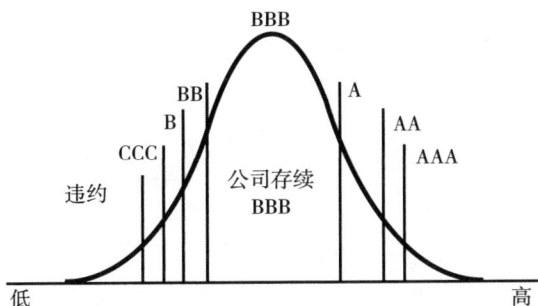

等级	AAA	AA	A	BBB	BB	B	CCC
AAA	(1.22)	(2.46)	(2.87)	(2.98)	(3.61)	(3.61)	(4.75)
AA	2.54	(1.33)	(2.36)	(2.82)	(2.99)	(3.31)	(3.52)
A	3.26	2.07	(1.50)	(2.41)	(2.76)	(3.04)	(3.15)
BBB	3.57	2.89	1.70	(1.55)	(2.23)	(2.69)	(2.83)
BB	3.56	3.12	2.64	1.51	(1.26)	(2.06)	(2.26)
B	4.75	3.29	2.75	2.46	1.51	(1.30)	(1.62)
CCC	6.60	6.60	2.71	2.47	2.15	1.05	(0.58)

图 10.1 评级转移矩阵的分割

其中, $n_{t,G,g} = t$ 时刻评级从 G 转移到 g 的数量, $N_{t,g} = t$ 时刻评级为 g 的债务人总数, $n_{t,g} = t$ 时刻评级为 g 的债务人违约数。信用指数 Z_t 的时间序列是根据30年（1981—2011 年）的一年期违约/转移矩阵的季度数据估计得来。

因 CCAR 压力测试,我们选择仅按转移矩阵的违约率修正信用指数。图 10.2 给出了按季度估计的示意图。对每个季度,我们计算从 1981 年第一季度至 2012 年第三季度的一年期评级转移矩阵[⑦]。我们应用极大似然估计法估计每个季度的全球信用指数 Z,并获得从 1981 年第一季度至 2011 年第四季度的时间序列 $Z_t(\rho)$ （如图 10.2 所示）。

相关参数 ρ 的估计基于巴塞尔协议 II 的内部评级法（The Internal Rating – Based Approach, IRB）,其表达式如下所示:

$$\rho = \rho_0 \cdot \Big[1 + \exp(-50 \times PD_{Avg}) \Big] \tag{10-8}$$

其中，PD_{Avg} = 每个评级的历史平均违约概率。

由于相关参数 ρ 控制了影响贷款[8]的系统性风险因子 Z_t 的比例，所以其在《巴塞尔协议Ⅱ》和《巴塞尔协议Ⅲ》的信用风险权重函数模型中起重要作用。

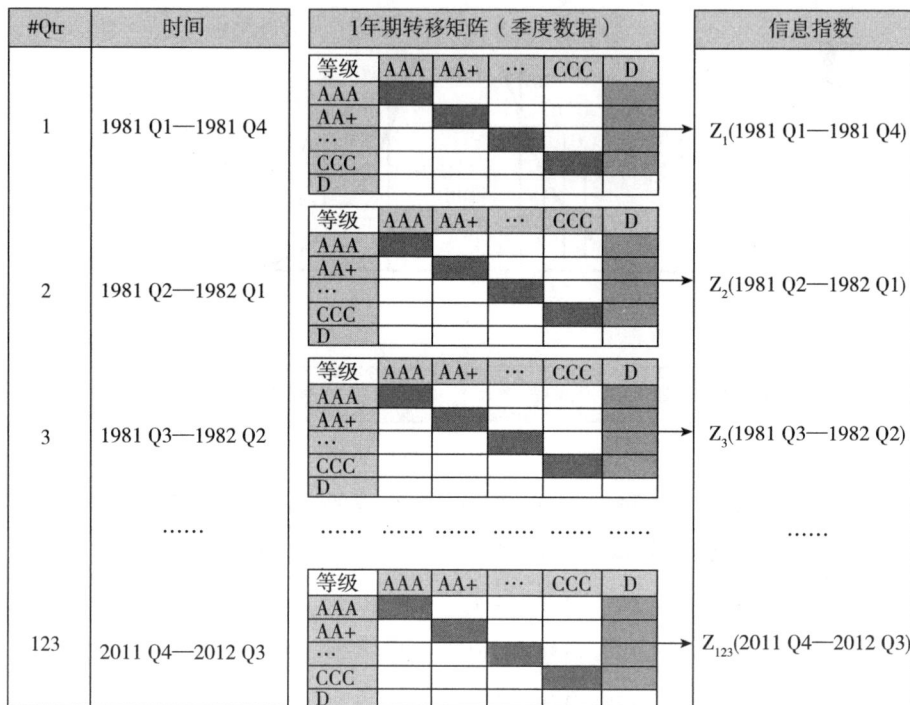

#Qtr	时间	1年期转移矩阵（季度数据）						信息指数

等级	AAA	AA+	…	CCC	D
AAA					
AA+					
…					
CCC					
D					

1 | 1981 Q1—1981 Q4 → Z_1(1981 Q1—1981 Q4)

2 | 1981 Q2—1982 Q1 → Z_2(1981 Q2—1982 Q1)

3 | 1981 Q3—1982 Q2 → Z_3(1981 Q3—1982 Q2)

······

123 | 2011 Q4—2012 Q3 → Z_{123}(2011 Q4—2012 Q3)

图 10.2　根据违约和转移矩阵估计信用指数 Z 的季度迭代过程

为获得特定行业和地区的信用指数，我们重复了上述迭代步骤，并且仅根据观察到的地区或行业内违约（评级转移）分别修正了每个历史季度的指数，从而获取重要的行业部门（如金融机构）或一个地区（如美国、欧洲、作为发展中地区的亚洲）的信用指数。

在信用计量方法下，信用指数衡量了信用转移矩阵偏离（就升级和降级而言）长期转移矩阵的程度。可以看出，当信用指数仅按转移矩阵的违约率修正时，与历史违约率有更高的相关性（即与 BB 评级 73% 的相关性和与 B 评级 92% 的相关性）。同时，信用指数的趋势与 1981—2012 年三次经济衰退时的历史违约率趋势相一致（见图 10.3）。

信用指数隐含了一种非常直观的理解，即 Z_t 的值在下述意义上衡量了信用周期：

－ Z_t 为负（<0）表示即将进入违约率高于平均值、升级数与降级数比值低于平均值的糟糕年份。

－ Z_t 为正（＞0）表示即将进入违约率低于平均值、升级数与降级数比值高于平均值的良好年份。

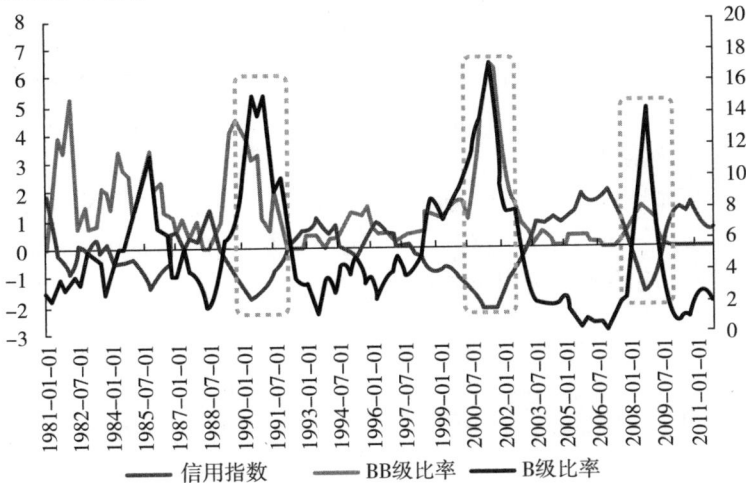

图 10.3　历史违约率与信用指数相比

给定信用指数的值，我们可以应用式（10－5）来构造转移矩阵。例如，我们来看下列两个拥有固定 Rho 因子（ ρ ＝10%）的转移矩阵，它们分别对应于两个特定的信用指数值：Z＝＋1.5 和 Z＝－1.5。我们观察到对角线上方表示降一级概率的数值发生巨大改变，这表明当信用指数 Z 从正值变为负值时，降级数量显著增加（见表 10.2）。

表 10.2　　　　　条件转移矩阵（Z＝＋1.5 和 Z＝－1.5）

评级	AAA	AA	A	BBB	BB	B	CCC	D
AAA	98.23	1.74	0.02	0.00	0.00	—	0.00	0.00
AA	1.81	96.89	1.26	0.03	0.00	0.00	0.00	0.00
A	0.19	5.70	93.32	0.76	0.02	0.00	0.00	0.00
BBB	0.06	0.59	11.69	86.94	0.66	0.06	0.00	0.01
BB	0.06	0.23	0.99	14.47	82.03	2.01	0.10	0.10
B	0.00	0.15	0.70	1.00	12.31	82.93	1.63	1.29
CCC	0.00	—	0.92	0.86	2.08	23.26	59.48	13.39
AAA	72.94	24.72	1.56	0.19	0.44	—	0.05	0.10
AA	0.02	76.81	20.21	2.14	0.34	0.31	0.08	0.10
A	0.00	0.12	82.28	15.01	1.61	0.57	0.13	0.28
BBB	0.00	0.00	0.45	83.59	11.97	2.82	0.39	0.78
BB	0.00	0.00	0.02	1.08	75.48	17.87	2.10	3.45
B	0.00	0.00	0.03	0.06	1.64	78.63	7.96	11.67
CCC	0.00	—	0.04	0.06	0.19	5.10	48.92	45.70

161

违约相关性

在前一小节，相关系数 ρ 刻画了债务人的特定风险如何随信用指数所描述的系统性风险而变化，我们通过假设相关系数为先验参数来估计信用指数。本小节中，我们介绍了一种独立于信用指数估计 ρ 的方法，即构造当违约事件服从二项分布时的极大似然函数。

具体地，我们将违约当成伯努利事件。[9]对于一个给定的历史年度（时间 t 表示第 t 季度），$d_{t,s} = N_{t,s}$ 中的违约数目 = 违约债务人（a cohort）的数目（c）。给定条件 $Z = Z_t$，违约概率可由下式给出：

$$p_c(g \mid Z_t ;\rho) = \Phi\left[\frac{\Phi^{-1}(\bar{P}_g) - \sqrt{\rho} \cdot Z_t}{\sqrt{1 - \rho}}\right]$$

所以，一年期内观察到的违约概率可由下列二项式公式给出：

$$B_c(Z_t ;\rho) = \binom{N_{t,g}}{d_{t,g}} p_c(g \mid Z_t)^{d_{t,s}} \left[1 - p_c(g \mid Z_t)\right]^{N_{t,s}-d_{t,s}} \qquad (10-9)$$

因此，通过求伯努利概率密度关于信用指数（Z）的积分并加总所有按季度划分的年份，我们得到无条件对数似然函数：

$$MLE(\rho) = \sum_t log \int B_c(Z_t ;\rho) \cdot \Phi(Z_t) \cdot \mathrm{d}Z_t \qquad (10-10)$$

似然函数是"无约束"的，因为它仅仅是参数"Rho（ρ）"的函数，并且通过使用简单统一（Uniform）算法或高斯—厄米特积分[10]，二项分布的积分可被计算出来。相关系数 ρ 的估计值就是极大似然估计的解，即极大似然函数到达极大值的那个点。由于所选择的违约样本期间不同，运用标准普尔所有违约数据得出的相关系数估计值也从 9% 至 13% 不等。

将此类估计方法用于不同行业的历史数据，我们根据方程（10-10）估计了不同行业部门的 ρ_0（如图 10.4 所示）。该方法还可用于获取一些重要地区的相关因子估计值：ρ_0（美国）= 12%，ρ_0^*（欧盟）= 15% 和 ρ_0^*（欧洲共同体）= 20%。

建立未来的信用情景

作为年度 CCAR 的组成部分，除开始于 2012 年第四季度并延期三年至 2015 年第四季度的基线情景外，监管机构通常提供两种压力情景（不利和严重不利）。这些情景依赖总共 26 个宏观经济变量，这些变量被同时提供给有受压力测试要求约束的银行。

本章所述方法的主要思想是构造信用指数表示银行贷款组合的信用风险，从而应用回归分析建立信用指数和所选择的宏观经济变量之间的相关关系。这些变量将 CCAR 的宏观经济情景转换成压力破产概率和反过来用于对贷款组合进行压力测试的转移矩阵。因此，接下来我们将讨论如何把信用指数与宏观经济变量联系起来的细节问题。

S&P 行业分布	Rho(ρ)
日常消费品	7.0%
能源	14.0%
金融机构	13.5%
卫生保健	9.0%
工业	9.0%
保险	9.0%
休闲产业	15.0%
材料	15.0%
房地产	42.5%
电信通讯	24.0%
运输	7.0%
公共事业	22.0%
信息技术	12.5%

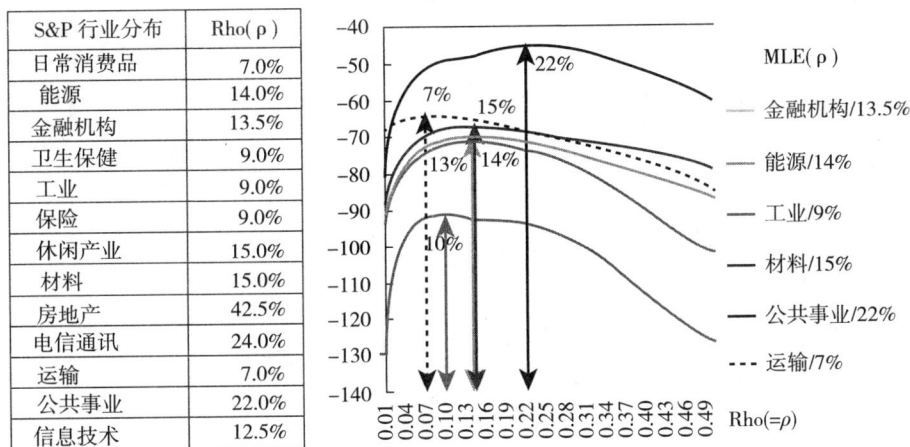

图 10.4　选定行业的 Rho（ρ）和极大似然估计曲线（关于 ρ 的函数）

将信用指数与 CCAR 宏观经济变量相联系

信用指数 Z_t 是一个季度时间序列。由于 Z_t 是根据历史违约和评级转移估计且发生在 t 时刻的下一年，所以 t 时刻 Z_t 的值表示未来一年的信用状况（即违约和评级迁移）。与关键的经济指标（如美国的 GDP 增长率）相比，图 10.5 显示在最近历史中的三段经济低迷期（1990—1991 年、2001—2002 年和 2008—2009 年），信用指数超前 GDP 增长率两个季度。因此，我们可以通过将信用指数的时间步长向前延伸两个季度来匹配 GDP 增长率。

2013 年的 CCAR 给出 26 个宏观经济变量，其中 14 个变量与美国经济状况有关，而其余变量则是欧洲和亚洲发展中国家的代表。由于信用指数被修正来衡量主要与美国债务人相关的信用周期，我们进行了逐步的变量选择，从 14 个美国宏观经济变量中选出符合经济原理同时回归 p 值显著的变量。在每种情况下，不仅被选出的变量在统计上具有显著性（即 p 值小于 5%），而且其系数（即回归方程的斜率）的符号也是可解释的。正或负的系数表明被选择的经济变量对信用指数作出正向或负向反应，即这些变量的增加会使信用指数的值增加（减少），从而产生转移矩阵中更高的升级（降级）概率。

对于回归分析，我们首先需要将时间步长向前移动两个季度来匹配 GDP 增长率，然后在回归中选择使用超过 2014 年的季度数据。[11]如图 10.5 所示，数据范围覆盖了 1998 年第一季度至 2012 年第一季度的两次经济衰退期。因此，我们运用 5 个所选宏观经济变量获得了信用指数的回归方程：

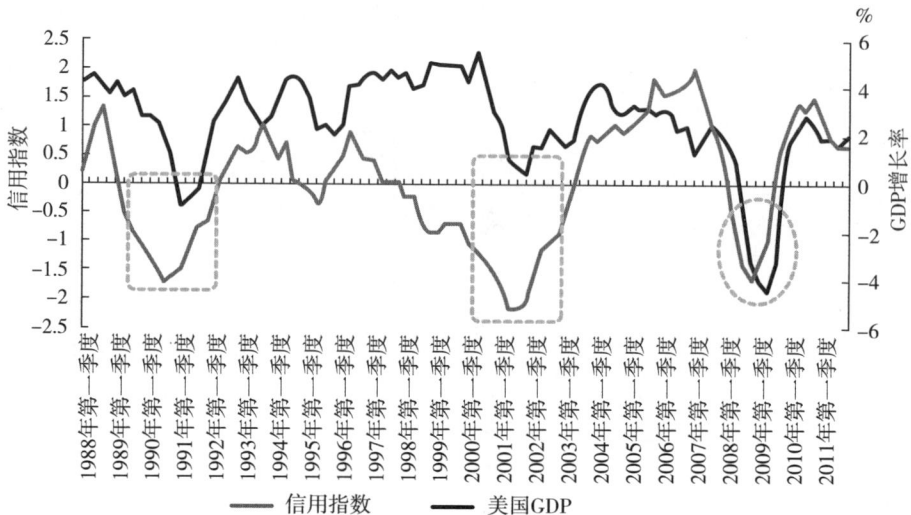

图 10.5　信用指数和美国 GDP 增长的领先—滞后关系

$$C\ Index_{US}(t) = a + b_0 \times USGDP_{growth}(t) + b_1 \times USCPI_{rate}(t)$$
$$+ b_2 \times Mtge_{rate}(t) + b_3 \times DJIA_{price}(t) + b_4$$
$$\times House_{price}(t) + Residuals \qquad (10-11)$$

我们注意到，在图 10.6 中，GDP 被测度为年增长率（year-over-year，YoY），而 CCAR 中的 GDP 数据则是按季度（quarter-over-quarter，QoQ）增长率给出的。因为在连续的信用指数季度值中，三个部分重叠的季度导致信用指数具有序列相关性，所以我们必须通过复合 4 个季度增长率将 CCAR 中 GDP 和 CPI 季度数据从季度增长率转化为年度增长率。这导致 GDP 增长率和 CPI 季度增长率的时间序列有更加平滑的形状。这可以进一步提高回归分析的拟合优度。如图 10.6 所示，美国和欧洲 GDP 的季度增长率覆盖了年增长率。

图 10.6 还展示了回归样本期间历史信用指数的拟合信用指数。由于数据的平滑处理，从 R 方值为 90% 和所选变量显著性来看，信用指数回归达到非常高的统计显著性，尤其在考虑到所选择样本期间（1998 年第一季度至 2012 年第一季度）的长度后。因为期间长度不仅包含了一个完整的经济周期，并且如图 10.5 所示，在这 30 年历史（1981—2011 年）发生的三次经济衰退中，信用指数充分刻画了有着大量债务人违约的两次严重经济衰退（2001—2002 年和 2008—2009 年）。

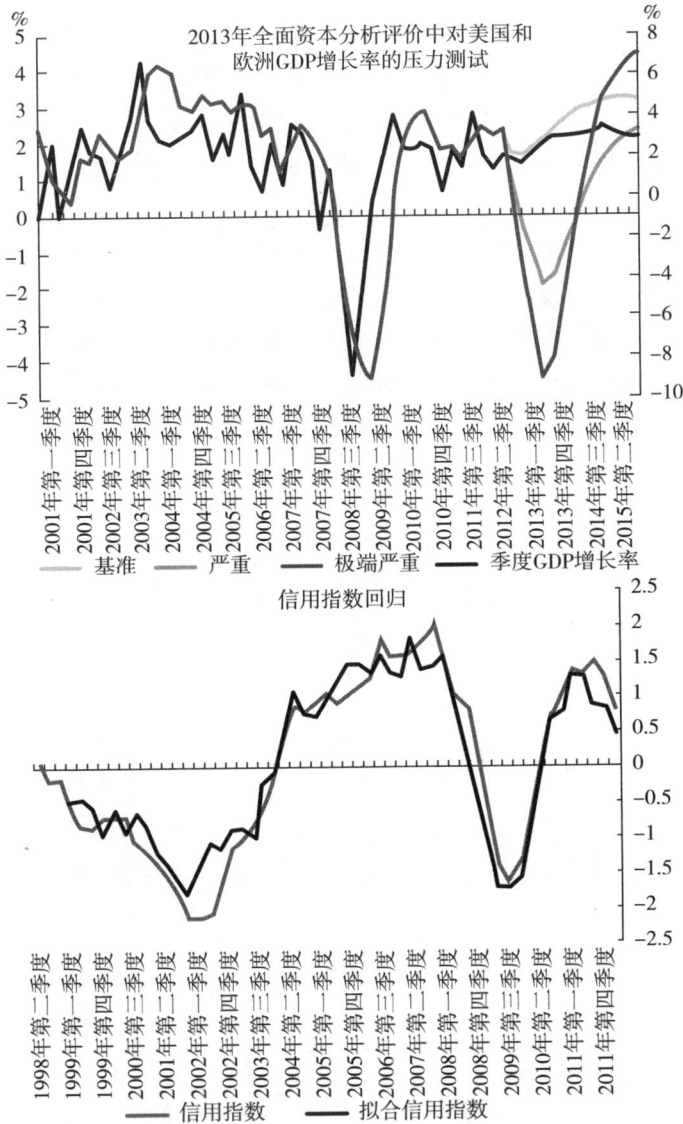

%（左轴）2013年全面资本分析评价中对美国和
欧洲GDP增长率的压力测试 %（右轴）

基准　　　严重　　　极端严重　　　季度GDP增长率

信用指数回归

信用指数　　　拟合信用指数

图 10.6　2013 年 CCAR 情景（关于美国和欧洲 GDP 增长）

生成 CCAR 宏观经济情景下的信用指数

前一小节的回归方程给出了每个信用指数与所选择的 CCAR 宏观经济变量的统计相关性。从而，我们能生成信用指数的季度值并获得 CCAR 基线情景和压力情景下不同地区和行业部门的季度破产概率和评级迁移。

在前一小节所述的回归分析中，其变量选择包含区域特定的 GDP 和 CPI。为生成欧洲和亚太地区的信用指数，我们重复进行回归分析得出下列回归方程：

$$C\ Index_{EU}(t) = a + b_0 \times EUGDP_{growth}(t) + b_1 \times EUCPI_{rate}(t)$$

$$+ b_2 \times Mtge_{rate}(t) + b_3 \times DJIA_{price}(t)$$

$$+ b_4 \times House_{price}(t) + Residuals \qquad (10-12)$$

在公式（10-12）中，$EUGDP_{growth}$ 是欧盟的 GDP 年增长率。基于每个信用指数的回归方程，图 10.7 展示了在 CCAR 监管情景下信用指数的季度预测。由于数据局限性和缺乏变量，特定地区信用指数的回归表现[12]只达到 80% 的 R^2，而对亚洲和发展中国家来说，这一值仅仅在 65% 左右（见图 10.7）。

虽然信用指数的历史轨迹描述了过去经济周期的信用状况，但统计回归模型得出的信用指数预测值充分刻画和反映了 CCAR 情景的压力水平。

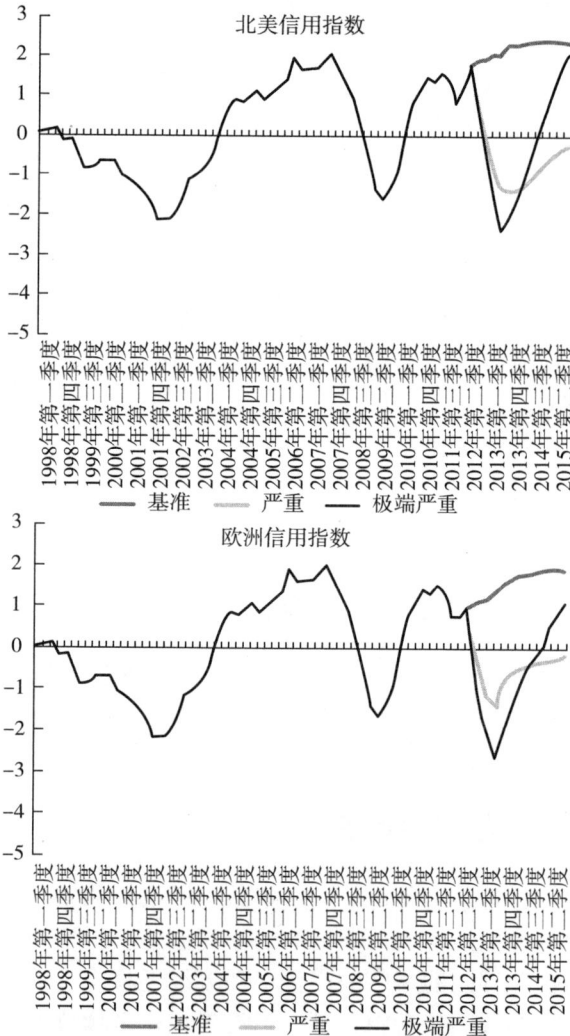

图 10.7　北美洲的信用指数（在 2013 年 CCAR 非常不利的压力情景下）

压力情景下违约概率和转移矩阵

本节描述了在 2012 年 CCAR 压力情景下违约概率的计算和基于信用指数的转移矩阵。上节中的公式（10－5）利用了各个地区的信用指数预测值和平均转移矩阵。而通过利用该公式，每个 CCAR 情景下三个地区的评级转移矩阵都可以被计算出来。一旦我们计算出转移矩阵，压力情景下的违约概率就是转移矩阵的违约率。对于 2013 年和 2014 年，压力情景下的违约概率和转移矩阵都分别以年表示。2 年期的压力违约概率（2013—2014 年）由两年期转移矩阵得到，其中，这个两年期转移矩阵是两个一年期转移矩阵的乘积。

构造以信用指数为依据的转移矩阵

根据信用指数结果，我们可以计算出每个地区的压力破产概率，如式（10－13）所示：

$$PD(g \mid Z_r) = \Phi\left[\frac{\Phi^{-1}(\overline{PD}_r - \sqrt{\rho_r}\, Z_r)}{\sqrt{1 - \rho_r}}\right] \qquad (10-13)$$

类似地，我们可通过式（10－14）计算不同行业部门的压力破产概率：

$$PD(g \mid Z_s) = \Phi\left[\frac{\Phi^{-1}(\overline{PD}_s - \sqrt{\rho_s}\, Z_s)}{\sqrt{1 - \rho_s}}\right] \qquad (10-14)$$

其中，Z_r ＝地区信用指数，Z_s ＝行业信用指数，ρ_r ＝地区的相关系数估计值（见图 10.8）。

年转移率表示从年初 G 评级转移到年末 g 评级的概率。因为信用指数的时间步长向前移动了两个季度（为匹配 GDP 和 CPI 时间序列的时间步长），所以在第一年（2013）和第二年（2014）我们需要基于每个计划年度第三季度的压力信用指数值计算压力一年期转移矩阵。

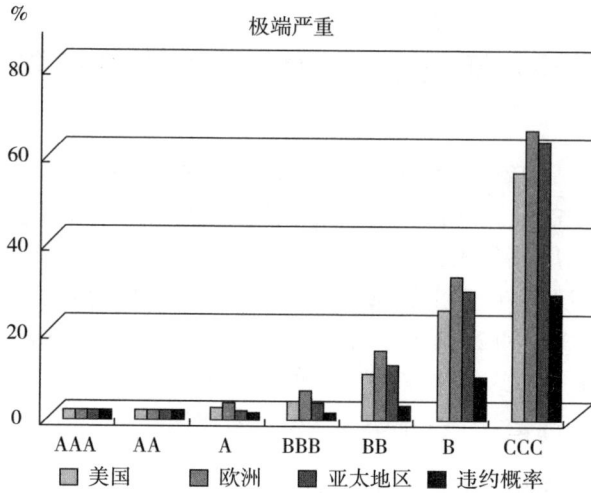

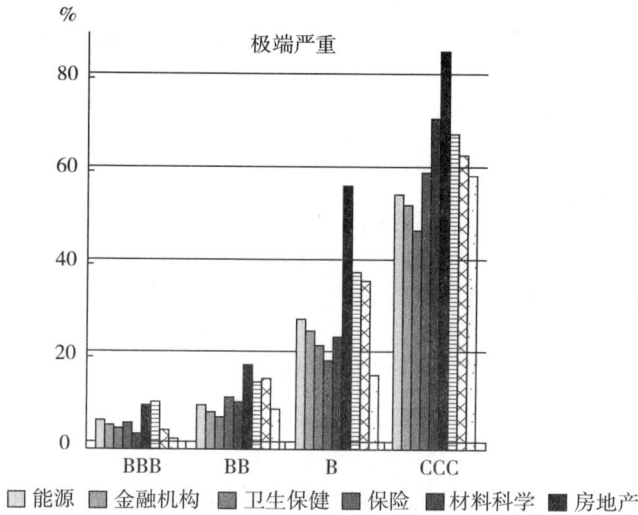

图 10.8　不同评级下各地区和行业的压力破产概率

表 10.3 展示了在 2013 年 CCAR 的非常不利压力情景下，2 个地区（美国和欧洲）和所选定行业部门（比如能源、金融机构和医疗保健）的年度转移矩阵。

表 10.3　　　　2013 年和 2014 年不同地区的预测压力转移矩阵

评级	AAA（%）	AA（%）	A（%）	BBB（%）	BB（%）	B（%）	CCC（%）	D（%）
压力转移矩阵（美国 – 2013）								
AAA	50. 90	37. 85	8. 01	1. 65	0. 74	0. 34	0. 28	0. 22
AA	0. 00	52. 73	36. 73	6. 90	1. 57	1. 32	0. 24	0. 51
A	0. 00	0. 01	60. 73	27. 67	6. 40	3. 87	0. 19	1. 14

评级	AAA（%）	AA（%）	A（%）	BBB（%）	BB（%）	B（%）	CCC（%）	D（%）
BBB	0.00	0.00	0.05	61.48	24.20	10.13	1.39	2.75
BB	0.00	0.00	0.00	0.24	55.55	28.97	5.45	9.79
B	0.00	0.00	0.00	0.01	0.42	64.02	10.77	24.77
CCC	0.00	0.00	0.00	0.00	0.09	1.31	41.69	56.90
压力转移矩阵（美国 – 2014）								
AAA	84.91	13.78	1.10	0.13	0.05	0.02	0.01	0.01
AA	0.04	85.89	12.88	0.94	0.14	0.09	0.01	0.02
A	0.00	0.25	89.53	8.80	0.98	0.37	0.01	0.05
BBB	0.00	0.01	1.05	88.61	8.25	1.73	0.15	0.19
BB	0.00	0.01	0.06	2.23	81.09	13.40	1.50	1.71
B	0.00	0.00	0.03	0.08	2.43	82.65	6.05	8.75
CCC	0.00	0.00	0.01	0.04	0.68	5.55	62.55	31.17
压力转移矩阵（欧洲 – 2013）								
AAA	40.22	43.75	11.12	2.45	1.14	0.53	0.45	0.36
AA	0.00	42.09	42.82	9.59	2.31	2.01	0.37	0.80
A	0.00	0.00	50.64	32.92	8.73	5.64	0.29	1.77
BBB	0.00	0.00	0.01	51.77	28.44	13.62	2.00	4.15
BB	0.00	0.00	0.00	0.09	47.18	32.57	6.82	13.34
B	0.00	0.00	0.00	0.00	0.21	57.72	11.80	30.26
CCC	0.00	0.00	0.00	0.00	0.04	0.76	35.46	63.74
压力转移矩阵（欧洲 – 2014）								
AAA	84.43	14.36	1.03	0.12	0.04	0.01	0.01	0.00
AA	0.02	85.49	13.39	0.88	0.12	0.07	0.01	0.01
A	0.00	0.15	89.44	9.09	0.94	0.33	0.01	0.04
BBB	0.00	0.01	0.70	88.74	8.56	1.69	0.14	0.16
BB	0.00	0.00	0.04	1.74	80.98	14.02	1.54	1.69
B	0.00	0.00	0.02	0.06	2.04	82.54	6.30	9.03
CCC	0.00	0.00	0.01	0.03	0.54	4.91	62.19	32.32

对于 CCAR 压力测试下超过连续两年的规划期，为确认该规划期内的预计损失，银行可以计算两年期转移矩阵。该矩阵是两个一年期转移矩阵的乘积[13]：

$$TM2Y(2013—2014) = \begin{bmatrix} TM1Y & (2013) \\ 0,\cdots, & 0,100\% \end{bmatrix} \times \begin{bmatrix} TM1Y & (2014) \\ 0,\cdots, & 0,100\% \end{bmatrix}$$

$$(10-15)$$

其中，TM1Y（2013）和 TM1Y（2014）分别表示 2013 年和 2014 年的一年期转

移矩阵。

两年的压力情景下转移矩阵如表10.4所示。

表10.4　　　　　　　　　所选地区和行业的**2年期转移矩阵**

评级	AAA（%）	AA（%）	A（%）	BBB（%）	BB（%）	B（%）	CCC（%）	D（%）
美国	2年期压力转移矩阵 = 2013年压力转移矩阵 × 2014年压力转移矩阵							
AAA	43.23	39.55	12.62	2.61	0.90	0.50	0.22	0.37
AA	0.02	45.38	39.75	9.88	2.31	1.62	0.27	0.76
A	0.00	0.17	54.67	30.01	8.16	4.77	0.50	1.73
BBB	0.00	0.01	0.71	55.03	24.95	12.76	1.94	4.60
BB	0.00	0.00	0.05	1.48	45.81	31.70	5.99	14.98
B	0.00	0.00	0.02	0.07	1.97	53.57	10.61	33.74
CCC	0.00	0.00	0.01	0.03	0.39	3.41	26.16	70.02
欧洲	2年期压力转移矩阵 = 2013年压力转移矩阵 × 2014年压力转移矩阵							
AAA	33.96	43.19	16.23	3.64	1.32	0.73	0.34	0.58
AA	0.01	36.05	44.01	12.82	3.19	2.34	0.41	1.18
A	0.00	0.08	45.53	33.97	10.48	6.62	0.72	2.60
BBB	0.00	0.00	0.39	46.45	27.75	16.20	2.61	6.59
BB	0.00	0.00	0.03	0.92	38.91	33.84	7.02	19.28
B	0.00	0.00	0.01	0.05	1.42	48.26	10.98	39.29
CCC	0.00	0.00	0.00	0.01	0.24	2.37	22.10	75.27
金融机构	2年期压力转移矩阵 = 2013年压力转移矩阵 × 2014年压力转移矩阵							
AAA	46.50	39.13	9.73	1.73	2.57	0.26	0.06	0.03
AA	0.02	46.29	43.68	8.19	1.35	0.19	0.03	0.24
A	0.00	0.36	63.13	28.30	5.06	1.76	0.45	0.94
BBB	0.00	0.05	1.18	56.72	23.82	10.04	2.06	6.13
BB	0.00	0.01	0.05	2.82	53.72	23.30	8.07	12.02
B	0.00	0.00	0.03	0.39	4.10	48.46	13.44	33.57
CCC	0.00	0.00	0.00	0.03	0.46	6.53	29.14	63.84
工业公司	2年期压力转移矩阵 = 2013年压力转移矩阵 × 2014年压力转移矩阵							
AAA	60.62	30.96	7.70	0.51	0.16	0.00	0.00	0.00
AA	0.06	54.71	38.32	5.55	1.14	0.16	0.03	0.04
A	0.00	0.63	63.65	28.48	3.74	2.83	0.30	0.37
BBB	0.00	0.11	1.85	60.32	24.56	7.33	2.05	3.79
BB	0.00	0.02	0.10	3.81	57.52	23.73	4.68	10.13
B	0.00	0.00	0.06	0.54	5.24	56.84	10.95	26.37
CCC	0.00	0.00	0.00	0.06	0.61	7.85	28.48	62.99

本节中得出的压力情景下评级转移仅仅是针对所有字母等级的评级矩阵。类似地，全等级的压力情景下转移矩阵计算将会基于同样的公式，不同的是其使用全等级的平均转移矩阵。

压力违约概率与历史衰退期违约概率的比较

在本小节，我们比较了通过模型得出的 CCAR 压力情景下违约概率与观察到的经济衰退期（1990—1991 年，2001—2002 年和 2008—2009 年）违约概率。就一年期破产概率而言，相比于历史衰退期违约概率，我们可以证明 CCAR 压力情景在投资级评级（investment grade，IG）和非投资级评级（non-investment grade，NIG）上都产生了相对较高的违约概率，这样的结论对于不同地区（美国、欧洲和亚洲）和范围更广的行业（金融业和非金融业）都成立（见图 10.9）。

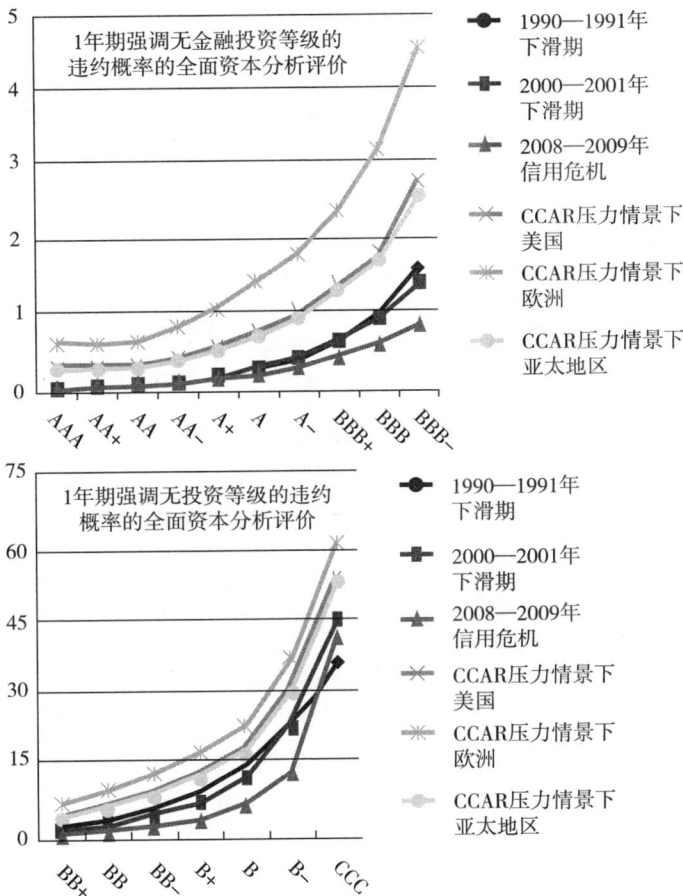

图 10.9　历史衰退期违约概率与 CCAR 的一年期压力破产概率

171

在预测的两年期破产概率方面，我们可以证实相比于历史衰退期大多数破产概率，平均而言，CCAR 压力情景产生了更低的投资级评级破产概率，在两个地区（美国和欧洲）产生了更高的非投资级评级破产概率。特别地，金融行业投资级评级的两年期压力破产概率在 1990—1991 年衰退期的破产概率和 2000—2001 年衰退期的破产概率之间变动，而美国和欧洲地区非投资级评级的两年期压力破产概率都超过了历史衰退期破产概率（见图 10.10）。

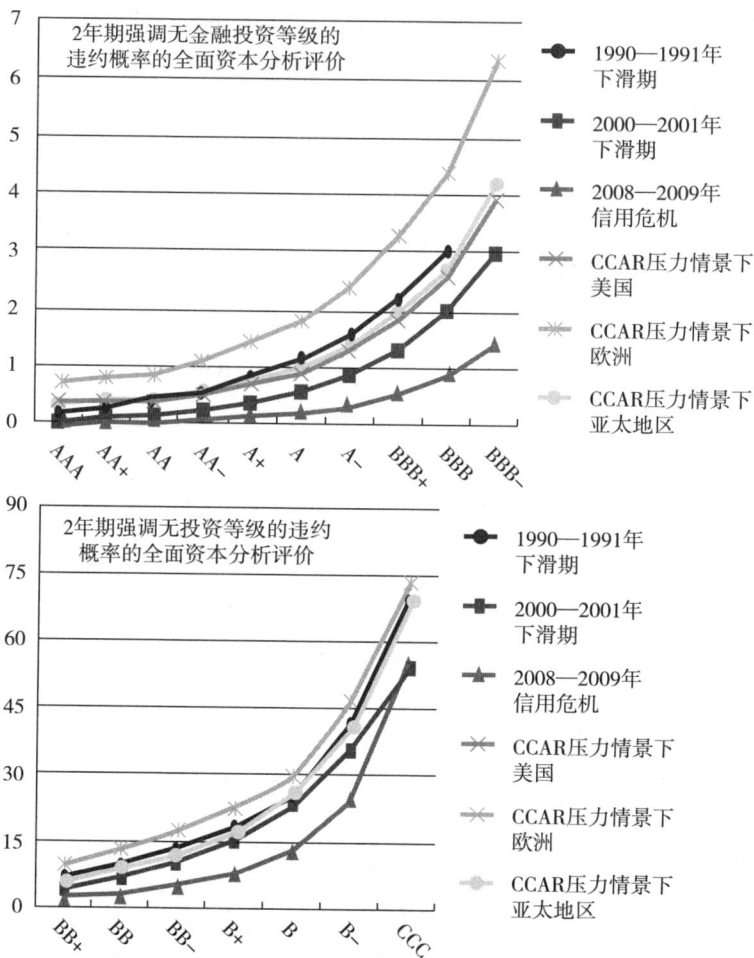

图 10.10　历史衰退期违约概率与 CCAR 的两年期压力破产概率

压力情景下期望损失的计算

CCAR/DFAST 要求银行估计在基线、不利和严重不利三种监管情景下商业贷款组合两年规划期的损失。

贷款组合的预期损失等于组合中单个贷款的预期损失之和：

$$EL = \sum_k EAD_k \cdot PD_k \cdot LGD_k \qquad (10-16)$$

其中，EAD_k、PD_k 和 LGD_k 分别是 k 债务人贷款的违约风险暴露、违约概率和违约损失率。

由于 PD_k 归属于特定地区和行业，所以式（10-16）中预期损失的计算可采取以下更加细致的形式：

$$EL = \sum_g \sum_s \sum_r EAD_r(g,s) \cdot PD_r(g,s) \cdot LGD_r(g,s) \qquad (10-17)$$

其中，$PD_r(g,s)$ = 地区（g）和行业（s）的评估破产概率。

贷款组合是根据地区和行业划分的。给定一个压力情景，我们将压力 $PD_r(g,s)$ 运用到该组合所有贷款每一评级的总风险暴露来计算第一年和第二年的贷款损失。

为便于说明，我们考虑计算当前总价值为 250 亿美元的贷款组合损失（见图 10.11）。上方矩阵中，第一年贷款损失的计算结果表明第一年末的评级迁移引起风险暴露（EAD）发生变化，这导致 23.09 亿美元的违约和第二年末 9.07 亿美元的累计违约。假定违约损失率（LGD）为常数 50%，我们可以算出损失率为 6.4%［50% ×（2309 + 907）/25000］。这个数恰好等于 2012 年 CCAR 贷款损失率的中位数，处于美国联邦储备银行（以下简称美联储）估计数和银行自身估计数之间（如图 10.12 所示）。

相比于美联储估计数，银行自身估计数的变化幅度更大。银行控股公司（Bank Holding Company，BHC）估计数全部比美联储估计数低。特别地，我们注意到在图 10.12 中，因为美联储估计的 GS 银行损失率 49.8% 被看作异常值，所以其柱形未被完整显示出来。由于银行的模型很可能不同于美联储的模型，所以美国银行（Bank of America，BAC）、BBT、FTB、MS PNC、USB 和 WFC 的美联储估计数大约是银行自身估计数的两倍。

等级	违约风险暴露（1）
AAA	136
AA	1283
A	4027
BBB	7355
BB	4333
B	4290
CCC	1269
D	2309

等级	违约风险暴露（2）
AAA	118
AA	1173
A	3931
BBB	7089
BB	4071
B	4274
CCC	1129
D	907

等级	AAA	AA	A	BBB	BB	B	CCC	D
AAA	50.90%	37.85%	8.01%	1.65%	0.98%	0.23%	0.20%	0.18%
AA	0.00%	52.73%	36.73%	6.90%	1.57%	1.32%	0.46%	0.28%
A	0.00%	0.01%	60.73%	27.67%	6.40%	3.87%	0.19%	1.14%
BBB	0.00%	0.00%	0.05%	61.48%	24.20%	10.13%	1.39%	2.75%
BB	0.00%	0.00%	0.00%	0.24%	55.55%	28.97%	5.45%	9.79%
B	0.00%	0.00%	0.00%	0.01%	0.42%	64.02%	10.77%	24.77%
CCC	0.00%	0.00%	0.00%	0.00%	0.09%	1.31%	41.69%	56.90%

等级	AAA	AA	A	BBB	BB	B	CCC	D
AAA	85.46%	13.75%	0.58%	0.07%	0.12%	0.00%	0.00%	0.02%
AA	0.12%	87.89%	10.93%	0.82%	0.11%	0.08%	0.02%	0.03%
A	0.01%	0.58%	90.77%	7.70%	0.62%	0.20%	0.04%	0.08%
BBB	0.00%	0.03%	1.76%	90.43%	6.24%	1.15%	0.14%	0.25%
BB	0.00%	0.01%	0.08%	2.58%	79.88%	13.76%	1.65%	2.04%
B	0.00%	0.01%	0.04%	0.10%	2.67%	81.82%	6.10%	9.26%
CCC	0.00%	0.00%	0.01%	0.06%	0.78%	5.86%	61.73%	31.56%

等级	违约风险暴露（0）
AAA	250
AA	2000
A	5000
BBB	8500
BB	4250
B	3750
CCC	1250
总体	25000

等级	违约风险暴露（1）
AAA	136
AA	1283
A	4027
BBB	7355
BB	4333
B	4290
CCC	1269

T=1年

T=2年

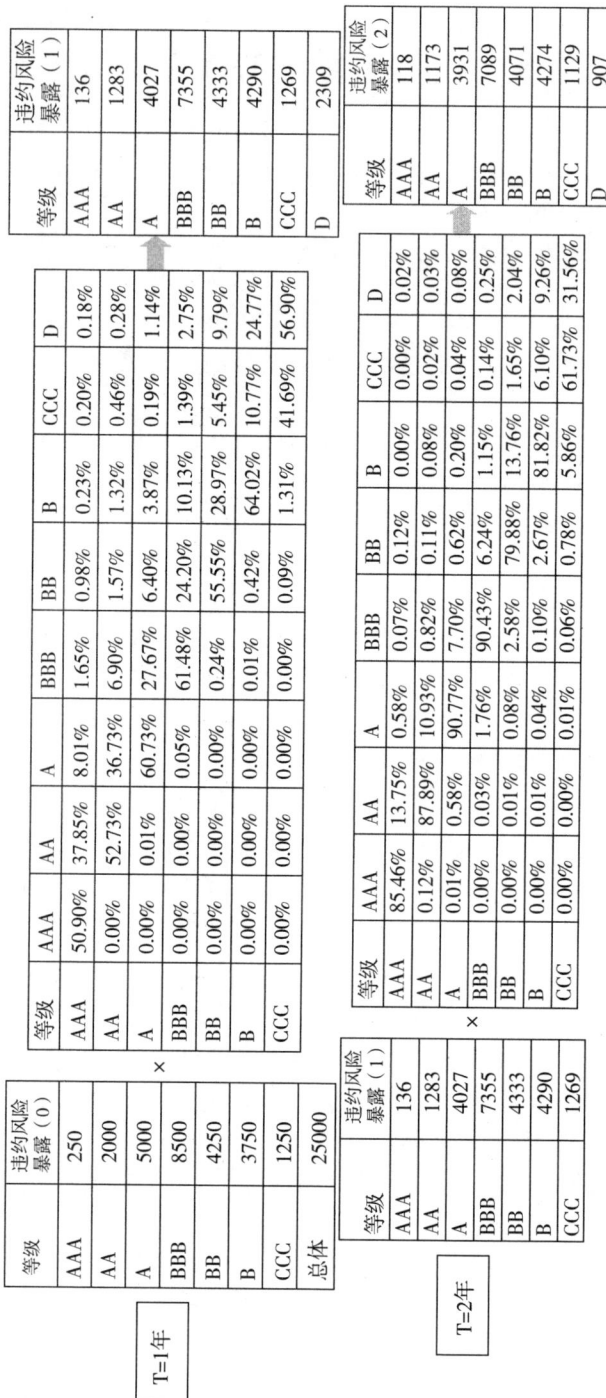

图10.11　第一年和第二年的贷款损失计算

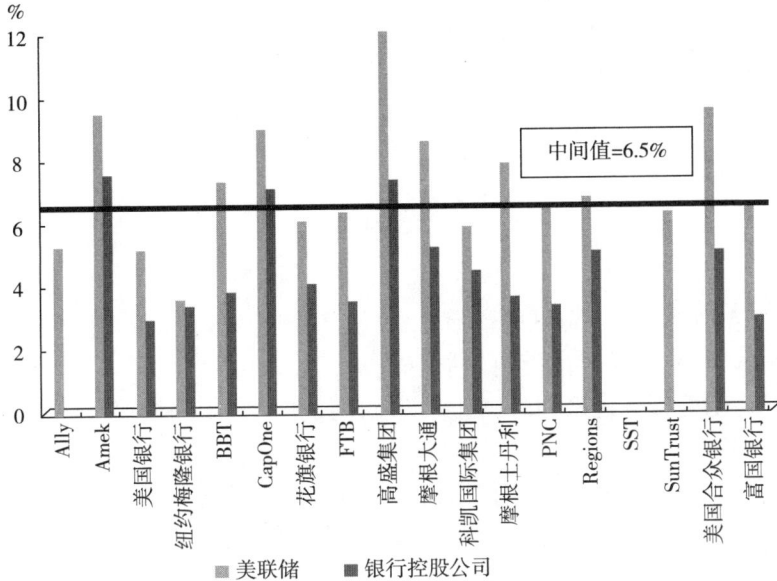

图 10. 12　2012 年 18 个银行的 CCAR 贷款损失

结语

巴塞尔协议Ⅱ高级内部评级法（The Advanced Internal Rating-Based Approach，A－IRB）的实施要求在假设或历史观察的压力情景下得出违约概率（*PD*）估计值和评级迁移。通常银行可以首先在指定情景下对所选择的宏观经济变量进行预测，然后估计对应的压力情景下违约概率和评级迁移率。紧接着，这些压力情景下的参数反过来用于估计信贷损失和资本充足率评估框架内的资本要求。在本章，我们已经阐明一种在经济冲击（诸如 CCAR 压力测试指定的宏观经济场景）下估计压力破产概率和评级转移时如何纳入地区和行业划分效应的实用方法。该方法的主要优势是纳入了对与信用指数相关的未来宏观经济状况的看法，比如美国联邦储备银行年度 CCAR 压力测试中指定的情景。通过模拟信用指数对违约和评级迁移概率的影响，我们综合了不同宏观经济场景下的未来信用状况，并且进行了宏观经济情景下特定地区和行业的压力测试以评估批发贷款组合的敏感性。

压力测试的主要目标之一是确保金融机构有充足的资本承受未来经济冲击。监管机构则以宏观经济情景的形式来设计和指定经济冲击。这些情景与一组选定的重要宏观经济变量有关，比如 GDP、失业率和房价。监管机构要求，金融机构不仅要对涵盖信用风险、市场风险和操作风险的所有业务进行压力测试，而且要提交它们的资本计划以获得监管审批。该资本计划必须包括预计收入、费用、损失、准备金的估计值和在期望条件及一系列压力情景下的预估资本水平[14]。在监管准则下，金融机构必须全面修订用于资本计划过程[15]的损失、收入和费用的估计方法，并明确纳入宏观经济冲击的影响朝着更加动态驱动的过程完善。

注释

①提交给 CCAR 压力测试的资本计划包括预测的规划期内一系列场景下的收入、费用、损失和预估资本水平的估计值。

②CCAR 明确强调地区划分，其中美联储具体说明了强调亚洲经济衰退可能性的经济场景。

③与穆迪的信用周期方法相似，信用指数在默顿的违约风险模型中代表系统性风险因素，并且对于估计诸如工商贷款的低违约率组合来说非常适用。

④历史上可观察到的工商贷款组合违约事件是很罕见的。

⑤参见 Greg Gupton, Chris Finger and Mickey Bhatia: Credit Metrics-Technical Document, New York, Morgan Guaranty Trust Co., 1997; Belkin, Barry, and Lawrence R. Forest, Jr., "The Effect of Systematic Credit Risk on Loan Portfolio Value at Risk and on Loan Pricing", Credit Metrics Monitor, First Quarter 1998; and Lawrence Forest, Barry Belkin and Stephan Suchower: A one-parameter Representation of Credit Risk and Transition Matrices, Credit Metrics Monitor, Third Quarter 1998.

⑥假定 X 服从标准正态分布，且 $\Phi(x)$ 是累积的标准正态分布。

⑦根据标准普尔 CreditPro 数据库，历史一年期转移矩阵从违约和评级迁移的分（cohort）数据中计算得来。

⑧对于被分析的实际贷款组合，如果我们已经积累该组合大量的贷款违约和信用迁移历史，那么从理论上来说 ρ 因子应该被估计。因为批发贷款组合几乎从未发生过违约和转移，所以为构造压力情景下违约概率和转移矩阵，我们可以使用标准普尔的历史违约/转移数据作为代替。

⑨参见 Paul Demey, Jean-Frédéric Jouanin, Céline Roget, and Thierry Roncalli, "Maximum likelihood estimate of default correlations", RISK Magazine, November 2004.

⑩http://en. wikipedia. org/wiki/Gauss% E2% 80% 93 Hermite_quadrature.

⑪季度数据系列的长度可以被评估来获得回归分析中整体上令人满意的数据拟合优度。

⑫回归中更低的 R 平方意味着拟合数据和原始数据之间的总方差损失。在这种情况下，可以通过衡量误差修正来达到更高的 R 平方和减少方差损失。

⑬这仅在我们假定评级转移满足马尔可夫链的时候才有效。或者，我们可以直接使用从历史两年期转移矩阵得来的"信用指数"构造两年期转移矩阵。

⑭预估资本水平包括任意最低的监管资本比率、一级普通资本比率和其他对机构来说相关的资本测度。规划期内的风险加权资产（risk-weighted assets，RWA）被用来估计资本比率。

⑮传统的资本计划是会计驱动的静态预测。

参考文献

1. Basel Committee on Banking Supervision, Credit risk modeling: current practices and applications, April 1999.

2. Basel Committee on Banking Supervision (Basel III), A Global regulatory framework for more resilient banks and banking systems, December 2010.

3. Board of Governors of Federal Reserve System, Comprehensive Capital Analysis and Review 2013, November 2012.

4. Board of Governors of Federal Reserve System, Capital Planning at large Bank Holding Companies-Supervisory Expectations and Range of Current Practice, August 2013.

第十一章
在资本压力测试下估计模型的局限性[*]

布莱恩·A. 托德　　　道格拉斯·T. 加德纳　　　瓦列留·A. 俄梅尔

导论

  2008 年金融危机之后，为了保证银行在极度不利的经济状况下有充足的资本得以生存，金融机构定期进行资本压力测试。对于每个压力测试，监管机构设计了不同的经济状况，银行需要在每种经济状况下预测资本损失。每家银行都有自己独特的风险预测，而预测的资本变化提供了一种衡量资本缓冲的方法。在严重不利的经济条件下，这种资本缓冲可能是必要的。在压力测试下的银行资本的预测后来被用于董事会关于资本充足率和资本分配决策的报告中。

  除了预测资本本身的变化外，监管机构还表示，董事会还应该收到关于资本需求的不确定性的信息，或者在公司的资本计划过程中受到的限制来了解这些弱点对这一过程的影响。这些信息应该包括关键假设和对公司预测变化的敏感性分

  * 本文所表达的观点仅代表作者的个人观点。

  布莱恩·A. 托德是西方银行的模型验证顾问，也是 BancWest 在 2016 年 CCAR 提交中使用的 BancWest 模型限制缓冲的主要开发者。他的另一项工作涉及财政部的 ALM、资本市场，以及西方银行、BancWest 和法国巴黎银行的 PPNR 模型。布莱恩以前是普渡大学的物理学助理教授，他领导了一个研究小组，在生物系统中研究奇异的扩散反应过程。布莱恩在凯斯西储大学获得生物医学工程博士学位，并在马里兰州的美国国立卫生研究院担任博士后研究员。

  道格拉斯·T. 加德纳是法国巴黎银行风险独立审查与控制部门的负责人，也是 BancWest 的模型风险管理负责人。他领导着这些机构的模型风险管理计划的开发和实施，监督各种各样的模型的有效性，包括那些用于企业范围的压力测试的模型。此前，他曾领导开发了富国银行的风险管理模型，并担任财务工程算法的主管。那时，他领导的团队负责开发用于市场和交易对手风险管理的模型。道格拉斯拥有多伦多大学的运营研究博士学位，并在约克大学舒立克商学院担任博士后研究员。

  瓦列留·A. 俄梅尔是西方银行模型风险管理集团的高级经理。他的主要职责包括监督各种预测模型的有效性，包括用于资本压力测试目的的各种预测模型，以及强化银行模型的风险管理。在他担任目前的职位之前，是摩根大通的风险经理，并在明尼苏达大学获得了经济学博士学位。

析。董事会应将公司资本计划过程中的预测和限制纳入其资本充足率和资本行为的决定中。我们提到必要的额外资本作为模型预测限制的缓冲资本。本章的目的是描述评估模型限制缓冲资本的过程，该缓冲资本可以报告给董事会，以满足监管在压力测试预测中关于不确定性的预期。

导致模型限制缓冲的因素包括用于开发预测模型的历史数据中的盲点、与无形风险驱动因素相关的剩余不确定性、在多个合理选项中选择模型的模糊性，以及模型开发或验证过程相关的缺陷。在本章中，我们详细阐述了这些限制，并运用实证方法估算每种限制对总体模型限制缓冲区的影响。

这里描述的过程是一种本质上对模型限制缓冲的自下而上的方法，这种方法是对单个模型或描述单个投资组合所需的最小模型集合进行评估。估计总资本比率变化单一调整自下而上的方法的替代方法是"自上而下"的方法。这样的估计可以从同行比较或从基准模型中获得。然而，自下而上的方法似乎与监管期望更一致，并逐渐发展成为行业首选的实践方法。因此，我们重点关注自下而上的不确定性估计方法。

示例模式

在本章中，我们以预测模型为例来论证这一假设。宏观经济形势从 2015 年美联储综合资本分析与审查（CCAR）严重不利情况得出。从 2008 年第一季度到 2014 年第四季度的收入数据制作是虚构的（图 11.1a）。我们假设模型开发人员识别出两个可能的候选宏观经济驱动变量：公司债券息差（BBB）和市场波动率指数（VIX）（图 11.1b），但波动率指数被选为可以更直观地解释变量。因此，该模型是使用 VIX 作为唯一解释变量的估算季度收益的简单 OLS 模型。另一种基于 BBB 的模型是一个简单的 OLS 模型，使用公司债券息差作为唯一的解释变量。

模型限制和实证方法及其影响

模型残差

所有的模型都是对现实复杂关系的简化。由于忽略了不会对预测产生明显影响的驱动因素，因此模型的结果在现实的条件下会偏离预测。模型中遗漏的因素由模型中的误差来解释。模型残差是典型的导致模型预测不确定性的重点关注因素，它无处不在，并且是导致一个很好的模型的预测不确定性的主要原因。因此，每个模型的预测都会产生由残差导致的不确定性，并且应该把模型残差考虑到影响模型限制的因素中。

模型残差可以通过多种分析和实证的方法来评估。由于分析的方法仅限于针对特定类型的模型，我们并不讨论分析技术方法，而是更加关注于一种更一般且有用的评估残差的实证方法，即回测。回溯测试是依据历史数据样本中的一个点所做的预测。在历史样本中进行预测的目的是根据历史数据对预测进行评估。回测数值和历史数据之间的差异是回测误差。

为了使得回测误差能够准确代表预测误差，在构建回测时需要注意一些地方。尤其是预测期的数据不属于用于估计模型参数开发数据的一部分。为了使回溯测试更接近上述情况，用于回溯测试的历史数据也应该类似地不能包含在估计模型的样本中。

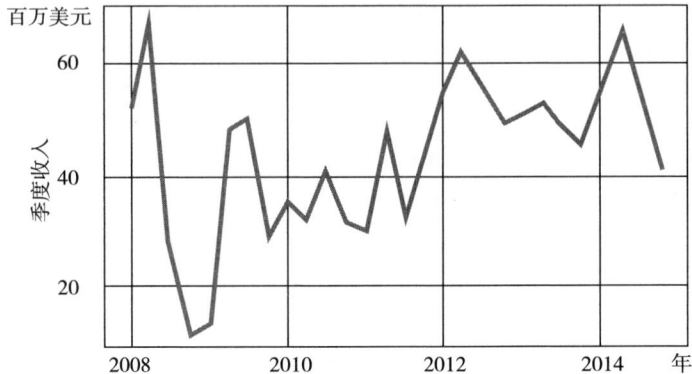

（a）

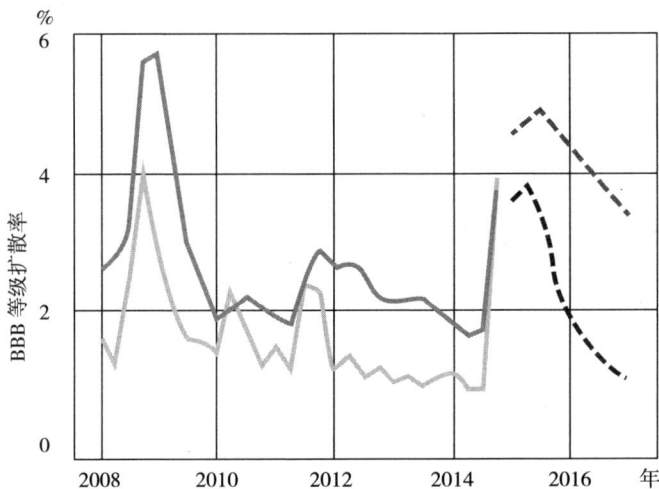

备选自变量是 BBB 公司债券收益率和 10 年期美国国债收益率之间的
差额（BBB；图 11.1（b）灰色实线）和市场波动指数（VIX；图 11.1（b）浅灰色实线）
历史数据是实线，2015 年 CCAR 严重不利的情景预测是虚线。在模型中，
VIX 被选为独立变量，而 BBB 作为独立变量在备选模型中。

（b）

图 11.1　为债券经纪公司提供季度收益预测的模型

在模型评估中遗漏了回溯测试时段的这样一个回溯测试，称为非实时的回溯测试。在一个非实时的回溯测试中观察到的剩余误差分布，提供了由模型残差导致的模型预测不确定性的估计。样本外测试的缺点是减少了开发数据的样本。由于用于资本压力测试模型的开发数据的范围通常都很有限，因此可能需要使用一些包含整个数据样本的实时测试来评估模型。当剩余的模型错误估计严重依赖于时间间隔测试时，你可以引入一个惩罚，使模型限制缓冲区超出实时测试得出的误差分布的置信区间。回溯测试的时段分布应和压力测试的预测在相同的时期进行，并且使用尽可能多的预测跳跃点。

通常情况下，压力测试的预测模型按季度或月度预测。然而，资本的不确定性是由整个 9 个季度预测期间的不确定性所决定的。仅在预测误差的某些限制性假设下，季度预测误差可能与累积的 9 个季度误差有关。例如，对于独立的、相同分布的误差，预期的累积预测误差将是季度预测误差乘以预测周期的平方根。然而，这样的假设经常不被满足，因此直接估计累积的 9 个季度的预测误差是更好的做法。对于具有直接收入影响的模型，如收入、费用和损失模型，在没有关于残差的分布或相关性的限制性假设情况下，累积 9 个季度的预测误差与资本的不确定性直接相关。因此，累积的 9 个季度的回溯测试误差分布是用来描述剩余模型误差对资本不确定性影响的最常用方法。

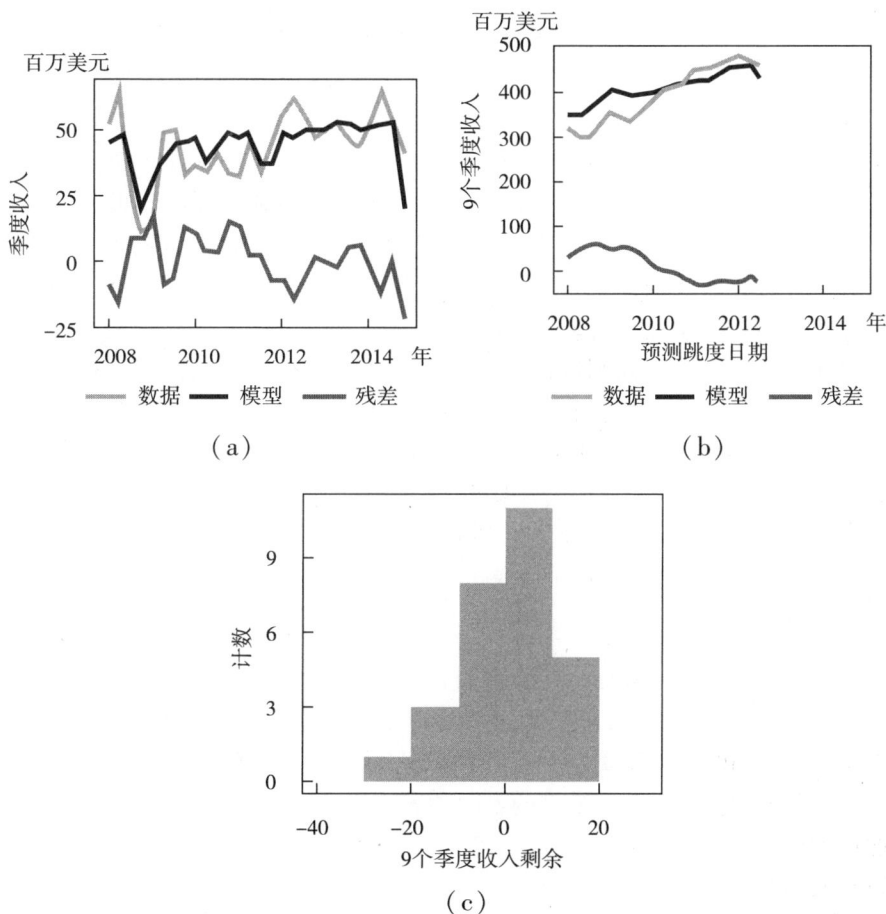

（a）

（b）

（c）

图 11.2　随机误差影响估计图

图 11.2 的示例显示了基于 VIX 的回溯测试模型。图 11.2（a）比较了模型输出（偏上黑色实线）和季度收入数据（偏上浅黑色线）的差异。模型输出和历史数据之间的差异定义为模型残差（偏下黑色线）。这是 9 季度累计收入（图 11.2（b））的误差，与预测资本变化的不确定性最直接相关（见"模型不确定性与资本比率模型限制缓冲"一节）。为了确定由于剩余模型误差导致的预测资本比率变化中的预期不确定性，我们研究了 9 个季度的回溯测试误差（见图 11.2）的分布情况。这个示例模型的估计是无偏的，包括预测收入（残差为负）和过度预测收入（残差为正）。我们寻求管理的风险是模型过度预测收入的风险，因此我们关注的是正的残值。图 11.2 估计残差的影响。该模型预测了季度收入图 11.2（a），但这是 9 个季度累计收入中最直接与资本不确定性相关的残差（图 11.2（b）），9 个季度累计误差的分布表明了由于模型残差误差（图 11.2（c））导致的预期的预测不确定性。

图 11.2 估计了随机误差的影响，模型预测了季度收入，如图 11.2（a）所示；但是累积 9 个季度的误差与资本的不确定直接相关，如图 11.2（b）所示；累积 9 个季度的误差分布表明预期的不确定性与随机模型误差有关，如图 11.2（c）所示。

在这个例子中，模型高估了 9 个季度的累积收入，最高可达 2000 万美元。模型限制的缓冲因素应该是 2000 万美元或者更小或者更大，这在很大程度上取决于一个银行愿意承受的模型风险水平的问题。选择与模型误差相关的缓冲规模大小的一个直接方法是根据银行明确的风险偏好模型来确定置信区间。此外，置信区间可能包括对模型效果有较强敏感性影响的其他指标，比如最近的模型监控结果。在任何情况下，反向测试错误的分布设置了模型限制缓冲区与模型残差相关联的整体规模。在本例中，我们采用简单的方法，将与模型残差相关的模型限制缓冲的规模大小设定为在回溯测试中所观察到的最大过度预测 2000 万美元。"个别模型不确定性与资本比率模型限制缓冲区的关系"，提供了 9 个季度累积收入不确定性与资本比率不确定性关系的方程式。

模型选择中的模糊性

对历史样本中的模型进行估计通常会有多种解决方案。在实践中，通常存在多个相互竞争的模型，这些模型可以从历史数据的样本中合理地推断出来。而且，在一定程度上，不同的竞争模式也是相似的合理，所有合理模型的预测都应该被认为是银行的潜在风险。所有合理模型的不同预测，代表了模型选择的模糊性的影响。

通过比较不同模型的预测差别，可以很容易地确定不同模型的预测分布。当该比较涉及对模型的参数或假设的改变时，这种做法被称为敏感性分析。为了了解潜在结果的范围，并对形式结果有问题的内在不确定性和不精确性进行深入的了解。因此，管理者强烈地鼓励敏感性分析。基准测试的实践类似地提到了一个已被选择的模型和其他竞争的模型之间的比较。

与模型残差的分析类似，正是不同模型之间 9 个季度累积预测值之间的差异显示出了压力测试资本比率变化的不确定性。因此，在敏感性分析和基准测试中比较恰当的比较是不同模型之间的 9 个季度的累积预测。如果有合理的模型产生类似的 9 个季度的累积预测，则该预测可以被认为是"独一无二的"或者至少是"有说服力"的。对于一个明确的模型，模型选择几乎没有歧义，预测不确定性可能会受到残差的限制。对于一个不太明确的模型，下行风险将由所有合理模型的极端预测的形式呈现出来，这种模型可能会对模型缓冲规模产生影响。

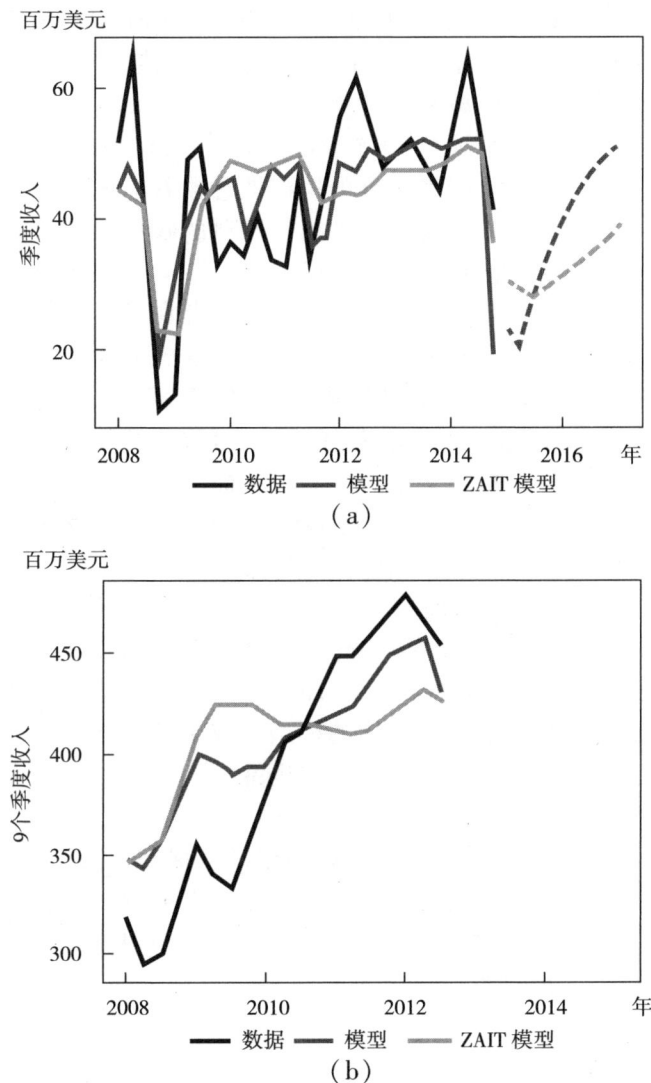

（a）

（b）

图 11.3　模型预测图

对于示例模型，我们有两个影响季度收入的候选驱动因素：BBB 差价和 VIX。图 11.3（a）基于 VIX（图 11.3（a）中最深色黑线）比较了实时模型预测效果和 2015 年不利情况下 CCAR 的模型预测以及一个基于 BBB 差（图 11.3（a）中的最浅灰色线）的备选模型。历史数据样本中两个模型的效果是相似的（图 11.3（a）中的实线）。然而，监管情景预测了两者变量不同，所以预测依赖于为模型选择了哪个变量（参见图 11.3（a）中的虚线）。对资本的影响是通过将季度收入预测累积为 9 个季度的累计收入（图 11.3（b），见预测点）。

图 11.3 估计了模型选择的不确定性。包括模型和 AIT 模型在内的模型表现如图 11.3（a）中实线所示，而预测曲线（点状线）的情况却截然不同；在累积 9 个季度收入预测中模型（图 11.3（b）中次浅黑色线）比 AIT 模型（图 11.3（b）中最浅灰色线）估计值高 450 万美元。

我们所选择的 VIX 模型预测，9 个季度营业收入为 3.4 亿美元，而 BBB 模型预测为 2.95 亿美元。因此，模型选择的模糊性意味着，该模型可能高估了 9 个季度的累积收入 4500 万美元。如果备选模型预测的收益大于所选模型，那么模型选择的模糊性将不会带来任何不利的风险。然而，由于一个合理的替代模型预测的收入比所选模型少了 4500 万美元，在压力下存在过度预测收入的风险。因此，模型选择的模糊性对模型限制缓冲区的影响可能高达 4500 万美元。

在模型选择中，模型模糊性对模型限制缓冲区的精确影响将根据替代模型发生可能性的大小而有所不同。例如，如果我们觉得备选模型很有可能，那么对模型限制缓冲的影响可能是 4500 万美元。另一方面，如果备选模型被认为是有可能发生的，但可能性不大，对模型限制缓冲的影响可能少于 4500 万美元。为了确定备选模型对模型限制缓冲区的精确影响，需要对每个模型的相对可能性进行量化。在实践中，对各种模型的可能性进行精确的估计是不可能的。因此，一种实用主义的方法可能是使用主观的专家判断，将每种可选模型的定性可能性与所选模型的可能性联系起来。例如，一个可能的备选模型也许会被认为与所选模型具备一样的可能性，而一个不太可能的模型仅仅是所选模型发生概率的 10%。考虑到所有可选模型的可能性，选择的模型限制缓冲将由模型的影响和可能性最大的模型给出。

如果一个公司可以在其模型开发过程中记录"保守主义"，则可能不必将模糊度纳入影响模型限制缓冲的因素中。基本上，如果选择的模型总是最保守的模式，那么就不应该有其他的模型来显示不利风险。在这种情况下，没有重大风险与模型选择过程中的模糊性有关，不必将模糊度纳入影响模型限制缓冲的因素中。

模型开发与验证过程中的缺点

在理想条件下，模型选择过程中模型残差和模糊性将决定模型的不确定性。这两个限制在统计模型开发中的限制是不可避免的。然而，压力测试模型可能会被开发出来。压力测试模型可以在不同的条件下进行开发和验证，这可能会带来额外的模型风险。认识到这一点，"监管者已经指出，在任何情况下，某些模型风险管理活动（不仅仅是验证活动）还没有完成，可能会导致模型高水平的不确定性，并对模型的有效性提出质疑。BHC 应该确保有风险管理缺陷模型比所有模型进行风险管理活动的更谨慎地对待（例如，通过应用补偿控制和保守的调整模型结果）以符合监管的期望"。为了与这种监督期望相一致，应该对每个模型的开发和验证过程的质量和完整性进行评价，并且任何确定的缺陷都应该增加模型的限制缓冲区。

与模型选择中的残余模型误差和模糊性不同，没有基本的方法可以把模型风险与资本不确定性相联系。因此，模型限制缓冲区的这一部分可以使用各种各样的合理和一致的方法来开发。在资本不确定性中建立模型风险因素的一些潜在原则是：

● 模型风险组件应该作为惩罚而不是信用，因为即使在所有模型风险活动已经完成的情况下也不能消除统计预测的不确定性。

● 考虑到模型限制的其他因素在模型选择中存在残差的不确定性和模糊性，模型的高度不确定性可以被解释为比回溯测试和敏感性分析的建议更高的不确定性。这表明"高风险"模型的模型风险可能作为统计不确定性的乘数。当考虑残差分布时的风险时，一个相似的方法是扩展基于模型的置信区间。例如，已经完成验证并且没有公开建议的模型可能会被给予一个模型风险惩罚，而模型验证失败的模型风险惩罚将是确定的。然后可以得出模型的限制缓冲等于模型风险惩罚乘以模型选择过程中的由模型残差和模糊度导致的残差模型限制缓冲。

● 完全无记录或无验证的模型代表最高程度的模型风险。对模型风险的影响的考察有适当的限度，考虑到这种情况的潜在风险可以获得风险，给压力测试过程中的其他控制（即审查和挑战模型产出的业务线和管理）。

● 将模型风险组成部分合并到模型限制缓冲区中是一个可以证明银行正在满足监管期望的机会，从而"持有额外的缓冲资本，以防范与模型风险相关的潜在损失"。因此，对于模型限制缓冲纳入模型风险组成部分可能是有利的，这可能是银行使用并向管理层汇报的一些模型风险指标。

● 模型风险可以包含一系列的因素，例如数据质量、文档、与模型实施相关的控制、模型监督的全面性等。因此，计分方法可以起到很好的作用。

● 考虑到将模型风险与资本不确定性关联起来的内在主观性，进行敏感性分析是很重要的，以确保最后的模型限制缓冲区不会对模型风险组成部分中的假设过于敏感。

在继续使用示范模型时，我们假定模型是已完全记录并独立验证的。也许这种验证有一些只有低度或中度关键性的方法和建议。在这种情况下，我们会考虑到模型的模型风险相对较低，而不会放大模型选择过程中模型残差和模糊性的统计不确定性。如果模型未被证明、未经验证、在验证有大量的下降，或从验证中获得了大量未完成的建议，那么我们可以选择扩展模型限制缓冲来补偿模型风险的增加。

归纳失败

归纳是从一个观察样本到一个更一般规则的归纳过程。在预测中，为了将过去的经验应用到未来的预测中，总是需要一个归纳跳跃。具体地说，统计预测模型通常会归功于历史数据，然后用于预测未来。为了从过去的数据中获得关于未来的相关线索，归纳必须合理地进行。

尽管对归纳的批评听起来有点哲学意味，但在银行业中，有许多典型的模型限制指出了归纳的失败。这些例子包括数据的限制、商业战略的变化以及经济体制的变化。在每一种情况下，限制都指向这样一个事实，即过去的关系通常不能代表未来，要么是因为样本太有限，要么是因为关系发生了变化；换句话说，这些限制表明基于现有证据的归纳跳跃可能会失败。

归纳失败的影响难以准确估计，因为失败表明可用的信息是不相关的或具有误导性的。如果过去没有未来的迹象，那又会是什么样呢？一个潜在的解决方案是用被认为是有代表性的预测来增加开发数据。换句话说，理论或业务上的考量可能有助于缩小可能的预测范围。在任何情况下，由于归纳上的失败缺乏实证基础，这些都是最困难和最模糊的模型限制。因此，归纳的失败可能需要通过管理覆盖（或者翻译为管理层）来处理。这些可以是为了捕获特定的风险或补偿已知的模型限制而做出的任何修改。然而，在发展良好的模型中，管理覆盖最有效地应用于增强模型预测，以更好地适应相关的战略和业务变化。

模型限制缓冲区和管理覆盖过程之间的关系在不同的银行中是不同的。但是，由于模型限制缓冲区和覆盖过程都涉及解决模型的局限性，因此需要在模型限制缓冲区和管理覆盖过程之间进行一些协调，以防止出现间隙或重复计数。划分责任的一种可能的方法是考虑模型限制缓冲区，它涉及影响所有模型的限制，即模型残差、模型选择过程中的模糊性和模型风险。这将留给管理层覆盖策略的过程，这是与特定风险或业务变更相关的更特殊的问题。在某种程度上，这种分离将模型限制缓冲区变成影响不确定性的最大因素，以及把管理覆盖过程变成纠正潜在偏差的主要方法。然而，考虑到在覆盖过程中管理和业务线的广泛参与，很可能会有一些覆盖解释了模型限制缓冲区已经解释过的不确定性的问题（例如，在不确定的情况下，对保守主义的覆盖）。为了避免重复计数，通过以"保守主义"为目的管理覆盖来减少模型限制缓冲可能是适当的。

以我们的季度债券发行收入为例，如果投资组合最近变得更加集中于石油行业，就可能出现归纳失误。在这种情况下，未来的季度收入可能不再依赖于市场波动，而是更依赖于油价。然而，由于假定的关系只存在于未来，因此，没有历史数据可以用来估计银行季度收入和油价之间的敏感性。在这种情况下，使用公开可用的行业数据来增加开发数据可能是合适的。因为解决这个限制需要了解业务，所以这个限制最好由管理覆盖来处理。

个体模型的不确定性与资本比率的不确定性的相关性

下面的推导描述了单个模型误差如何与资本比率变化中的误差相关联。在预测的开始，银行具有合格资本为 $Capital_0$ 和风险加权资产 RWA_0。最初的普通股一级资本比率，即 $CET1_0$ 是

$$CET1_0 = \frac{Capital_0}{RWA_0} \tag{11-1}$$

在 9 个季度的预测模型中，银行有着累积的 9 个季度净收入，称作 Net Revenue，银行的 9 个季度合格证券价值的变化称作 $\Delta Value$，银行的 9 个季度的风险加权资产的变化用 ΔRWA 来表示。在 9 个季度模型预测结束时，资本比率是

$$CET1_{9Q} = \frac{Capital_0 + NetRevenue + \Delta Value}{RWA_0 + \Delta RWA} \tag{11-2}$$

9 个季度期间资本比率的变化是

$$\Delta CET1_{9Q} = \frac{Capital_0 + NetRevenue + \Delta Value}{RWA_0 + \Delta RWA} - CET1_0 \tag{11-3}$$

由于 $\Delta RWA < RWA_0$，$\Delta CET1_{9Q}$ 可以进行一阶泰勒展开为

$$\Delta CET1_{9Q} \approx \frac{NetRevenue + \Delta Value}{RWA_0} - \frac{Capital_0 + NetRevenue + \Delta Value}{RWA_0^2} \Delta RWA \tag{11-4}$$

在严重不利的情况下，NetRevenue $+ \Delta Value$ 将通常减少资本。为了简单起见，我们从右边的期限中减去 NetRevenue $+ \Delta Value$，这种近似将会稍微增加 ΔRWA 的影响。无论如何，风险加权资产的变化通常不是资本比率变化的主要原因，所以这一点简化通常不会有实质上的改变。通过这种简化，我们可以得到

$$\Delta CET1_{9Q} \approx CET1_0 \left[\frac{NetRevenue + \Delta Value}{Capital_0} - \frac{\Delta RWA}{RWA_0} \right] \tag{11-5}$$

方程（11-5）具有直观的形式。资本比率变化是指资本的变化减去风险加

权资产的变化。净收入包括税收，这反过来取决于净收入和价值的其他组成部分。在严重不利的情况下收入和股权遭受损失，税收可能抵消部分损失。在纽约联邦储备银行（FRBNY）的工作人员报告"评估金融稳定性：资本和损失评估"中，在压力情景（CLASS）模式下，税收约占 Pre-tax Net Revenue 的 35%。如果这个简化了的税收待遇是可以接受的，资本比率变化可以写成

$$\Delta CET1_{9Q} = CET1_0 \left[0.65 \times \frac{Pre\text{-}tax Net Revenue + \Delta Value}{Capital_0} - \frac{\Delta RWA}{RWA_0} \right]$$

$$(11-6)$$

对于更复杂的税收核算，资本因素必须按税前计算，并进行详细的税务计算。方程（11-6）表明，$\Delta CET1_{9Q}$ 在预测 Pre-tax Net Revenue，$\Delta Value$，ΔRWA 中是线性的。因此，很容易表示资本比率的误差，$\delta CET1_{9Q}$ 具有和方程（11-6）相同的形式：Pre-tax Net Revenue，$\Delta Value$，ΔRWA 被替换为它在该预测中的误差形式：$\delta Pre\text{-}tax Net Revenue$，$\delta Value$，$\delta RWA$ 可以得出

$$\delta CET1_{9Q} = CET1_0 \left[0.65 \times \frac{\delta Pre\text{-}tax Net Revenue + \delta Value}{Capital_0} - \frac{\delta RWA}{RWA_0} \right]$$

$$(11-7)$$

方程（11-7）是将模型输出中的误差与资本比率误差相关的基本方程；模型输出被聚合到最小的一组模型中，这些模型可以生成 Pre-tax Net Revenue，$\Delta Value$，ΔRWA，或任何组合的组成部分。那些误差的组成部分可以代入方程（11-7）中，从而获得一个或者一组模型的资本比率误差的一个实例。误差可能来源于模型残差，模型选择中的模糊性，模型风险管理的缺点和/或归纳的失败。以这种方式产生的 $\delta CET1_{9Q}$ 的分布代表了分布特定模型/模型。

资本比率的不确定性将通过分析资本比率误差的分配来得出；在最简单的情况下，在给定的置信区间下，资本比率的不确定性可以通过评估资本分配得出。置信区间的选择应符合银行的风险偏好模式。

将个别模型的限制缓冲加入整个模型的限制缓冲

在这章中，我们主要的焦点是估计个别模型的资本比率不确定性的方法。为了计算对银行总资本比率的影响，有必要将各个模型限制缓冲区组合成一个整体银行的限制缓冲区模型。

虽然资本变动只是个人收入和在预测期间发生的股权变动的总和，不确定性资本变动不一定是个人收入不确定性和权益变动不确定性的总和。确切地说，个体不确定性与总资本不确定性之间的关系，是由存在于资本变化不同组成部分之间不确定性中的相关性决定的。将单个模型的不确定性结合起来的最严格的方法是估计所有模型误差的相关性，并利用模型误差协方差矩阵来传播不确定性。让

$\delta CET1_{9Q} = \{\delta CET1_{9Q,1}, \delta CET1_{9Q,2}, \cdots, \delta CET1_{9Q,N}\}$ 表示用于预测资本比率变化的 N 模型的资本比率不确定性的列向量。让 C 表示协方差矩阵，描述每种模型的预测误差之间的关系。然后，影响总资本比率变化不确定度的总体模型限制缓冲可得出

$$ModelLimitationBuffer = \delta CET1_{9Q} \times C \times \delta CET1_{9Q} \qquad (11-8)$$

实现方程（11-8）的难点在于获得协方差矩阵 C。通过分析不同模型后，可以比较容易地估计残差模型误差的相关性，类似于图 11.2（b）中所示的。描述模型选择与模糊性相关的相关性，需要分析某些假设是否与多个模型相同，可能是通过敏感性分析。对协方差矩阵的进一步讨论超出了本章的范围。

然而，对于不太复杂的模型，可能不需要对协方差矩阵进行详细的估计。如果模型误差是完全独立的，那么总不确定性的平方将等于单个不确定性的平方和。然而，由于压力情景实际上是为了给银行业务的许多不同领域同时带来压力而设计的，假设模型错误是不相关的，可能并不明智。的确，如果一家银行在 2008 年的经济衰退期间经历了资产负债表上严重的信贷损失，那么模型的错误就很可能是高度与之相关的。在完全相关的模型误差的极限下（即所有模型在同一时间表现不佳），总资本比率不确定性将等于单个模型误差不确定性之和。

$$ModelLimitationBuffer = \delta CET1_{9Q,1} + \delta CET1_{9Q,2} + \cdots + \delta CET1_{9Q,N}$$

$$(11-9)$$

在加总个别模型的误差的过程中，假设完美的相关性是最保守的假设，因为它假设没有多样化利益，甚至不包括在投资组合之间有一些独立性的多样性。对于简单的压力测试模型和没有强烈对冲的投资组合，这可能是一种务实和保守的方法。然而，对于高度粒状（多样化）模型，模型误差中完全相关的假设可能产生非常大的模型限制缓冲区。在这种情况下，可能需要使用相关矩阵。

用自下而上的方法解释不太重要的模型

用自下而上的方法来估计模型限制缓冲区的缺点是，银行的压力测试模型的库存通常相当大。此外，较少的材料模型的影响可能小到难以估量。因此，只有对重要的模型使用自下而上的方法，然后将自下而上的方法缓冲区应用于不太重要的模型，这样可能是必要或者适当的。

为了采用这种混合的方法，需要通过每个模型对总资本比率变化不确定性影响程度来对其重要性进行估计。很明显，模型对资本比率不确定性的影响并没有直接的度量方法，因为限制缓冲模型本身的目标是度量资本比率的不确定性。因此，为了采用混合方法，有必要确定模型不确定性的合理替代模型。

估计一个模型或投资组合对资本比率不确定性的影响有很多潜在的选择。一

种方法是利用历史收入波动作为代理替代；也就是说，在其他条件相同的情况下，波动性的指标比相对较少波动的指标更容易预测，使得波动性成为不确定性的一个合理的替代指标。在估计波动性之前，可能有必要降低趋势或季节性的收入变化来调整历史收益。或者在基础和压力情景之间使用预期的收入变化作为预测不确定性的替代可能是合适的。这就是说，在其他条件相同的情况下，对宏观经济因素敏感的指标比那些对宏观经济因素不敏感的指标更难以预测。最后，银行可能已经将模型重要性的度量作为其更广泛的风险识别的一部分。在一定程度上，这些措施可以合理地反映在压力情景下的资本变化，它们可能在对模型重要性的排名中起到作用，并能估计较小重要性的模型的累积影响，这些模型不包括在模型限制缓冲区的自下而上的组成部分中。

参考文献

1. Board of Governors of the Federal Reserve System. （December 2015）, SR15-19 Attachment, Federal Reserve Supervisory Assessment of Capital Planning and Positions for Large and Noncomplex Firms.

2. PwC. (2015), Model Uncertainty/Model Risk Quantification Industry Survey, PwC Survey Results.

3. Board of Governors of the Federal Reserve System. （October 2014）, CCAR 2015 Summary Instructions and Guidance, Board of Governors of the Federal Reserve System.

4. Brockwell, P. J. and Davis, R. A. （2002）, Introduction to Time Series and Forecasting, Springer, 2002, Second Edition.

5. Board of Governors of the Federal Reserve System and Offce of the Comptroller of the Currency. （April 2011）, SR Letter 11 – 7 Attachment, Supervisory Guidance on Model Risk Management.

6. Hirtle, B., Kovner, A., Vickery, J., and Bhanot, . M (2014), "Assessing Financial Stability: Capital and Loss Assessment Under Stress Scenario （CLASS） Model", Staff Report No. 663, October 2014.

第六部分

现代风险管理工具

第十二章
定量风险管理工具[*]

罗伊·E. 德雷奥

VaR 的介绍

本章初始，我们将首先定义衡量最大损失风险的最基本指标，即风险价值（Value at Risk，VaR）。简而言之，VaR 衡量了一定时期内（如一天、十天或一年）银行或其他金融机构所持头寸在"最坏的情况"（如最坏的 1%）下的可能损失。

基本假设：我们将工作环境定义为概率空间 (Ω, F, P)，这个三元的概率空间分别包括：

1. 一个概率空间，或一组情景；

2. 一个 σ-域，或一组测度集；

3. σ-域中的概率。

例 12.1　令 $V(t)$ 为未来 t 时刻投资组合价值，P 为真实世界（风险中性不成立）的概率测度，$\Delta t > 0$ 为固定的时间范围。同时，令 $t = 0$ 代表现在的时点。则

$$\mathrm{VaR}(p) = \min(\lambda \mid P\{V(0) - V(\Delta t) \geqslant \lambda\} \leqslant 1 - p)$$

对于巴塞尔协议 II 中规定的 VaR，$p = 0.99$。

这种衡量损失风险的方法存在以下缺点：

---

[*]　本文仅代表作者个人观点。

　　罗伊·E. 德雷奥在金融领域有着广泛的职业经历，包括摩根士丹利、野村、高盛以及现在的富国银行。他是一位非常受人尊敬的前台建模师，他的工作涉及股票、利率产品、外汇、大宗商品、抵押贷款和 CVA，他目前是夏洛特市富国银行风险投资分析团队的负责人，他现在的工作主要包括波动偏差的 VaR 模型、特殊的风险模型和 CVA 模型。他获得了麻省理工学院的数学学士学位和普林斯顿大学的数学博士学位。

1. VaR 只告诉"尾部"的起点位置，但并不衡量"尾部"对风险的总体影响（预期损失之后将被覆盖，这是一个较强的操作）。

2. VaR 并不考虑流动性——一天的 VaR 仅考虑市场中间价的变化，并不考虑在极端条件下无法以该价格出售的情况。我们试图用流动性期限（平仓且获得接近市场价值的最短时间）的概念解决这个问题。因此，我们还将讨论使用十天的 VaR（在巴塞尔协议 II 的资本要求中，用十天的 VaR 解决流动性问题平仓）。

3. 由于流动性不足和对投资组合未来实现的潜在模型风险，VaR 并不准确。严格来说，银行不会以 99% 的概率损失这么多。如果真的试图平仓，将会使情况变得更糟糕，模型可能会失去意义。

4. VaR 用于总投资组合时并不总是表现良好，即两个投资组合的 VaR 总和有时小于总投资组合的 VaR。有可能当两个投资组合的 VaR 均小于 500000 美元时，总投资组合的 VaR 大于 1000000 美元。也就是说，使用 VaR 可能会导致分散原则失败。

例 12.2　假设我们有一个未套期保值的单一股票头寸，其服从一个真实世界的对数正态分布：

$$\frac{\mathrm{d}S}{S} = \mu \mathrm{d}t + \sigma \mathrm{d}w$$

对于给定的 p 值，我们可以通过求解以下公式计算 VaR：

$$P(S_{\Delta t} < S_0 - \lambda) \leqslant 1 - p$$

在此例中，

$$N\left(\frac{\ln\left(\dfrac{S_0 - \lambda}{S_0}\right) - \mu t + \dfrac{\sigma^2 \Delta t}{2}}{\sigma \sqrt{\Delta t}}\right) \leqslant 1 - p$$

$$\lambda \geqslant S_0\left(1 - e^{\mu \Delta t - \frac{1}{2}\sigma^2 \Delta t + \sigma N^{-1}(1-p)\sqrt{\Delta t}}\right)$$

$$\mathrm{VaR} = S_0\left(1 - e^{\mu \Delta t - \frac{1}{2}\sigma^2 \Delta t + \sigma N^{-1}(1-p)\sqrt{\Delta t}}\right)$$

我们使用累积概率正态分布

$$N(x) = \int_{-\infty}^{x} \frac{1}{\sqrt{2\pi}} e^{-\frac{t^2}{2}} \mathrm{d}t$$

特别地，当 $S = 100$，$\mu = 0.08$，$\sigma = 0.25$ 时，可得：在置信水平为 99% 的情况下，一天的 VaR 为 3.58 美元，而十天的 VaR 为 10.77 美元。

例 12.3　基于因子模型（方差—协方差估计）的 VaR：假设对于价值为 V 的投资组合，存在一组总数为 d 的风险因子（$X_1, X_2, \cdots, X_d$），且 ΔX_i 均服从正态分布。

$$E(\Delta X_i) = \mu_i$$

$$\text{VaR}(\Delta X_i) = \sigma_i^2$$

$$\text{corr}(\Delta X_i, \Delta X_j) = \rho_{ij}$$

令风险因子的一阶灵敏度为

$$\delta_i = \frac{\partial V}{\partial X_i}$$

则一段时间内的损失为

$$L = -\Delta V = -\sum_{i=1}^{d} \delta_i \Delta X_i$$

其中，L 服从均值为 M 和标准差为 $\sum$ 的正态分布：

$$\sum{}^2 = \sum_{i=1}^{d} \delta_i^2 \sigma_i^2 + 2 \sum_{i<j} \delta_i \delta_j \rho_{ij} \sigma_i \sigma_j$$

因此，与例 12.2 中的推导同理可得

$$\text{VaR}(p) = M + \sum N^{-1}(p)$$

若投资组合价值 V 与所有风险因子为线性相关（如股票投资组合），则该近似值精确。然而，衍生品投资组合价值与风险因子为非线性相关，我们将在接下来的分析中讨论这种情况下的 VaR。

总而言之，VaR 有三种基本的计算方法。我们将在后文中更详细地介绍每一种计算方法，现在先简要介绍以下三种方法。

1. 参数法：现实中极小可能适用，除非标的资产的定价模型非常简单。

2. 历史模拟法：适用于最近 N 个一天或十天工作日间隔的市场变化，置信水平通常设定为 99%。美联储规定一年中 N 最低为 251，VaR 为第二的最大损失。

3. 蒙特卡罗模拟法：基于当前的定价模型和充足的历史数据，为下一期的变化建立参数模型，模拟 N 次，VaR 为最差 1% 损失中的最低值。

我们已举例阐述第一种计算方法，接下来将阐述历史模拟法。

VaR：历史模拟和损失计算

假设一家公司拥有 M 个价值分别为 V_j ($j = 1, \cdots, M$) 的投资组合，每个组合均有一组风险因子 ($X_{1,j}, X_{2,j}, \cdots, X_{n,j}$)，且风险因子的选择主要来自市场观察，而非基本校准参数（请参阅"市场数据输入和校准参数"章节内容）。对于每个风险因子，均存在历史时间序列 $X_{i,j}(t)$、一天的绝对变化 $\Delta X_{i,j,t} = X_{i,j}(t) - X_{i,j}(t-1)$ 或相对变化 $\Delta X_{i,j,t} = \left(X_{i,j}(t) - X_{i,j}(t-1)\right)X_{i,j}(0)/X_{i,j}(t-1)$。

完全估值法

对于任意 t 时刻的组合 j，则有

$$\Delta V_j(t) = V(X_{1,j}(0) + \Delta X_{1,j,t}, \cdots, X_{n_j,j}(0) + \Delta X_{n_j,j,t})$$
$$- V(X_{1,j}(0), \cdots, X_{n_j,j}(0))$$

那么所有投资组合的总损益为

$$\Delta V(t) = \sum_{j=1}^{M} \Delta V_j(t)$$

在截至昨天的 N 天中，将属于每一个工作日的 N 个损失从高到低进行排序，然后找到最接近第 99 个百分位数的值。若按美联储规定 $N = 251$，需要找到第二高的损失（注：实际上并不是第 99 个百分位数的损失，而是接近于第 99.2 个百分位数，但监管者并不允许在第二和第三个最差损益中插值）。

Delta – Gamma 估值法

$$\Delta V_j(t) \approx \frac{\partial V}{\partial t} \Delta t + \sum_{i=1}^{n_j} \left(\frac{\partial V_j}{\partial X_{i,j}} \Delta X_{i,j,t} + \frac{1}{2} \frac{\partial^2 V_j}{\partial X_{i,j}^2} \Delta X_{i,j,t}^2 \right) + \sum_{i<k} \frac{\partial^2 V_j}{\partial X_{i,j} \partial X_{k,j}} \Delta X_{i,j,t} \Delta X_{k,j,t}$$

式（12 – 4）是式（12 – 2）的二阶泰勒级数近似值，与例 12.3 中的一阶近似值相反。该近似方法的目的是为了节省计算时间。因为公式（12 – 2）中我们需要计算 $M(N + 1)$ 个组合价值数，计算量太大。

在实践中，当计算公式（12 – 4）时，通常省略相对较小的交叉伽马项和时间导数项，简化后的公式为

$$\Delta V_j(t) \approx \sum_{i=1}^{n_j} \left(\frac{\partial V_j}{\partial X_{i,j}} \Delta X_{i,j,t} + \frac{1}{2} \frac{\partial^2 V_j}{\partial X_{i,j}^2} \Delta X_{i,j,t}^2 \right)$$

计算这些"希腊字母"的主要方法是使用增量为 h 的中心有限差分法，如下式所示：

$$\frac{\partial V}{\partial X_{i,j}} = \frac{V_j(X_{1,j}, \cdots, X_{i,j} + h, \cdots, X_{n_j j}) - V_j(X_{1,j}, \cdots, X_{i,j} - h, \cdots, X_{n_j j})}{2h}$$

$$\frac{\partial V}{\partial X_{i,j}} = \frac{V_j(X_{1,j}, \cdots, X_{i,j} + h, \cdots, X_{n_j j}) - 2 V_j + V_j(X_{1,j}, \cdots, X_{i,j} - h, \cdots, X_{n_j j})}{h^2}$$

对于特定的风险因子（如股价）通常使用相对的增量，即 $hX_{i,j}$ 代替 h。可以观察到，需要计算的价格数量仅为 $\#NPVs = M + 2 \sum_{j=1}^{M} n_j$，通常远小于 $M(N + 1)$。

由于增量 h 会影响 Delta – Gamma 近似方法的精确度，我们可以通过以下公

式实现最小均方误差与重新估值。

$$h_{i,j} \approx \sqrt{var(\Delta X_{i,j}) + (mean(\Delta X_{i,j}))^2} \text{（绝对值）}$$

$$h_{i,j} \approx \sqrt{var\left(\frac{\Delta X_{i,j}}{X_{i,j}}\right) + (mean\left(\frac{\Delta X_{i,j}}{X_{i,j}}\right))^2} \text{（相对值）}$$

我们用单一风险因子的绝对值解释，则有

$$V(X + \Delta X) - V(X)$$

平均意义上是

$$\frac{V(X + h) - V(X - h)}{2h}\Delta X + \frac{1}{2}\frac{V(X + h) - 2V(X) + V(X - h)}{h^2}\Delta X^2$$

在泰勒级数的左右两边扩展可得

$$V'(X)\Delta X + \frac{1}{2}V''(X)\Delta X^2 + \frac{1}{6}V'''(X)\Delta X^3 + \frac{1}{24}V''''(X)\Delta X^4 \approx V'(X)\Delta X$$

$$+ \frac{1}{2}V''(X)\Delta X^2 + \frac{1}{6}V'''(X)h^2\Delta X + \frac{1}{24}V''''(X)h^2\Delta X^2$$

根据最后两个式子，我们可以得到

$$h^2 \approx \Delta X^2$$

一般来说，该式表明了上述结果。对于两个或更多的风险因子，由于近似值中不包含交叉伽马项，结论非常相似。

市场数据输入值与校准参数

VaR 的风险因子 X_i 一般是市场信息，如现货、货币波动、某种波动偏差度量和利率，而不是基本的模型参数。完全估值法要求重新校准每个历史变化的基本参数，而 Delta – Gamma 近似方法要求逆变换雅可比矩阵。

假设 $(X_{1,j}, \cdots, X_{n_j,j}) = G(Y_{1,j}, \cdots, Y_{n_j,j})$，可得

$$\left(\frac{\partial V_j}{\partial X_{1,j}}, \cdots, \frac{\partial V_j}{\partial X_{n_j,j}}\right)^T = J^{-1}\left(\frac{\partial V_j}{\partial Y_{1,j}}, \cdots, \frac{\partial V_j}{\partial Y_{n_j,j}}\right)^T$$

其中，J 为 $n_j \times n_j$ 矩阵，则

$$J_{i,k} = \frac{\partial X_i}{\partial Y_k}$$

虽然二阶偏导数比较复杂，但不是不可以解决。为了说明这一点，我们考虑一个两年期的信用违约互换（CDS）模型，其中，一年期的信用利差为 S_1 和两年期的信用利差为 S_2。简单地假设折现率为零，且回报率恒定为 R，利息在违约时点前以应计利息支付。因此，在知道基本瞬时分段固定风险率 $\lambda_1(t \in [0, 1])$ 和远期瞬时风险率 $\lambda_1(t \in [1,2])$ 的情况下，我们可以估计任意两年期的信用利差。

通过假设一年期或两年期的信用利差分别为 S_1、S_2 ，净现值为 0，我们可以得到 (S_1,S_2) 与 (λ_1,λ_2) 之间的关系如下：

$$S_1 = (1 - R) \lambda_1$$

$$S_2 = \frac{(1 - R) \lambda_1 \lambda_2 (1 - e^{-\lambda_1 - \lambda_2})}{\lambda_2 - \lambda_2 e^{-\lambda_1} + \lambda_1 e^{-\lambda_1} - \lambda_1 e^{-\lambda_1 - \lambda_2}}$$

于是，上述提到的雅可比矩阵将会有以下形式，即前两个式子 $\dfrac{\partial S_1}{\partial \lambda_1}$、$\dfrac{\partial S_1}{\partial \lambda_2}$ 在第一行，后两个式子 $\dfrac{\partial S_2}{\partial \lambda_1}$、$\dfrac{\partial S_2}{\partial \lambda_2}$ 在后一行。

$$\frac{\partial S_1}{\partial \lambda_1} = 1 - R$$

$$\frac{\partial S_1}{\partial \lambda_2} = 0$$

$$\frac{\partial S_2}{\partial \lambda_1} = (1 - R) \times \frac{\begin{array}{c} \lambda_2{}^2 - \lambda_2{}^2 e^{-\lambda_1 - \lambda_2} + \lambda_1 \lambda_2{}^2 e^{-\lambda_1 - \lambda_2} - \lambda_2{}^2 e^{-\lambda_1} + \lambda_2{}^2 e^{-2\lambda_1 - \lambda_2} \\ - \lambda_1 \lambda_2{}^2 e^{-\lambda_1} + \lambda_2 \lambda_1{}^2 e^{-\lambda_1} - \lambda_2 \lambda_1 e^{-\lambda_1 - \lambda_2} \end{array}}{(\lambda_2 - \lambda_2 e^{-\lambda_1} + \lambda_1 e^{-\lambda_1} - \lambda_1 e^{-\lambda_1 - \lambda_2})^2}$$

$$\frac{\partial S_2}{\partial \lambda_2} = (1 - R) \times \frac{\begin{array}{c} \lambda_1{}^2 + \lambda_1 \lambda_2{}^2 e^{-\lambda_1 - \lambda_2} - \lambda_2 \lambda_1{}^2 e^{-\lambda_1 - \lambda_2} - \lambda_1{}^2 e^{-\lambda_1 - \lambda_2} - \lambda_1{}^2 e^{-2\lambda_1 - \lambda_2} \\ - \lambda_1 \lambda_2{}^2 e^{-2\lambda_1 - \lambda_2} + \lambda_1 \lambda_2{}^2 e^{-2\lambda_1 - \lambda_2} + \lambda_1 e^{-2\lambda_1 - 2\lambda_2} \end{array}}{(\lambda_2 - \lambda_2 e^{-\lambda_1} + \lambda_1 e^{-\lambda_1} - \lambda_1 e^{-\lambda_1 - \lambda_2})^2}$$

因此，我们可以通过代入风险率得到上述雅可比矩阵，而不是每次代入信用利差得到风险曲线。

风险因子的网格估值法

另一种估计风险因子的常用方法是利用一维网格替代该风险因子的 Delta – Gamma 估值。虽然多维网格也同样适用，但 NPVs 的计算量会随着维度的增长而增长。银行间通常将一些风险因子的网格估值法与 Delta – Gamma 估值法相结合。

如果我们希望为第一个风险因子建立一个网格，我们建立一个对称数组 $(h_{-m}, h_{-m+1}, \cdots, h_{-1}, 0, h_1, \cdots, h_m)$（其中，$h_{-k} = h_k$），并计算 NPVs。

绝对网格：$V_j\left(X_1 + h_{-m}, X_2, \cdots, X_{n_j}\right), \cdots, V_j\left(X_1, \cdots, X_{n_j}\right), \cdots,$

$$V_j\left(X_1 + h_m, X_2, \cdots, X_{n_j}\right)$$

相对网格：$V_j\left(X_1(1 + h_{-n}), X_2, \cdots, X_{n_j}\right), \cdots, V_j\left(X_1, \cdots, X_{n_j}\right), \cdots,$

$$V_j\left(X_1(1 + h_n), X_2, \cdots, X_{n_j}\right)$$

在这两种情况下，我们可以将这 $2m+1$ 个 NPVs 写为

$$V_{1,-m}, V_{1,-m+1}, \cdots, V_{1,-1}, V_{1,0} = V, V_{1,1}, \cdots, V_{1,m}$$

则第 k 个风险因子的 NPVs 为

$$V_{k,-m}, V_{k,-m+1}, \cdots, V_{k,-1}, V_{k,0} = V, V_{k,1}, \cdots, V_{k,m}$$

银行对主要风险因子使用的网格通常是现货价格或波动率，而这些总是为正值，因此相对网格更常见。对于风险因子 X_1 中的相对网格，我们假设：

$$\frac{\Delta X_1}{X_1} = (1-\rho) h_k + \rho h_{k+1}, \quad \rho \in [0, 1]$$

令 $\Delta V_1 = (1-\rho) V_{1,k} + \rho V_{1,k+1} - V$，$\Delta V_1$ 为第一个风险因子的损益贡献。尽管一维网格估值方法仍然忽略了交叉项风险，但对于较大的偏移，它比 Delta - Gamma 估值更精确，因为后者在风险因子偏移中是一条抛物线。在现货、波动率或利率变化方面，抛物线函数的增长速度比大多数定价函数快得多。例如。随着现货价格的上涨，常规的看涨期权价格接近线性，而随着现货价格的下降趋近于零。如果我们计算平价看涨期权（执行价格等于现货价格）的 VaR，由于现货接近于零而非变为零，随着现货价格的上涨，抛物线函数将比接近直线的函数快得多，则 Delta - Gamma 估值方法给出的抛物线函数值将变得非常大。

一天与十天

联邦监管机构要求银行同时计算一天和十天的 VaR。对于十天内的风险因子变化，我们令绝对变化为

$$\Delta X_{i,j,t} = X_{i,j}(t) - X_{i,j}(t-10)$$

而相对变化为

$$\Delta X_{i,j,t} = \frac{\left(X_{i,j}(t) - X_{i,j}(t-10)\right) X_{i,j}(0)}{X_{i,j}(t-10)}$$

若 N 为历史回报率总个数，回报率从连续天数开始且部分重叠，这意味着我们需要 $N+9$ 天的数据。如果日回报率相互独立且服从同分布（i.i.d），则

$$10 - \text{dayVaR} = \sqrt{10} \ (1 - \text{dayVaR})$$

对于计算能力有限的组织，美联储有时可以接受特定条件下的十天期 VaR，参考文献 1 中。

压力 VaR 与一般 VaR

压力 VaR 的计算方法与一般 VaR 完全相同，只是历史变化来源于过去的压力时间段（即风险因子波动性更大的时间段）。一般来说，如果我们想要 N 个 k 天的时间间隔，我们从过去选择一组工作日：

$$T, T+1, \cdots, T+N+K-1$$

对于价值为 $V_j(X_{j,1}, \cdots, X_{j,n_j})$ 的投资组合，损失为

$$L = V_j\Big(X_{j,1}(0), \cdots, X_{j,n_j}(0)\Big) - V_j\Big(X_{j,1}(0) + \Delta X_{j,1,t}, \cdots, X_{j,n_j}(0) + \Delta X_{j,n_j,t}\Big)$$

$$t = T, T+1, \cdots, T+N-1$$

绝对值：$\Delta X_{j,i,t} = X_{j,i}(t+k) - X_{j,i}(t)$

相对值：$\Delta X_{j,i,t} = \dfrac{X_{j,i}(t+k) - X_{j,i}(t)}{X_{j,i}(t)} X_{j,i}(0)$

零价格一般代表今天或最近的收盘价，但此处的差别是，上一个收盘日与历史的最后一天（即一般 VaR 中的 $T+N+K-1$）不一致。监管机构通常规定 $k = 10$，标准化选择历史时期可以最大化提高银行整体受监管交易的总风险价值。2008 年 4 月至 2009 年 4 月这一年时间段是一个典型的压力时间段。另外，美联储规定至多为一年中的工作日，即 $N = 251$（详细请参考本章参考文献 1 中的第 4 节、第 5 节）。

VaR：回溯与实际损益

回溯测试的目的是检验特定的 VaR 模型是否为一个合适的风险衡量工具。更准确地说，如果特定一天或十天内的实际损失不超过该期间初始 VaR 的概率高于 p，则该 VaR 模型被认为是好的风险衡量工具。计算 $p = 0.99$ 的 VaR 时，一般每年不会有超过 2~3 个的异常值（Exceptions）。当我们使用真实世界的概率 P 时，如下所示：

$$P(\#exceptions \geq m) = \sum_{k=m}^{n} \frac{n!}{(n-k)!k!} p^{n-k}(1-p)^k$$

若在 m 个工作日内有 m 个异常值，且其概率小于 5%，则出现异常值的概率不太可能为 $1-p$。若异常值的个数 m 过高，则 VaR 模型不足以刻画风险；若异常值的个数 m 过低（如：年复一年，均无异常值出现），说明风险管理过于保守。通常来说，由于其导致监管资本高估，联邦监管机构并不关心银行是否过于保守。

当 $p = 0.99$，$n = 252$ 时，如表 12.1 所示：

表 12.1　　　　　　　　　　　　　　　估计值表

异常值数量（m）	P（$\#exceptions = m$）	P（$\#exceptions \geq m$）
0	7.94%	100.00%
1	20.22%	92.06%

续表

异常值数量（m）	P（#exceptions $= m$）	P（#exceptions $\geq m$）
2	25.64%	71.83%
3	21.58%	46.20%
4	13.57%	24.62%
5	6.80%	11.05%
6	2.83%	4.25%
7	1.00%	1.43%
8	0.31%	0.42%
9	0.09%	0.11%
10	0.02%	0.03%

值得注意的是，当一年中出现不少于 6 个异常值时，美联储将会对 VaR 模型持严重怀疑态度，实际上会提高四项或更多的资本要求。

VaR：蒙特卡罗模拟法

蒙特卡罗模拟法是本文阐述的最后一种计算 VaR 的方法。蒙特卡罗模拟建立历史分布的参数模型，并模拟 N 次（次数远大于历史覆盖天数）以消除历史模拟法的主要限制。也就是说，在历史模拟中一年仅有 250 个工作日的数据，相比之下，只要有足够的硬件可用，蒙特卡罗模拟能确保我们 10000 种、50000 种，甚至 100 万种情景下的数据。因此，蒙特卡罗的局限性在于模型和计算时间的质量，而不是情景的数量。

蒙特卡罗模拟的基本原理

我们假设存在 d 个风险因子影响投资组合的价值，分别用符号 $X_1, \cdots, X_d$ 表示。同时假设这些风险因子一段时间内的变化服从某一累积概率分布。

$$F(x_1, \cdots, x_d) = P(\Delta X_1 \leq x_1, \cdots, \Delta X_d \leq x_d)$$

如前所述，我们假定测量概率 P 为真实世界概率。我们模拟该分布 N 次，并用 ω 表示 N 次中的一次特定情景。则第 ω 次情景下的组合损失为

$$L_\omega = V(X_1, \cdots, X_d) - V(X_1 + \Delta X_{1,\omega}, \cdots, X_d + \Delta X_{d,\omega})$$

按升序排列这 N 个损失，并以正确的百分位数选择损失。例如，当 $p = 0.99$ 且 $N = 10000$ 时，选择第 9900 个损失。

我们假设实际历史风险因子变化或时间序列（即（$\Delta X_{1,t}, \cdots, \Delta X_{d,t}$），

$t = T, T + 1, \cdots, T + n$）是相互独立且同分布的（i. i. d）。另外，我们建立的模型为无条件模型。条件模型是指基于时间序列并假设当 $s < t$ 时，（ $\Delta X_{1,t}$，$\cdots$，$\Delta X_{d,t}$）的分布取决于（ $\Delta X_{1,s}$，$\cdots$，$\Delta X_{d,s}$）的值的模型。有关条件模型的大量文献参见本章参考文献 1，但这些已经超过了本节将要概述的范围。

针对初学者的蒙特卡罗模拟 VaR

最简单的蒙特卡罗算法假设风险因子变化（ $\Delta X_{1,t}$，$\cdots$，$\Delta X_{d,t}$）服从联合正态分布。具体地，我们以矢量形式表示多元正态分布：

$$X = \mu + AZ$$
$$Z = (Z_1, \cdots, Z_k)^T, iid, \sim N(0, 1)$$
$$A = d \times k \; matrix$$
$$\mu = (\mu_1, \cdots, \mu_d)^T$$

该分布是均值为 μ，协方差矩阵为 $\sum = A \cdot A^T$ 的联合正态分布：

$$X \sim N(\mu, \sum)$$

为了模拟该分布，我们使用乔利斯基分解法。假设 X 为 d 维且 $X \sim N(\mu, \sum)$，$\sum$ 是秩为 d 的满秩矩阵，即

$$\sum = A \cdot A^T$$

其中，A 为正对角线下三角矩阵。

对于 10000 个情景下置信水平为 99% 的 VaR，有四个计算步骤：

1. 计算过去一年或几年的历史均值 μ_i，其历史标准差为 σ_i。
2. 计算历史协方差 $\sigma_{i,j}$，填充协方差矩阵 $\sum$ 的剩余部分。
3. 使用乔利斯基分解法在（ $\Delta X_{1,t}$，$\cdots$，$\Delta X_{d,t}$）服从多元正态分布 $N((\mu_1, \cdots, \mu_d), \sum)$ 条件下，模拟 10000 次且在有足够机器的情况下通过 Delta – Gamma 估值、网格估值或完全估值法计算每次的组合损失 $V(X_1, \cdots, X_d) - V(X_1 + \Delta X_1, \cdots, X_d + \Delta X_d)$。
4. 在 $p = 0.99$ 下，选择第 100 个最差损失作为 VaR，同时计算这 100 个最差损失的平均值作为 ES。

显然，一类资产中的 n 个风险因子变化的联合分布并不是多元正态分布——因为它们一般都有"肥尾"，即极端情况的风险远大于正态分布所刻画的风险。事实上，这种"初学者"的简化模型永远不可能合乎监管者的要求，所以我们将建立更真实的蒙特卡罗模拟模型。

一些重要的基本统计量

理论偏度和峰度：令 σ 为随机变量 X 的概率分布的标准差，μ 为均值。则其

偏度和峰度分别为

$$\beta = \frac{E\left((X-\mu)^3\right)}{\sigma^3}$$

$$\kappa = \frac{E\left((X-\mu)^4\right)}{\sigma_4}$$

当 X 为服从正态分布的随机变量时，$\beta = 0$，$k = 3$。

样本均值和协方差矩阵：假设存在 d 维随机变量 X 的 n 个样本量，即

$$X_1, \cdots, X_n$$

则样本均值和协方差矩阵分别为

$$\overline{X} = n^{-1} \sum_{i=1}^{n} X_i$$

$$S = \frac{1}{n} \sum_{i=1}^{n} (X_i - \overline{X})(X_i - \overline{X})^T$$

为了使协方差估计量无偏，应将上述公式中的 $\frac{1}{n}$ 替换为 $\frac{1}{n-1}$。

样本偏度和峰度：用 $X_1, \cdots, X_n$ 表示随机变量 X 的 n 个样本，样本均值为 $\overline{X} = n^{-1}(X_1 + \cdots + X_n)$。

则样本偏度和峰度分别为

$$\beta(X) = \frac{n^{-1} \sum_{i=1}^{n} (X_i - \overline{X})^3}{\left(n^{-1} \sum_{i=1}^{n} (X_i - \overline{X})^2\right)^{3/2}}$$

$$\kappa(x) = \frac{n^{-1} \sum_{i=1}^{n} (X_i - \overline{X})^4}{\left(n^{-1} \sum_{i=1}^{n} (X_i - \overline{X})^2\right)^2}$$

为什么偏度和峰度很重要？因为峰度衡量了尾部风险。在样本均值和方差服从正态分布的假设下计算 VaR 可能会低估风险。而股票和外汇价格的回报率是典型的尖峰厚尾分布。偏度用于衡量均值的不对称度。股票价格回报率为左偏分布，大幅下挫多于大幅上涨。所以，我们的目标是在"初学者"模型的基础上，建立边缘分布有偏且厚尾的真实协方差联合分布。

一些重要的假设检验

正如"针对初学者的蒙特卡罗模拟 VaR"一节所述，"初学者"的蒙特卡罗模拟采用的是联合正态分布。我们自然地提出一个问题：边缘分布是否为正态分布？Jarque – Bera 检验表明一维分布可能是正态分布。根据上述样本偏度和峰度

的公式，我们可以定义：

$$T = \frac{1}{6}n\left(\beta^2 + \frac{1}{4}(\kappa - 3)^2\right)$$

当样本量 n 逐渐变大时，在正态分布下，T 将服从自由度为 2 的卡方分布，同时服从指数分布。

$$Pr(T \leq t) \approx \int_0^t \frac{1}{2}e^{-u/2}du = 1 - e^{-t/2}$$

数据与模型的拟合程度如何？令 $X_1, \cdots, X_n$ 表示一个未知 d 维分布的 n 个样本，假设我们要拟合的一个概率密度分布是一组参数：

$$f(X;a), a = (a_1, \cdots, a_m)$$

假设样本相互独立，我们希望最大化在参数的所有可能选择中出现所抽取样本观测值的概率，即最大化概率的自然对数。

$$\Lambda = \ln\left(\prod_{i=1}^n f(X_i; a_1, \cdots, a_m)\right) = \sum_{i=1}^n \ln\left(f(X_i; a_1, \cdots, a_m)\right)$$

这就是对数极大似然估计法。

一种简单的厚尾分布

令

$$\mu = (\mu_1, \cdots, \mu_d)^T$$
$$W \geq 0 \text{ is an r.v.}$$
$$Z = (Z_1, \cdots, Z_K)^T \sim N_k(0, I_k), k \leq n$$
$$A \epsilon R^{d \times k}$$

接下来，我们要求 W 独立于 Z，则随机向量 X 服从混合正态分布。

$$X = \mu + \sqrt{W}AZ$$

最简单的是一维混合正态分布模型，如下所示：

$$X = \mu + \sqrt{W}Z$$

服从一维混合正态分布的 X 满足：

$$E(X) = \mu$$
$$VaR(X) = E(W)$$
$$\beta(X) = 0$$
$$\kappa(X) = 3\frac{\left(E(W^2)\right)}{E(W)^2} = 3\left(1 + \frac{VaR(W)}{E(W)^2}\right)$$

在 $E(W) = 1$ 的特殊情况下，可得

$$\kappa(X) = 3(1 + VaR(W))$$

混合正态边缘分布总是存在厚尾现象。我们可以考虑一个二维的例子，如下所示：

$$X_1 = \mu_1 + \sqrt{W}Z_1$$
$$X_2 = \mu_2 + \sqrt{W}Z_2$$

其中，$\mathrm{corr}(Z_1, Z_2) = \rho$，即 $\mathrm{corr}(X_1, X_2) = \mathrm{corr}(\sqrt{W}Z_1, \sqrt{W}Z_2) = \rho$。

这意味着我们可以在不改变相关矩阵的条件下利用混合正态分布来增加峰度。另外因为 W 和 Z 相互独立，$\mathrm{cov}(X_1, X_2) = E(W)\mathrm{cov}(Z_1, Z_2)$，一般表达式为

$$\mathrm{cov}(X) = E(W)\sum$$

但值得注意的是，仅有一个峰度水平。为了模拟 X 的这种厚尾分布，生成 d 维正态分布 Z 和单标量随机变量 W 的实例就足够了。在 W 的概率密度函数 h 和累积分布函数 H 绝对连续情况下，一个模拟 W 的简单但并不总是有效的方法是选择一个均匀分布的随机变量 U，令 $W = H^{-1}(U)$。

计算该分布的概率密度函数很简单，如果 D 为 W 的定义域，则

$$f(x) = \int_D f_{W|X}(x|w)h(w)\,\mathrm{d}w$$

$$= \int_D \frac{w^{-n/2}}{(2\pi)^{n/2}\sqrt{\left|\sum\right|}}\exp\left\{-\frac{(x-\mu)^T\sum^{-1}(x-\mu)}{2w}\right\}h(w)\,\mathrm{d}w$$

特例：t 分布

为了说明上述想法，我们只关注一个简单的厚尾分布例子以拟合 d 个风险因子变化的历史数据。考虑下述 W 的分布（该分布被称作逆伽马分布或 $IG(\alpha,\beta)$）：

$$h(w) = \frac{\beta^{\alpha}e^{-\beta/w}w^{-\alpha-1}}{\Gamma(\alpha)}, w > 0,$$

$$\Gamma(\alpha) = \int_0^{\infty} x^{\alpha-1}e^{-x}\mathrm{d}x$$

$$\alpha > 2, \beta > 0$$

当 $\alpha = \beta = \frac{v}{2}$ 时，d 维混合正态随机向量 X 服从自由度为 v 的多元 t 分布。根据"一种简单的厚尾分布"一节中的公式，可以推导出 X 的概率密度函数解析解为

$$f(x) = \frac{\Gamma\left(\frac{1}{2}(v+d)\right)}{\Gamma(v/2)(\pi v)^{d/2}\sqrt{\left|\sum\right|}}\left[1 + \frac{(x-\mu)^T\sum^{-1}(x-\mu)}{v}\right]^{-(V+d)/2}$$

对于某些常见的风险因子组合，例如：股票组合，这是一个广泛使用的厚尾分布。

为了给我们的数据选择合适的 t 分布，一种简单直观的方法是匹配均值和协方差矩阵，利用对数极大似然估计法估计参数 v。首先，我们将多元 t 分布表示为

$$X = \mu + AWZ$$

为了简化符号，我们直接使用 X 表示风险因子变化（一般情况下为 $\Delta X = (\Delta X_1, \cdots, \Delta X_d)$）。为了匹配协方差矩阵，设 $\widehat{\mu}$ 为 X 的样本均值，$\sum$ 为 X 的样本协方差矩阵，$\sum = A A^T$ 为 Z 的协方差，则有

$$E(W) = \frac{v}{v-2}$$

$$\mathrm{cov}(X) = \frac{v}{v-2} \sum$$

$$\sum = \frac{v-2}{v} \widehat{\sum}$$

概率密度函数现变为

$$f(x) = \frac{\Gamma\left(\frac{1}{2}(v+d)\right)}{\Gamma\left(\frac{v}{2}\right)(\pi v)^{\frac{d}{2}} \sqrt{|\widehat{\sum}|} \sqrt{\frac{v-2}{v}}} \left[1 + \frac{(x-\widehat{\mu})^T \widehat{\sum}^{-1} (x-\widehat{u})}{v-2}\right]^{-\frac{v+d}{2}}$$

同时，需要最大化的对数极大似然估计函数如下所示：

$$£ = \sum_{k=1}^{N} \ln\left(\frac{\Gamma\left(\frac{1}{2}(v+d)\right)}{\Gamma\left(\frac{v}{2}\right)(\pi v)^{\frac{d}{2}} \sqrt{|\widehat{\sum}|} \sqrt{\frac{v-2}{v}}} \left[1 + \frac{(X_k-\widehat{\mu})^T \widehat{\sum}^{-1} (X_k-\widehat{\mu})}{v-2}\right]^{-\frac{v+d}{2}}\right)$$

$$= N\ln\Gamma\left(\frac{1}{2}(v+d)\right) - N\ln\Gamma\left(\frac{v}{2}\right) - N\left(\frac{d}{2}-1\right)\ln v - \frac{N}{2}\ln|\hat{\sum}| - \frac{N}{2}\ln(v-2)$$

$$- \frac{Nd}{2}\ln \pi - \sum_{k=1}^{N}\frac{v+d}{2}\ln\left[1 + \frac{(X_k-\hat{\mu})\hat{\sum}^{-1}(X_k-\hat{\mu})}{v-2}\right]$$

存在许多简单的数值算法最大化上式，其结果将是一个与样本均值和协方差均相同的分布，但具有最佳选择峰度的结果拟合数据效果最好。

使用 E – M 算法拟合分布

另一种拟合 t 分布或任一同类型分布的方法是使用一种迭代方法——$E – M$（期望最大化）算法。使用这种方法时，我们并不要求完全匹配样本协方差矩阵，但基于最大似然估计我们可能得到一个更好的整体拟合结果。

$E – M$ 算法是在估计多维参数 $\sum$、μ 以及 W 的分布之间进行"跷跷板"运

动。基本步骤为：

1. 用 W 的概率密度与 $X \mid W$ 的条件概率密度的乘积表示 (X, W) 联合概率密度；

2. 根据 W 参数的最新估计值和样本观测值 $X_i(i = 1, \cdots, n)$ ，估计参数 $\sum$ 、μ ；

3. 通过对数极大似然估计法利用概率密度函数 h 得到 W 的参数，但无法得到 W_i 的参数，可以使用最新的 $\sum$ 、μ 和 $W \mid X$ 的分布计算 W_i 特定函数的期望值来替代；

4. 重复第一步和第二步直到收敛。

现在我们将为 t 分布提出一个更精确、更少的步骤。首先请注意，在 t 分布的情况下，W 只有一个参数 v ，通过贝叶斯定理我们可以得到

$$f_{W \mid X} = \frac{f_{X \mid W} h}{f_x}$$

$$f_{W \mid X}(w \mid x) = \frac{1}{(2\pi)^{d/2} \sqrt{\left| \sum \right|} w^{d/2}} \exp\left[-\frac{(x - \mu)^T \sum^{-1}(x - \mu)}{2w} \right] \frac{\left(\frac{v}{2}\right)^{v/2} e^{-v/(2w)} w^{-v/2-1}}{\Gamma\left(\frac{1}{2} v\right)}$$

$$\times \left(\frac{(\pi v)^{d/2} \sqrt{\left| \sum \right|} \Gamma\left(\frac{v}{2}\right)}{\Gamma\left(\frac{v}{2} + \frac{d}{2}\right)} \right) \left[1 + \frac{(x - \mu)^T \sum^{-1}(x - \mu)}{v} \right]^{\frac{v}{2} + \frac{d}{2}}$$

$$= \left[\frac{v + (x - \mu)^T \sum^{-1}(x - \mu)}{2} \right]^{\frac{v}{2} + \frac{d}{2}} \exp\left(\frac{v + (x - \mu)^T \sum^{-1}(x - \mu)}{2w} \right) w^{-\frac{v}{2} - \frac{d}{2} - 1}$$

因此，给定 X 的 W 条件分布是参数为 α 、β 的逆伽马分布，即 $IG(\alpha, \beta)$ 。

$$\alpha = \frac{v}{2} + \frac{d}{2},$$

$$\beta = \frac{v + (x - \mu)^T \sum^{-1}(x - \mu)}{2}$$

另外，整体概率密度的对数极大似然估计函数可分解为

$$£ = \sum_{i=1}^{n} \ln f_{X \mid W}(X_i \mid ; , W_i \mid ; , \mu \mid ; , \sum) + \sum_{i=1}^{n} \ln h_W(W_i; v)$$

有了这个重要信息，我们现在可以给出 $E - M$ 算法的确切计算步骤。

第一步：令样本均值和协方差分别为

$$\mu^{[1]} = \widehat{\mu}$$

$$\sum^{[1]} = \widehat{\sum}$$

令 $v^{[1]}$ 为 v 的合理估计量。为了简化表述，令 $\theta^{[1]} = (v^{[1]}, \mu^{[1]}, \sum^{[1]})$，$k$ 为迭代次数且等于 1。

第二步：计算下述式子：

$$\alpha^{[k]} = \frac{v^{[k]} + d}{2}$$

$$\beta_i^{[k]} = \frac{1}{2}\left(v^{[k]} + (X_i - \mu^{[k]})^T (\sum^{[k]})^{-1}(X_i - \mu^{[k]})\right)$$

$$\delta_i^{[k]} = E\left((W_i^{-1}) \mid ; X_i \mid ; \theta^{[k]}\right) = \frac{\alpha[k]}{\beta_i[k]}$$

$$\delta^{-[k]} = \frac{1}{n}\sum_{i=1}^{n} \delta_i^{[k]}$$

第三步：令

$$\mu^{[k+1]} = \frac{\sum_{i=1}^{n}\delta_i^{[k]} X_i}{n\overline{\delta}^{[k]}}$$

$$\Psi = n^{-1}\sum_{i=1}^{n}\delta_i^{[k]}\left(X_i - \mu^{[k+1]}\right)\left(X_i - \mu^{[k+1]}\right)^T$$

$$\sum^{[k+1]} = \frac{\left|\widehat{\sum}\right|^{1/d}\Psi}{|\Psi|^{1/d}}$$

第四步：定义一个中间参数集为 $\theta^{[k,2]} = (v^{[k]}, \mu^{[k+1]}, \sum^{[k+1]})$，同时令

$$\beta_i^{[k,2]} = \frac{1}{2}\left(v^{[k]} + (X_i - \mu^{[k+1]})^T(\sum^{[k+1]})^{-1}(X_i - \mu^{[k+1]})\right)$$

$$\delta_i^{[k,2]} = E(W_i^{-1} \mid X_i; \theta^{[k,2]}) = \frac{\alpha^{[k]}}{\beta_i^{[k,2]}}$$

$$\xi_i^{[k,2]} = E(\ln W_i \mid X_i; \theta^{[k,2]}) \approx \varepsilon^{-1}\left(\frac{\Gamma(\alpha^{[k]} - \varepsilon)(\beta_i^{[k,2]})^{\varepsilon}}{\Gamma(\alpha^{[k]})} - 1\right)(\varepsilon \; small)$$

第五步：在以下公式中将 $\delta_i^{[k,2]}$ 替换为 W_i^{-1}，将 $\xi_i^{[k,2]}$ 替换为 $\ln W_i$。在 v 的所有可能取值下最大化函数，得到 $v^{[k+1]}$

$$\sum_{i=1}^{n}\ln h(W_i; v) = \sum_{i=1}^{n}\left[\frac{v}{2}\ln\left(\frac{v}{2}\right) - \frac{v}{2}W_i^{-1} - \left(\frac{v}{2} + 1\right)\ln W_i - \ln\Gamma\left(\frac{v}{2}\right)\right]$$

现在用 $k+1$ 替代 k，即 $\theta^{[k+1]} = (v^{[k+1]}, \mu^{[k+1]}, \sum^{[k+1]})$，返回第二步，重复第二步至第五步直到收敛。

该算法可以推广到任何采用混合正态形式的多元分布。唯一的区别可能是如果概率密度函数 $h(w)$ 不只有一个参数，那么第五步将会更复杂，解出条件分布 $f_{W \mid X}(w \mid x)$ 可能会更具有挑战性，但除此之外该算法都是一样的。

期望损失

在短短几年内，银行监管机构将不再接受使用一般或压力 VaR 作为主要的风险管理工具。银行将被要求用一个被称作期望损失（*Expected Shortfall*，*ES*）的变量来替代 VaR。

为了理解 *ES* 是什么，我们将 VaR 看作可能损失的高百分位数，而 *ES* 是超过一定百分比的尾部平均值，更严谨的定义为

$$ES(\alpha) = E^P(V(0) - V(\Delta t) \mid V(0) - V(\Delta t) \geqslant \alpha)$$

为了用百分位数定义 α，对于一些概率 p，令

$$\alpha = \text{VaR}(p)$$

如果一家银行在 VaR 计算中采用 $p = 0.99$，那么计算 *ES* 可能会使用一个较低的概率，如 $p = 0.975$。实际上，即将出台的联邦监管法规将规定概率水平（详见本章参考文献 2 中的第 3 节）。虽然这种风险衡量方法相比 VaR 来说很难做回溯测试，但它有一个主要优势，即它满足了次可加性。准确地说，给定两个投资组合 P_1、P_2，$P = P_1 + P_2$，则有

$$ES(P_1;\alpha) + ES(P_2;\alpha) \geqslant ES(P;\alpha)$$

如上所述，VaR 不能保证满足次可加性，这有一个很简单的例子。假设在 2015 年 10 月 1 日，你正在计算一年的历史 VaR，且选择第二最大损失。P_1 有两个最大损失为 110 美元和 150 美元，分别对应 1 月 14 日和 5 月 1 日发生的历史变化。另外，P_2 在相同的两个时间点上有两个最大损失，分别是 130 美元和 100 美元。那么总投资组合 P 必须在相同时间点上有最大的两个损失 240 美元和 250 美元，我们将得到 P 的 VaR 为 240 美元。但请注意：

$$\text{VaR}\ (P_1) = 110$$
$$\text{VaR}\ (P_2) = 100$$

由于 *ES* 是尾部平均值，它包含了使用 VaR 可能会错过的极端异常值信息，因此被认为能更好地衡量尾部风险。

压力测试

压力测试是风险管理中一个比较简单但同样重要的方面。一个压力情景包括对银行风险因子现值应用单一极端冲击集合，并计算导致的净现值变化。压力情景有两种形式——*BAU* 形式（*Business As Usual*，一般商业形式）和 *CCAR* 形式（*Comprehensive Capital Analysis and Review*，综合资本分析和审查形式，即监管机构对所有主要银行风险管理实践的年度审查）。*BAU* 压力情景是选择过去的两个日期，$t_1 < t_2$。对于投资组合 j，我们计算下述公式：

$$\Delta V_j = V_j(X'_{1,j}, \cdots, X'_{n_j,j}) - V_j(X_{1,j}, \cdots, X_{n_j,j})$$

绝对基准:

$$X'_{i,j} = X_{i,j} + X_{i,j}(t_2) - X_{i,j}(t_1)$$

相对基准:

$$X'_{i,j} = X_{i,j} \cdot \frac{X_{i,j}(t_2)}{X_{i,j}(t_1)}$$

另一方面,在 CCAR 压力情景下,监管机构选定了一组固定的变化金额,则

$$\Delta V_j = V_j(X'_{1,j}, \cdots, X'_{n_j,j}) - V_j(X_{1,j}, \cdots, X_{n_j,j})$$

绝对基准:

$$X'_{i,j} = X_{i,j} + A_{i,j}$$

相对基准:

$$X'_{i,j} = X_{i,j} \cdot A_{i,j}$$

CCAR 压力情景的一个例子可能是监管机构指示银行以相对基准增加所有股权波动 30%,并以相对基准降低所有股权价格 20%。在 BAU 和 CCAR 压力情景下,银行可能需要调整修正市场数据以避免产生套利且可以成功定价投资组合。在这种情况下,实现的风险因子变化可能与原来的规定变化不同。

压力测试最困难的是确定使用哪些情景。在 BAU 情景下,这意味着选择日期间隔 $[t_1, t_2]$。什么是好的压力情景——这是个非常不明确的问题,也是目前很多研究的主题。银行可能使用的压力情景的一些例子为:

金融危机,2008 年第四季度;

2001 年 9 月 10 日至几个星期后 ("9·11"恐怖袭击);

次贷危机,从 2007 年 2 月左右至 2007 年 8 月左右;

美国信贷评级下调,2011 年 8 月。

参考文献

1. Federal Register, Vol. 77, No. 169, Rules and Regulations. Office of the Comptroller of the Currency, August 2012.

2. Basel Committee on Banking Supervision, "Instructions: Impact Study on the Proposed Frameworks for Market Risk and CVA Risk", July 2015.

第十三章
现代风险管理工具及应用[*]

杨一明

引言

近年来，国际金融危机引发的重要改变之一就是金融机构使用量化风险管理工具方面的提升。这些工具不仅是由商家提供的必要的应用软件或系统，它们也包含量化方法/模型，矩阵/度量，甚至是由金融机构开发的程序。这些工具的目标可能是为了内部风险管理（如信用风险评级），或服从监管（如资产估算）或二者均为其目的。

不是所有的工具都是全新的。某些工具已经在金融领域使用多年，但增加了其先进性和复杂度。然而，其他近期开发的工具则是为了迎合新的监管和风险管理环境的挑战。

商业银行，特别是大型商业银行，经常大规模使用此类风险管理工具，从几百种到几千种的都有。我们能将这些工具大致地分为以下几种：商业性/批发，消费者/零售，投资/交易，资产/负债管理，操作性的和营销。即使是有着充分教育背景和正确技术能力的风险专家去理解和开发这些工具都是面临巨大挑战的。随着经济和监管条件的迅速发展，工具也随之发展而且往往再开发去服从新标准和新预期。

所有这些因素都让风险管理工具的学习对于学生和年轻教授们来说是一件困难且令人畏惧的任务。更不用说很多工具和技术在学界还未完全研究透彻，所以

---

* 本文表达的均为作者的个人观点。

杨一明是 Protiviti 公司的高级主管，在风险管理领域有丰富的经验。在他目前的职位之前，他领导了 PNC 金融服务集团和 SunTrust 银行的风险分析团队，他拥有北京大学的学士学位和芝加哥大学的博士学位。他还拥有卡内基梅隆大学的信息网络硕士学位，并获得了中国科学院的硕士学位。他曾是明尼苏达大学的数学教授。

它们一般不会在常规风险管理课程中出现。

本章的目的是选取少数有代表性的来自一般商业银行风险管理实践的工具以及用适当的技术细节展示其途径、方法和使用。

框架和方法论

大多风险书籍和监管文件讨论风险方法都是基于风险种类：信用、市场和操作风险。由于本章的篇幅限制，我们将基于风险框架来讨论本章案例：线性、非线性、转型和特殊情况。

线性风险工具度量适用于风险承担的那部分风险。经典案例是产品或投资组合的期望损失。

非线性风险工具处理复杂的和非直觉效应。非预期的风险结果往往在自然界中是非线性现象。非线性风险工具往往比线性工具更复杂。

转型风险工具描述风险恶化。风险通常会分离或联系起多种状况。在不同的状况中转变通常使用转换矩阵。

特殊风险工具是为特殊风险管理目标而设计，如风险对宏观条件的敏感度或在假定情景或约束下的极端损失。

示例与讨论

本节的目的是用合适的技术工具说明每个风险工具类别下的例子。

线性风险工具案例

例子：信用风险评级和违约概率（PD）模型

信用风险，具体来说，是违约风险，是大多商业银行最大的风险。作为关键部分和重点监管要求，风险评级系统（RRS Risk Rating System）是银行风险管理的基石和所有风险分析的基础。风险评估是测评客户（个体或商务实体）给银行偿还债务和借款的风险。银行用"信用评分"系统给借方依次排序。例如，它们通常给商业公司多于25种不同"成绩"。这些信用评级系统不是内生发展的就是从商家购买的。信用评级系统的核心是运用不同的输入计算出对于每个客户的"分数"的模型。根据数据和建模技巧，对某些模型计算直接违约概率值，而另一些通过不同的处理来校准违约概率相关的分数。

我们消费者"评分模型"的例子是使用逻辑回归，这一逻辑回归的因变量是消费者在给定的宏观经济和客户具体条件在一个特定时间段中的条件违约概率。它往往使用以下几种自变量：

- 债务和借款信息，如余款、利息、年龄、分期偿还、抵押物等：X_1，$\cdots$，X_n
- 客户具体信息，如支付历史、违法历史、地点、收入、负债、担保人、家属等：Y_1，$\cdots$，Y_m
- 金融的、区域性的和全球的宏观经济因素：如利率、房价、信用期、失业率等：Z_1，$\cdots$，Z_s
- 其他信息，如外界评分、信用和管理的变化、交互项等：V_1，$\cdots$，V_q

之后，模型可以具体化为

$$\text{Prob}\left\{ CustomerDefault_{X_1,\cdots,X_n,Y_1,\cdots,Y_m,Z_1,\cdots,Z_s,V_1,\cdots,V_q} \right\}$$

$$= \frac{1}{1 + e^{-(a_0+a_1X_1+\cdots+a_nX_n+b_1Y_1+\cdots+b_mY_m+c_1Z_1+\cdots+c_sZ_s+d_1V_1+\cdots+d_qV_q)}}$$

系数 a_0，a_1，$\cdots$，a_n，b_1，$\cdots$，b_m，c_1，$\cdots$，c_s，d_1，$\cdots$，d_q 可以通过最大似然估计（MLE）或一般线性模型估计等方法估计出来。

我们的公司违约概率案例是基于 R 的"违约距离"模型。默顿对于公司违约的观点是：权益是资产的看涨期权（债务为期权行权价）。假定在 t 时期的公司某资产市值可以通过下式得出：

$$A_t = A_0 e^{\left(r-\frac{\sigma_A^2}{2}\right)\cdot t+\sigma_A\cdot W_t}$$

其中，A_0 是资产现值，r 是无风险报酬，σ_A 是资产变动，W_t 是一个标准布朗运动。

令 D 为债务，那么当资产 A_t 低于债务 D 时，公司将违约。因此，t 时期的违约概率如下：

$$P_t = Prob\left\{A_t > D\right\} = Prop\left\{A_0\, e^{\left(r-\frac{\sigma_A^2}{2}\right)\cdot t+\sigma_A\cdot W_t} > D\right\}$$

$$= Prob\left\{\frac{W_t}{\sqrt{t}} > \frac{\ln\dfrac{D}{A_0} - \left(r-\dfrac{\sigma_A^2}{2}\right)\cdot t}{\sigma_A\sqrt{t}}\right\}$$

因为，$\dfrac{W_t}{\sqrt{t}}$ 是一个标准正态分布，我们有

$$P_t = \Phi\left(\frac{\ln\dfrac{D}{A_0} - \left(r-\dfrac{\sigma_A^2}{2}\right)t}{\sigma_A\sqrt{t}}\right) = 1 - \Phi\left(\frac{\ln\dfrac{A_0}{D} + \left(r-\dfrac{\sigma_A^2}{2}\right)t}{\sigma_A\sqrt{t}}\right)$$

其中，Φ 是标准正态分布的累积分布方程，$DTD = \dfrac{\ln\dfrac{A_0}{D} + \left(r-\dfrac{\sigma_A^2}{2}\right)t}{\sigma_A\sqrt{t}}$ 为违约距离。

然而，这种方法有一个缺点：资产价值A_t和其变动参数σ_A不是直接可观测的。此外，我们仅能观测到普通股（股票）E_t和其变动率σ_E。使用默顿的观点和著名的布莱克—斯科尔斯期权定价公式，我们得到

$$E_t = A_t \cdot \Phi\left(\frac{\ln\frac{A_t}{D} + \left(r + \frac{\sigma_A^2}{2}\right)t}{\sigma_A \sqrt{t}}\right) - D \cdot e^{-rt} \cdot \Phi\left(\frac{\ln\frac{A_t}{D} + \left(r - \frac{\sigma_A^2}{2}\right)t}{\sigma_A \sqrt{t}}\right)$$

为了得到σ_E和σ_A之间的关系，我们用 Ito 引理来推导：

$$\sigma_E \cdot E_t = \sigma_A \cdot A_t \cdot \Phi\left(\frac{\ln\frac{A_t}{D} + \left(r + \frac{\sigma_A^2}{2}\right)t}{\sigma_A \sqrt{t}}\right)$$

用历史股票价格E_t和上面两个等式，我们能解出A_t和σ_A来得到违约概率：

$$P_t = 1 - \Phi\left(\frac{\ln\frac{A_0}{D} + \left(r - \frac{\sigma_A^2}{2}\right)t}{\sigma_A \sqrt{t}}\right) = 1 - \Phi(DTD)$$

概率P_t往往被称为即时（PIT）违约概率 PD，或前瞻性的违约概率。因为其包含公司股票价格，股票价格往往反映市场对于公司未来利率的预期。

示例：贷款和租赁损失准备金

违约概率（PD）模型的一个主要应用是计算对贷款和租赁损失的准备金（ALLL），或银行管理和会计标准要求的备选贷款损失准备金（LLR）。ALLL 是储备银行预留的潜在贷款损失。近期，两大会计组织，即国际会计准则理事会（International Accounting Standards Board，IASB）和财务会计准则委员会（Financial Accounting Standards Board，FASB）提出 ALLL 计算中纳入预期损失方法：银行要求估计从开始一年的预期债务组合损失和留存债务的年限。比如，我们考虑一个投资组合，该投资组合的债务期限为十二年。我们假设在这一投资组合中的债务有不同的年限。对此我们可以理解为不同期限的贷款会有不同的违约行为，所以单一违约概率是不足以估计投资组合损失的。假定累积违约概率为期限 t，记为 $PD(t)$，永续违约概率记为PD_*。可得方程：

$$F_{PD}(t) = \frac{PD(t)}{PD_*}$$

该方程可视为带有概率密度函数（PDF）$\rho(t)$ 的累积分布方程（CDF）。

对于每个期限 t，假设该投资组合有期限 t 的贷款敞口为 E_t。令 E_* 为总投资组合敞口且 $H(t) = \frac{E_t}{E_*}$。该敞口有代表投资组合期限为 t 的贷款权重的概率密度函数 w_t。可计算出一年期和永续预期损失分别为

$$\text{OneYear Expected Default Rate} = PD_* \cdot \int_0^\infty w_t \cdot (F(t+1) - F(t))\,\mathrm{d}t$$

和

$$\text{Lifetime Expected Default Rate} = PD_* \cdot \int_0^\infty w_t \cdot (1 - F(t))\,\mathrm{d}t$$

非线性风险工具案例

我们之前的例子说明了对于投资组合的违约估计可能会很复杂。附加因素如相关性和波动性可能会让计算更加具有挑战性和更加晦涩。在统计学中，相关性和波动性是非线性本质上的两种推动力。二者是常用于风险工具中的重要相关性。我们将从违约相关性开始举例。

示例：伯努利投资组合的违约相关性

违约相关性是两种贷款的违约事件间的相关性。我们考虑一个有 n 个贷款的伯努利投资组合。每种贷款都有一单位的敞口。违约是以二项事件建模的——某事不是违约了就是没有违约。违约概率是 p。我们用伯努利分布 B_i 来表示第 i 个贷款的违约，也就是

$$B_i = \begin{cases} 1 & \text{如果第 } i \text{ 个贷款违约（概率为 } p\text{）} \\ 0 & \text{如果第 } i \text{ 个贷款没有违约（概率为 } 1-p\text{）} \end{cases}$$

那么投资组合中的违约数可表示为 $L = \sum_{i=1}^{n} B_i$。其方差为

$$\text{VaR}(L) = VaR\left(\sum_{i=1}^{n} B_i\right) = \sum_{i=1}^{n}\sum_{j=1}^{n} \rho_{i,j} \cdot \sigma_{B_i} \cdot \sigma_{B_j}$$

此处的 $\rho_{i,j}$ 当 $i \neq j$ 时表示第 i 个贷款和第 j 个贷款的违约相关性。$\sigma_{B_i} = \sigma_{B_j} = \sqrt{p(1-p)}$ 为标准差。$\rho_{i,i} = 1$ 并有

$$\rho_{i,j} = \frac{\text{Prob}\{B_i = 1, \text{and } B_j = 1\} - p^2}{p(1-p)}$$

$$= \frac{\text{Joint Default Probability of } i^{th} \text{ and } j^{th} loan - p^2}{p(1-p)}$$

如果我们假定任意两个贷款间的违约相关性都是相同的，那么则有 $\rho_{i,j} = \rho$ 并有

$$\text{VaR}(L) = np(1-p) + \sum_{i \neq j} \rho \cdot p(1-p) = np(1-p)$$
$$+ n(n-1)\rho \cdot p(1-p) = p(1-p)[n + n(n-1)\rho]$$

标准差为 $\text{StDev}(L) = \sqrt{VaR(L)} = n\sqrt{p(1-p)}\sqrt{\frac{1}{n} + \left(1 - \frac{1}{n}\right)\rho}$。因为投资组合由 n 个贷款组成，对于投资组合的违约概率为 $PD = \dfrac{L}{n}$，其标准差为

$$\text{StDev}(PD) = \frac{\text{StDev}(L)}{n} = \sqrt{p(1-p)}\sqrt{\frac{1}{n} + \left(1 - \frac{1}{n}\right)\rho}$$

$$\rightarrow \sqrt{p(1-p)p} \ san \rightarrow \infty$$

也就是说，违约相关性能够直接由投资组合违约波动性（或者说标准差）StDev（PD）估计：

$$\rho \approx \frac{\left[StDev(PD)\right]^2}{p(1-p)}$$

结果虽然比较简单，但该结果对于用历史违约数据估计零售贷款资金池的违约相关性十分有用。该方法是获得在投资组合水平下不可观测参数 p 的一种非常受欢迎的方法。下一个例子将会介绍能简化损失计算的另一种方法。

示例：Vasicek 投资组合的资产相关性和损失分布

由 $StDev(L)$ 得来的违约相关性很重要。然而，它不能明确地描述损失方程 L 的计算。事实上，L 是一个要求附加结构的分布。Vasicek[①]介绍了一种单变量模型，在该模型中他假定每个客户的资产（在标准化之后）都是由共同系统风险因子和特殊风险因子组成的。如果资产低于某阈值（负债）那么该贷款将会违约。具体而言，对于第 i 个客户，假定其资产为

$$A_i = e^{\sqrt{\theta} \cdot Z + \sqrt{1-\theta} \cdot \varepsilon_i}$$

此处的 Z 代表系统风险因子的标准正态分布，ε_i 是一个独立于 Z 的标准正态分布并代表特殊风险因子。θ 是资产相关性。如果资产低于 $D = e^{\varphi^{-1}(p)}$，那么客户将违约。Φ 是标准正态分布的累积分布方程。

由中心极限定理，Vasicek 证明当 $n \rightarrow \infty$ 时，损失分布 $\frac{L}{n}$ 趋向重尾分布 L_*，其累积分布方程如下

$$Prob\{L_* \leq x\} = \Phi\left(\frac{\sqrt{1-\theta} \cdot \Phi^{-1}(x) - \varphi^{-1}(p)}{\sqrt{\theta}}\right)$$

事实上，以系统风险因子 Z 为条件，损失分布 $\frac{L}{n}$ 概率收敛，即

$$\frac{L}{n} \rightarrow \Phi\left(\frac{-\sqrt{\theta} \cdot Z + \Phi^{-1}(p)}{\sqrt{1-\theta}}\right)$$

示例：使用 Vasicek 模型的巴塞尔资本计算

Vasicek 损失分布模型的一个重要运用是计算《巴塞尔协议 Ⅱ》内部评级法下的资产要求。《巴塞尔协议 Ⅱ》采纳了系统和特殊的风险方法并提出了计算零售资本组合最低资本要求的下述计算公式：

$$K = LGD \times \left[\Phi\left(\frac{\sqrt{\theta} \cdot \varphi^{-1}(\alpha) + \varphi^{-1}(p)}{\sqrt{1-\theta}}\right) - p\right] \times M_{Adj}$$

此处的 K 表示资本要求，LGD = 损失默认值，α = 置信水平（常用 99.9%），M_{Adj} 是到期调整。资产相关性 θ 是基于贷款种类的选择。例如，对于居民抵押贷

款 $\theta = 0.15$，对于合格的循环零售风险敞口 $\theta = 0.04$。

监管资产是一个可能不必基于银行个体风险组合的制定风险度量。其最大优势在于其简单性和可加性（也就是说，对于一个投资组合的资本就是在投资组合中个体贷款的资产总和）。

示例：VaR 的定义，经济资本，预期缺口和资产配置

经济资本（或基于风险的资本）是基于银行内生风险方法和参数计算而得出的。其思想就是弥补超过预期的极端损失以使银行能够保持偿付性。其往往与置信水平相联系（常用 99.9% 或以上）来表示损失严重性。比如，一个 99.9% 的置信水平意味着 1000 年间每年最严重的损失。经济资本（EC）的计算要求全部损失分布的知识。事实上，如果投资组合损失分布是 L，那么在给定置信水平下的要求资本 EC_α（L）定义为

$$Prob\{L \leq EC_\alpha(L) + E[L]\} = \alpha$$

这一定义直接将经济资本和流行的风险价值（VaR）概念关联起来。事实上，可以简单视为

$$EC_\alpha(L) = VaR_\alpha(L) - E[L]$$

此外，我们有

Ⅰ. 若 $L_1 \leq L_2$，那么，$EC_\alpha(L_1) \leq EC_\alpha(L_2)$

Ⅱ. 若 $\lambda > 0$，那么，$EC_\alpha(\lambda \cdot L) = \lambda \cdot EC_\alpha(L)$

Ⅲ. 对于常数 K，$EC_\alpha(L + K) = EC_\alpha(L)$

经济资本的主要优势在于其多元化效益。一般来说，当两个损失分布 L_1 和 L_2 合并时，由于损失不是完全相关的，故对于 $L_1 + L_2$ 的经济资本（EC）通常小于两个单独 EC 的加总。也就是说，人们往往会有

$$EC_\alpha(L_1 + L_2) \leq EC_\alpha(L_1) + EC_\alpha(L_2)$$

不幸的是，这一次可加性不总是正确的。对 EC 的批评形成了对风险连续度量的研究，在后文还有对这部分的讨论。另一方面，次可加性可能是一个不实际的要求并且当两个公司刚刚随机合并时就要求多元化效益是不合理的。在真实世界中，甚至两个好公司的合并都可能失败。

经济资本常在资本组合水平下计算。为了能够将经济资本（EC）用于单独贷款，需要将资本分配到每个贷款。由于可加性对 EC 来说不可用，所以这一分配往往困难且得不到想象中的结果。有三种常用的分配方法。令 L_i 为投资组合中第 i 个贷款的损失分布。

（1）协方差法。第 i 个贷款的经济资本为（EC）：

$$EC_\alpha(i) = \frac{Covar(L_i, L)}{StDev^2(L)} \times EC_\alpha(L);$$

（2）边际法。令 L/L_i 为除第 i 个贷款外的资本组合且有：

$$\Delta_\alpha(t) = EC_\alpha(L) - EC_\alpha(L/L_i), then \ EC_\alpha(i)$$

$$= \frac{EC_\alpha(L) - EC_\alpha(L/L_i)}{\sum_i [EC_\alpha(L) - EC_\alpha(L/L_i)]} \times EC_\alpha(L)$$

（3）欧拉风险贡献法。

$$EC_\alpha(i) = E[L_i \mid L = EC_\alpha(L) + E[L]] - E[L_i]$$

上述的每个方法都是既有优点也有缺点。协方差法和边际法都能算出为零或为负的资产；边际法常出现计算不可能，且欧拉风险贡献法需要蒙特卡罗模拟而且它往往不稳定。

为了满足次可加性的条件，建议预期缺口（ES）替代EC。EC定义为：假定条件 $L \geq VaR_\alpha(L)$ 有非零概率，则

$$ES_\alpha(L) = E(L \mid L \geq VaR_\alpha(L)) - E[L]$$

也就是说，ES是超过 $VaR_\alpha(L) = EC_\alpha(L) + E[L]$ 的平均损失。尤其在某一特定状况下（假定条件 $L \geq VaR_\alpha(L)$ 非空），有

$$ES_\alpha(L) \geq EC_\alpha(L)$$

这表示ES的确满足次可加性（所以它是一个连续风险度量）：

$$ES_\alpha(L_1 + L_2) \leq ES_\alpha(L_1) + ES_\alpha(L_2)$$

然而，由于ES的计算要求对于L尾部的完整了解（在对于尾部的显著性假设未知的情况下是一个看上去不可能的任务），所以其计算是十分困难且不稳定的。对于ES的回溯检验也是近乎不可能的。ES的产生主要是为了满足次可加性要求，但正如我们上文指出的，在特定的兼并收购活动中其效果似乎大相径庭。

我们也可依据协方差向个人贷款分配ES，其欧拉风险贡献方法为

$$ES_\alpha(i) = E(L_i \mid L \geq VaR_\alpha(L)) - E[L_i]$$

示例：资本和 RAROC

一旦EC用于个人贷款，银行往往使用资本的风险调节回报（RAROC）作为表现测量工具来度量从风险导向角度来看的贷款收入和回报。其思想是将 EC 视为一种对于风险的"共同基金（或资源）"并通过预期风险损失来调节回报。对于每一贷款，RAROC常定义为

$$RAROC = \frac{Revenues - Expenses - Expected \ Losses}{Economic \ Capital}$$

大多银行定义最低资本回报率（12%～24%）并要求RAROC高于最低资本回报率。

RAROC可用于最优化投资组合，那么银行可确定投资组合分配的最佳设定或构建一个刻画贷款风险回报权衡的有效边界。

示例：copula（变量相关性函数）与 EC 损失分布与 ES 的计算

EC 计算的难点在于确定投资组合损失分布。正如 Vasicek 投资组合所描述的，损失分布与债务相关性密切相关。银行通常持有多个投资组合。即使已衍生出个体投资组合的损失分布，这些银行水平下的损失分布累积仍为主要挑战。比如，银行往往既有零售债务投资组合也有批发债务投资组合。如果将持有的零售投资组合记为 LR 并将批发投资组合记为 LW，那么零售和批发的投资组合累积将形成一个损失分布 LRUW = LR + LW。为了理解 LRUW，我们要理解 LR 和 LW 之间的关系。最初它们之间的关系为线性相关。然而，相关性是自然界的第二动量（它仅包含协方差和标准差）。EC 的计算要求包括来自更高动量信息的全部损失分布。这也就是为什么银行常用 copula（变量相关性函数）。

什么是 copula？copula 是描述随机变量间关系的一种方法。为什么 copula 会这么受欢迎？这是因为 copula 能描述任意关系。对于很多人来说，copula 令人困惑且难以理解。但是，它的确是个很合理的方法。

理解 copula 的关键在于"排序"。在给出精确定义之前，我们从一个实际问题开始：如果零售投资组合遭受一次重大损失，那么我们应该怎样预期批发投资组合？更具体地说就是，如果零售投资组合遭受了近十年来最重大的一次损失，那么批发投资组合的损失会怎样？答案当然是多样的。比如，批发投资组合可能遭受近五年来的最重大损失或其可能仅遭受平均水平损失。其甚至可能遭受十分小的损失，从而这一年是批发投资组合的近十年来的最优年份。

我们现在将这些描述转化为数学概念和数据。我们将损失从小到大排序（高排名对应高损失）。如近十年来最严重损失的排名为 90%，近五年来最严重的损失排名为 80%，平均损失排名为 50%，且近十年来最优年份排名为 10%。现在我们的问题变为：如果零售投资组合的损失在 90%，那么批发投资组合的损失排名是多少？我们的答案可能是 80%、50% 甚至 10% 或其他排名。当然，10% 是非常不可能的（或者说它的概率很低）。同时，批发投资组合排名在 90% 或 80% 的可能性更高。请注意，排名或概率总是一个从 0 到 1 之间的数值。现在我们能够给出 copula 的定义了。

定义 分布 LR 和 LW 的 copula 为满足下列条件的方程 $C(u, v)$：

1. $C(u, v)$ 是一个 0 到 1 间的数，由于 $0 \leq u \leq 1$，$0 \leq v \leq 1$

（我们可以理解为 u 和 v 为 *LR* 和 *LW* 的排名；$C(u, v)$ 是 *LR* 不超过排名 u 且 *LW* 不超过排名 v 的概率）

2. $C(u, 0) = C(0, v) = 0$

3. $C(1, v) = v$，$C(u, 1) = u$

4. 对于 $u_1 \leq u_2$，$v_1 \leq v_2$，有 $C(u_1, v_1) + C(u_2, v_2) - C(u_1, v_2) - C(u_2, v_1) \geq 0$

条件（2）～条件（4）为保证 $C(u,v)$ 为概率函数的技术性条件。

已知 copula 能用于描述任意关系。这也表示有许多种 copula。最常用的一种为高斯 copula，其仅为描述线性相关性的一种不同的方法。在近期的金融危机中，高斯（Gaussian）copula 严重低估了极端情况下的相关性，因此该方法不适用于 EC 计算。其他 copula 包括 Clayton、Frank 和 Gumbel。它们是由一些运用不同标准化的参数所定义的。

为了用 copula 计算累积损失分布，需要依据下述流程。

1. 识别出正确的 copula。对于损失分布，Gumbel 在很多情况下是一个理想的选择。

$$C(u,v) = e^{-\left[(-\ln(u))^{\theta}+(-\ln(v))^{\theta}\right]^{\frac{1}{\theta}}}$$

2. 估计 copula 参数。对于 Gumbel copula，该参数为 θ。有很多可用的估计方法。可以用历史损失数据或外界损失代理数据（如美联储发布的数据）。假定使用美联储数据，对于零售和批发投资组合我们估计 $\theta = 1.4$。

3. 模拟对 copula $\{(u_1,v_1),(u_2,v_2),(u_3,v_3),\cdots,(u_n,v_n)\}$。有几种有效模拟 copula 的有效方法，我们可能要模拟成百上千甚至几百万对。注意这种模拟对 LR 和 LW 是独立的。

4. 用模拟对结合从 LR 到 LW 的损失。这是损失识别的主要步骤。具体来说，对于每个模拟对 (u_k,v_k)，用来自 L_R 的排序 u_k 损失 L_{u_k}，来自 L_w 的排序 v_k 损失 L_{v_k} 来计算 $Z_k = L_{u_k} + L_{v_k}$。

5. 从组合损失 Z_k 找到给定置信水平 α 下找到 EC 和 ES。我们首先对 n 个组合损失值进行排序 $(Z_1,Z_2,\cdots,Z_n)$。对于 EC，使用排序 α 的组合损失。对于 ES，使用所有超过排序 α 的损失的平均值。最终能够得到来自 EC 或 ES 的平均 Z。

过度风险工具示例

某一客户的信用质量不为常数。其持续发展取决于两个主要原因：内部商业实践的改变和外部商业环境的改变。银行往往通过社会地位来进行信用度分类。比如，某银行将公司客户分为 20 多个风险评级并监视零售客户的各种违法行为，在每个时间段（每月、每季度或每年）中，用矩阵追踪和记录客户状态的改变。转换矩阵提供了一个复杂且动态的对于投资组合风险的观点。

示例：风险评级转换矩阵

假设银行有七个非违约评级。下面是其平均每年的转换矩阵 M（见表 13.1）：

矩阵表示，比如在第一年 80% 的排名为 4 的客户会保持在排名为 4；8% 的可能会下调到排名为 5；2% 的可能会上调到排名为 3；且有 7.5% 的客户会违约。

有两种重要的转换矩阵：依期限或依公历年。

表 13.1   年平均转换矩阵

	1 年	1	2	3	4	5	6	7	D
	1	90.0%	8.0%	1.5%	0.0%	0.0%	0.0%	0.0%	0.5%
	2	2.0%	85.0%	9.0%	2.0%	0.0%	0.0%	0.0%	2.0%
	3	0.0%	1.0%	83.0%	11.0%	1.5%	0.0%	0.4%	3.1%
$M =$	4	0.0%	1.0%	2.0%	80.0%	8.0%	1.0%	0.5%	7.5%
	5	0.0%	0.0%	0.0%	2.0%	75.0%	12.0%	2.0%	9.0%
	6	0.0%	0.0%	0.0%	0.0%	1.0%	70.0%	11.0%	18.0%
	7	0.0%	0.0%	0.0%	0.0%	0.0%	8.0%	60.0%	32.0%
	D	0.0%	0.0%	0.0%	0.0%	0.0%	0.0%	0.0%	100.0%

1. 基于期限的转换矩阵：我们从一组新客户开始并持续追踪他们的评级变化。后文有在第一期时的转换矩阵（见表 13.2）。

对于最初排名为 4 的客户，一年之后第一期，81.3% 的客户将保持排名为 4，7.1% 将会降级，3.4% 将会违约。

2. 基于公历年的转换矩阵：对于过去的每一年，都有一个转换矩阵 Q_{YYYY}（见表 13.3 和表 13.4）。

当使用转换矩阵时，一个常用的十分重要的假定为马尔可夫性。也就是说，假定转换矩阵在矩阵乘法的下列情形下为时间齐次的。

1. 对于基于期限的第 1 期转换矩阵，转换矩阵在第 N 期为 $A_{ageN} = A_{age1}^{N}$。例如，在开始三年（第三期），概率见表 13.5；

2. 对于基于公历年的转换矩阵 Q_{YYYY}，对于 2012—2014 年期间的矩阵为 $Q_{2012-2014} = Q_{2013-2014} \times Q_{2012-2013}$（见表 13.6）。

马尔可夫性非常有用。然而，这一假设往往不成立。虽然很多应用中接受这一假设，但需在使用前仔细检测其有效性。在这里我们给出一个应用：最初六个月的转换矩阵是什么样的（例如，在 1/2 期时）？答案是：矩阵 A_{age1} 的平方根（见表 13.7）。

表 13.2   第一期的转换矩阵

	1 年	1	2	3	4	5	6	7	D
	1	84.7%	9.3%	3.0%	1.4%	0.6%	0.5%	0.3%	0.2%
$A_{age1} =$	2	0.8%	86.6%	9.3%	2.1%	0.4%	0.2%	0.2%	0.5%
	3	0.6%	2.8%	84.9%	8.2%	1.1%	0.4%	0.2%	1.9%

续表

	1年	1	2	3	4	5	6	7	D
$A_{age1} =$	4	0.0%	1.9%	5.5%	81.3%	7.1%	0.4%	0.4%	3.4%
	5	0.0%	0.0%	1.0%	5.4%	77.7%	7.0%	1.7%	7.1%
	6	0.0%	0.0%	0.1%	1.9%	5.3%	72.8%	6.2%	13.7%
	7	0.0%	0.0%	1.7%	3.4%	2.0%	15.5%	49.4%	28.0%
	D	0.0%	0.0%	0.0%	0.0%	0.0%	0.0%	0.0%	100.0%

表 13.3　　　　　　　　从 2012 年到 2013 年的转换矩阵

	2012—2013 年	1	2	3	4	5	6	7	D
$Q_{2012-2013} =$	1	94.0%	5.0%	0.9%	0.0%	0.0%	0.0%	0.0%	0.1%
	2	0.0%	95.0%	4.0%	0.5%	0.0%	0.0%	0.0%	0.5%
	3	0.0%	2.0%	92.0%	4.0%	0.0%	0.0%	0.0%	2.0%
	4	0.0%	0.0%	6.0%	85.0%	3.3%	0.0%	0.0%	5.7%
	5	0.0%	0.0%	0.0%	2.0%	80.0%	5.0%	0.0%	13.0%
	6	0.0%	0.0%	0.0%	0.0%	5.0%	70.0%	4.0%	21.0%
	7	0.0%	0.0%	0.0%	0.0%	1.0%	10.0%	55.0%	34.0%
	D	0.0%	0.0%	0.0%	0.0%	0.0%	0.0%	0.0%	100.0%

以下给出了一个新的投资组合在最初六个月信用恶化的模式。

检验：$A_{age1} = A_{age1/2} \times A_{age1/2}$。

特殊风险工具示例

近期的金融风险引发了风险管理规范的重大改变。大银行服从强化要求，如 CCAR 或巴塞尔协议 Ⅱ/Ⅲ，这些规定通常是为了解决对于银行安全稳健的特别关注而设定的，其风险管理也是同样的目的。普通风险工具是为日常营运目的而设计的可能不太满足新的（或发展中的）监管目标。如 CCAR 银行必须重建几乎所有风险工具来进行美联储要求的压力测试。

表 13.4　　　　　　　　从 2013 年到 2014 年的转换矩阵

	2013—2014 年	1	2	3	4	5	6	7	D
$Q_{2013-2014} =$	1	95.0%	4.8%	0.0%	0.0%	0.0%	0.0%	0.0%	0.2%
	2	0.0%	96.0%	3.7%	0.0%	0.0%	0.0%	0.0%	0.3%
	3	0.0%	1.0%	95.0%	3.0%	0.0%	0.0%	0.0%	0.9%

续表

$Q_{2013-2014}=$	2013—2014 年	1	2	3	4	5	6	7	D
	4	0.0%	0.0%	3.0%	90.0%	2.0%	0.0%	0.0%	5.0%
	5	0.0%	0.0%	0.0%	2.0%	85.0%	3.0%	0.0%	10.0%
	6	0.0%	0.0%	0.0%	0.0%	4.0%	80.0%	4.0%	12.0%
	7	0.0%	0.0%	0.0%	0.0%	0.0%	8.0%	65.0%	27.0%
	D	0.0%	0.0%	0.0%	0.0%	0.0%	0.0%	0.0%	100.0%

表 13.5 第三期的转换矩阵

$A_{ageN}=$	First3 yr	1	2	3	4	5	6	7	D
	1	60.9%	20.7%	9.0%	4.2%	1.7%	1.2%	0.6%	1.5%
	2	1.8%	65.9%	20.9%	6.4%	1.6%	0.7%	0.4%	2.3%
	3	1.3%	6.8%	63.0%	17.5%	3.7%	1.1%	0.5%	6.1%
	4	0.1%	4.4%	12.2%	55.9%	13.9%	2.0%	0.9%	10.6%
	5	0.0%	0.4%	2.8%	11.0%	48.8%	12.7%	3.1%	21.1%
	6	0.0%	0.1%	0.8%	4.6%	9.6%	41.3%	7.4%	36.2%
	7	0.0%	0.3%	2.9%	5.7%	4.7%	18.2%	13.8%	54.4%
	D	0.0%	0.0%	0.0%	0.0%	0.0%	0.0%	0.0%	100.0%

表 13.6 从 2012 年到 2014 年的转换矩阵

$Q_{2012-2014}=$	2012—2014 年	1	2	3	4	5	6	7	D
	1	89.3%	9.3%	1.0%	0.0%	0.0%	0.0%	0.0%	0.3%
	2	0.0%	91.3%	7.2%	0.6%	0.0%	0.0%	0.0%	0.8%
	3	0.0%	2.9%	87.6%	6.4%	0.1%	0.0%	0.0%	3.0%
	4	0.0%	0.1%	8.2%	76.7%	4.5%	0.1%	0.0%	10.5%
	5	0.0%	0.0%	0.1%	3.4%	68.2%	6.4%	0.1%	21.8%
	6	0.0%	0.0%	0.0%	0.1%	7.2%	56.6%	5.4%	30.7%
	7	0.0%	0.0%	0.0%	0.0%	1.0%	12.1%	36.1%	50.8%
	D	0.0%	0.0%	0.0%	0.0%	0.0%	0.0%	0.0%	100.0%

建立美联储和银行风险模型预测的 19 个宏观经济变量的联系是关键。在技术层面，所有已确立的风险参数必须在宏观变量的基础上重新制定。有趣的是，银行往往尝试不将它们的日常营运模型与过去宏观变量相联系，因为这一行为可能引起不必要的损失估计波动。

示例：额度预测

CCAR 模型与标准风险管理工具的一个很大区别在于额度/收入预测模型。一般来说，一个投资组合的额度或数量是商业活动的结果而且银行常常将其预测合并到预算过程中，不通过风险模型。然而，由于 CCAR 对于风险权重资产（RWA）和资产计划的特殊要求，银行必须建立模型将额度与宏观变量联系起来。基于数据的质量和可得性，额度模型一般是在累积水平下形成的，而且基于回归的时间序列方法是主要方法。

例如，银行观测到其近十年直接分期付款的房地产投资组合月末额度。假定这是一个有 120 个数据点的时间序列，其模拟了投资组合额度对十九个美联储宏观变量（包括 HPI、GDP、失业率、股票市场、利率等）回归的变动百分比。模型最终为

$$\Delta \text{Balance}_n = a_0 + a_1 \times \Delta \text{HPI}_n + a_2 \times \Delta \text{InterestRate} + a_3 \times \Delta \text{Unemployment} + \cdots$$

示例：违约概率预测

我们之前讨论的违约概率模型也需要为了囊括宏观因子而重新设计。例如，由违约距离决定的 PIT PD（即时违约概率），可以通过两种方法与宏观因子联系起来。第一种是预测公司的未来经济状况。由于美联储预测了普通股波动性和股票指数，所以能够将本章开头介绍的资产——普通股的等式关系在多种情景下来估计 PIT PD。然而，预测公司的经济状况和资产结构并不简单而且往往不准确。这一方法包含很多不确定性。

表 13.7　　　　　　　　第 1/2 期转换矩阵的平方根

	1/2 期	1	2	3	4	5	6	7	D
$A_{\frac{1}{2}\text{期}} =$	1	92.00%	5.00%	1.50%	0.70%	0.30%	0.25%	0.20%	0.05%
	2	0.40%	93.00%	5.00%	1.00%	0.20%	0.10%	0.10%	0.20%
	3	0.30%	1.50%	92.00%	4.50%	0.50%	0.20%	0.10%	0.90%
	4	0.00%	1.00%	3.00%	90.00%	4.00%	0.11%	0.20%	1.69%
	5	0.00%	0.00%	0.50%	3.00%	88.00%	4.00%	1.00%	3.50%
	6	0.00%	0.00%	0.00%	1.00%	3.00%	85.00%	4.00%	7.00%
	7	0.00%	0.00%	1.00%	2.00%	1.00%	10.00%	70.00%	16.00%
	D	0.00%	0.00%	0.00%	0.00%	0.00%	0.00%	0.00%	100.0%

第二种方法更可行。我们采取历史的 PIT PD（即时违约风险）的企业序列为

$$\{PD_1, PD_2, \cdots, PD_n\}$$

用关系式 $PD = 1 - \Phi(DTD)$ 代回到 $DTD = \Phi^{-1}(1 - PD)$ 把 DTD 时间序列解出。

$$\{DTD_1, DTD_2, \cdots, DTD_n\}$$

实际上，对于任意给定的历史违约概率序列 $\{p_1, p_2, \cdots, p_n\}$，都可以用 Probit 转换 $\Phi^{-1}(1-p)$ 将其转化成一个 DTD 序列

$$\{DTD_1 = \Phi^{-1}(1 - p_1), DTD_2 = \Phi^{-1}(1 - p_2), \cdots, DTD_n = \Phi^{-1}(1 - p_n)\}$$

现在我使用回归或者其他时间序列方法将 $\{DTD_1, DTD_2, \cdots, DTD_n\}$ 与宏观经济因素联系起来，并且对不同情景下的 DTD 进行预测。我们可以用 $PD = 1 - \Phi(DTD)$ 将 DTD 转化回 PD。

示例：条件转化矩阵的替代

CCAR 常在使用条件转化矩阵中出现。然而，将转换矩阵与宏观经济变量直接联系起来是十分具有挑战性的。一般方法是用 Logistics 回归来模拟每个矩阵的使用。然而这一方法有几个显著的缺陷。需要建立的回归太多了。这些回归不能保证某一转换矩阵的一致性且某些矩阵在最终预测时需要正规化。许多矩阵也没有足够的观察值来进行回归。每个回归可能需要有不同表现的不同驱动因素。

此处我们介绍一种替代方法。该方法需要的回归次数很少且简单直观。

假定我们使用一个有 K 个评级的风险评级系统（所以我们的转换矩阵是 $K \times K$ 的矩阵）。让我们看看历史转换矩阵

$$\{\cdots, Q_{2000Q1}, Q_{2000Q2}, Q_{2000Q3}, \cdots, Q_{2013Q1}, Q_{2013Q2}, Q_{2013Q3}, Q_{2013Q4}, \cdots\}$$

假定，对于评级 j 来说，我们现期投资组合有敞口 E_j（$j = 1, 2, \cdots, K$）。考虑敞口向量：

$$W_0 = \begin{pmatrix} \dfrac{E_1}{E_2} \\ \cdots \\ E_K \end{pmatrix}, \text{并计算 } W_{YYYY} = Q_{YYYY} \times \begin{pmatrix} \dfrac{E_1}{E_2} \\ \cdots \\ E_K \end{pmatrix} = Q_{YYYY} \times W_0 \text{（如果我们进行长期预}$$

测，则 W_0 需要乘以更多的转换矩阵）

这样就产生了一系列向量：

$$\{\cdots, W_{2000Q1}, W_{2000Q2}, W_{2000Q3}, \cdots, W_{2013Q1}, W_{2013Q2}, W_{2013Q3}, W_{2013Q4}, \cdots\}$$

需要注意的是，每个 W 向量的最终元素都是表示对于现期投资组合的每个历史阶段的已评估的历史违约。之后我们在这些"已评估的历史违约"中采用一般回归或时间序列方法，除去宏观经济变量影响。用这种方法，我们就能够在不使用任何替代矩阵的条件下预测现期投资组合的未来损失。

总结

自 2007—2008 年国际金融危机以来，一些解决风险管理问题的现代风险管理工具已经发展起来。在本章，笔者介绍了这些金融工具，并用说明性的例子解释了这些工具在现代金融实践中如何使用的正确技术细节。

注释

① Oldrich At Vasicek，Loan portfolio value，December 2002，http：//www. risk. net.

第七部分

风险管理和技术

第十四章
GRC 技术介绍[*]

杰夫·瑞卡　　洪旭

GRC 产业说明

在过去的十几年里，组织机构已经使用不同的技术和方法去内控它们的风险和合规管理职能。电子表格和文字处理程序等技术已经被通常运用于为组织机构提供列出跟踪风险、控制和评估过程、问题和补救措施的功能。当管理者指望着改进电子表格的用法时，工作流程、数据库和报告技术解决方案的不同组合已经被创新出来用于解决风险和监管方面的挑战。被普遍接受的是，在 2002 年左右人们创建了一个新的市场首字母缩略词，将这些技术解决方案压缩在一个名为"治理、风险和合规"（GRC）的词条中。供应商迅速将新的市场首字母缩略词定位于一种解决方案的工具，以便将工作流程、数据库和报告功能部分或完全地

* 本文所表达的观点仅代表作者的个人意见，不代表他们当前和以前所在工作单位的意见。

杰夫·瑞卡是均富会计师事务所主导的国家级风险技术实践的负责人。在过去的 25 年中，杰夫为全球客户提供了信息安全工作，制订了守规解决方案、信息保护计划、评估和监控项目，与执法机构合作并实施了安全控制。在加入 Grant Thornton 之前，杰夫用 8 年时间创建并运行了德勤的 GRC 技术国家实践，为客户提供企业、运营和信息技术风险挑战的技术解决方案。杰夫创建了几家安全公司，这些公司被卖给了更大的公司。比如，他创建的一家安全咨询公司，在 2000 年被卖给了北电网络。他协助建立了信息安全认证项目，支持国际标准化组织，在密歇根帮助建立美国特勤局电子犯罪工作组以及联邦调查局红外项目，创建了大学的安全课程，并被美国国家安全局（NSA）选为信息保障教育家。

洪旭是香港国际集团的第三方风险和分析业务主管。他负责为美国国际集团建立一个全球供应商和商业伙伴风险管理战略、流程和技术平台。在加入美国国际集团之前，洪旭曾在美国银行任职 10 年，负责服务交付和平台战略，支持供应商风险管理和战略采购。他还为美国银行的 Archer eGRC 平台建立了一个卓越的战略中心，专注于阿切尔解决方案的交付。在美国银行之前，洪旭还曾在 Ariba 工作了几年。Ariba是一家专注于在线战略采购和采购自动化的商业公司。洪旭拥有工业工程硕士学位、机械工程学士学位、六西格玛黑带证书。

集成在一体化平台中。

最近几项研究表明了 GRC 市场的扩张程度。研究市场报告（GRC 2013—2018 年市场趋势）显示，eGRC 解决方案（软件）市场被认为在预测期将以年均复合增长率（CAGR）14.3% 的增速从 2013 年的 31.1 亿美元增长到 2018 年的 62.7 亿美元。OCEG（以前称为开放遵循和道德小组）最近形成了一项技术战略调查（2016 年 1 月发布的结果），其中 55% 的被调查者将会增加对 GRC 的支出（另有 18% 保持相同的支出）。

随着对 GRC 技术平台的日益依赖，接下来的两章将探讨组织如何通过杠杆化整合平台获得价值。意识到 GRC 的缩写包括有许多不同的技术，本章将重点介绍 GRC 作为集成平台销售和销售的解决方案自动化功能。作者将凭借对多个行业的客户进行的实际 GRC 项目的观察，展示通过使用 GRC 技术平台获得利益的常用方法。

GRC 技术的主题往往会令人混淆，缺乏具体的解决方案的定义。2002 年，市场分析师通常被认为是通过将风险和合规技术能力分组在一起，以便进行比较。GRC 的早期定义通常涉及人员、流程和软件的混合，以协助应对监管（合规）要求。

有许多不同的技术能力可以被视为支持治理、风险或合规的解决方案。其挑战在于要利用可以实现多人、流程和需求集成的技术能力。市场已经从提供解决具体的监管需求到一个更广泛的支持平台。尽管 GRC 技术平台供应商（和客户）已经有大约十年时间来使各自的解决方案成熟，但是，对于是什么构成 GRC 的解决方案仍然存在一些困惑。供应商、标准机构、智囊团和市场分析师一直致力于为 GRC 提供更正式的定义。

OCEG（以前称为开放遵循和道德小组）

OCEG 是一家全球性的非营利组织，旨在为各种规模的组织开发和提供标准、指南、工具和其他资源，以解决治理、风险和合规管理（GRC）。所有 OCEG 的指导都是在公众意见征询期间公开审查并定稿的，并在一个或多个组织内做指导应用的测试。线上资源收集的发展和能够使用户在其组织内快速有效地定制和应用该指导的工具包更进一步地增强了该指导。该指导和所有的相关资源都包含在可搜索的数据库中，OCEG 成员组织可以自由访问。OCEG 的会员是免费的，可以访问 www. oceg. org 网站。

OCEG 开发了几个资源：

GRC 能力模型（被称为红皮书）是 GRC 计划的设计、执行和评估流程模型。它由几个指南支持，如：

——GRC 技术解决方案指南：解释 GRC 解决方案如何由 28 种不同的解决方

案组成，见 http：//www. oceg. org/resources/grc – technology – solutions/。

——GRC 评估工具指南（被称为"勃甘第协约"）：使组织能够通过既定和商定流程的使用来审查整个企业、一个部门或一个项目的 GRC 功能，见 http：//www. oceg. org/resources/grc – assessment – tools – burgundy – book/。

OCEG 框架的核心为 GRC 是一个很好的定义：

使组织解决不确定性和包括绩效、风险和合规性的治理，保证和管理方面以诚为本能力的目标能够可靠地实现。对于 OCEG 来说，GRC 就是采取综合方法来实现符合原则性的功能。

OCEG 的 GRC 技术解决方案指南概述构成 GRC 生态系统解决方案的 28 个方面如下：

- 审计与保证管理；
- 董事会与实体管理；
- 品牌与声誉管理；
- 业务连续性管理；
- 合规管理；
- 合同管理；
- 控制活动、监控和保证；
- 企业社会责任；
- 电子资料管理；
- 环境监测和报告；
- 环境健康与安全；
- 金融或财政风险管理；
- 欺诈与腐败检查、预防和管理；
- 全球贸易合规；
- 道德热线或服务热线；
- IT 风险与安全；
- 保险和理赔管理；
- 知识产权管理；
- 问题与调查管理；
- 事件管理；
- 物理安全与损失管理；
- 政策管理；
- 隐私管理；
- 质量管理与监控；
- 报告和披露；

- 风险管理；
- 战略、绩效和商业智能；
- 第三方或供应商的风险和合规性。

国际内部审计师协会

国际内部审计师协会（IIA）是内部审计行业的全球声音、公认的权威、被承认的领袖、主要倡导者和主要教育家。一般来说，成员从事内部审计、风险管理、治理、内部控制、信息技术审计、教育和安全工作。

从全球来看，IIA 有超过 18 万名的组织成员。在北美洲的 IIA 包括 160 个分会，服务处于美国、加拿大、加勒比海（阿鲁巴岛、巴哈马、巴巴多斯、开曼群岛、库拉索岛、牙买加、波多黎各、特克斯和凯科斯群岛）、百慕大、圭亚那、特立尼达和多巴哥的超过 72500 名成员。

IIA 将 GRC 的缩写定义略微改变为"治理、风险和控制"。2010 年 8 月，IIA 采取了用 OCEG 对 GRC 定义的支持，并补充说，GRC 是关于考虑风险并保持合规性的同时，如何指导和管理组织以优化绩效。IIA 明确表示：

—— GRC 不是技术；

—— GRC 不是软件供应商和专业服务提供商创造收入的时尚或引人注意的措辞。

风险管理研究所

风险管理研究所（IRM）在其网站上列出了 GRC 的定义：

GRC 是一个用于描述与治理、风险管理和合规相关活动的综合方法的术语。增加企业破产和加强监管要求已经提高了企业对确保这些关键活动进行有效的设计、整合和管理的价值和重要性的认识。

知名信息技术分析公司通过帮忙提出 GRC 软件供应商可能根据具体用例获得最佳效果的意见，为客户提供了重要的服务。虽然可以认为这些意见可能不准确或完全客观，但是在许多情况下这些意见是机构组织用于选择潜在解决方案主要 GRC 供应商的唯一信息来源（或这是除了供应商本身以外可用的信息来源）。由于这些分析师对客户的影响，值得注意的是他们如何为客户定义 GRC。由于存在涵盖 GRC 市场的许多不同的市场分析师，所以我们将仅选择使用 Forrester 研究公司和 Gartner 咨询公司的代表性例子来展示用于定义 GRC 的定义类型的示例。

Forrester 研究公司

Forrester 研究公司将自己描述为"世界上最有影响力的研究和咨询公司之

一"。我们和业务与技术的领导者合作，共同开发推动增长的客户导向的策略。Forrester 的独特见解基于全球超过 50 万名消费者和商业领袖的年度调查、严谨客观的方法以及我们最具创意的客户的共同智慧。Forrester 经过专有的研究、数据、定制咨询、独家执行团队和活动，形成一个单一而强大的目标：实现客户的想法（参见 www. forrester. com）。

Forrester 的分析师是一些使用 GRC 缩写最早的用户。Forrester 以生产性的研究而闻名，更具体地说是一种名为 GRC Wave 的产品，客户可以使用该产品来帮助决定 GRC 软件的供应商。Forrester 在 GRC 领域的工作在其网站上总结如下："每个组织的业务功能和流程都以某种方式来实现目标。这些目标中的每一个都有风险，以及增加成功可能性的控制措施（或最小化失败的影响）。这些都是 GRC 的基本概念。为了最大限度地提高业务绩效，GRC 计划旨在帮助企业避免重大失误，并在可能避免不了时最小化影响"（见 https：//www. forrester. com/Governance – Risk – %26 – Compliance – %28GRC%29）。

据 Forrester 介绍，Forrester Wave 是从供应商简报、在线演示、客户参考调查和访谈中获取的信息的整合，使用 Forrester 自己的每个供应商产品的演示环境，根据 Forrester 政策进行多轮事实核查和评论。Forrester Wave 的当前迭代分为两个不同的报告——一个用于企业 GRC（eGRC），另一个用于 IT 的 GRC。

除了像 GRC Wave 这样的产品外，Forrester 也开始构建所谓的 GRC Playbook。该产品为 Forrester 提供了一种新的方式，可以在以下类别中分析重要的研究和指导：

——发现；

——计划；

——法案；

——优化。

Forrester GRC Playbook 已于 2015 年底完成。

Gartner 咨询公司

这是 Gartner 咨询公司在其网站上对其在市场上的焦点的描述：

Gartner 公司（纽约证券交易所）是世界领先的信息技术研究和咨询公司。我们提供必要的相关技术见解，让我们的客户每天做出正确的决定。从公司和政府机构的首席信息官和高级 IT 领导者，到高科技和电信企业及专业服务公司的业务领导者、技术投资者，我们是全球约 10000 家不同企业的客户的宝贵合作伙伴。

通过 Gartner 调查研究、Gartner 执行计划、Gartner 咨询和 Gartner 活动的资源，我们与每个客户合作，在个人角色的背景下进行研究、分析和解释 IT 业务。

Gartner 成立于 1979 年，总部设在美国康涅狄格州的斯坦福德，拥有 7600 名合作者，其中包括 1600 多名研究分析师和顾问，以及 90 个国家的客户（见 www. gartner. com）。

在 2014 年之前，Gartner 以市场纵览和魔力象限报告的形式为各种 GRC 供应商的客户提供研究。类似于 Forrester Wave 报告的结构，Gartner 魔力象限是根据产生与 Forrester Wave 格式相似的排名的标准测量的供应商数据的集合。

在 2014 年，Gartner 宣布它正在废除市场纵览和魔力象限报告，并对其在 GRC 市场上的研究进行重新调整，从而更加专注于具体的用例。Gartner 于 2015 年 5 月 13 日发布的题为"定义：治理、风险和合规性"的报告，给 GRC 提供了以下的定义：

由风险意识文化和技术支持的治理、风险和合规管理（GRC）是一套可以通过该组织管理其独特风险的综合观点来提高决策和绩效的实践及流程。

在同一份报告中，Gartner 接着解释说，"有越来越多的使各种工作流程自动化的 GRC 软件应用程序，用于支持 GRC 目标。通过诸如资产存储库、监管映射、调查功能、工作流功能和数据导入等常用功能，GRC 自动化解决了 Gartner 定义的多种用例。Gartner GRC 定义的七个用例如下：

——IT 风险管理；

——IT 供应商风险管理；

——操作风险管理；

——审计管理；

——业务连续性管理规划；

——公司遵守和监督；

——企业法律管理"。

我们不是尝试根据 GRC 市场的看法或定义提出意见。这里提供的信息显示了有多少不同的公司查看 GRC 技术平台的市场。正如您将在以下章节中读到的那样，组织的治理、风险和合规（控制）功能的整合在涉及获得自动化价值方面是绝对关键的。任何不支持利用集成技术方法的定义在市场上可能都不会获得太多的动力。

GRC 覆盖的范围

GRC 平台供应商提供的功能范围广。除了分析公司提供的市场覆盖范围之外，GRC 供应商一直在以具体的方式进行定位，当用这些方式评估技术能力的时候也会引起混乱。基本上，GRC 供应商的功能可以分为三大类（见表 14.1）。

随着更多的组织在 GRC 流程中成熟以及供应商在其平台中投资构建更多的

集成功能，这些认为 GRC 供应商功能过分简单的观点开始随之发生变化。

表 14.1　　　　　　　　　　　GRC 供应商产业功能

ERP	GRC	专门的 GRC
• 财务控制监督 • 风险监控 • 性能和操作控制 • 职务的担任和划分控制	• 企业风险管理 • IT GRC • 合规管理 • 供应商风险管理 • 战略管理 • 审计管理 • 威胁和漏洞管理	• 环境健康安全 • 可持续性绩效管理 • 医疗依从性 • 食品和安全合规 • 法律事务管理 • 其他独立解决方案
核心功能： • ERP 将各种财务控制功能整合到整个组织的一个完整系统中。所有 ERP 系统的主要特征是支持不同业务部门使用的多种功能的共享数据库。只有最近才有将与 IT GRC 功能相关的添加到 ERP 系统中	核心功能： • GRC 平台的早期关注点是解决合规报告、风险和控制自我评估。其他常见解决方案包括供应商风险管理和突发事故管理。随着 GRC 流程成熟度的提高，更多的这些解决方案变得集成，可以跨企业被利用	核心功能： • 大多数专门的 GRC 功能解决了一个通常没有经过流程集成的独特问题。随着组织机构 GRC 流程能力的成熟，对独立或专门的技术解决方案的市场需求减少

随着企业资源计划（ERP）供应商增加更多传统上在 GRC 平台中发现的功能，两者之间的差异开始变得模糊。许多组织机构用户都有 ERP 和 GRC 平台。其原因各不相同，但许多 ERP 供应商都迟缓接受那些令 IT 更灵活的功能，例如执行自我评估、控制协调、战略管理、合规测试和报告、供应商风险管理、漏洞管理、事件管理和其他几个功能。

GRC 供应商在建立它们能够用来支持 eGRC（企业级 GRC）和 IT GRC 的功能时有一些混乱。这个区别集中在一个平台是否支持企业风险管理（ERM）功能、业务绩效管理（BPM）和其他企业功能或者只是专注于支持 IT 功能（IT GRC）的功能。直到最近，市场分析师甚至支持供应商的这两种截然不同的看法。我们现在发现，随着组织已经使 GRC 计划和一体化水平成熟，技术支持的这一区别正在减少。

专门 GRC 市场依然存在，但由于其他两大类综合能力的发展，其市场份额日益缩小。曾经出售过解决诸如合同管理、案例管理等特定挑战的解决方案正在集成到 GRC 技术平台功能中。

GRC 这个术语可以引起强烈的反响。有一些从业人员认为 GRC 这个术语太笼统，并不能代表组织应该做的任何新事物，不能承担涉及改进流程和技术的项目，特别是 GRC 不能准确地代表大多数企业的业务。在市场有新的集成平台功能可以利用之前，组织一直在利用自动化来改进治理、风险管理和合规管理功能。

如上所述，GRC 的概念与技术解决方案是相关的，这些讨论中还有一个共同的主题：客户将治理、风险和合规计划的自动化和企业整合视为实现效率提升、提高透明度和更好操控的关键领域。

GRC 计划概述

治理、风险和合规的解决方案通常通过它们各自定义的视角来研究。虽然事实是"G""R"和"C"都已经由各种标准机构和从业者确定了定义，但机构组织仍然在为每个程序中执行一些任务而奋斗。GRC 技术平台可以在每个学科中独立地提供价值。然而，正如我们将在本章后面更详细地描述的那样，它是利用集成功能的能力，帮助组织进行真正令人印象深刻的性能改进。作为回顾，每个项目都遵循正式的定义。

治理

公司治理是组织机构指导和控制的规则、实践和流程的体系。IT 治理是指导和控制 IT 的当前和未来使用的系统。IT 治理涉及评估和指导 IT 的使用，以支持组织机构并监控此应用以实现计划。它包括在组织机构内使用 IT 的战略和政策。

国际标准 ISO 38500 对"IT 治理"的定义

国际标准 ISO 38500 还列出了应该遵循的能够提供良好的 IT 治理的六项原则：

——责任；

——战略；

——收购；

——表现；

——一致性；

——人类行为。

组织机构的董事被鼓励通过使用模型来评估、指导和监督管理 IT。更为重要的是，要注意到，治理确定了组织机构的流程管理的方法（是什么），但不是运营管理的方法（即如何做）。国际标准 ISO 38500 是一个在建立 IT 治理高层次要求时董事会应尽责任的良好资源。

为了将这些概念应用于提供价值并防范风险的 GRC 计划，典型的治理职能包括：

　　——行政监督；

　　——政策管理；

　　——战略；

　　——财务管理；

　　——投资组合管理；

　　——风险管理。

总体风险治理方法的重要内容之一是建立三道防线模型。自 2008 年国际金融危机以来，三道防线模型作为促进组织内明确风险承担、监督和保证责任的手段一直受到越来越多的关注。模型的基本前提如下：

第一道防线：具有风险的功能；

第二道防线：具有监督风险的职能；

第三道防线：具有独立审查功能（内部审计）。

有很多从业者觉得这个模式没有很好地代表如何有效地管理风险。由于其作为巴塞尔银行监管委员会银行业务运行风险要求的一部分，该模型被列入此处。对于金融机构，这种模式是 GRC 计划的核心部分。

使用 GRC 技术平台来支持那些与治理相关的功能可以对帮助跟踪和提高组织绩效产生重大影响。利用自动化来支持治理功能有很多好处：

　　——提供更及时、准确和可靠的信息；

　　——为分配资源做出更明智的决策；

　　——通过提高效率并减少与报告、政策管理生命周期和行政监督任务相关的行政工作所需的人力时间来节省成本；

　　——通过提供综合流程、问责制和报告来帮助改善绩效管理；

　　——支持流程改进的文化。

严格来讲，从技术支持能力的角度来看，有许多解决方案属于治理类别。利用自动化来支持治理功能是完全集成的 GRC 计划的一个重要且经常被削弱的组成部分。通过 GRC 技术平台，利用自动化的治理功能的例子包括：

　　——举报人热线追踪及监督；

　　——董事会报告；

　　——企业战略审批跟踪；

　　——与公司绩效相关的高管薪酬；

　　——政策管理；

　　——绩效管理；

　　——战略目标监测；

　　——投资组合管理；

——预算或资源分配的假设分析；

——执行仪表板和报告。

与其他风险和合规管理功能相比，开发支持治理功能的解决方案相对较慢。然而，作为解决方案路线图的一部分，不应忽视应用自动化来支持企业绩效和会议目标的监控。事实上，我们看到组织在建立和整合其他与风险和合规相关的解决方案和信息时，继续改进其治理能力是很常见的。例如，我们看到组织将目标与相应的风险联系起来，因为它们在使用风险登记册中启用的风险域结构是成熟的。无论风险登记册是以自下而上的方式填充（通过获取风险评估和其他活动的结果）还是以自上而下的方式（通过协助会议来获取核心企业风险）填充，都有更多的好处，久而久之可以更好地了解风险、目标和绩效。

此外，组织通过许多整合工作，零碎的方法、不同的操作、重复的努力、功能失调的沟通机制以及其他改进的运营效率来获得其治理职能的直接利益。

风险管理

组织机构可以用众多的风险管理标准来帮忙定义一个正式的程序。国际标准ISO 31000 被广泛接受的定义是：

风险管理通过考虑不确定性及其对实现目标的影响以及评估任何行动的必要性来协助决策。

该国际标准继续描述以下功能作为风险管理流程的一部分：

——确立环境状况；

——识别、分析、评估和处理风险；

——监测和审查风险；

——记录和报告结果；

——整个过程中的沟通和咨询。

国际标准 ISO 31000 还定义了风险管理的以下原则：

——创造价值——用于减轻风险的资源价值应小于不作为的代价；

——是组织过程中不可分割的组成部分；

——是决策过程的一部分；

——明确地提出不确定性和假设；

——是一个系统化和结构化的过程；

——以最佳可用信息为基础；

——可裁剪；

——考虑人力因素；

——透明的和包容的；

——动态的、反复的以及适应变化的；

——能够不断地改善和加强；

——不断或定期重新评估。

然而，即使用大量投资来提高风险管理能力，严重的风险暴露仍然存在。尽管风险管理技术能力由 GRC 供应商进行典型的销售，以增强降低或消除风险（或提高风险管理效率）的能力，提高风险可见性的能力意味着组织可以利用风险的积极方面——风险缓解措施，它可以在决策过程中被实现。风险管理的这个重要方面往往被忽视，因为组织继续将一些与查找、管理和监测风险相关的更常见的任务自动化。

与风险管理相关的许多功能在利用技术支持或以有限能力使用自动化方面进展缓慢，比如用电子表格跟踪企业风险。利用自动化来支持风险管理功能有很多好处：

——更好地了解风险；

——能够利用有正面收益的风险做更好的决策；

——通过提高效率和减少执行风险评估、风险处理和风险监测任务所需的人力时间，可以节省成本；

——提供关联和分析许多数据集的能力，以帮助比手动过程更有效地识别和处理新兴的风险；

——提供建立和管理风险偏好和总体风险状况的能力，以支持决策和投资的情景规划；

——支持风险意识文化。

当然，GRC 技术平台与人员和流程的改进相结合。即使通过使与风险管理功能相关的任务更有效率和相互关联来获得短期效益，实际价值来自风险管理能力的改进，以支持有效决策和突破风险管理领域内的孤岛。

合规管理

不了解监管要求或没掌握正确的管理和文化，可能会给组织造成重大处罚。自动化合规流程是收购 GRC 技术平台的早期案例之一。合规管理计划不仅仅涉及清单。然而，直到最近，标准机构对良好合规管理计划应包含的职能的指导形式并不太多。观察那些通过合规性检查表管理风险的组织是很常见的。换句话说，如果一个组织可以通过测试来证明监管机构所要求的所有控制都已经到位和有效运行，这些风险一般来说是可控的。

最近的指导意见已经发布，以帮助组织了解与合规管理功能相关的领先实践。例如，FFIEC（联邦金融机构检查委员会）合规检查手册列出了合规管理体系应作为组织总体风险管理战略的一部分进行的活动如下：

——了解其合规责任；

——确保员工了解责任；

——确保将要求纳入业务流程；

——审查行动，确保履行责任，满足要求；

——采取纠正措施，并根据需要更新资料。

国际标准化组织（ISO）最近出台了一项新的国际标准，为合规管理系统（CMS）提供指导。ISO 19600：为建立、制定、实施、评估、维护和改进组织内有效和反应良好的合规管理体系提供指导。与 FFIEC 指南类似，这个模型中的核心任务包括：

——确定合规义务；

——评估合规风险；

——制定和实施措施；

——监测控制；

——不断审查合规管理计划；

——管理不合规处。

ISO 19600 的引入概述了预期合规计划有效的最低准则和标准。

遵守大量新的法律、法规和条例仍然是 GRC 技术解决方案发展背后的关键驱动力（市场营销）之一。通过利用 GRC 技术平台来解决监管要求和报告，可以实现效率和成本节约方面的一些最大收益。然而，为了在节省成本和提高效率方面获得更大的收益，这些技术平台需要与集成过程和内容库进行配对。利用自动化来支持上述合规性功能有很多好处：

——减少管理风险所需的控制量；

——风险的合理化控制能力；

——通过提高与控制测试和报告相关任务的效率和减少人力时间来节省成本；

——提高与风险和控制相关的信息质量；

——能够将资源集中在需要帮助的业务领域；

——提供更好的报告；

——确定测试偏差；

——确定可能不符合业务目标的例外情况。

一体化

随着 GRC 技术的发展，成熟的商业案例变得更加容易，从而能够清楚地阐明利用 GRC 技术为特定案例而实现的流程改进、效率和成本节约。然而，只是因为技术可以被利用并不意味着本身的益处将会实现。许多效率增益和成本节约取决于稳健的流程、明确的方向、组织合作和对正确的技术能力的支持。我们已经看到许多 GRC 项目失败了，或者由于对集成所起的作用缺乏认识。

市场开始以几种不同的方式使用与 GRC 相关的术语——一体化。有一些组织要求"集成 GRC 能力"。另一些组织则提到 GRC 程序之间的集成，还有一些提到与互联不同数据和系统相关的集成优势。在消息传递中往往会迷失的是"集成"实际上意味着什么，如果能够实现与 GRC 程序相关的各种功能集成的努力，可以获得额外的好处。

根据我们的经验，术语"综合 GRC"是多余的。集成并不适用于您的 GRC 计划本身，而是通过人员、流程和技术的改进和创新来实现的。随着集成水平的提高，GRC 的所有功能都可以获得更大的收益。最终，通过改进 GRC 流程来利用集成，将使风险、战略和绩效之间的连接能够指导组织实现其总体目标。

智囊团 OCEG 汇集了与整合主题及其对推动原则性绩效有关的一些非常好的指导，这被定义为业务的一个观点和方法，可帮助组织可靠地实现目标，同时解决不确定性和以诚信行事。我们认为，OCEG 在指导组织方面是正确的，"……实现原则性绩效——整合治理、管理和对性能、风险和合规活动保证的能力"（见 www.oceg.org/about/what－is－GRC/）。

集中改善 GRC 功能的重点可以从两个方面考虑。第一，程序本身的功能是集成的，以便改进现有功能并为程序提供更高的成熟度级别。第二，整合多个功能和程序，带来更多的收益，并最终提高 GRC 功能并且更好地支持企业战略。在这两种情况下，技术可以通过利用技术平台中的功能或通过互联其他系统和数据来促进这些更高级别的集成。

可以利用集成来改善 GRC 功能的示例：

——流程优化。活动可以根据需要进行检查和优化，以增加价值和调整能力。

——数据的汇总和整合。可以链接多个数据集，以便为决策能力提供更好的支持。

——效率提高。GRC 功能的改进使得能够更有效地将资源用于需要的活动。

——可见度。更好的数据质量和报告功能意味着合适的人在需要的时候得到其需要的数据。

——风险文化。一体化将有助于分解筒仓、减少重复工作、释放资源、重点关注更重要的活动。

——组织结构统一。脱节的组织结构往往强制重复工作、误传风险和操控结果。

通过改进功能，然后被用来支持其他程序，整合如何发挥关键作用的一个例子就是建立一个综合的控制库。建立一套统一的控制措施有助于简化风险评估和控制测试功能的绩效。一旦建立了一个集中的存储库，它就可以用于其他程序，如新的 IT 项目、供应商风险管理、业务连续性管理等。将一个统一的监管要求来源映射到控制（最终的风险、资产、政策等）可以在多个风险和合规计划中受益于许多功能。

有很多例子可以显示系统和数据之间的集成可能是有益的。例如，随着组织在使用 GRC 平台和流程方面的成熟，GRC 技术平台与 ERP（企业资源规划）系统之间的集成可以为其提供更多的益处。虽然我们还没有看到对这些类项目的大量需求，但随着组织寻求将 GRC 与其财务功能（并且合并各种控制系统）和供应商风险管理活动相结合，它们正在慢慢开始受到关注。在市场上增长势头的另一个用例是利用这些系统的集成来提供持续的控制监控。

普通 GRC 技术功能

提供集成 GRC 能力的核心构件很重要。几乎所有 GRC 技术平台都提供三个核心功能：

——数据库；

——工作流引擎；

——分析和报告。

GRC 技术平台相对于其他技术解决方案的价值在于这些核心功能都包含在一个集成的技术平台中。这些功能的整合程度可以成为 GRC 供应商之间的竞争优势的来源。已有大量的技术解决方案已经可以提供一定程度的解决方案能力或部分集成，但是 GRC 厂商已经将三大核心能力之间的整合水平和销售的能力跨越了多个程序和要求。组织可以在每个核心类别中组合最佳的工具，并使用这种方法设计风险和合规性解决方案，数据、工作流程和报告功能之间的集成为设计 GRC 技术平台创造性地提供了更简单和更强大的功能。最终，这种比较成为获取每个类别中最好的工具之间的平衡，而不是利用集成平台来解决 GRC 流程的挑战。

这些集成功能是 GRC 技术平台的核心。由于其功能的实用性，我们已经分离了多种用例中常用的一些功能。我们将在本章后面介绍这种共同功能的不同方面，例如运营治理、系统安全、数据架构和其他功能。支持许多核心 GRC 用例的常见功能包括以下内容。

评估过程

在所有 GRC 技术平台中，都有能力进行评估。提供评估能力所需的一些要素包括：

——**连接到业务层级**。能够控制组织的哪一部分参与到对评估的响应中，可以帮助维持适当的覆盖率。业务层级提供了定义组织正确层次的能力，并且还确保了审批工作流程的设计合理。

——**调查能力**。许多评估是以调查方式完成的，这需要一个预先设置的问题模板，这些问题可以通过跟踪完成工作流程设置答案。

——**问卷库**。许多评估能力利用预先存在的问卷调查库，使得终端用户能够根据所需主题的标准问题制定不同类型的评估。

——**风险评级评分模型**。需要一个灵活的评分系统来提供评估反馈。评估能力可以在逐个问题的基础上提供评分，然后将分数汇总成分级评分系统给予终端客户。这种能力通常支持定性和定量（或两者混合）评分模型。

——**工作流程**。通过工作流程将评估问卷转交给预期受众和跟踪回应的能力。

——**连接到内容存储库（风险、控制等）**。依靠内容建立评估标准是所有GRC 平台的核心组成部分。如何执行此功能可以成为供应商的竞争优势。评估重点不是依靠问卷调查库，而是直接联系。

——**存档能力**。提供将评估结果及时记录的能力。

——**报告能力（报告或项目）**。GRC 供应商越来越多地为不同的演示平台（包括移动功能）提供更多的支持。这是 GRC 供应商之间竞争差异化的另一个重要领域。

——**日历（日期）功能**。自动更新日期的能力对保证监管报告的质量来说至关重要。

业务层次结构

几乎所有使用 GRC 技术平台构建的用例都将依赖于利用组织结构的能力。将组织层次结构置于 GRC 中应该是首要任务之一。业务层次对通过自动化支持的许多任务的影响对于系统设计的成功至关重要。例如，我们经常与客户合作，将组织中的报告类型理解为任何 GRC 技术实现的早期规划阶段之一。这种"胸有成竹"的方法确保组织层次结构可以被利用来支持正在处理的解决方案的要求。将流程和其他资产与适当的责任（通过业务层次结构驱动）相结合的能力为使用 GRC 技术平台执行的所有任务提供了好处。

在实现之前需要考虑几个设计上的挑战，例如用于配置层次结构的层次深度，不同管理层次结构中的异常或重复。同时，一个好的经验法则是将组织层结合到该模型中。

工作流

工作流功能提供了表单和流程的能力，并通过利用组织层次结构和建立的安全协议和权限来实现利益相关者之间的协作。简而言之，它可以实现重复任务的自动化。工作流功能在 GRC 供应商平台之间有很大差异。随着产品的成熟，它是不断改进的功能之一。

GRC 技术供应商一直在改进这种具体的能力。许多 GRC 技术工作流程改进围绕图形化功能和改进协作进行。将流程和要求加入主工作流程解决方案中的能力使得构建需要工作流支持的日常任务变得更快捷简单。典型的工作流功能应该支持以下几点：

——基于规则的通知，可以通过包括日期的参数自动生成；

——能够根据不同的输入提供不同的机制；

——基于角色和职责进行协调的能力；

——支持用户重新分配的能力；

——整合多个文件和数据集的能力；

——提供多个通知和警报的能力；

——能够在一组数据和/或表单上进行协作。

分析和报告

GRC 技术平台中的分析和报告功能可能有很大差异。一小部分供应商已经采取了创建自己的分析和报告引擎的方法。一些供应商将使用自己的情况进行了基本的报告，但依靠第三方报告工具提供更复杂的数据分析和演示。而另一些 GRC 厂商已经建立了直接连接到第三方的分析和报告功能，作为其核心分析和报告的引擎。

无论选择哪个 GRC 技术供应商，报告结果一直是 GRC 平台的主要焦点之一。随着 GRC 技术平台的成熟，就像工作流功能一样，需要更多的灵活性和更好的分析，并且每年都会增加演示功能。业务层级或产品服务类别的风险聚合是 GRC 中必不可少的功能。利用内容活动报告、移动平台的能力共同推动了报告功能的新需求。

如业务层次结构部分所述，如果在布置一些数据架构之前可以获得报告的设计要求，则是有帮助的。我们看到太多情形，在增加了一个新的 GRC 解决方案后会对现有的数据结构产生不利影响，从而迫使对架构进行彻底的重新设计。此外，还需要考虑是否依赖 GRC 技术系统内部报告引擎或利用第三方解决方案。

GRC 应用（ERM / ORM / IT）

为 GRC 自动化开发业务案例

历史上，实施 GRC 技术平台的主要原因可分为两类：增加监管压力；寻求效率或驱动来降低成本。

当 GRC 技术平台开始时，它们提供市场营销信息来协助客户解决具体问题。实际上，开发的工具是用来帮助组织解决具体的合规性问题，例如 HIPAA 法案、PCI DSS（第三方支付行业数据安全标准）、AML（反洗钱）或 GLBA（格雷姆－里奇－比利雷法案）合规。这些解决方案将为用户提供一个问题数据库，有时与相应的控制相关联，这些控制可以制定成一个评估工具以遵守指令。解决方案现在已经变得更加支持集成功能，例如减少业务部门（尤其是 IT）的拖累，因为其必须响应寻求相同信息的多个调查，以符合多项法律法规的要求。

当然，GRC 技术有多种业务驱动力，这些驱动力将围绕提高效率、降低成本、获得更好的风险能见度以及上述部分中提到的所有其他注意事项。业务驱动程序的一些示例包括：

——提供标准、政策、流程、资产、风险和控制的中央资料库；

——提供衡量和修复风险的一致过程；

——为合规要求提供更准确的报告；

——通过简化的自我评估流程，提供一种更简单的方法将终端用户连接到控制和风险要求；

——提供更有效的聚合和报告风险的手段；

——提供一种更有效的方式，在三道防线中支持风险和合规的功能；

——为决策和报告提供更准确、及时、更有针对性的信息；

——减轻文件管理的负担；

——消除与风险和合规管理相关的冗余和低效的流程；

——实现与其他资料和风险的集成，以改善绩效评估。

如果您检查了一个 GRC 技术供应商几乎全部的营销材料，会发现购买其软件的常见原因之一就是对了解现在和将来所有的法规遵从性有所帮助。尽管 GRC 技术平台的早期使用者们正在寻求更好地解决合规性要求的方法，但集成架构和相关内容库的开发有助于提高该业务驱动力的投资回报。这些 GRC 流程的成熟也减少了用单独解决方案来满足特定监管要求的需求量。监管压力业务案例的另一部分与监管机构每年关注的职能有关。例如，在金融服务领域，监管机构主要关注诸如供应商风险管理、企业风险评估能力（例如与 GLBA 相关）等功能以及其他几个重要的 GRC 相关活动。监管机构对特定 GRC 功能的关注已经被证明是 GRC 供应商随着时间推移开发的一个重要驱动因素。

如上所述，当谈到如何制定业务案例以获取 GRC 技术平台时，我们发现了两种截然不同的模式。许多组织已经走上了规划资源来解决某个时间点上的特定问题的道路。事实上，这仍然是一个非常常用的方法，用于为资金需求辩护以获取自动化解决方案。这种"时间点"的业务用例可以由于诸如监管压力、违约事件、时间短缺或其他短期压力等很多原因而受雇。要么通过间接方式——观察同行、与领导者讨论未来的焦点等，要么通过直接方式——发布命令来解决某个缺点，例如发布 MRA（需要注意的问题）。解决问题的监管压力仍然是在 GRC 技术平台上花费最多、最常见的驱动因素之一。

开发业务用例的另一种常见方法将涉及通过流程效率、简化任务、简化流程、整合系统、移除旧技术或实施其他组织变更利用 GRC 技术平台来节省资金。从我们作为 GRC 供应商产品的采购者和实施者的角度来看，有趣的是要注意这个业务应用方法在开发能力方面所能支持的周期。通常情况下，一个组织已经购买了一个工具来解决一个特定的问题，并询问供应商是否可以为一个新问题建立额外的支持。供应商与客户合作构建解决方案，然后将解决方案推广到其他组织，并继续调整解决方案，为挑战提供更通用的支持。随着时间的推移，供应商为不同行业的许多客户提供可行的解决方案，以解决特定的问题，将获得足够的吸引力。这方面的一个例子就是 GRC 的供应商只专注于"IT GRC"解决方案，现在其要求这个解决方案扩展为帮助企业解决风险管理的方案。

从我们偏见的角度来看，这一过程所面临的挑战是缺乏创新和它支持的整体方法。我们经常会被要求帮助一个组织接触到其他同行，以便其能够找到同行正在使用 GRC 工具在做的事情。然后，这个同行审查过程，再加上基于这些相同解决方案的供应商的行业分析师评级，将被用来决定流程改进的程度或投资水平是否足够。我们提出这个问题只是要指出，多次寻求更成熟的项目可能更有意义，无论是哪个行业，都能感受到应对特定挑战的新方法。

其他业务应用驱动程序

用于制定获得 GRC 技术平台的业务用例的其他驱动程序可能包括以下某些内容：

——**资源有限**。自动化解决方案通常可以帮助员工减少重复性工作的时间，并将重点放在可带来业务增值的任务上。由于大多数组织确实只有有限的人员来处理不断增长的风险和合规要求，因此，利用自动化来减少时间和资源的浪费是常见的业务应用驱动因素。然而，工具的实现造成了自身对专用人员的需求，因此需要考虑拥有和支持的总成本。

——**减少临时风险和合规工作**。许多组织通过收购 GRC 技术来强制改变其 GRC 流程和组织结构。虽然这不是开始实施 GRC 自动化路径的理想方式，但通过简化和集成，获取 GRC 技术可以帮助减少对临时信息和流程的依赖。在获得工具之前，这里假设了对流程和人员改进的关注程度。

——**数据孤岛**。随着时间的推移，通常会看到风险和合规性信息的许多不同方面都存在于孤立的工具和其他存储库中。GRC 技术是一个开始去鼓励协作和打破孤岛的好方法，正朝着一个综合模式迈进。

——**风险和合规的综合模型**。GRC 技术使组织能够打破运营孤岛，整合数据以更好地洞察风险和合规要求，同时改进 GRC 流程和治理能力。最终，投资于采用综合方法的努力将产生许多好处，如减少审计和监管的审查或调查的结果，同时提高总体风险可见性，从而实现更好的决策。

——**能够将信息嵌入您所选择的工具中**。报告功能始终是查看自动化的重要原因，但是将数据导出并连接到其他消费工具可以提供长期的好处。组织可以使用 GRC 技术作为汇总信息的枢纽，然后将其移植到其选择的工具中，以便在报告和仪表板中进行额外的操作和演示。这为监管机构与董事会之间的各个级别的互动提供了更好质量的数据。

——**能够跟踪积极的风险结果**。本章以及 GRC 供应商一般都很关注负面（影响）的风险，但 GRC 技术可以帮助组织实现管理不确定性（风险）的积极效益，可以传播更加准确和及时的风险信息，以帮助做出更好的决策，并更准确地将风险、绩效和战略流程联系起来。

开发业务用例的其他重要因素之一是了解成功的总体目标和结局。能够绘制路线图来支持实现这些既定的目标是制定 GRC 的好方法。路线图需要涵盖所有与人员、流程和技术相关的目标。典型的路线图可以帮助确定所需的时间表、投资和利益相关者支持。技术路线图对于理解架构问题以及如何实际地创建必要的支持机制是有益的，但是如果没有明确的最终目标，许多项目就会脱节并失去其组织价值。

第十五章
GRC 技术基础*

杰夫·瑞卡　　洪旭

应用示例

　　许多示例都很好地运用了 GRC 管控平台的自动化功能。正如在前文中提到的，市场分析师把该技术的应用市场分解成了数个主要情景，这样就能使该技术平台的效用得到比较分析。尽管接下来我们即将展现的细节可能会与分析家的思路产生重叠，但是我们旨在从自身经历出发，来展现一些能很好发挥 GRC 技术平台效应的常见方法。我们不是要穷举一切例子，更多的是要反映机构为了能够实施 GRC 自动控制技术而做出的一些通常的工作。以下清单展示了我们所知地利用了 GRC 技术平台的最常见示例（见图 15.1）。

　　当我们尝试使用一些与 GRC 关联的自动控制技术来提高效率、节约成本时，

　　＊　本文所述观点仅代表作者个人意见，不反映当前以及之前所在工作单位的观点。

　　杰夫·瑞卡是均富会计师事务所主导的国家级风险技术实践的负责人。在过去的 25 年中，杰夫为全球客户提供了信息安全工作，制订了守规解决方案、信息保护计划、评估和监控项目，与执法机构合作并实施了安全控制。在加入 Grant Thornton 之前，杰夫用 8 年时间创建并运行了德勤的 GRC 技术国家实践，为客户提供企业、运营和信息技术风险挑战的技术解决方案。杰夫创建了几家安全公司，这些公司被卖给了更大的公司。比如他创建的一家安全咨询公司，在 2000 年被卖给了北电网络。他协助建立了信息安全认证项目，支持国际标准化组织，在密歇根帮助建立美国特勤局电子犯罪工作组以及联邦调查局红外项目，创建了大学的安全课程，并被美国国家安全局（NSA）选为信息保障教育家。

　　洪旭是香港国际集团的第三方风险和分析业务主管。他负责为美国国际集团建立一个全球供应商和商业伙伴风险管理战略、流程和技术平台。在加入美国国际集团之前，洪旭曾在美国银行任职 10 年，负责服务交付和平台战略，支持供应商风险管理和战略采购。他还为美国银行的 Archer eGRC 平台建立了一个卓越的战略中心，专注于阿切尔解决方案的交付。在美国银行之前，洪旭还曾在 Ariba 工作了几年。Ariba 是一家专注于在线战略采购和采购自动化的商业公司。洪旭拥有工业工程硕士学位、机械工程学士学位、六西格玛黑带证书。

或许应该将其他的科技手段一并考虑进来。当试图找到最满足要求的解决办法时，把所有的技术选项全部考虑一遍的行为无可厚非。尽管 GRC 平台获得了更多资金支持并不断提升功能水平，但在引入一项科技来便利人民、取得进步时，考虑所有的可选项仍是明智的。因此，尽管相关资料主要围绕 GRC 技术的解决方案，但作者在陈述观点时将按照上述思路进行。

应用通常与一些需求相关。这些需求的提出是为了展现 GRC 平台如何完成任务。作者设计许多不同方案的目的不仅仅在于谋求人们对 GRC 技术的采纳，更旨在达成对不同供应商所提供功能的比较。要想设计相关使用案例，一个机构首先应当构造出其想要平台自动完成的需求。这些需求一经获取，即可分类到依据具体使用案例而构建的不同功能群中。除构建需求外，用于筛选技术手段的使用案例还应当具备以下条件。

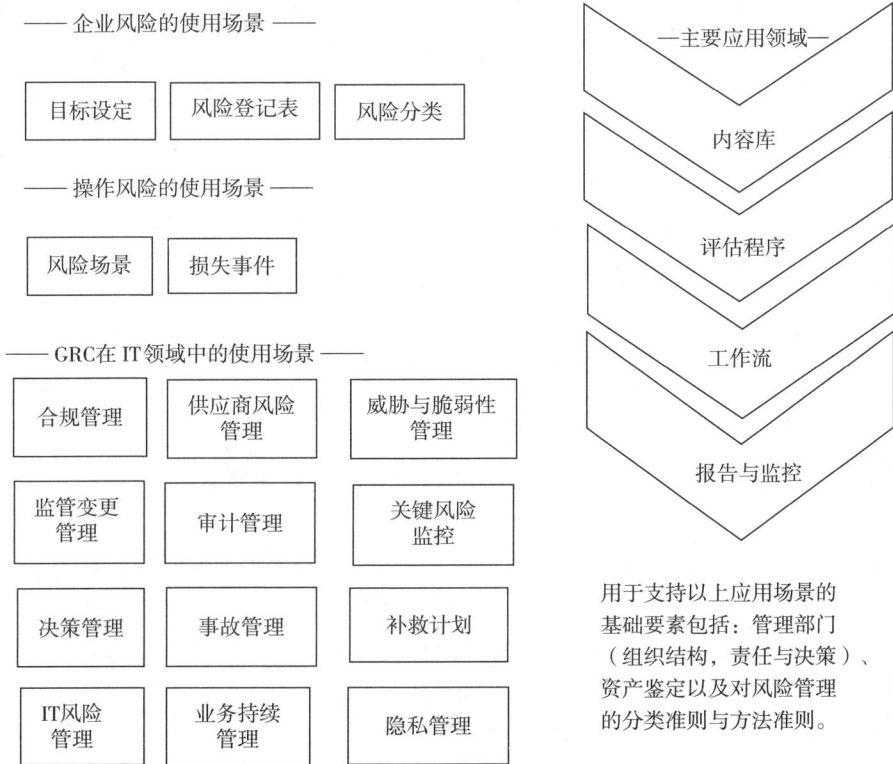

—— 企业风险的使用场景 ——

| 目标设定 | 风险登记表 | 风险分类 |

—— 操作风险的使用场景 ——

| 风险场景 | 损失事件 |

—— GRC在 IT领域中的使用场景 ——

合规管理	供应商风险管理	威胁与脆弱性管理
监管变更管理	审计管理	关键风险监控
决策管理	事故管理	补救计划
IT风险管理	业务持续管理	隐私管理

—主要应用领域—

内容库

评估程序

工作流

报告与监控

用于支持以上应用场景的基础要素包括：管理部门（组织结构，责任与决策）、资产鉴定以及对风险管理的分类准则与方法准则。

图 15.1　GRC 典型用例

——对所需解决问题的一个简洁描述；

——业务流程的一个示例；

——将由供应商使用的数据集示例；

——数据模型示例（如有需要）；

——列出用于完成具体要求的步骤；

——汇报要求/成果。

在接下来对用例的介绍中，我们会呈现那些主要通过 GRC 技术解决的任务，同时展示与该用例相关的目的与益处。附录 A 列举了部分模拟要求，目的在于展现这些用例将如何按照要求来进一步确定，从而有助于我们比较供应商的能力。举例来说，如果某一供应商自称有能力完成企业风险管理（ERM）流程，而实现过程并没有弄懂该机构当前面临的问题与需求的话，那么该供应商所展现的工作能力也仅仅是其通过 ERM 所形成的一般看法。若应用 GRC 技术的机构能捕捉到需求集合或是期望成果，那么 GRC 供应商平台提供的评估将更契合其具体要求。

身份识别与访问管理（IAM）是一种较为特殊的解决方式，在下述的常见应用列表中我们并未将其收纳。从一位 GRC 技术供应商的角度来看，IAM 已经形成了自己的市场。市场分析家将 IAM 工具视为独立类别。尽管有一些 GRC 技术平台确实包含 IAM 功能，但许多并不提供对其的本地支持功能。不过，数个领头的企业资源计划（ERP）的供应商平台都会提供对 IAM 或是其特殊工具的支持功能。尽管这些技术尚未如下列应用一样普及，但我们目睹着人们对于 IAM 和 GRC 技术功能的融合越发感兴趣，就如同金融管理工具与 GRC 平台的交融以及持续监控与自动控制执行方案的结合所历经的发展之路一般。

企业风险管理

以下信息直接摘录自 COSO（美国反虚假财务报告委员会下属的发起人委员会，coso. org）的架构以及执行摘要：

对企业风险管理，即涉及影响企业价值创造或是保值的活动定义如下：

企业风险管理是一项流程，受到董事会、管理层以及其他员工的影响，用于战略设定并贯穿整个企业发展过程，以实现对影响企业的潜在事件的识别与范围内的风险控制，并视企业目标达成情况来提供合理担保。

以上定义反映了一个特定的基本概念，即企业风险管理是：

——在某一实体内发展和贯穿的流程；

——受到机构内各层级人员的影响；

——应用于战略设定。

其在整个企业的每个级别以及单元中发挥作用，并包括了从企业层面规划出的对风险综合认知。

其产生是为了能够发现那些一旦发生将会影响企业的潜在事件，并在企业风险偏好内管理风险。

其为企业管理人员以及董事会提供合理保障。

旨在实现单独的或多个独立但有所重叠的类别目标。

该定义意图广泛，既囊括了关键性的概念，这些概念对于公司以及其他机构如何管理风险是十分必要的；其又为机构、行业以及部门提供了应用该概念时的基本原则。它直接聚焦于特定企业对目标的完成状况，并为定义企业风险管理效率设定了基准。

企业风险管理是那些自历史上就很少应用自动处理技术的用例之一。许多机构仍选择诸如 Excel 表的微软 Office 应用来进行对库存、分类以及企业风险的管理。迄今为止我们并未发现很多机构运用 GRC 自动化流程来完成企业风险管理。尽管如此，随着机构对 GRC 流程与技术的使用逐渐成熟，这一情况有望发生改变。一些功能由于受到 ERM 的要求，已经开始被扩展到 GRC 技术池中。

目标设定

GRC 项目成功的关键因素之一是捕捉并度量机构的策略目标。COSO 的组织架构将该过程描述如下：

围绕机构已设定的任务或蓝图，管理层形成策略目标、选择发展策略并规划一系列相关目标。这种企业风险管理框架旨在实现企业目标，这些目标主要分为以下四类：

战略上：达成高级别目标，与企业发展任务接轨；

操作上：有效利用自身资源；

报告上：报告的可靠性；

合规性：遵从相应的法律法规。

该用例的目标：设定并追踪决策目标以及相关企业行为/挑战，也可设定绩效度量标准并进行后续追踪。

该用例的益处：创建决策目标。这些目标与风险、控制、时间、行为以及绩效度量相关联。一项多重融合的方法可助力机构对实现战略性目标过程中取得的逐步形成更清楚的认知。

GRC 技术可用于帮助机构设定目标，并将目标同决策、流程以及策略和操作度量标准相关联（与操作风险的用例相关），从而实现效果追踪。在 GRC 的信息技术应用范围内，策略与流程同风险与控制之间的关联是很常见的——该用例正是信息技术领域风险和控制自动化发展的结果。执行该用例的一个通常目的是提高对决策目标的检测与报告的水平。有人可能认为：以上大体会成为机构内的成员、工序以及技术全部相关联的原因（GRC 的最终应用）。

风险登记表

风险登记表是我们所知的 GRC 技术在企业层次上最常见的应用之一。该应用利用其对影响企业及其所有权、控制和度量属性的风险集合的捕获能力，已经帮助企业在风险管理问题上取得了进展。通过将整个机构内的人员与工序同风险登记表相关联，以提供对这些风险更好的报告与监控能力。此外，机构也可以提高自身对于风险以及风险修正措施的可靠性，并增强对以上风险以及综合目标的整体意识。

该用例的目标：提供构建风险存储器的方法，该存储器收纳了机构将面临的所有风险。

该用例的益处：该项具体用例是利用自动化技术以支持企业风险管控的良好途径。风险登记表有助于企业其他职能部门有效利用自动化功能以及标准化流程，比如风险估计、管控、决策、工序联动以及修正计划、表现评估以及报告等。

风险分类

评估风险的重要部分是分辨其性质、来源或影响类别。此种方式下的风险估计可以借助于风险分类系统。风险分类系统因其能够帮助企业辨识相似风险的集聚而举足轻重，企业也可进一步辨识有哪些策略决定以及操作是最为脆弱的。风险分类系统通常基于对风险按照相关联的财务控制、操作效率、商誉以及商业活动进行区分。但是，一个适用于所有类型企业的风险分类系统是不存在的。

举例来说，《巴塞尔协议Ⅱ》规定了银行业必须纳入解决范畴的三类最高级别企业风险，即市场风险、操作风险以及信用风险。一篇来自国际精算协会下属工作小组的名为《精算职业中常见风险分类系统》（2011 年 1 月）的报告就一些较高等级的风险领域分类给出了以下示例：

- 市场风险；
- 信用风险；
- 保险与人口风险；
- 操作风险；
- 流动性风险；
- 决策风险；
- 摩擦性风险；
- 集聚与多样化风险。

该报告还介绍了每项风险领域中包括的风险子类。比如在操作风险下还另有 32 个子风险门类（基于巴塞尔新资本协议以及其他规章分类）。尽管这只是对风险分类设定的介绍性示例，但它指出的重要一点是，即便是属于相同产业范畴的组织，它们对风险的初始分类以及进一步分类的方式仍然千差万别。

构建一个支持该用例的解决方案所面临的一项技术性挑战就是如何确定风险等级的数目。当我们选择一项工具来存储风险登记表以及相关的风险分类时，这是必须注意的一项设计因素。随着分类级别数目增加，系统为了提供评估报告以及数据对应结构分析，所面临的技术复杂度也一并加大。

该用例的目标：为 GRC 技术平台提供一个自动化的基础支持从而使前者实现对风险层的管理，并支持多种因素间对连接的需求（如控制、资产、决策、流程等）。

该用例的益处：风险分类作为风险登记表应用的一个组成部分，有助于 GRC 技术功能的长效融合。我们建议该项功能作为 GRC 技术早期规划的一部分而尽早纳入设计，从而避免企业在构建解决方案过程中发生回溯修正甚至重建整个风险架构情形的发生。

接下来的许多应用都是企业风险管理架构中的一部分。我们没有论述诸如风险文化、事件识别、风险估计、风险应对、控制活动、信息与交流以及监控等一些功能，这是因为它们中的许多已经自动纳入了下文将提到的其他用例中。尽管上述功能的构建都需要一个具体的企业等级，但就我们所见到或辅助过的机构中，有大部分已经着手于依据其他的用例（部门级别或是 IT 特性）来构建了这些功能，从而结合企业的不同效用来把以上应用发展成企业能力。

操作风险管理

《巴塞尔协议Ⅱ》对操作风险的定义如下：

"操作风险是由于不适当或者失败的工序、人力、系统或者外部事件导致的损失风险。该定义包括了法律风险，但排除了决策风险以及商誉风险。"

那些用于支持操作风险管理过程的技术正在改变。历史上，操作风险管理工具通常自成一派而不与其他 GRC 流程以及技术相结合，但自 2008 年国际金融危机后，许多金融机构和组织都开始重新审视自身的操作风险支持工具与其他方案功能的关联情况。并且，GRC 技术的供应商也在积极提升其技术的综合效用，从而更好地适应企业的操作风险用例。

操作风险管理项目的框架被定义得相当明确。尽管就其分类与确认来说可能存在差异，但操作风险项目的核心要素正如下所示：

——风险识别；

——衡量风险敞口；

——资本规划以及项目监测；

——减少风险敞口；

——向高级管理层报告。

而内部控制的设计、进程监控以及对法律服从性的保证，不仅是操作风险项目的重要组成部分，更是 GRC 在 IT 范围内用例的常见构成。

根据全球风险管理协会发布的操作风险管理指南，一个标准的操作风险项目工具集包括：

——损失数据的收集项目；

——对风险和控制的自我评估；

——情景分析活动；

——主要风险指标；

——细节报告。

尽管 GRC 的 IT 用例中有许多可以归结到操作风险报告与监控机制中，但下述用例进一步围绕操作风险管理的需求而展开。

风险情景分析

情景分析是一项重要的决策制定工具，并在近几十年中应用于不同的领域，包括管理、工程、金融等。情景分析运用输入的多重数据来尝试揭示未来发展情况或是可能发生的风险。对于金融部门来说，巴塞尔协议（由巴塞尔委员会围绕银行监管发布）制定了关于使用情景分析来更好地定义操作风险资本的规定。

举例来说，服从巴塞尔协议的金融机构需要利用以下四个条件作为高级计量法（AMA）组成的数据元素：

1. 内部损失数据。这些数据于过去的一段时间中收集，并且代表了机构实际承担的损失。

2. 外部损失数据。这些数据来自第三方机构（将在损失用例中提到）或其他金融机构。

3. 基于预测未来损失的模型而得出的情景数据。

4. 为操作风险提供临界评估的业务环境及内部控制因素。

许多不同的测度模型都可作为操作风险管理项目的一部分，如损失分布法（LDA）、蒙特卡罗模拟、风险价值模型（VaR）等，这些都依赖于专家在综合了内部与外部损失数据以及其他资源后形成的判断。无论在情景分析中使用了哪个模型，整个流程都能从其对关联数据集以及损失收入期望计算的自动化辅助中受益。

人们高度关注操作风险情景建模流程中度量模型的使用问题。在写作之时，全球的监管部门就在构思着各种选项来改变资本模型的评估方式。它们考虑的主要目的是为了简化高级计量法（AMA）。

GRC 技术的供应商一直致力于将 AMA 效用与 GRC 技术在风险以及兼容性领域的优势相结合，从而帮助金融机构利用更多来自风险计量模型以及资本需求中的信息。由于 GRC 技术解决办法中本就包括了风险登记表、资产的关联（或是商业服务、流程等）、关键风险指标以及控制库等，所以将操作风险估计方法纳入其机制范围中也是情理之中。然而，从整个 GRC 技术的队伍来看，操作风险评估这项功能仍是新技术，还很不成熟。

该用例的目标：提供收集与归整多重数据来源的功能，从而实现风险场景与资产模型的运用。

该用例的益处：主要包括两项：第一是提供对多重数据源的连接来辅助情景分析；第二是提高流程效率以及其他对操作风险实施监控的核心方法。

损失事件管理

机构需要收集诸如突发性的或亏损的内部损失事件。对这些信息的利用是情景分析和资本建模的一部分。损失事件的数据种类和分类由巴塞尔协议规定。企业内部在收集了相关数据后，再经由外部机构如协会或专有数据库同所整理的其他机构损失信息进行集中和比较。

损失事件的数据在企业匿名化之后提交给协会，如操作风险数据交流联合会（ORX）、金融机构风险场景前瞻会（FIRST）以及国际运营风险联盟（ORIC International）。这些组织由一定的成员公司构成，这些公司共享数据以及相关知识，这样操作风险的过程以及度量标准就可以在相似群组间被设定为基准并共享。这种对于即将出现或已出现风险的信息共享使得公司在风险发生前，就能更好地察觉到哪些是可能影响到公司成员的风险，从而甄别出来。以 ORX 为例，它就利用了 GRC 技术平台来收集损失事件的数据，经处理后分享给其成员。这些协会都会发布自己的数据架构，这样成员公司就能追踪并共享信息。

借助于调查表、日志、监管者、不同产业信息分享与分析中心（ISAC）以及机构的风险管理会议和同行业群组会议，其他潜在风险的来源也可以被收集和追踪。

该用例的目标：提供一项流程以及自动化的支持功能，来收集、分析和共享损失事件的数据，从而辅助情景分析和资本规划，同时，提供对情景关联事件以及每个情景潜在的损失结果进行追踪的能力。

该用例的益处：该用例本身通过对情景分析以及资本规划流程的关联实现了对事件的分析。一个整合的用例其效用允许对风险事件做出更大程度的分析，这些风险事件关联了经过集结形成的控制和修复流程，以此形成企业观点。

信息技术中的 GRC

在 GRC 技术平台的发展中，最常见的一系列应用是在 IT 领域对效率以及成本节约提供辅助。随着 IT 部门承受更多的监管压力，它们发现自身已经较难应对来自机构不同部门的多重要求。一些最早期使用了 GRC 技术的用例，涉及自动化的合规流程（风险与控制评估、测试和监控）、《萨班斯—奥克斯利法案》规定、《金融服务现代化法案》《联邦信息安全管理法案》，以及第三方支付行业数据安全标准等，在此仅罗列少数。图 15.2 展示了一些规章以及关联措施给 IT 部门带来的巨大负担。

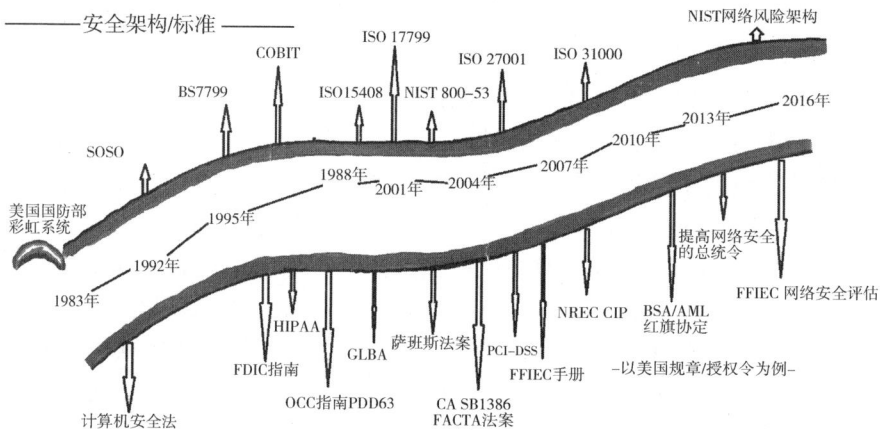

图 15.2　网络安全标准和规章时间表示例

随着 IT 部门被要求更好地支持评估、证据测试、报告以及其他与合规合适行为相关的程序，它们需要更好的自动化流程。下面的 GRC 在 IT 领域的案例集是基于可利用的技术机制，而并非流程、人力或是职能部门这些本身就与技术机制关联的成分。举例来说，尽管内部审计是一项与信息技术分离且相异的功能，但在 GRC 技术系统中，内部审计在很大程度上依赖的解决方案都是借助了 GRC 技术在 IT 情景中的普通功能。以上情况同样存在于供应商管理和隐私管理中。

合规管理

GRC 技术在合规管理上的解决方案聚焦于建立控制框架以及对策略和监管下的合规事件进行记录与反馈。GRC 技术支持致力于帮助企业实现合规流程、评估过程、缺陷测试以及补救措施管理。许多不同的 GRC 供应商都提供合规管理方法，这些方法可能具有特殊的机制以满足单个企业的监管要求，如支付卡行业数据安全标准规范、联邦信息安全管理法案规范、金融服务现代化法案规范、健康保险携带和责任法案规范、反洗钱规范以及其他各种监管要求。如上所述，那些只能为一种合规性需求提供支持的 GRC 技术已逐渐过时。

一个典型的合规管理框架运用了一种基于风险的手段来实现确认、评估、交流、管理以及降低风险的过程。因以上过程在 GRC 技术方法中十分常见，所以许多机制都能应用于多重需求的场景中。

因为合规管理的应用范围十分广泛，所以机构逐渐使用 GRC 技术方法来解决一个或两个具体的监管要求也成了常态。另一个十分常见的现象是机构内的 IT 部门利用 GRC 技术来辅助解决评估和结果测试中持续需求的问题。人们认为合规的要求超出了 IT 的范围或本身更具有"企业性"，如环境健康与安全条例等问题，于是把合规需求加入了集成的控制库中，像对待其他监管需求一样，利用监管变更的管理流程来管控合规需求。随着越来越多的机构依赖 GRC 技术来支持自身的合规项目，GRC 技术工具的特性已经在逐渐地融合。

合规管理的弱势之一是它们无法提供对复合风险及控制架构机制的支持，只能依赖于提供一系列的监管问卷。那些深度调整后的机构已经拥有成熟的 GRC 流程，从而不必依赖于专门的调查问卷而是利用复合控制框架来满足其合规需求的评估以及测试过程的需求。对于该功能的进一步解释参见本章后面的一般用例部分。

该用例的目标：为节约花费在评估和测试合规需求过程中的时间和工作提供基础支持。

该用例的益处：节约合规管理中的成本，并形成一个能对风险提供更合理认识的控制集。

监管变更管理

机构应当建立一个流程以管理那些适用于自身经营环境的监管需求的变更。监管变更允许机构认清何种章程适合自身业务，以分配不同的业务专家来帮助机构理解并把握监管需求，从而管理并维护与需求对应的控制库、实施影响评估并分析相关风险。与监管变更管理流程相关的一些任务包括：

治理

——监督能够调整控制库的人员；

——为基于需求的调整提供指导；

——确保分类方法以及元数据准则与企业标准相符；

——建立工作流过程以保证适当的回溯与批复。

数据管理

——提供对控制库的管理；

——提供对映射过程的管理；

——建立并管理架构需求；

——监督内容与情报。

评估

——评估优先权与影响的可靠性；

——为评估的实施提供协同机制。

报告

——生成确切的将要监测的标准与目标；

——保留商业智能仪表盘以及报告，从而明确所需的工作。

尽管在过去的数年间，GRC 技术平台已经聚焦于该项用例，但要真正把该效用加入 GRC 技术集合中仍面临一些挑战。并且由于监管要求、相关资源文件以及需管理的作用流程数急剧增加，使得监管变更管理成了一道劳动密集的工序。因一些与监管变更管理相关联的流程仍具有手动操作的特点，使得 GRC 技术平台能传递的价值受到了限制。比如说，该应用下自动化的最大优势是能够侦查到监管的变化并且自动将其与既有的控制结构相匹配的，但规章用语以及发掘和处理变更的方法结构间的细微差别，加大了自动化解决手段的应用难度。

有些 GRC 技术的供应商提供对自身产品的支持以作为监管变更管理、合规管理或是决策管理方案的一部分。在该情况下，平台内部管理监管变化的流程以及对影响的评判更偏向于自动化，可能仍需要人工管理以提高流程效率。在机构特有环境下，要想获取控制库的语言以及与工作联动的控制行为，仍需要较大的潜在工作量。

该用例的目标：使机构了解并管理适用于经营环境的监管规划。

该用例的益处：减轻为了辨识、管理以及报告监管要求所需的工作量。

决策管理

从 GRC 技术功能的角度来看，对决策管理办法的支持具有多种含义。举例来说，它可能意味着支持决策制定管理的整个周期。我们更常见的是它在将决策作为控制元素从而写入控制库以建立审计跟踪的过程中提供支持。因此，向潜在供应商询问清楚决策管理支持在其方法架构中的含义是一个明智的决定。

利用 GRC 技术平台来支持决策周期管理意味着围绕其展开制定、更新、发表、维护、交流和强化的过程，也意味着需要提供对训练和意识活动的支持，以及一个评测决策契合度的流程。以上任务的核心是实现对文件的管理过程，并提供登入登出及对策略/文件的发布、变更、批准和特例管理事项关联工作流的服务。GRC 供应平台通常不具备或欠缺对决策的全程管理功能，其中一部分原因是由于大部分 GRC 平台的销售是基于单独的用户，从而导致了成本问题。这意味着如果想让所有员工都能获取决策文件，就需要获取一个牌照。另外一个原因是，由于其他的技术，诸如万维网、内联网、共享软件等已经用于实现策略周期的管理流程，所以 GRC 供应商也没有收到用户希望将该功能加入其核心平台的要求。许多机构已经发现，通过将 GRC 平台与决策管理的支持工具简单连接，就可以更轻松地实现该应用过程。

为决策处理提供支持，使其作为控制元素被写入集成的控制库中是 GRC 技术供应商提供的更常见功能。GRC 技术在 IT 方面的许多早期应用都具备对策略写入控制库的支持以及通过比较既有策略和监管需求来确保无分歧存在的功能。通过对策略及其关联的程序、风险和控制建立审计跟踪，可以提升效率并有效避免诸如"我们为什么需要这种控制"的一类问题。

有的 GRC 供应商将策略内容作为模板供终端用户在需要时进行使用或变更，从而在有新的标准、指南或是其他要求生成时，可直接利用策略模板以节省时间，而不是急匆匆地起草一份。

该用例的目标：为决策管理方法提供工作流的支持。

该用例的益处：对策略全周期进行管理的自动化流程，如果包括了文件管理功能，就能节约时间和金钱。通过简化审批流程以及跟踪特殊策略，使得管理时能更好地分析业务经营效率。

IT 风险管理

有许多基于美国国情的准则描述了在 IT 风险管理项目组成部分中，应当配备的最基本功能。其中一些主流的标准包括：

——NIST 800 – 30 （美国国家标准和技术学会）

——ISO 27001/2 （国际标准化组织）

——IT 风险标准 （国际信息系统审计协会，ISACA）

——信息风险分析方法 （信息安全论坛）

一些国际架构以及其他包括了与风险管理相关的流程和标准也可以加以利用。无论使用了哪一种，这些标准或架构大体都配备了相同的核心功能：

——环境搭建

——风险辨识

——风险分析

——对风险/事件的处理/弥补措施

——信息交流

——监控与报告

以上大部分都能通过多重 GRC 方案得到应用。对于任何 GRC 技术的执行，这些核心的 IT 风险管理作用都是很基本的，并且在 GRC 方案的早期设计中应当纳入考虑范畴。比如，执行一项新的风险评估流程将会依赖于已经设定的常规风险分类。这些项目中的几个将会在本章对常见用例的介绍部分得到论述。

对 IT 风险实施管理的一系列功能也是 GRC 技术在 IT 领域的构成部分。许多 GRC 供应商都提供 IT 领域下的用例。

该用例的目标：提高机构对 IT 资产的保护能力。

该用例的益处：提供一项复合的技术，以提高对 IT 风险的辨识、纠正和管理能力。

威胁与脆弱性管理

GRC 技术供应商原本将该应用作为一个整体，但由于功能的不断改善，其可以被拆分为两个不同的方法。相比威胁管理，脆弱性管理产生的时间更早，并且在几个重要的规章如支付卡行业数据安全标准（PCI – DSS）以及健康保险携带和责任法案（HIPAA）中规定了相关要求。威胁管理的发展目前还不是很成熟，在过去几年，随着第三方的供应商致力于实现对其区别于脆弱性管理的相关数据和流程需求的支持，威胁管理才开始逐渐拥有了自己的方案集合。

GRC 技术在脆弱性管理方面的功能通常分为两类，即同资产相匹配的能力，以及导入外部扫描程序结果的能力。在该过程中，GRC 技术平台承担了集聚者的角色，首先过滤输入的数据源，之后维护导入资产和脆弱性之间的关联，从而体现了其使用价值。关联形成后，威胁分析也将成为分析过程的一部分，随后，风险评分机制开始实施。大部分 GRC 供应商都支持由事故响应与安全团队论坛（FIRST）维护的通用漏洞评分系统（CVSS）。该系统是一个标准化的开源方法。此外，其他的评分手段也可被应用和支持。

由于 GRC 技术在进行威胁管理时依赖于外部数据来确定和捕捉威胁，所以其工作模式与脆弱性管理是相同的。数据从多种外部或内部来源中获取，并与脆弱属性及诸如 SIEM（安全信息与事件管理）日志等其他数据资源相关联，从而确定优先级并计量风险。随着机构试图融合更多的分析方法、关键风险指标以及报告可视化的功能，对威胁管理的技术支持开始越发受到 GRC 供应商的关注。为机构提供可靠的威胁信息来源的市场不断成熟，也促使了威胁管理技术支持的发展。

GRC 技术平台同威胁事件和脆弱性事件数据间的融合开始受到更多关注。用来扫描以寻找脆弱点的软件正在同 GRC 技术平台一道成熟，威胁和脆弱性的相关数据被用于辅助 IT 部门来决定消除缺陷的工作出发点。已经有数种方式可用来将威胁信息和脆弱属性数据结合起来以确定重要性的优先级（结合概率及影响程度等基本信息）。

GRC 流程的不断成熟加上 GRC 技术平台提供的支持功能，正在促使一种新的复合技术的产生。该技术可以分析诸如威胁、脆弱性与风险关联的资产、控制等多重数据来源，从而形成对暴露级别和潜在风险更清晰的认识。我们将在本章后续涉及发展趋势的章节介绍更多细节。

总的来说，该应用以及以上复合技术所面临的最大缺陷是相关资产对 GRC 技术架构的适应性。许多 GRC 技术方法的设计初衷并非是用来存储数据，以至于要处理来自安全管理方案中与资产关联的大量数据将无疑对 GRC 技术平台的功能效果构成了挑战。GRC 技术供应商最近正在为构建对大量资产数据的支持功能进行投资，但从架构角度来看，资产信息是否应当嵌入 GRC 技术平台这件事本身仍值得商榷。许多大型机构已认识到：通过建立一个 GRC 的数据仓库，可以解决对技术方法所需的全部要素包含的问题，而无须限制相应的评估、报告和监控能力。相关细节将在后续章节进行论述。

该用例的目标：提供捕获威胁与脆弱性的能力并将其与资产关联从而估计风险。

该用例的益处：如果 GRC 平台可以实现技术的融合，那么将有利于更好地认识风险。对威胁、脆弱性、内部审计结果、评估信息以及其他发现/日志等数据的关联，可以提高风险勘察能力。

事故管理

对于需要使用诸如风险与控制的自我评估、威胁与脆弱性管理、内部审计、业务持续管理等功能的那些 GRC 技术办法来说，事故管理是一个常见的用例。但是，该技术方法应用的 GRC 功能本身也可通过提供以下功能而被看成是一个用例。有数个标准都规定了与事故管理项目相对应的常见功能。通常来说，一项事故管理的实施通常涉及辨识、记录、定级、回复和补救相关事项与事故的过程。

在执行该用例的自动化流程之前还有一项计划性的需求要得到落实，即企业如何定义事故、问题以及事项。许多机构把事故定义为：一旦某个事项触及了一定临界点或标准所发生的特定行为。有时，一些事件需要记录和追踪，而其并未达到事故的级别。事故管理流程的主要事项包括：

——定义事故

——建立与事故管理相关的角色和责任

——辨识有哪些已发生的事件需要被记录

——对事件进行分类（是否已构成事故）

——为需求服务

——记录事故

——调查、诊断和确定优先级

——必要时制订补救计划

——必要时进行追踪（交流）

——解决问题

——消除事故

事故管理的方案可以实现对特定用例的支持，如提供事故和道德违反行为的匿名报告功能，以确定其是否服从诸如《萨班斯—奥克斯利法案》、欧盟数据隐私条款以及美国公共信息披露法案等不同的监管需求。也可在初始实施中，仅支持其他 GRC 技术办法中的一个，随后不断扩大规模以支持一个完全融合的 GRC 事故响应功能。常见的应用场景主要来自供应商风险管理、脆弱性管理、业务影响分析、内部审计等其他的用例。

该应用能以其正在支持的要求方案为基础进行调整。举例来说，如果事故管理需要支持的是内部审计的自动化功能，那么就可以设定属性来控制获取数据的权限，在一定的范围内确保数据的保密性。通过设定，事故还可与补救措施及第三方网络管理票务功能进行关联。

该用例的目标：提供追踪事故周期的能力。

该用例的益处：该应用本身与传统功能以及人工记录事件的方式相比，更能节约成本、提高效用。当它同其他 GRC 方案高度融合时可以提供更好的效果。

补救规划

该应用也是 GRC 方案中常见的一个，它通常会与事故管理以及风险评估用例相关联。补救规划主要涉及以下项目：

——确定处置事故的步骤

——为每个步骤分配负责人同时划分完成任务的关键点

——建立沟通机制（通知、预警等）

——为每个步骤设定完成日期

——为每个用于解决事故的项目建立审批流程

——追踪特例情况并建立审批机制

补救规划的用例通常是作为一项需求过程而在其他不同用例中得到应用，主要有内部审计、脆弱性管理、业务持续管理、评估以及测试等。

该用例的目标：提供项目追踪以及分配负责人和截止日期的能力。

该用例的益处：除了能够利用附属于该用例的自动化流程来提高效率外，还能实现对于要解决的事故而实施的项目，其成本和效用之间的综合权衡。

关键风险监控

该应用构建了规划、执行和监控关键风险指标（KRI）、关键绩效指标（KPI）以及较小范围下的关键控制指标（KCI）的功能。通常来说，关键风险指标度量的是一个流程或活动自身或潜在的风险性，而关键绩效指标通常度量的是事件发展是否顺利或是否符合目标的要求。这些指标的性质既可以是前瞻性的、基于当下的或是滞后性的，也可以是定量或定性的。

在风险管理中，各项指标是帮助监控风险的重要工具。它们可用于为大范围的风险管理环节提供支持，如风险与控制的评估和测试、风险立场与基准线的建立和管理以及风险管理项目的综合目标等。

有许多的标准与指南可用于对一个关键的风险监控项目进行设定和维护。诸如 ISO、NIST、ISACA 等组织已经发布了相应指南，以帮助机构设定指标来支持风险管理。一些援助机构，如操作风险协会、关键风险交流协会（KRI Exchange）等也通过提供支持材料从而帮助企业建立自己的监控项目。

一个关键风险监控项目是以将风险管理到预期范围内为基准，并受到关键风险分析的支持。关键风险的辨识是通过重要指标、度量标准、门槛机制以及报告功能所体现的趋势而实现的。

从 GRC 技术的角度出发，有多种功能可用于为指标提供支持：

——用于存储指标和评价标准的数据库
——风险分类法的构建
——关键风险的定义
——度量标准的设定
——支持指标的建立
——分析趋势信息的能力
——汇报机制及商业智能仪表盘

因 GRC 技术平台本身就囊括了风险登记表、控制库等多种数据资源，所以风险指标及度量数据能很好地融入平台的架构中。借助于工作流以及 GRC 技术平台本身具备的汇报功能可满足要实施的关键风险监控方案的需求。将第三方数据源连接至 GRC 技术平台，对于架构中指标的整合是很重要的决策。

当决定要利用 GRC 技术来支持一个关键风险监控的项目时，几个考虑的因素包括：

——常规情况下，所需处理的交易性数据量。这是因为各种指标、标准、临界值以及有关数据源可能会给平台构成较大的处理负担。

——对报告的要求。
——对工作流的要求。

——对数据更新和处理频率的要求。

——建立对 KRI、KPI、KCI 以及有关的临界信息和度量标准构成因素的定义。这是十分重要的一个步骤。

该用例的目标：一经使用，该应用就旨在更好地考察对绩效目标的契合度、对风险偏好的维系度以及对控制的监督效率，通常以设定关键风险以及关联标准和数据源为出发点。

该用例的益处：构建风险监控功能是操作风险管理项中的一个重要方面。这一自动化的过程可以处理更多的关联数据源从而更好地勘察操作风险。该功能的另一个优点是还可以融合其他的流程及数据源。

供应商风险管理

该应用致力于评估和管理第三方关系的风险，可被称为供应商风险管理、第三方风险管理或者厂商风险管理。实际上，这些词条间确实存在着不同的含义，尤其是在评估 GRC 供应商平台效用的情形中更显突出。GRC 技术供应商已经开始创建一些功能，这些功能同尽职审查与评估的实施、问卷地提供以及供应商资料表和绩效的追踪等步骤相关联。厂商管理工具的应用略早于 GRC 工具，前者由各类机构用于执行采购流程并维系第三方供应商的清单。供应链工具也可用于追踪来自供应商或当前产业界所称"第四方"的风险。

金融机构当前尤其面临着监管压力，监管部门要求其提高同第三方交涉过程中的风险管理能力。尽管已经有一些规定提到了对第三方的要求，但其他监管机构如美国联邦金融机构检查委员会、美国消费者金融保护局和通货审计官办公室近期也尤其开始关注该事项。除了要执行监管要求，金融机构还有责任要确保第三方供应商的行为服从消费者保护法律法规。在这点上，已经有数个强制措施和罚款条例出台，以作为对诸如美国运通公司、摩根大通和美国银行这类高知名度的第三方金融服务机构监督的一部分。

通货审计官办公室（OCC）已出台了 2013 - 29 公告，该公告揭示了 OCC 对于金融机构管理第三方风险的具体要求。OCC 要求银行以及其他金融服务机构能建立与第三方来往相对等的风险管理机制。这些基础性工作作为第三方风险管理项目的一部分，由 OCC 定义如下：

- 规划
- 尽职调查
- 合同协商
- 监控

● 终止

此外，OCC 还建议在整个关联关系过程中执行以下工作：

● 问责和监督

● 记录与报告

● 独立检查

第三方的项目经常可以分为三个不同的阶段：

1. 合同前阶段；

2. 合同期间；

3. 合同后阶段。

尽管有指南介绍了在第三方风险管理中，应当执行什么工作，但仍缺乏对具体执行过程的指导。GRC 技术中，用于支持第三方风险管理项目的功能通常包括：

——对入职管理和尽职审查过程的支持；

——对管理供应商资料和往来关系流程的支持；

——合同管理；

——评估；

——供应商风险评分；

——绩效评估与度量。

在许多情况下，GRC 技术平台需要同供应链工具融合，从而促使方案能够提供监管者所要求的必要的风险管理能力。企业购买工具来存储供应商列表以及合同细节信息，并连接至 GRC 技术平台以用于对风险和控制的评估流程。随后，外部门户也被用于第三方信息的获取，这些都是常见过程。

该用例的目标：为第三方的关联关系建立一个端到端的风险管理流程。

该用例的益处：更多地关注第三方风险与控制，更好地了解第三方的风险立场并降低相应风险。

审计管理

从 GRC 技术方法的角度来说，该用例可以为 IT 审计全过程提供支持。传统的审计管理流程能获取的支持，仅仅是与审计周期关联的，满足其特有需求的软件。但随着 GRC 技术供应商不断提高自身支持水平，技术平台的合作可以带来更大的效用。因此，有更多机构开始将自身 IT 审计管理项目与 GRC 技术平台融合。

人们把 IT 审计管理周期定义为以下的流程：

　　——规划

　　——执行

　　——评估

　　——测试

　　——报告

　　人们可以利用许多不同的既有技术手段来建立结构化的 IT 审计功能。GRC 技术功能正在不断成熟以具备必要的工作点和融合点，这样那些需要使用自动化方法的工作人员就能通过操控平台功能来满足其需求，来取代传统意义上脆弱的审计管理软件。

　　对于自动化方法来说，在审计管理上需要支持的重要要求包括：

　　——控制，风险，监管和决策库

　　——流程/资产存储库

　　——业务等级

　　——风险评估的工作流

　　——控制测试工作流

　　——证据提交与存储

　　——文件管理（工作资料）

　　——日程记录

　　——工作人员名单、资料及审计历史

　　——事项安排

　　——事故管理及补救规划

　　——项目度量

　　——通知和预警

　　——报告

　　——关联第三方系统，如数据分析系统

　　利用 GRC 技术平台支持审计周期，能实现 IT 领域不同的人员、流程和技术更紧密的合作。该方案不再需要人工追踪事件，同时提高了审计质量，减少了对电子表格程序的依赖性。通过在单一平台内实现审计工作文件同各类证据、发现以及补救工作的关联，可以提高效率并减少在行政工作上花费的时间。

　　该用例的目标： 提高内部审计团队工作效率。

　　该用例的益处： 使审计周期中的不同阶段能更便利地获取相关人员、流程以及数据的信息。

业务持续管理

业务持续管理（BCP）与审计管理类似，是受到 GRC 技术平台支持的近期发展成果。许多传统近年来都不断发展从而满足特定的 BCP 流程与要求。过去几年中，GRC 供应商也在投入资金将 BCP 功能添加到其平台中。

大多数机构都具备了业务持续/损害恢复项目。而项目中的软件工具主要是致力于发挥其业务影响评估和关联风险等级评定的作用。当下网络威胁越来越多地出现，机构面临公众对于破坏和挑战的更多关注。GRC 技术方案已经被定位为能够更好地应对条件变化的综合性功能。

同 GRC 在 IT 领域的大部分应用一样，BCP/DR 流程在实施中也伴随着相关的监管驱动因素。除了监管条例的驱动外，也有着其他几个 BCP 指南用于辅助机构来维护其业务持续管理项目。举例来说，美国联邦金融机构检查委员会（FFIEC）于 2015 年 2 月印发的 IT 检查手册中就列出了其对金融服务机构就 BCP 项目的预期要求。

FFIEC 强调：业务持续的规划包括了整个企业 BCP 项目的发展、经营目标的定级以及对企业恢复至关重要的经营操作。该全局性架构应当考虑每个重要流程、业务单元、部门和系统对破坏事件的应对方式以及执行的恢复方案，并且要包括短期和长期的恢复经营计划。如果机构不具备一个将所有重要因素考虑在内的全局性 BCP 项目，那么该机构就可能无法在恰当的条件下继续为消费者服务。管理流程还应当对经营目标以及与企业存续至关重要的操作确定优先等级。这是因为全部业务单元的恢复可能会由于成本、物流上不可预见情况的发生而失效。

该规划流程代表了一个持续性的周期，并且周期应当基于潜在的威胁、经营操作、审计建议以及其他补救措施和测试结果而不断完善。

GRC 供应商围绕业务持续的规划流程，不断构筑相关功能以实现下述过程：

——业务持续性规划

——业务影响评估

——风险评估

——风险管理

——监控与测试

由于 BCP 与其他既有功能融合后能提供很多益处，因此从效用上来说，它很适合 GRC 技术平台。比如，以下功能均可利用 BCP 流程来实现：

——威胁与脆弱性管理

——事故管理

——通知与预警

——工作流

——评估流程

——同风险登记表、控制库（也包括决策）以及资产存储库关联

——情景分析/建模

——报告

BCP 机制与 GRC 技术平台融合的一个短板是资产存储库的归属问题。当 BCP 继续利用 GRC 技术平台提供便利性的同时，也必须考虑大量资产数据放置的规模问题。正如在威胁和脆弱性管理用例中提到的，将资产数据存储到 CMDB（存储资产数据的结构化管理数据库）专门的软件工具中或是连接了 GRC 平台来实施处理和汇报的数据仓库中也是比较常见的。

该用例的目标：提高对机构资产的保护能力。

该用例的益处：一项融合的功能可以提高数据有效性并减少在行政工作上花费的时间。

隐私管理

该应用聚焦于数据隐私管理。该管理是对客户以及员工个人数据的重要保护。由于美国尚无直接的数据保护法律，因此也就无法依照严格标准来定义"敏感数据"。但是，有数个不同产业部门的法规对应当进行保护的数据类型做出了定义，尤其是那些关系到个人身份信息以及敏感信息的数据。

数据隐私正在诸如金融服务领域、卫生保健领域及零售等其他领域成为越发重要的话题，在这些领域，敏感的个人数据会经历收集、保留和使用的过程。身份窃取仍是机构面临的一个主要问题。全世界有 100 余种法律规定了机构如何保护数据。在美国，产业法规以及其他来自不同联邦法和州法的规定代替了单独的数据保护法。如在金融服务行业，格雷姆－里奇－比利雷法案（GLBA）就提出了对隐私保护的要求。在健康卫生行业，健康保险携带和责任法案（HIPAA）和经济与临床健康信息技术法（HITECH）也有相关规定。除此之外，数个已出台或修正后的标准和指南也可辅助企业实施数据保护。由美国注册会计师协会于 2009 年颁布的公认隐私原则（GAPP）就规定了在数据保护中应执行的特定措施。GAPP 把隐私定义为："个人和机构关于收集、使用、保留、披露和处置个人信息的权利与义务。"

数据保护所需的核心功能包括：

——政策的制定

——对法律法规的遵从

——风险评估

——与隐私相关的控制

——事故管理

——数据泄露通知

——意识与训练

该用例很容易与 IT 领域的其他 GRC 用例混淆，这是由于那些被要求保护数据并遵从监管规定的功能已经在其他的用例中存在了。尽管一些 GRC 供应商也提供单独的技术以满足决策管理项目的要求，但其他供应商仅依赖于技术方案的融合以提供必要的功能。

该用例的目标：为隐私保护提供更多监督与管理。

该用例的益处：能更有效地执行隐私影响评估、间断提醒和维护个人数据存储的过程。

GRC 应用部署

随着机构更大程度地使用 GRC 技术平台，一个应用集合形成了。比如，GRC 技术的一个最早应用场合就是萨班斯 - 奥克斯利法案（SOX）。机构认识到它们可以利用 GRC 技术平台添加 SOX 控制、执行审计、测试以上控制，并在相同的系统中保存结果。数个当前主要的供应商平台都是通过为机构提供一整套流程，以帮助其证明和汇报自身对于 SOX 302 和 SOX 404 中有关控制测试与汇报要求的一致性，从而占据了市场份额。尽管萨班斯 - 奥克斯利法案不是唯一一个帮助 GRC 技术打开市场的应用场景，但它却是最常用的一个。当一个机构完成了其 SOX 的自动化流程后，便会寻找更多投资于技术的方法，并试图开拓其他应用领域。

机构首次借助于自动化技术以改善 GRC 流程时，他们可能没有认识到从其执行功能的顺序中能得到的启示。依照经验来看，大部分 GRC 技术早期的执行过程都只是实现了单个的功能，没有在企业内进一步推广或是与其他 GRC 方法结合的规划。该方法仅仅是同未来可能派上用场的技术平台一道，解决一个特定的问题。这也解释了为什么会出现不同的供应商在同一个用户上都安装了 GRC 平台的现象。GRC 技术市场（作为整体）在过去，并非是凭借单个平台上多重技术融合的特性从而满足了不同利益相关者，以此实现收益。

GRC 技术供应商通常是将所有的功能打包成模块来推荐给机构，如果快速浏览一下主要的供应商资料，可以发现一些模块中最为常见的用例：

——公司合规性

——经营弹性

——审计管理

——操作风险管理

——信息技术安全风险管理

——决策管理

——第三方管理

除以上常见用例外，GRC 供应商也会加入一些其他功能，一并称为"方案"。比如加入一些特定的合规性条例（如第三方支付数据安全评估、ISO 27001 相关条款、信息系统审计架构等）。在我们看来，这些功能可以叫作方案，但它们不应当作为融合方法的构成部分而得到利用。这些特定的方案中，有许多可以归集到各自的内容库中（如风险、政策和控制库），并发挥多重功能。

GRC 供应商在对其技术方案进行定位时还面临另一个挑战，该挑战随着确定提供相关功能的技术模块的过程而发生变化。举例来说，为了实施隐私评估过程，你是否需要购买专门技术模块（如若存在）或是在已购的风险管理模块中再购买相应功能从而执行？就当前 GRC 供应商不断扩充所提供的服务来看，他们已经开始克服这一挑战，但是针对已有模块为了执行新任务所能达到的定制化和再购买程度，仍有一些人存有疑惑。

GRC 技术基本要素

在一项 GRC 技术项目实施前，机构应当明确其对应的价值、目标、策略、发展规划和项目的利益相关者。我们把以上常见技术项目标准外的称为基础要素。经证实，这些支持性的功能有助于在多样化方案下 GRC 技术的顺利应用。这些元素之所以是基础性的，在于它们并不针对单个方案，但仍可视为构建 GRC 技术功能时的重要出发点。在那些能够为企业增加价值、促进企业融合的 GRC 项目主体中，我们很容易发现这些基本要素，这些基本要素包括建立 GRC 技术架构模型、集成控制库、风险管理方法以及技术架构。

GRC 技术架构模型

正如前面章节所述，管理部门规定了企业的运营方式和经营准则，并对企业如何建立自身政策及发展目标提供了指导。从经营角度来看，其主要行为已由多项不同的指南和标准所定义。于是，这就对那些试图填补政策与经营间差异的大部分机构形成了挑战。不够成熟的操作、眼花缭乱的工具、文化失调以及其他问题都构成了较大障碍，使得企业在实行自动化项目前必须先解决以上问题。GRC 技术平台一经使用，我们就很容易发现有些问题在机构中已经较为严重了。这也就是为什么回溯很重要，并且首先要从结构化的视角来检查 GRC 项目。正常情况下，项目执行计划会覆盖与自身系统的执行相关的经营项目，如费用、时间表、利益相关者、安全和功能性需求。建立一个 GRC 技术框架是一种关联方法，该方法连接了 GRC 项目设计之初，为了解决重要问题以及使得技术更好地为目标提供支持的管理措施。

如前所述，OCEG 的智囊团确实提供对 GRC 项目以及效用的成熟度评估指导，并且还描述了那些同 GRC 项目关联的功能与任务。我们帮助机构建立了 GRC 技术框架，虽然并未特意同 OCEG 提及的要素相关联，但该框架囊括了基础性的考虑，从而保证作为计划流程组成部分的关键需求也能被涉及（见图 15.3）。

对于机构所利用的其他作为 GRC 项目构成的架构来说，建立一个 GRC 技术框架是补充性的。人们就如何使得 GRC 整体方案长效应用提出的看法非常少。这一缺口揭示的不仅仅是要明确平台管理的相关责任，机构试图在推动方案需求的政策决定与日常运营状态之间的"中间地带"实现过渡，然而我们发现，其中仍有许多缺口存在。比如，作为 GRC 技术项目的一部分，平台操作管理事项应当在项目实际执行前得到解决：

——建立委员会模式，以确定技术功能的管理模式。如决定 GRC 方案新要求的优先权的职责归属；对于新要求是否应纳入既有功能范围或是需要新投资/定制化，相应决定工作的职责归属。该项规划步骤的核心就是寻求方法以成立一个委员会将这些细节作为整个 GRC 项目的组成部分来管理，以及委员会的汇报对象和委员会成员的确定（可以是 GRC 的利益相关者）。

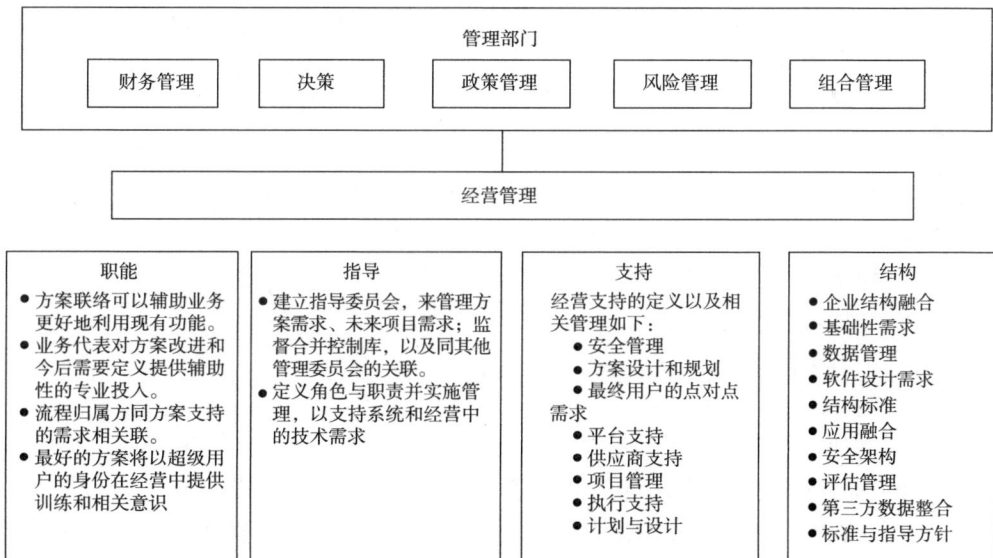

图 15.3　GRC 架构示例

——在经营管理模型中，设定用于支持技术平台的相关角色，也同样是 GRC

技术支持项目的一部分。这是除了决定技术平台及相关方案的实际归属权以及直接负责平台支持功能的人员以外，通常要执行的步骤。核心角色不仅为技术提供支持也能为相关功能提供商业性支持，如：

——方案设计人员

——业务分析人员

——方案开发人员

——平台结构专家

——训练人员

——对常规操作风险（BAU）管理提供支持的工作人员

以上角色中的一些可由同一人担任，尤其是 GRC 技术功能初始开发阶段。但是，随着时间的推移，产生了对企业间合作的驱动需求，以上角色也越发重要。在市场环境下，能很好地掌握技术以及同 GRC 流程功能相关的商业过程的技能，正处于巨大的需求中。

集成的控制库

GRC 技术方案的一个重要元素是对不同类型内容的利用。该情景下，内容可以包含以下多种数据：

——控制

——决策

——工序

——损失事件

——威胁

——脆弱性

——资产（包括流程、信息、设施、软件应用等）

——风险

——规章

——结构数据

——关键风险度量

——问卷

——其他数据来源

GRC 技术方案中最普遍的应用内容是围绕控制、风险和资产开展的。

一个控制库是至关重要的，因为它能帮助自动化的合规管理项目提升效率、节省成本。早期的 GRC 用例，在风险与控制的自我评估，以及控制测试中，使用的都是由相应条例指定的专门控制库和相关问题库。比如，第三方支付行业数据安全标准（PCI–DSS）就有一组专门的控制（以及与评估测试相关的问题）和支持问题集合。医疗电子交换法案（HIPAA）、格雷姆 - 里奇 - 比利雷法案（GLBA）以及其他监管要求，都有其自己确定的控制与关联问题集合。尽管这种官方架构的确能够在使用电子表格或是手动工作的情况下提供一定便利，但是其无法解决数个常见的问题，如持续性地提供相同证据来证明机构符合多重监管的要求。

一个更有效的办法就是使用集成的控制库来作为更高级的控制存储仓。其观点是：所有的控制都被整合并编入索引，之后可将重复的控制从高级存储仓中移除。运用该项技术能有效减少在测试环节中需引用控制要求的数量，并且能在评估过程中更大地覆盖监管要求。这个集成的控制库随后作为中心库，用于所有控制相关的决策事项。例如，若一项控制在匹配中，与数个要求都匹配，那么测试规程只执行一次就够了，因为其满足范围是与之前匹配时的要求相对应的。市场上有数个优秀的计算机集成控制库，机构可以购买后装载到自己的 GRC 平台，如统一性合规架构（UCF）。其他的集成控制库可能涉及开源选项，对象是一些标准化主体（国际信息系统审计协会、国际标准化组织、美国联邦金融机构检查委员会），也可以是 GRC 供应商自身、咨询机构和法律公司（见图 15.4）。

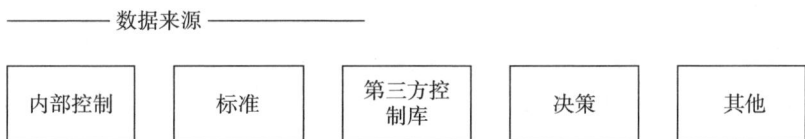

数据可以来自机构内部、法律、规章以及特定监管方面，标准主体、常见的措施、第三方服务提供者、法律公司、GRC 平台供应商以及其他供应商。

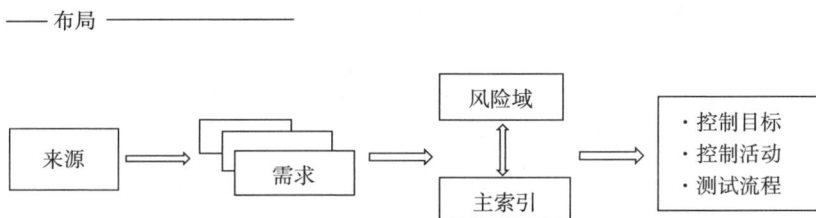

图 15.4 集成控制库示例

- 选择参照基础，提供域的初始集合来建立索引，参照基础可来自各项标准如 ISO、NIST、COBIT 等。
- 要素如地理信息、业务单元、可实用性等在架构中被规划为支持域。
- 对相关需求，提供所有资源的完全追溯。

机构就如何使用集成控制库，仍面临一些规划上的挑战。即便自第三方供应商购买了控制库，也需要一定的工作来调整控制参数和相关语言从而符合机构的经营状况及文化。而终端用户时常抱怨监管条例或标准/指导的控制语言难以理解。其他另外要考虑的事项有：

——设定索引架构的来源，即所使用域的结构化语言（如以 ISO 标准代替 COBIT 和 NIST）。

——与最常用的标准相匹配。如果你的监管池中包含了 PCI 标准，而你并不想将全部的控制元素与之匹配，那么最终你很可能是过度测试了一些与 PCI 限定范围无关的事项。

——司法要求。不同区域会要求机构执行不同的控制。

——所参照的标准基于机构的特定需求。例如，若机构的业务中有部分是需要同联邦政府合作，那么就需要参照 NIST 800 – 53 控制结构/语言。

——决定要整合的元素。在控制集中，除了整合监管需求，是否还要包括决策与流程信息？

——围绕控制集的所有者、可对其实施变更的人员以及变更方式建立管理机制。

在考虑将采用 GRC 技术平台时，决定控制库内容的架构、获取、执行和管理的方式是非常重要的。市场上已经出现了针对控制库内容的服务。除了上述提到的来源，机构也可以向管理服务的提供方购买支持服务。

另一个与控制库有关的重要事项是风险权责问题。这是因为风险与控制之间存在着许多联系（这意味着一项控制可以抵消许多风险，同时一项风险也可能与多个控制有关）。对风险与控制的架构设计做出进一步决策，是实现 GRC 技术系统平稳运作的关键。在 GRC 技术平台内，有数个方式可以将风险与控制关联起来。

——作为控制库的一部分。许多机构，其 GRC 技术方案的初始阶段或是自身 GRC 过程不是很不成熟的，都会选择用集成的控制库来容纳风险域和风险声明。从我们的经验来看，许多机构在实施前并未提前设定与其业务相适用的风险清单，相反地，它们依靠控制库和其中的对应风险作为相关工作开展的出发点。

——在专门的风险登记表下。构建一个专门的风险登记表能够更轻松地实现在不同的 GRC 方案功能下，对风险数据的独立使用。要建立风险与控制间的复杂关联关系会带来较大工作量，但一经完成，这样的关联关系就能够一直维持在 GRC 技术平台中。

研究如何构建一个支持系统用于容纳风险域以及相关风险，是在使用 GRC 技术平台前一个非常重要的规划细节。我们见到过许多机构依赖于合规需求和关联控制作为对自身风险认识和处理的指导，人们又把这种方式称作"合规检查表"式的风险管理。随着 GRC 项目及流程的成熟，机构定义风险时对合规控制的依赖程度开始降低，机构对风险的认知和处理能力也有所提高。要把风险的相关信息维持在 GRC 技术平台中，仍面临的挑战有：

——定位风险的机制。例如，许多机构不使用风险评估流程来发现新风险，反而是用"可能性"和"效应估计"来评定控制流程的表现（是否有效）。许多风险评估方式在设计之初，就是为了利用现有标准，如 ISO 或 COBIT 的域，或是一些无法发现新风险的有关控制。为了使风险的相关数据能更加精确和有效，就需要规划一个机制来发现风险，记录相关信息，并弱化风险。

——风险的权责制。作为管理过程的一部分，建立权责制，以确定风险的定义者，以及补救措施的制定者是十分重要的。其在 GRC 技术平台中的规划过程可受到风险登记单以及容纳风险的存储仓的支持。

——聚合模型。规划风险间的关联方式以及聚合方式也是整个风险设计过程中需实现的一个技术设计项。

——利用风险来合理化控制。基本想法是在风险的基础上来决定控制，可能包括以风险来评测控制的设定目标、执行基于风险的控制测试以及基于风险级别来划定控制基准线等。

资产

尽管控制数据和风险数据是 GRC 技术平台最为关注的两个方面，但资产数据也同样重要。将诸如流程一类的企业自身数据信息同风险和控制关联，能够为许多 GRC 方法在自动化过程中提供巨大效益。虽然资产数据是 GRC 项目中很重要的一部分，但我们尚未发现有专注于相关功能的 GRC 技术供应商。而虽然 GRC 技术平台通常能够处理一定量的数据以及风险和控制之间的关联关系，但近期也很难产生平台间的合作以扩大规模，来同更大型的数据库或是结构化管理的数据库相竞争。

我们可以用几个原因来解释上述现象。一个原因是，经验告诉我们，由于自身规模、投资因素以及为了解决问题所付出的巨大精力，机构很难完全自动化地处理与资产相关的项目。机构为建立资产清单而进行相关投入时，使用的就是专门化软件。为了将更多数据载入 GRC 技术平台而取代一开始对资产管理工具的相关投入是没有意义的。机构还为此投资，建立了数据仓库。另一个原因可能是，人们围绕风险和控制信息作为资产属性存在于 CMDB（结构化管理数据库）产生了新的思考。这可能会改变 GRC 技术平台的应用和数据整合的方式，我们将在后续论述发展趋势的章节对其进行介绍。

风险管理方法

在规划 GRC 技术平台的执行阶段时，一个要考虑的重要部分，是那些与风险管理有关的事项。尽管在着手于自动化项目前（上文中提到的），对风险管理所要求的整个端到端的流程，形成一个完备的认识是很有益处的，但一些其他的关键点也可以避免后续过程中出现需要重做的情况，比如：

——建立一致的风险分类法。对风险进行一个通俗的定义能够使得 GRC 方案在企业内应用时实现更好地融合。

——理解并记录所需的风险准则。至少要理解以下方面：

- 使用定性还是定量的方法；
- 等级设定——数目以及每个级别的定义；
- 风险耐受阈值——必须明确不同级别的风险所触发的活动；
- 如何估计风险，如参照敏感性、影响、可能性等。

——风险分类。对风险进行精细的分类几乎能对 GRC 技术实现过程中的每个方面都起到辅助性作用。

在开始执行一个 GRC 技术方案时，我们为什么觉得以上因素是很重要的考虑项呢？作为示例，假设要构建一个风险评估的流程。当执行一项风险评估时，你至少要考虑到：

——用于搜查风险活动的一系列问题；

——用于追踪评估进展的工作流；

——用于详细介绍相关结果的报告工具。

尽管以上过度简化了风险评估流程，但从技术角度思考以下场景：如果你设定了一个包含 10 个问题的风险评估流程，而每个问题后续都要进行风险等级估计以确定可能性和影响，那么为了实现估计需要多少个处理过程呢？如果你现在有 50 个需要同样估计的问题又会如何？如果每个问题都与其对应的控制相关联，从而还需要集成控制库的查找功能呢？以上的细节，都能帮助我们在运行 GRC 平台时形成更好的认识。

当然，还有很多与风险管理相关的要素也需要我们花费时间和精力来使其发挥效用。我们选择以上要素是因为它们对 GRC 方案中的许多应用都能产生直接的影响。

技术架构

用"架构"一词来下定义，有许多不同的方式。在本例中，我们指的是对组成 GRC 整体的数据、用户以及应用提供支持的基础结构。正如描述中包含了基础性元素，我们特别强调连接系统和数据的能力，以从融合的功能集合中获益。

GRC 技术供应商一直在进行大量投入以创建能够为方案需求提供一站式服务的功能。但实际上，尚无单个 GRC 系统能够满足一个 GRC 项目的全部要求。机构内部存在过多的应用以及数据来源，要想把它们全部转移到单个平台中是不现实的。除此之外，GRC 技术平台也无法解决企业级别的流程处理需求。事实上，对于一些 GRC 项目所寻求的支持功能，GRC 技术平台可能并非最好的选择。

在使用一个 GRC 技术平台前，有几个与技术架构相关的要素需要考虑：

——处理能力。GRC 技术平台作为数据整体架构的一部分，用于存储方案和相关数据是否正确？将数据存储在其他系统中，在必要的处理环节再导入平台，会不会更合适？随着方案的增加，平台的处理能力是否还能匹配？

——第三方连接。GRC 技术平台同其他应用和系统的连接方式，对于平台的长远发展十分重要。提前考虑 GRC 技术平台与技术基础设施的协同方式，能够避免在方案需求增加后重新设计平台以及数据结构。

——用户界面。这是我们所知的人们对 GRC 技术平台最大的抱怨之一。我们发现，该项应当权限最小化。这样，只有超级用户以及需要经常维护系统的支持人员才会接触到用户界面。在你的设计中，终端用户同报告、控制板以及主页的交互越早、该项的权限就越要缩小。

GRC 技术平台的选择

首先要对面向 GRC 项目的技术支持做一个声明。虽然本章主要围绕 GRC 技术平台展开，但正如前文所述，其他一些技术功能也同样可用于对 GRC 项目提供支持。因 GRC 技术平台是一个集成化的方案（融合了数据库、工作流和汇报功能），所以人们经常选择它来为 GRC 项目提供支持。但是，也有许多大型机构开发了自己的工具或是利用支持了其他项目的工具，再或是二者兼有。所以，有必要考虑一下，选择 GRC 技术平台是否恰当。

在着手于选择 GRC 技术平台前，有许多策略、流程以及文化上的问题需要明确。因为本章讲述 GRC 技术，所以我们假设已经确定了将会使用 GRC 技术平台。在执行对 GRC 技术平台的评估流程前，还应当检查几个关键事项。我们把这些事项称为"结构"元素，这是因为它们明确了核心要求。而这些要求构成了 GRC 平台日后面临和所需解决的挑战。

——企业文化。不考虑 GRC 中的改善、融合以及自动化流程所带来的影响，这是我们所知的导致 GRC 项目失败的最大单个原因。面对那些与 GRC 相关的事项，更高的效率（或集成性）能够更好地划分和揭示决策制定中的关键和低效。

——影响范围。在执行自动化的流程技术前，应结合 GRC 流程来规划所作改变的影响程度。有时，从一些小的改变出发可能更容易些。或许这些小的改变所能影响的业务范围有限，但为后续决策奠定了基础。为了提高效率和节约成本，第一步就能把企业级的挑战给克服的情形是不常见的。

——流程定位。该要素与 Cloud 或 SaaS 能否使用，或者说相关技术是否会在 premise 上使用有关（或是 on – premise 和 cloud 二者兼有）。这一定位考虑会直接影响到对方案的审查，因为并非所有供应商都支持云服务。这一考虑所应遵循的原则是，以上技术能否保证在 GRC 方案与报告中使用的重要与敏感性数据不会因一个基于云的处理方案而暴露。

——策略。对企业最终目标形成认识应当早于开展对 GRC 过程的任何改良活动。如果不能理解如何将 GRC 项目更好地配合机构经营模型，从而使后者发展得更好的话，将导致后续过程中不得不完成许多额外的工作。

以上"结构"元素能够辅助规划流程的开展，以选择用于解决既定事项最合适的技术。对挑战的影响范围、人员、解决过程同机构整体目标的适应性，以及对应的解决方法具备一个清晰的认识，对规划过程来说是很好的出发点。

如何规划从而购置一个 GRC 平台，似乎是一项让人眼花缭乱的工作，众多的 GRC 供应商提供许多不同的方案选项，因此要从中挑选出一个技术平台并不容易。面对如此多的选项，通过几个规划步骤来缩小备选范围是很重要的。

在规划 GRC 项目功能的自动执行时，第一步是确定你的需求。确定并记录哪些促成对 GRC 技术平台使用需要的事项是很重要的。这些需求可以分为以下几个部分：

——普通需求。该需求用于定义 GRC 供应商需要解决的，并不针对特定方案的核心事项。诸如成本、供应商参照表、外部咨询服务、网络支持以及供应商产品规划路线图等可归于本部分。

——功能需求。这是用于定义 GRC 技术平台所要解决挑战的核心需求。

——支持需求。该需求有时也被称为非功能性需求，它们通常定义了 GRC 平台未来运行环境的支持性需求。

为了能够明确需求，机构可能会向利益相关者寻求反馈，这被看做是"结构"元素应用的一个环节。有关需求应当在筛选过程开始前得到认同，这样就能确保所有的看法都被审查并记录下来。同一个利益相关者群体随后可能还会在筛选过程中发挥作用。另外需要做的是确定需求本身的重要性级别从而能估计评判标准的重要性。因为供应商很难完美匹配每个需求，所以如果利益相关者能够在一些"必须需求"和非必须需求上观点一致，那么无法满足所有"必须需求"的供应商就不能进入下一阶段的评估过程中。

在明确了需求之后，就可以开始挑选一些供应商。就我们所知，过去数年中机构主要使用了以下方法来选择供应商：

——依靠分析人员的看法以及相关表格来缩小供应商选择范围。许多机构借助于 Gartner 魔力象限和 Forrester Wave 来辅助供应商选择过程。

——向面临类似问题的机构咨询其选择的解决方法。

——询问咨询人员，获得推荐。

——通过参与会议、阅读相关的文章、评论以及供应商网站信息来进行调查。

以上方法都有自身的优势和劣势，但是如果机构能将其中几个结合起来，就能对供应商信息形成全面的分析。清楚 GRC 平台供应商的发展初衷也很重要，一些供应商以解决数据质量问题为出发点，一些则关注萨班斯－奥克斯利法案，还有一些是围绕不同的应用展开。每个供应商对其创建之初所为解决的不同类别问题都会存在特定的偏向性，而这也会影响它们对其他方案提供支持的性能扩展。一旦决定了供应商，就需要确定使供应商参与评估的方法。

使供应商参与产品功能评估，是流程中最重要的一步。无论供应商如何受到邀请来参与下一阶段的流程，关键的是每个供应商都要经历评审阶段，该阶段所选出的功能可以保证，那些通过需求明确的挑战性事项能够被很好地解决。该过程使用的方法有以下两个：

——起草并分发信息邀请书或建议邀请书。信息需求与建议需求依赖于机构的购买流程，机构需要通过上述事项来获取供应商的应答。

——设定用例来评价供应商能力。本步骤跳过了建议邀请书（RFP），直接进入供应商能力演示阶段。

机构如果需要使用一个正规的建议邀请书，那么就还需一个应答评级系统来决定哪个供应商能够进入到演示阶段而哪个供应商将被排除。建议邀请书的好处是能更好地收集供应商的应答并且能够剔除掉任何无法满足最小需求的供应商。缺点是起草一份建议邀请书、设定评级系统以及处理来自不涉及下一阶段的供应商的应答会增加额外的工作量。

RFP 中通常有一部分描述了供应商为了能进入下一阶段而需要满足的规定。下一阶段，即供应商功能演示，正是 RFP 面向的过程。尽管我们也见过直接通过 RFP 流程而非产品展示阶段就选择了供应商的情形，但更常见的是让供应商在满足了 RFP 规定之后进行一个自身产品的能力演示。RFP 流程中，供应商可能要进行的另一项工作是做一个口头展示。用于判定 RFP 应答能力的标准可以涉及许多不同的要素，但通常包括以下几项：

——该 GRC 供应商在机构所处行业的表现与服务记录；

——GRC 供应商与 RFP 规范、要求、条款、条件以及规定的一致性；

——GRC 供应商的项目经验、稳定性、支持资源和管理的拓展程度；

——购买成本——对总开销进行核算；

——能进一步加强合作关系的创意服务与方案；

——GRC 供应商的经济稳定性及参考意义。

记住，以上项目是评估 RFP 应答的标准，而不仅仅是对需求的依附。许多部署了 GRC 技术的机构都会执行上述步骤使其供应商为自身的 RFP 应答进行更细致的解释，并且对自身产品功能做出现场演示。

作为 RFP 流程的一部分，机构可能会要求供应商派出人员来商讨如何应答。我们见过机构利用这样的商讨会议来分析供应商的员工以及文化，从而形成一个总体的印象。对 RFP 的应答过程可能是很耗费精力的，尤其当 RFP 是高度基于机构面临的特定挑战而拟定的。这种会议能让供应商认知 RFP 需求的场景，结识一些未来可能一同工作的利益相关者；同时也给供应商做出声明的机会，这能够为他们在随后进行实际产品演示时的决策制定提供帮助。

供应商选择流程的最后一个环节是现场展示。一个通常的做法是从原有的RFP应答中逐渐减少供应商的数目到三个左右，然后邀请它们来展示产品功能（也称为评测）。该步骤给供应商提供机会以展示自身产品功能能否满足或超出RFP中列出的要求。从经验来看，我们推荐在本节点拟定一些小的案例集，供应商需借助其来演示功能。我们已经发现，如果让供应商全权决定如何展示自身最好的功能，将会难以很好地理解各个平台间的技术复杂性与差异。

这种方法可用于评测供应商提供的许多功能。该方法可以使需求直接同它们的用例描述关联起来，来保证演示过程所涉及的范围，以此帮助评估人员认识到某一功能是否为平台自有。如若不是，就需要一些轻微调整（布局），或是涉及一些定制化事项。在应用设计中，我们建议设置一个规范，该规范明确了对演示效果的期许，用例描述、使用数据样本以及执行步骤。我们参与过的演示过程平均时间花费为三个小时，快的可以仅用一小时，慢的也可能需要十小时。

通过用例描述来评测 GRC 技术平台的使用功能，所面临的一个挑战是它并未把相关技术如何实现同其他流程、内容和技术架构的融合纳入考虑范畴。与其直接强制性地比较 GRC 技术平台间的特点与功能，更应当关注的是每个平台如何运作那些能保证功能间融合的效用机制。实际上，在我们过去帮助客户选择技术平台时我们都把这种融合的功能作为用例的额外组成部分。这将驱使供应商不仅展示其所提供功能的水平，还能展示其软件平台如何运用一些非内生性的功能。就加入用例中的融合功能来说，相关示例包括：

——集成的控制库（实际融合的控制）；

——第三方数据整合；

——风险聚集模型；

——集成控制与风险登记表的多对多关联关系；

——资产、风险和集成控制之间的联系；

——风险合理控制基准线的设定（基于特定种类资产的风险等级而形成的控制集合）。

全部供应商演示完毕后，就可以计算得分，机构可以用不同的方法来给供应商评分，但最常见的是以下两个：第一，可以按照上述的 RFP 项目来给供应商打分，其中还包括了供应商的演示过程。第二，机构先使用一个评分系统对供应商演示前的表现进行评估，然后再用一套新的评价标准来对供应商功能演示环节的表现进行评分，这一得分将最终决定哪一个供应商被选中。

为了更加合理地评估供应商并确保流程的公平性，应当设定评分标准且其条理要清晰明确，考虑以下参数：

——权重。更重要的需求将被赋予更大权重，机构使用权重来强调那些在评分标准中更为重要的需求或需求面。

——工作投入。一些机构设定了一个单独的评分系统来估计一项需求的执行复杂度。一些机构可能关注点在于："外生"功能越多越好，那么它们就可以利用这种机制来表明，一项需求的执行在哪个节点要投入更多。

——范围。通常会设置一个 0~5 或 1~5 的范围作为对参数评分的基础。举例来说，如果一个需求被赋予 4 或更高的权重但是却被另一个需求认定为 0 的权重，那么前者将会被自动剔除（这意味着它很可能难以匹配下一个更为重要的需求）。

——汇总。机构需要决定哪个评定分数应当归为对供应商能力进行最终评估的范畴。

该类评分系统的一个示例如表 15.1 所示。

在规划对 GRC 技术的购置时，几个额外需要考虑的因素如：

——一个独立的企业级平台。正如本部分一开始提到的，可能无法存在一个"独立的"最好平台能够自动化地解决那些挑战。一个 GRC 项目在一个独立的技术平台中自动实现的场景是很不常见的。由于成熟度不足，这些平台所能提供的功能，其涉及的广度与深度无法满足企业所有的需求。

——对已有技术的利用。可以借助一些已有的技术功能来为 GRC 项目提供支持。比如，由于使用许可的成本问题以及其他架构相关的问题，许多机构尚未利用 GRC 技术平台来实现决策管理的整个流程，反而用其他的功能，如网络技术（内联网）或是一些其他方法简单地在必要时间点和 GRC 技术平台关联起来。

表 15.1   **供应商评分系统示例**

总体评分摘要							
类别	供应商 A	供应商 B	供应商 C	相对权重	供应商 A 加权分数	供应商 B 加权分数	供应商 C 加权分数
1. 功能性需求（60%）	3.37	3.44	3.31	0.42	1.42	1.44	1.39
技术（10%）	3.72	3.53	3.81	0.07	0.26	0.25	0.27
支持（10%）	4.00	4.00	4.00	0.07	0.28	0.28	0.28
成本（5%）	1.00	2.00	3.00	0.04	0.04	0.08	0.12
2. 消费者偏好（10%）	2.05	1.97	2.03	0.10	0.21	0.20	0.20
3. 应用演示（占总比例30%）	3.17	2.81	3.21	0.30	0.95	0.84	0.96
总计	—	—	—	1.00	3.15	3.09	3.22

——支持团队的能力。该考虑项可能在规划架构要素时（cloud 或是 on -

premise）会推动决策的制定，但在确定个性化定制以及集成工作的种类时也不应当被忽视。除了技术支持能力外，也要检查商业联络以及与流程主题有关的专业技术，以确保适当的覆盖范围。这样，即使出现了技术缺口，外部公司也有可能对其进行增强。

——IT 公司的策略/导向。该参数也应当作为架构要素的一部分纳入规划过程中（Cloud、SaaS 等），并且在未来它还能影响平台的功能。举例来说，有的企业购买了 on – premise 的 GRC 平台，而且在流程执行的中间时点，对基于云的应用实施了大规模变更。

——未来需求。该参数的重要性不言而喻。有许多机构都实现了对 GRC 流程的单项改进，但无法以更加融合的手段来将这些努力与尝试汇总关联起来。为了解决该问题，许多机构购置了多重 GRC 技术平台，从而导致容量被更多地占据，加重了工作流的负担。

——成熟度。听起来可能像说教，但在你印象中，一家机构在购买了 GRC 平台之后，到了工具使用阶段又试图调整流程和功能的情形发生了多少次？显然，机构应当花费大量的精力来理解所要解决的问题的相关细节，在该过程中实现整合，并且在实施自动化处理前完成对不同的内容以及其他基础元素的设计和利用。

——外部辅助的偏好。外部辅助可以有几种不同的方式，可以来自供应商、咨询公司或是其他第三方机构，它们都能就机构当前执行的流程或技术提出看法。两种角色笔者都担当过（服务购买者与服务提供者），但作为一般经验法则，我们可能会更偏向于咨询人员所提供的建议：

● 供应商服务：GRC 供应商配备有对自身产品功能十分熟悉的工作人员。他们对行业以及技术方案门类的相关经验随着用户数量的增多而不断增加。通常来说，GRC 供应商很了解自身产品，但是对相应产业、流程、GRC 项目功能以及由此产生的关联集成效用都较为陌生。

● 咨询公司：与供应商的情形几乎对立。大部分咨询公司都精于行业知识、支持性工序、GRC 项目的功能与任务，但在技术支持功能上处于弱势。在过去的时间里，与供应商服务团队类似，咨询公司也就产业信息形成了重要的架构与技术。由于市场对 GRC 自动化处理功能的高度需求，使得要想长时间维持一套固定的技术是很困难的。一些咨询公司涉及业务更广泛，尝试为较大范围的使用工具提供支持；其他公司则专注于对少数提供支持。

● 各类第三方机构。诸如法律公司、市场分析公司的其他类别公司和专家也有能力为特定需求提供专门的辅助或服务。

一些机构由于忽略了以上因素中的一些而不得不购置额外的 GRC 技术的情形并不少见。某些时候，我们还见过机构由于在对特定的 GRC 技术平台/执行方式/支持伙伴选择时出现了多种问题而决定重新开始项目。通常，多种工具最终都会在同一个机构中存在，这是由于受到了文化/政策层面挑战的影响，而并非技术的限制。

GRC 技术挑战与未来趋势

每年都会有相关预测围绕机构所关注的最热趋势和可能面临的 GRC 挑战展开。就绝大部分情况来说，这样的预测每年得出的结论都是相近的，比如，对 2007 年 GRC 的趋势预测为：

——技术将持续进化和成熟；

——进军软件占据大量份额的市场；

——GRC 工作系统将形成；

——风险与监督机制将进步。

其中一些预测目前仍是正确的，但本部分我们并不打算按照上述思路来讨论未来趋势，而是想指出机构试图让供应商进行变更或是不可避免地需要进行变更的情形。我们用于收集信息来实施情形观测的方法主要有两个：追踪市场投资和直接参与；通过我们所接触的 GRC 项目和客户事项，来观察机构在不同 GRC 方案中的成熟度。

从成长的角度来看，许多分析记录都认为 GRC 技术市场发展得很好。尽管目前有许多分析师都提供面向 GRC 技术市场的收益项目，但保守估计，收益增长率将处在 9%～14% 范围，总收益将在 2020 年增长到 300 亿美元（取决于分析师如何定义构成 GRC 市场的相关技术）。这一增长很可能极大推动供应商市场发展，伴随着企业融合、收购和投资行为，以提升功能效用。

近些年，由于企业试图提高市场份额、扩大产品功能覆盖面，GRC 供应商之间的合并与收购行为非常活跃，一些典型的收购案例如下：

——IBM 收购 Openpages、Algorithmics 和 BigFix；

——New Mountain Capital 收购 ACA 合规部；

——First American Financial 收购 Interthinx，Inc.；

——Wipro 收购 Opus CMC；

——Goldman Sachs 投资 MetricStream；

——Wolters Kluwer 收购 Effects Legal Management 软件，Datacert，SureTax，Learner's Digest，以及波兰 LexisNexis 的合法业务；

——EMC 收购 Archer Technologies，Netwitness，Symplified Technology；

——Thomson Reuters 收购 Paisley，Complient，World-Check，WeComply；

——Nasdaq OMX 收购 BWise。

为提升功能而进行的投资也是供应商所处市场情况的"晴雨表"，主要可以通过两个行为体现。第一，随着用户对更成熟产品的需求，已在产品中搭载了 GRC 技术的供应商会不断提升功能；第二，仅参与了部分市场的供应商也可以向产品中增加核心的 GRC 支持功能，从而为其已有的客户提供更多服务。近期，我们已发现供应商在业务流程管理（BPM）、网络管理台（Helpdesk）、资产管理以及商业智能空间中实施了上述行为。

从 GRC 供应商的角度来看，对产品进行长远规划能够更好地提升功能。由于供应商各自核心服务存在些许差异，对产品发展的规划也体现了其对 GRC 功能前进方向的看法。

对机构来说，伴随着 GRC 流程和模型的成熟与进步，自然而然地产生了新的需求。其中的一个最大影响，就是机构运用从 GRC 流程的改良与技术支持中获得的集成功能。比如，建立一个整合的控制集，将其风险合理化后同资产关联，这是 GRC 项目的常见出发点。通过实现该项基础功能，就能创造很多机会来达到对其他方案的应用。诸如业务持续性、供应商风险管理、威胁与脆弱性管理等功能都可以从这一融合效用中受益。随着供应商提高相关技术，对企业要求更高透明度和融合性的新挑战也出现了。涉及的新领域包括安全分析、资产管理、大数据、安全经营功能等。

作为一项方案，安全分析已经出现了一段时间。由于风险、控制以及资产的数据更加精确、关联得更加紧密，借助关键风险监控方案的指标与度量标准也更为完善。信息更易于获取、精确和及时，而对分析的需求正是以上工序不断成熟的自然表现。实际上，我们认为 GRC 市场会不断进化，最终使得供应商能够在所有的 GRC 流程和数据集完全融合后即能提供最完备的分析。这正是技术方案最终的发展方向。

我们关注到的另一个变化是资产管理。在传统方案中，资产管理让机构具备了在有效节约成本的前提下对资产获取、部署、操作和处理的能力。现在，资产管理正在同 GRC 技术相融合，如此一来，风险和控制就成了资产的要素。虽然这同过去对风险和合规性、管理的方式非常不同，但是它与 IT 机构管理自身经营方式是一致的。已经有许多大型机构开始认识到，为了能让那些与风险和控制有关的改进措施彻底实现，需要布控一个牢固的资产基础。

在当前出现频率较高的方案中，有一项是大数据的使用。随着使用方案的增加，GRC 确实已经面临数据存储的挑战，而我们见过的机构解决该功能性问题的手段之一就是通过资产管理方案。除包含了所有权、风险、控制细节的资产清单外，还有将不同类型数据整合的需求，而一个基于大数据的解决方案刚好与该需求相匹配。

随着越来越多的信息与流程互联，集成的安全操作已经开始成为现实。机构将威胁和脆弱性信息与资产连接后，再同风险与控制关联起来。比如，已经有数个方法能够帮助企业将威胁与脆弱性信息与评分模型结合起来，但新方式仍在不断打破界限的阻碍，将更多的信息关联从而使企业更好地认知风险。威胁、脆弱性、资产、控制、风险、内部安全系统日志数据、内部审计发现、损失数据、虚假信息以及其他的数据现在都可以关联汇总，生成暴露因子、偏好和立场等级。该功能的示例介绍见图 15.5。

鉴于机构试图满足企业级业务的需求，GRC 技术平台面临着几个挑战。虽然这些挑战的确在 GRC 的相关人员与流程组成中存在，但本章我们将只介绍一些与 GRC 技术平台有关的常见情况。许多机构需要考虑，当功能并非内生于 GRC 技术平台时，它们是否会表现得更好。与试图将有关功能和处理流程强制载入一个性能不足的平台相比，有许多方式可以借助集成架构的方法来增加平台的使用价值。我们把 GRC 技术平台面临的挑战分成以下几类：

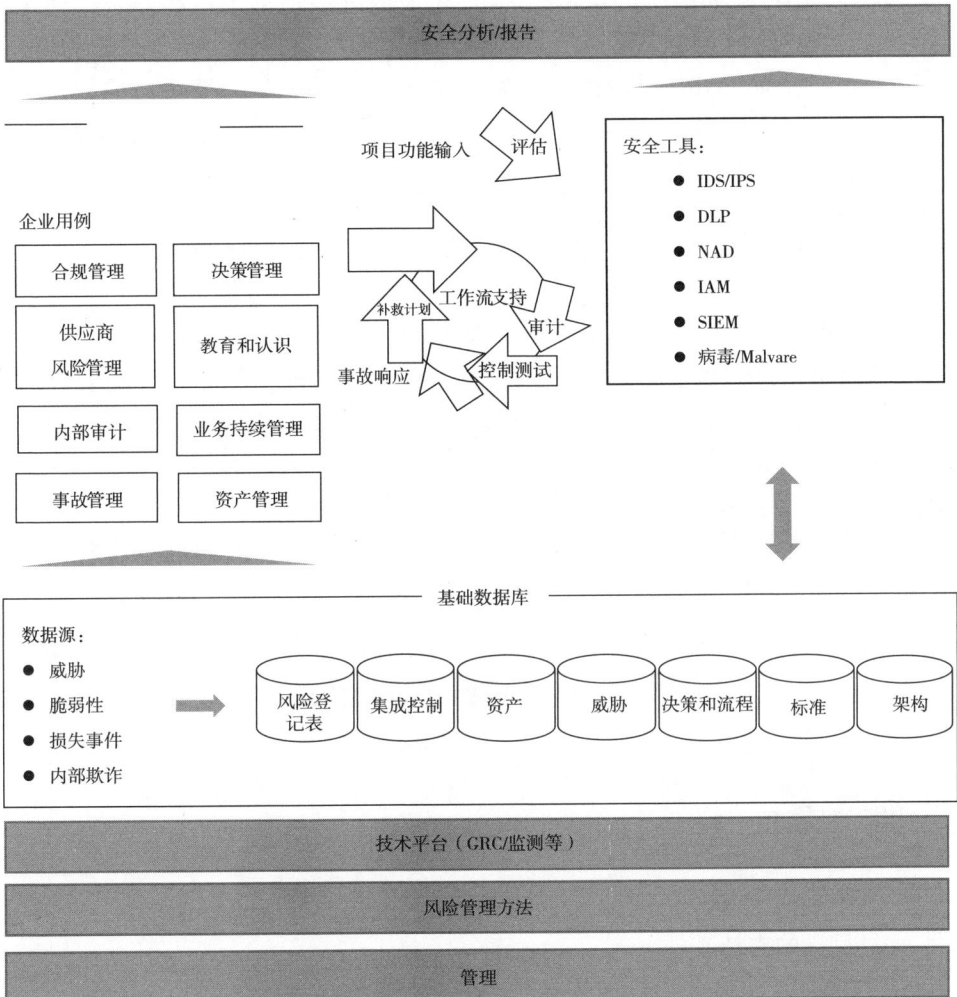

图 15.5 GRC 集成架构示例

——可拓展性。许多 GRC 技术产品在设计之初是为了解决特定问题，现在，它们的功能也得到了提高。谈及拓展性，对于 GRC 技术来说可能会面临处理大量用户指令和关联的挑战。尽管一些企业级工具，如 ERP 已经加入了 GRC 功能从而不会遭遇这种问题，但许多其他为了解决 GRC 在 IT 方面或是其他与 GRC 相关问题的平台就可能会在用户和处理流程中面临企业的拓展限制。

——方案覆盖面。该弱势主要有两方面，第一，传统的 GRC 平台因为技术成熟度不足以覆盖所有必要的业务范围，导致它们可能无法支持企业级的方案需求。第二，那些能够为企业提供必要支持功能的平台可能不具备支持 GRC 技术融合需求的架构。

——数据存储。通常来说，GRC 技术平台并不是作为数据仓库或是配置管理数据库（CMDB）而诞生的。虽然 GRC 供应商已经提供了一些对资产清单和分类功能的支持，但对于大规模的数据部署 GRC 技术平台不一定是最好的选择。

——用户界面。GRC 供应商一直致力于该方面以提升终端用户的软件使用体验。由于对该要素看法取决于人的不同视角，所以如果某个人认为用户界面是短板时，那么在另外一个人来看就可能是长处。有趣的是，我们发现机构开始不那么关心用什么软件来收集信息，而是更关注如何保证后端进程的顺利进行。许多 GRC 工具强化计划都在削减后端进程项的数目，这些进程将不仅仅是业务层面的，诸如评估实施和控制测试等事项。

——文件管理。与数据存储类似，许多 GRC 技术平台并不是作为大型文件管理系统而生。GRC 供应商虽然提供一些文件管理功能，但如果你需要存储大量数据，如控制测试结果和关联的证明文件，其他系统可能更适合于通过建立链接来解决上述需求。专业软件中通常还提供其他文件管理功能，如登入/登出等，这样的功能在一些 GRC 技术平台中可能并不存在。

GRC 技术平台不是完美的，在过去的十年里它走过了很长的一段路，才实现了自身真正的价值。

附录 A：部分需求示例

功能性需求

企业风险管理

* 对目标的支持
——目标管理的流程
——对进展的报告和监控

- 创建风险登记表

——对五个风险等级域架构的支持

——最小化需要追踪的支持功能

- 风险 ID

- 风险所有者

- 风险描述

- 风险域

- 对控制、决策和资产的关联

- 补救追踪功能

——对风险的汇总功能

——确定风险优先等级

——对将风险与金融损失关联的不同方法的支持

- 风险管理

——构建常见风险元素

——对不同风险估计标准的支持

- 组织结构

——对多层级组织结构的支持功能

——通过多种功能实现对组织结构变更的支持

操作风险管理

- 对需求的描述与介绍 ERM 的部分相同

- 损失事件

——对损失事件相关数据的支持

——对损失事件相关数据导出的支持

——对导出的损失事件数据中关键要素的匿名化提供支持

- 情景分析

——对定制情景的存储支持

——对情景分析中使用数据的导入提供支持

——对情景分析流程中的项目提供支持

——作为情景分析中的一部分，为不同的度量计算过程提供支持

- 与其他操作风险项的功能整合，如业务连续性计划（BCP）、供应商以及 IT 安全等

决策管理

- 全周期的流程结构

——对决策库的支持（示例）

——对决策和过程的导入/导出提供支持

——对创建新决策的多级批准制提供支持

——对决策版本变更的追踪提供支持

——对决策修订的工作流和批准过程的支持

——决策存档功能

——辨识和突出强调/评定最多浏览或搜索的决策

- 异常处理

——对决策的异常请求提供支持

——对异常请求的审查与审批工作流提供支持

——对异常阶段的终止进行状态更新

- 工作流

——对基于用户角色等其他标准的分配提供支持

——基于决策内容为终端用户的事件调查提供支持

——按日期来分配决策内容的能力

- 认知

——检测已阅读决策的人员

——为决策内容提供测试

——在需要进行测试时，提醒用户

——对测试结果进行跟踪

风险管理

- 对风险评估流程以及关联工作流提供支持
- 为替代性的风险估计方法提供支持

——定性/定量/混合风险估计

——能够管控风险计算参数与权重给用户设定的权限级别

——为风险评估中的威胁/脆弱性度量方法提供支持

- 支持对风险的标准化美元度量

——单一事件损失期望（SLE）

——年预期损失（ALE）

——年发生率（ARO）

——对标准的风险评估方法与算法提供支持

——对自定义的风险评估方法与算法提供支持

——对基于时间或其他自动设定的时间节点调查事项提供支持

——对公司指令及追踪潜在风险可能导致的影响范围提供支持

- 降低风险与修复措施

——为多类型风险应答提供支持，包括：接受、回避、偏离、降低风险

——支持对降低风险选项的成本与后果分析

——对故障报告表的创建、通知、相关工作流、决议追踪提供支持

——为相关人员的方案规划提供支持

——为其同外部故障报告表/事故管理方案的整合提供支持

- 支持常见的 IT 风险与合规控制架构，包括：

——ISO 27000

——COBIT

——NIST 800 – 53

- 支持同第三方工具的方法融合：

——脆弱性扫描

——威胁性数据

——安全架构

——资产管理（CMDB）

——业务影响分析

合规管理

- 对基于调查和自动测试的结果以及来自第三方工具的数据提供支持

- 对每个规章的合规得分计算过程提供支持

- 对不同规章的得分汇总过程提供支持

- 通过邮件来通知测试者和利益相关者结果

- 对汇报和商业智能仪表盘功能提供支持

工作流

- 支持文件管理功能

- 支持非限制性的工作流步骤

- 对多种行为事件提供支持，以触发调查和测试通知

- 支持工作流的日历功能

汇报和商业智能仪表盘

- 预先定义报告模板来为审计、主要规章和标准提供支持

——PCI – DSS

——Basel

——GLBA

——HIPAA

- 支持自定义报告

——对时间表与需求生成报告提供支持

——对数据向外部源导出提供支持

- 对标准数据导入与导出机制提供支持

非功能性需求

系统集成

- 支持凭证的单点登录
- 对外部系统的支持
——数据库
——帮助台/票务部/事故管理
——文件管理系统
——邮件系统
- 资产管理
——与 CMDB 支持系统的整合能力
- 主机系统
——支持同主机系统的集成机制
- UNIX
- Mainframes
- Windows
- SQL Server
- Oracle Server
——在必要时提供承载功能
- 语言功能
——对英语及其他国家语言提供支持功能

一般需求

- 成本
——许可证费用
——年度维护费用
——训练支出/其他购置费用
- 收益
——上一季度
——上一年度
- 服务实施
——当前项目及人员配备
——训练地点/方案
——与外部实施和咨询对象间的关系
- 安全

——保护管理员账户

——对基于角色的用户权限机制提供支持

——对管理功能的分配提供支持

——维持对管理活动/结构变更的记录/审计追踪

——支持备份/存储功能

- 记录

——软件配有恰当的记录/训练材料

——系统中集成了附加帮助

第八部分

风险管理：挑战与未来的方向

第十六章
金融危机后的数量金融[*]

凯文·D. 欧丹

引言

数学是一种严密的解决问题的方法，我们常常发现奇妙的真理，有时也会解决一些问题，而且它们通常会导致更有趣的问题，这都是在使用这种方法时的意外收获。

历史上，在金融领域一直有许多问题需要解决：

- 投资组合优化；
- 投资策略；
- 性能分析；
- 估算公允价值；
- 价格预测。

在尝试解决这些金融问题的过程中，我们发现了许多奇妙的"真理"：

- 均值—方差分析；
- 因素模型和套利定价理论；
- 业绩比率；

---

[*] 本文所表达的观点均属作者本人观点，并不代表富国银行的意见或建议。

凯文·D. 欧丹是富国银行执行副总裁，也是企业风险的运营风险官和合规负责人。他管理着信息安全、金融犯罪风险、模型风险、操作风险、法规遵从性风险和技术风险的风险活动。此外，他还在富国银行管理委员会任职。在这之前，他是富国银行的首席市场和机构风险官，再之前，他是富国银行证券市场风险的负责人，领导市场风险监管和模型验证，以及对手信用模型开发团队。在 2005 年 11 月加入富国银行之前，他曾是几家公司的自营交易员，包括他自己专门从事大宗商品和外汇市场的公司。1997 年，他开始了在高盛的金融生涯，在风险和大宗商品部门工作。在进入金融领域之前，凯文是哈佛大学的本杰明·皮尔斯助理教授，在那里他专攻微分几何，并在几何学、统计学和图表理论领域发表著作。凯文拥有加州大学洛杉矶分校的数学博士学位，并获得了克里夫兰州立大学的科学和商业学士学位。

- 风险中性定价；
- 市场微观结构理论。

到目前为止，大多数金融数学的研究都涵盖了对这些"经典的"金融问题的理解和分析，其中大多数都强调了金融衍生品的风险中性定价。虽然这些问题仍然是全球银行组织数量风险管理的一个重要方面，但金融危机将许多需要根据新的金融环境来分析的旧问题带到了前沿，暴露了用传统方法解决这些问题的缺陷。此外，金融危机引发了新的问题，不仅需要进行定量分析，而且可能需要一套新的工具来进行分析。

在接下来的章节中，我们将简要探讨若干风险领域相关的量化问题：信用、债务、资金和资本的公允价值风险（统称为 XVA 风险）；操作风险；公平信贷风险；金融犯罪风险；模型风险。这些分析的问题都属于"旧方法暴露的缺点"和"新方法中新工具的寻找和使用"。然而，这些话题中的每个话题本身就值得写成一本书，所以我们不可能刻意地深入研究它们中的任何一个，但可以为读者提供参考资料，以便其继续研究。最后，我们注意到，这并不是一个将现今产业面临的所有量化问题全面列出的清单。但在许多方面，这些量化问题出现在危机之后，而且已经被认为是许多公司监管议程的首要任务。

信用、债务、资金和资本的公允价值风险（XVA）

信用一直是商业银行最大的风险敞口之一。即使在金融危机之前，商业银行的衍生品交易商就意识到，从信用的角度来看，所有衍生交易对手并不是平等的。衍生交易对手信用质量应该通过抵押协议或保留与对手交易的部分预期利润来考虑。这些对合同价值的调整是为了补偿交易对手在交易到期前违约的可能性以及与代替或抵消风险相关的费用。调整衍生工具的公允价值来解释交易对手信用质量的概念于 2006 年成为会计准则，在美国为 FASB（美国财务会计准则）第 157 号准则，在欧盟为 IAS（国际会计准则）第 39 号准则[①]。这些会计准则要求衍生品交易参与双方的信用风险反映在衍生品的公允价值中。这些调整被称为信用评估调整（CVA）和债务评估调整（DVA）。

金融危机也揭示了一种长期假设，抵押交易的资金成本和非抵押交易大致相同，这可能是个非常严重的错误，因为相较于运输成本或抵押贷款的利息，即美国隔夜指数掉期利率（OIS）或者英国夜间指数平均水平（SONIA）等典型基准利率指标，大多数商业银行的基准利率与其利差（伦敦同业拆借利率，LIBOR）升到了历史最高水平。这种新发现的风险导致了对衍生品的公允价值的新调整，这称为资金评估调整（FVA）。如果衍生品是需要融资的资产，则此调整可能增加成本；如果衍生品是负债，这种调整可能带来收益。

同样，每个在银行交易的衍生品都会带来一个或多个资本要求，具有代表性的就是与市场走势有关的损失的风险要求（市场风险资本要求），与交易对手潜在的违约可能性相关的要求（交易对手信贷资本要求）。这项资本必须在交易期间持有，并将在交易期间内根据交易对手的信用质量、市场情况和交易的剩余期限发生变化。显然，交易期间必须持有的预期资本水平会影响交易的盈利能力，应该称为对交易公允价值的"调整"。这种调整被称为资本估值调整（KVA）。

总而言之，我们对其主要特性进行了以下调整：

• 信用评估调整（CVA）

——由于在交易到期之前，交易对手有违约的风险，所以金融工具或投资组合的公允价值总是下降的。

——交易对手的信用风险增加会导致公允价值下降。

——为了对冲这种风险，需要对市场风险以及信贷风险进行对冲。而信用违约互换（CDS）可以对冲固定交易对手的信用质量，衍生品投资组合的公允价值随着推动衍生品的潜在市场价值的变化而变化。因此，对冲 CVA 需要根据实际情况（比如衍生品的公允价值）选择 CDS 或 CCDS。

• 债务估值调整（DVA）

——由于商业银行（自有实体）的违约风险，金融工具或投资组合的公允价值上升。

——风险增加导致公允价值上升。

——商业银行违约的可能性增加意味着其无须支付其全部或部分未清偿债务或潜在负债的可能性增加。虽然从直观上讲，这在会计角度上是对商业银行的一个净收益。

——尽管这是一个净收益，但 DVA 会导致损益波动，因为市场因素的变化和商业银行信用质量的变化会改变 DVA 的价值。对冲这种风险是困难的，因为大多数银行都不会或不能自己购买信用保护。因此，通常对冲这种风险的方法是通过购买或出售与银行的信用风险高度相关的信用保护。

• 资金估值调整（FVA）

——从日常衍生品业务中借入短缺现金的成本，借出超额现金的收益。

——对商业银行来说，FVA 可能是成本，也可能是收益。

——衍生资产或对银行具有净值公允价值的资产需要资金支持[2]。同样，衍生负债从银行的投资回报率中获利。但资金和投资率会因银行而异。从理论角度来说，这提出了一个问题，FVA 应该被看作对衍生品的价格的真正调整，因为它的内容不遵循一价定律。

- 资本估值调整（KVA）

——与衍生品在交易期间相关的预期资本成本。

——KVA 是一个随机变量，取决于衍生品的预期未来公允价值和与衍生品相关的资本的现值。

这些概念背后的思想比较简单，然而实际上非常难以实现。我们在下文中会进一步阐述它们的计算，并概述一些实际性的困难。

如果我们定义 V_R 为无违约风险、无资本调整的资产价格，V 表示包含违约风险和资本调整的资产价格，可以写作：

$$V = V_R - CVA + DVA \pm FVA - KVA$$

特别地，如果衍生品的买方和卖方同意各自存在违约风险（或信用利差），那么双方同意接受一个"无套利"的定价 $\tilde{V}$：

$$\tilde{V} = V_R - CVA + DVA$$

然而，FVA 可能会带来成本或收益，更重要的是取决于衍生品持有人的资金成本，这显然打破了无套利定价的单一模式范例。此外，KVA 还取决于除其他事项外特定银行的资本要求，可能取决于银行的居民管辖权以及其规模和复杂程度。

为了给出一些准确的关于计算这些调整的复杂性的意见，我们发现 CVA 和 DVA 会要求在整个交易期间估计交易对手和银行的信用质量、二者之间的相关性及其与潜在市场风险因素的相关性。为了估计 FVA 和 KVA，我们需要了解在整个交易期间为衍生品和资本提供资金的成本。

除 CVA 和 DVA 之外，这些调整如何影响衍生品的公允价值在学术界和会计界引起了一场公开辩论。然而在业界，人们越来越清楚地认识到无论是否以衍生品的公允价值计量，与此相关的风险都必须得以治理，因为它们一定会影响衍生品投资组合的经济价值。

总而言之，我们可以认为金融工具的公允价值（或经济价值）受以下几个方面影响：交易对手不履约风险（CVA）、法人自身的信用风险（DVA）、为金融工具提供资金的成本或收益（FVA）、与持有或卖出金融工具有关的资本的机会成本（KVA）。每项调整的概念都比较容易掌握。然而，即使把每项调整都孤立开来看，它们的数值都可能难以计算，因为这取决于隐含信用利差、潜在的市场风险因素及其隐含的相关性，我们列举出来的只是一些驱动性的因素。这些复杂问题本身将为未来数年的金融研究人员提供丰富的资源。

操作风险

《巴塞尔协议Ⅰ》规定了信用风险和市场风险的资本要求。与操作失误相关的损失或随之而来的法律后果主要与信用过程失误或市场风险管理失效有关。但随着时间的推移，我们越来越清楚，许多损失不是由于信用或市场风险管理的失误所造成；但是这两个方面过程中的失误是显而易见的，最终可能导致重大的信用或市场风险损失或更多的惩罚性法律索赔。因此，《巴塞尔协议Ⅱ》明确地将操作风险定义为"内部流程不够完善，人员和制度或外部事件造成的损失风险"，并规定了三种计算风险资本的方法。

金融危机突出地表明，对于金融机构，特别是商业银行，由于抵押贷款发放的失误而导致家庭抵押品赎回错误，操作风险管理不善会具有普遍性和影响力。金融危机前后一些较代价惨重的操作风险损失列举如下：

• 250亿美元——美国通用汽车金融公司、美国银行、摩根大通公司、花旗集团、富国银行——2012年：五家银行同意支付250亿美元，用于被指控的止赎处理违规行为的处罚以及借款人的救济。

• 130亿美元——摩根大通——2013年：摩根大通和美国司法部通过了一项具有里程碑意义的价值130亿美元的解决方案，解决了一些法律上的困难。在这130亿美元中，有90亿美元被用于支付联邦和各州的民事诉讼，涉及住宅抵押贷款证券。在这90亿美元中，20亿美元是对司法部的民事处罚，有14亿美元是由国家信用社行政当局解决联邦和各州的索赔，5.15亿美元被用于结清联邦存款保险公司的债务，40亿美元被用于解决联邦住房金融局的索赔，近3亿美元被用于解决加利福尼亚州政府官员的负担，近2000万美元被用于解决特拉华州的索赔，1亿美元被用于解决伊利诺伊州的索赔，3400万美元被用于解决马萨诸塞州的索赔，近6.14亿美元被用于解决纽约州的索赔。

• 49亿欧元——法国兴业银行——2008年：一个名叫杰洛米·科维尔的"流氓交易员"有计划、有预谋地欺骗系统，在未经授权的情况下进行了价值高达49亿欧元的股票期货的做盘交易。虽然银行有足够的资本来吸收损失，但其声誉受到了很大影响。

金融危机之后，紧接着导致了损失的增加，增大了改进评估操作风险标准的模型的压力，并更广泛地增强和规范与操作风险管理相关的做法。在资本方面，巴塞尔协议Ⅲ提供了三种计算操作风险资本的方法：

• 基本指标法；

• 标准法；

● 高级衡量法（AMA）。

在此，我们关注最后一个方法，因为它给了行业最广泛的空间来创造建模技术，解决特定商业银行操作风险的特殊性。这个范围也意味着根据法规和从业者的方法和认识，围绕着计算开展了广泛的实践。同样，量化评估资本操作风险的问题仍然是一个棘手的问题。

根据高级衡量法的框架计算操作风险资本的监管要求（巴塞尔协议Ⅲ）基本如下：

● 一年持有期和亏损（预期损失总额）为99.9%
● 使用商业环境和内部控制因素（BEICFs）
● 使用内部数据
● 使用外部数据
● 使用情景分析

解决这个问题的一个常见方法是，假设在一年以上的时间损失事件数量都有特定的分布，并且每个损失事件都具有严格性，给定事件具有平稳的条件分布。用 L 表示持有期间的集体亏损，然后收集这些事实，正式的损失模型可以描述如下：

● n 表示持有期间的损失事件数量的随机数；
● X_i 表示事件 i 损失大小的随机变量；

● $L = \sum_{i=1}^{n} X_i$ 表示持有期间的总损失。

然后，问题就变成了对 L 估计累积分布函数（CDF），以便找到分位点，即

$$F_L(y) = Prob(L \leq y)$$

一旦分布确定了，我们就可以评估资本 K：

$$K = y^* givenProb(L \leq y^*) = 0.001$$

这与市场风险价值风险（VaR）框架非常相似。所以理论上这种做法很容易，但在实践中这种做法很困难。VaR 在市场风险设置中通常以99%的资本目的或97.5%的日常风险管理目的进行测量，通常以一天或十天为基础。一年以上99.9%的操作风险需要测量千分之一个年期的事件。任何商业银行都没有足够的数据精确地测量概率分布的尾部。即使结合各种机构的数据，使用极值理论（EVT）方法，仍然使任务困难重重。

正如我们早已注意到，大多数机构没有足够的操作损失数据（内部数据）来可靠地估计损失分布的尾部。即使机构确实有足够的数据用于某些类型的损失，损失数据本质上是非齐次的，某些损失类型（例如雇员欺诈）的尾部是非齐次的，可能与其他类型的损失（例如销售实践失败）的尾部有着不同的分布特征。这些损失通常被称为操作风险类别（ORC）。所以，在实践中银行必须估

算多个损失 L_i（i 在所有的 ORC 范围内）。在这种情况下，数据会变得更加麻烦。

如果引入外部数据来增加内部数据（必须遵守规则），那么我们如何扩展外部数据以适应被建模的企业的风险特征？例如，利用外部损失数据进行信用卡诈骗，从模型角度来看，具有多个风险敞口，且没有某种类型的数据扩展的公司组织，将导致与信用卡诈骗相关的误导和超额资本。

除了估计每个 L_i 的分布是个难题外，还有对 ORC 中每个损失的频率和严重程度的共同依赖性建模的任务，以及对 ORC 分组之间的共同依赖结构的建模。

鉴于上述理论和实践的复杂性，许多市场从业人员和最近的监管机构对操作风险的模拟资本收费的可行性，以及是否应该征收更多的标准和可能的惩罚性费用提出了质疑。这种做法也有其缺点，因为简单地增加与风险无任何关系的资本，不仅意味着对行业不利，而且实际上是对风险管理不善。所以无论巴塞尔委员会最终采取的方向如何，行业都将需要解决这个难题，以便更好地管理这一风险。

公允贷款风险

公允贷款风险在于，金融机构的贷款业务在禁止的基础上对待申请人和借款人不同，对待申请人是不公平或欺骗的方式或者对申请人进行掠夺或滥用贷款。

公平贷款风险分析旨在监管公平贷款法律和法规的遵守情况，特别是"平等信贷机会法"（ECOA）和"公平住房法"（FAHA）。但是，根据"家庭抵押披露法"（HMDA）收集的数据首次公布，公平贷款分析的起源至少可以追溯到1991 年。

1975 年，国会通过"家庭抵押披露法"（HMDA），要求贷款发起人维护抵押贷款发起的数据，主要是监测这些起源的地理位置。1989 年，经过对 HMDA 的进一步修订，包括了保留贷款申请人的种族和民族以及拒绝利率的要求。1991年发布这一信息时，因为黑人、西班牙裔人和白人之间的不同贷款拒绝率，结果不仅令部分人士感到愤怒，而且促使波士顿联邦储备委员会对数据进行了详细的统计分析，得出抵押贷款歧视的结论。这就是现在有名的，经过严格审查和经常批评的研究，称为"波士顿联邦研究"（参见参考文献 24），并在许多方面为所有公平的贷款分析奠定了基础。

然而，公平的贷款分析现在扩展到各种形式的信贷，从汽车消费贷款到信用卡、从住房改善贷款到房屋净值贷款。除信贷来源之外，还有一些要求，即确定滥用行为，例如改革贷款（NINJA 贷款[③]）和不公平的止赎。而且，在金融危机之后，2010 年《多德—弗兰克华尔街改革和消费者保护法案》创立了消费者金融保护局（CFPB），其主要任务是通过执行联邦消费者金融法来保护消费者。特别地，因为它涉及公平的贷款，CFPB 是主要的监管机构，试图发现和执行与不公平的贷款相关的补救措施。通常情况下，这些政策通常会监测到受保护类别中的人的歧视性待遇。虽然受保护阶层的定义因司法管辖权和法规而异，但大多数法律都是基于种族、肤色、宗教、性别、民族血统和性取向来提供保护的。

公允贷款风险可分为两大类：

● 不同冲击风险

—— 这种情况发生在政策、行动或程序对受保护阶层的个人具有统计学差异的影响时，与受保护阶层的非成员的类似地位的信用质量对比。

● 区别对待风险

——这种情况发生在受保护类中的个人被有意地受到不同于受保护类的成员的待遇时。

商业银行面临的一个问题是确定其信贷审批流程是否有不同的影响或待遇。为了在数学上构建这个问题，我们紧跟着 Ross 和 Yinger 的介绍。假设 π 是信用产品（例如抵押品、汽车消费贷款、信用卡等）的预期盈利能力。贷款的利润取决于贷款特征、申请人的信用质量以及相关资产（例如房产的位置和大小、汽车的类型等），分别用字母 L、C 和 A 表示。这些特征中的每一个可以具有描述其质量的多个变量。用 X_i，$i = 1, \cdots, n$ 来表示这些变量，写为

$$\{L, C, A\} = \{X_1, X_2, X_3, \cdots, X_n\}$$

贷款利润函数变为

$$\pi(L, C, A) = \pi(X_1, X_2, X_3, \cdots, X_n)$$

所以，除了种族、性别、性取向或另一个受保护阶层的明显歧视外，贷款问题在 π 价高于阈值 π^* 并且拒绝其他方式的情况下，可以减少贷款。即

$$\begin{cases} approve & \pi > \pi^* \\ deny & \pi \leqslant \pi^* \end{cases} \qquad (16-1)$$

方程（16-1）的建立，很好地适用于通常使用 Logit、Probit 甚至普通最小二乘法（OLS）分析进行的信用评分分析。然而，所述问题的缺点之一是由于历史明显的偏见实践（例如在美国进行了重新绘制）。因此，性能模型的任何历史校准将立即遭受遗漏变量（OIV）偏差影响。为了说明这一点，我们包括了受保护的类变量 P_1，P_2，$\cdots$，P_M，并修改利润公式以包括歧视因子 $D = D(P_1, P_2, \cdots, P_M)$，这导致我们将"接受—拒绝"的标准修改为以下内容：

$$\begin{cases} approve & \pi + D > \pi^* \\ deny & \pi + D \leqslant \pi^* \end{cases}$$

在回归形式中，这减少了对修正的性能方程的组合系数的估计。

$$\pi = -D + \sum_{k=1}^{n} \beta_k X_k + \varepsilon = \alpha - \sum_{k=1}^{m} \lambda_k P_k + \sum_{k=1}^{n} \beta_k X_k + \varepsilon \qquad (16-2)$$

我们首先注意到方程（16-2）意味着利润方程考虑到受保护类的特征，例如种族、性别等。从利润的角度来看这可能是正确的，而且事实上这是必要的，历史上的歧视性做法导致教育不平等。事实上，目前的折中做法可能会影响受保护阶级偿还贷款的能力。然而，在 ECOA 和 FAHA 下，银行不得在其贷款发起决策过程中使用受保护类信息，这会造成不同对待。因此，在评估遵守公平贷款做法的审批流程时，回归方程（16-2）用于评估受保护类别特征的系数是否与零显著不同。

概述的方法现在通常被商业银行和监管机构用于确定贷款做法中的不同影响或不同的待遇。但这种做法有一些实际和理论上的困难。如前所述，在回归方程中可能会省略任何数量的相关性，那么它们的影响可能会偏离一个或多个受保护的类别系数。这是一种 OIV 问题。OIV 问题有更微妙的类型，例如影响贷款过程难以获得的结果的不可观察的变量，其遗漏可能导致错误项与结果变量（批准或拒绝）之间的相关性，导致系数偏差。

在更基本的层面上，人们可以质疑回归的适当性来分析问题，因为回归分析旨在调整随机设计中对照组和试验组之间协变量的小失衡。然而这个问题并不是随机化的设计，因为种族、性别和其他受保护的类不能被随机化。最近有学者试图通过不同类型的分类分析来解决这些理论问题，并取得了一些成功。

对不同影响、不同对待贷款的做法的分析，是所有商业银行和监管机构面临的一个重要难题。由于不公平贷款行为的后果越来越严重，行业惯例正在迅速发展。

金融犯罪风险

金融犯罪的定义略有细微差别。然而根据需要，我们将金融犯罪定义为对客户，商业银行的犯罪或利用金融系统促成犯罪。有一些类型的金融犯罪是为了配合许多金融犯罪的定义。这些金融犯罪可以大致分为以下三类。

- 洗钱；
- 舞弊；
- 避税。

这个列表既不相互排斥又无穷尽，因为一种类型的金融犯罪必然涉及许多因素。例如，洗钱通常会涉及某些类型的欺诈。经验丰富的读者可能相信我们已经省略了客户尽职调查（CDD）、充分了解客户（KYC）、恐怖主义融资、网络安全以及监视/制裁清单违规。然而，这些省略是有意义的，因为处理这些类型潜在问题的各种活动通常涉及解决上述三个类别的技术。此外，未能解决这些省略的类别之一通常与我们列出的类别之一相结合。例如，与政治公众人物（PEP）不正当交易通常是洗钱、欺诈甚至恐怖主义融资调查的一部分。因此，这份清单基本上代表了当今大多数金融机构面临的金融犯罪风险。

1970 年"银行保密法"（BSA）要求美国的金融机构协助美国政府机构查明和预防金融犯罪。具体来说，该法案要求金融机构保留可转让票据的现金采购记录，并提交超过 10000 美元（每日总计金额）的现金采购报告，并举报可能意味着洗钱、逃税的可疑活动或其他犯罪活动。[④]这些报告通常被称为可疑交易报告（SARs），已成为调查犯罪活动的基石。根据财政部的金融犯罪执法网络，仅在2013 年就有超过 1.6 亿美元的可疑交易报告。

可疑交易报告（SARs）的归档有很多潜在的途径，可能是柜员的可疑存款或海外账户的电汇。然而，考虑到申请数量，必须分析的数据量显然是很大的。然而在反洗钱、欺诈或检测避税领域的疏忽监督的成本可以由如下的几个最近高知名度的赔偿案例所示：

● 瑞士信贷股份有限公司：2014 年 5 月，瑞士信贷集团成为十多年来首例承认犯罪行为的金融机构，瑞士银行上个月承认其协助共同逃税，并同意支付 26亿美元来解决美国司法部的长期调查。

● 汇丰控股：2012 年，汇丰银行同意在反洗钱控制中向美国当局支付 19 亿美元的赔偿。美国官员称，此项赔偿是"银行保密法"规定的最大罚则。美国与汇丰银行之间的协议也是自 2003 年以来的第三次银行同意美国停止宽松行为，纠正失败的政策。

正如我们已知，检测洗钱、欺诈和逃税通常涉及大量数据集的分析。例如，通过成千上万的交易来查看金融犯罪嫌疑人，需要进行额外的分析。一般来说，执行这些分析的技术分为两大类，即监督方法和无监督方法。

异常值检测是无监督技术的常见形式，而分类分析如判别分析、逻辑回归、贝叶斯信念网络。本章参考文献 17 提供了对金融犯罪各种分类方案的良好概述以及分析这些犯罪的技巧。

对于检测金融犯罪的复杂性和所使用的技术，我们将重点放在一种特定类型的诈骗，即信用卡诈骗，并简要探讨一些复杂性。信用卡诈骗每年造成银行数十亿美元损失，这超过了识别信用卡诈骗后与声誉损失相关的成本。

统计学方法在近年来变得越来越普遍地用于处理信用卡诈骗检测。这些方法属于受监督的学习方法，自 20 世纪 90 年代早期使用神经网络以来进步很大。我们在这里研究的统计学习方法是支持向量机（SVM）算法，具体介绍参见本章参考文献 7。

支持向量机（SVM）方法是一种二进制分类方法，其基本上将分类特征嵌入高维空间中，并分别找到一个超平面以分离这两种类型的交易，即欺诈交易和合法交易。由于嵌入高维空间，优化过程是线性的。而且，通过在两个类之间找到具有最大分离边界的超平面，最大限度地减少了大多数神经网络方法存在的过度拟合的风险。数学上可以将问题描述为以下二次规划问题：

目标函数为

$$w(\alpha) = \sum\nolimits_{k=1}^{m} \alpha_k - \sum\nolimits_{j,k=1}^{m} \alpha_k \alpha_j \gamma_k \gamma_j k(x_k, y_j) \qquad (16-3)$$

约束条件为

$$0 \leq \alpha_k \leq \frac{C}{m} (k = 1, \cdots, m) \qquad (16-4)$$

$$\sum\nolimits_{k=1}^{m} \alpha_k \gamma_k = 0 \qquad (16-5)$$

其中，x_k，$k = 1, 2, \cdots, m$，是描述信用卡交易的训练数据，[⑤]我们统称为 X，k 是将 $X \times X$ 映射成 m 维空间 H 的核函数。C 是成本参数，代表数据错误分类的惩罚，γ_k 是数据点的分类标签（即 1 或 0，取决于 x_k 是欺诈交易还是合法交易）。

公式（16-3）至公式（16-5）的解提供了（双重）分类功能：

$$\sum\nolimits_{k=1}^{m} \alpha_k \gamma_k k(x_k, x) + b = 0 \qquad (16-6)$$

这个问题的几个方面在实际上和理论上都具有挑战性。首先，由于高维度，编程问题的解决方案在计算上是困难的，尽管有迭代方法可以扩大 SVM 实现的大问题，例如参考文献 19。其次，选择核函数和成本参数可能大大影响分类函数的结果及其有效性。成本参数通常难以估计，目前可用的只有尝试选择 k 和核查结果。最后，也可能是最紧迫的，模型表现没有明确的最佳衡量标准。该行业使用受试者工作特征曲线（ROC）和 ROC 曲线下面的面积（AUC），如基尼系数（参见参考文献 7 更全面的讨论），但是当遇到不平衡数据时，它们都具有缺点；也就是说，某一类型数据（例如欺诈）的发生概率非常低。用一个常用的例子（例如参考文献 8）来描述这个困难，性能测量如下所示：假设在我们的信用卡示例中，正确检测合法活动为合法的概率为 0.99%，正确检测欺诈活动为欺诈的概率为 99%。这似乎是一个非常准确的检测系统。然而，现在假设我们有一个数据不平衡。例如，我们知道 1000 个记录中有一个是欺诈性的。那么平均来说，100 个记录的样本被标记为欺诈，我们预计只有 9 个真的是欺诈。但是，这将要求商业银行在九名真正的违法者中审查 100 条记录，甚至可能为零。想象一下，如果这是 1000 个标记的记录，或者像一个典型的商业银行，数十万像可疑交易报告（SARs）记录一样。数据不平衡需要对建模过程中的各种参数进行深思熟虑的选择，以及对模型性能测量的仔细选择。与金融犯罪量化分析有关的这些和其他话题仍然是储备的沃土。

模型风险

　　模型在所有商业银行中被普遍使用。实际上，本章仅讨论了世界各地大多数银行每天使用的一小部分模型。此外，随着存储和操纵大型数据集的能力增强，更多的计算能力和更多的模型包装成易于使用的软件，模型使用的不断变化趋势将会带来模型风险。在金融危机之前和期间，风险管理的突出表现强调了这一风险。使用高斯关联模型的 CDO 的危机前定价（参见参考文献 18 进行深入的讨论）或评级机构对结构化产品进行评估的模型只是众多例子中的两个。

　　虽然不是金融危机背后的驱动因素，但监管机构认为，风险管理模式较差可能是危机的一个因素，需要对模型风险进行适当管理的指导原则。该框架是以联合机构公报的形式提供（参见参考文献 20），通常被称为银行业 "SR–11–7" 或 "2011–12"。[6]我们将简单地称为机构指导。机构指导将模型定义为 "将数学理论，技术和假设应用到量化估计数据的统计、经济、金融或数学理论的定量方法、系统或途径"。此外，它还表示 "一个模型由三个组成部分组成：信息输入组件，将假设和数据提供给模型；处理组件，将输入转换为估计；以及一个报告组件，将估算值转化为有用的业务信息"。该文件继续将模型风险定义为 "基于错误或误用的模型输出或报告的决策的不利后果的潜在可能性"。

　　模型监管的定义，对于所有实际目的，扩大了模型风险的范围。早期的定义和衡量模型风险的尝试主要集中在模型的 "转换组件"（"量子"）上，并且很大程度上忽略了输入和输出组件。此外，危机前的大多数风险工作都集中在与衍生品定价模型相关的风险上，尽管大多数商业银行的最大风险来自信贷及其批准和持续监控流程，但这些流程越来越受到模型的驱动。从根本上说，模型风险可以分为三类——固有风险，剩余风险和总风险。

　　这些风险可以描述如下：

- 固有风险

——所有模型都是现实世界现象的简化。

——这种简化过程会导致忽略希望建模的过程的相关特征的风险。

———些固有的风险可以减轻或减少，而其他风险在模型开发时甚至根本不被了解。

- 剩余风险

——在减轻可管理或被认为具有成本效益的所有已知固有风险后仍然存在的风险。

——接受使用特定模型的风险。

- 总风险

——所有模型剩余风险对企业的风险。

——不仅仅是一个附加概念，因为模型之间可能会直接或通过其剩余风险存在复杂的依赖关系。

在此框架内，大多数模型风险工作都侧重于分析固有风险，并尝试在明确定义的模型类别内测量模型错误指定，以使问题易于处理。"贝叶斯模型平均"是广泛探讨的一种这样的方法。参考文献 11 将这种类型的模型错误风险称为"模型不确定性"，并提出与之相关的基本问题：

- 给定衍生工具对价格模型选择的价值有多敏感？
- 某些金融工具比其他金融工具更具模型敏感性吗？
- 与市场风险相比，投资组合的模型不确定性有多大？
- 可以用一种资本化市场和信用风险的方式将"模型风险"用于资本化吗？

通过观察衍生物或衍生品组合的收益 V，这些定价模型 Q 都包含在一类定价模型 Q 中。然后，他将模型不确定性（在模型类别内）定义为

$$\mu_Q = sup_{Q \in Q} E^Q[V] - inf_{Q \in Q} E^Q[V]$$

其中，期望是针对风险中性的度量。

μ_Q 是模型不确定性的一个连贯度量，[⑦]对于固定模型 Q 定义了模型风险比：

$$MR(V) = \frac{\mu_Q(V)}{E^Q[V]}$$

这基本等同于在允许的函数类别中 V 的潜在值的范围与拟建模型下的 V 值之比。

格拉瑟曼和许采用了类似的做法，用 X 表示模型的随机元素，由 f 给出的假定分布 X 下的衍生品的风险中性值为 " $E[V(X)]$ "，其中对 f 依赖是隐含的。然后，他们允许用 $\tilde{f}$ 表示的 X（替代模型）的替代分布，并且继续解决约束的最大和最小问题，以找到模型风险的范围：

方程为

$$inf_m E[m(X)V(X)] \ and \ sup_m E[m(X)V(X)]$$

约束条件为

$$D(m) = E[mlogm] \leq \eta, where m(X) = \frac{\tilde{f}}{f}$$

基本上，这个最大/最小问题的解分布被限制为与假定的基本分布 f 相对熵距离 η。在这一点上，可以创建模型风险比。格拉瑟曼和许的方法的一个缺点是，正在考虑的模型类别并不一定会被校准为一套基准的工具（例如欧式期权或者互换期权），这对许多衍生模型来说，这是个理想的特征（但不是必需的）。

阿巴斯托和科斯特采取新颖的方法，以"市场风险从业者"（如 DV01[⑧]）采

用加权蒙特卡罗（WMC）技术的风险敏感性精神，定义了一个"01"模型。他们的技术允许计算"01 型"，同时确保目标模型被校准为一套校准工具 $\{C_j\}$，$j = 1，\cdots，M$。在数学上，如果 X_i，$i = 1，\cdots，N$ 是推动衍生品价值的随机参数的表现形式，V 和 p_i，$i = 1，\cdots，N$ 是实现第 i 个随机事件的概率，则导数值的估计值由下式给出：

$$E^p[V(X)] = \sum_{i=1}^{N} p_i V(X_i) = \sum_{i=1}^{N} p_i V_i$$

阿巴斯托和科斯特然后解决约束最小化问题[9]：

$$\min_p D(p\|p_0)$$

约束条件为

$$\sum_{i=1}^{N} p_i V(X_i) = V(1 + \alpha)$$

$$\sum_{i=1}^{N} p_i g_{ij} = C_j, j = 1,\cdots,M$$

$$\sum_{i=1}^{N} p_i = 1$$

这里 $D(p\|p_0)$ 是 p 和目标模型 p_0 之间的海灵格距离，g_{ij} 是第 i 个情景 X_i 下第 j 个校准工具 C_j 的回报，α 是最初的一些固定的小增量。

最终，他们使用平方根向量 $(\sqrt{p_1}，\sqrt{p_2}，\cdots，\sqrt{p_N}) = P$，因为概率是在一个超球面上的，因此它们固定一个小角度 φ^*（使其 $= 0.01$），并且找到对应两个小增量 $\alpha < 0$ 和 $\alpha > 0$ 的两个模型 p^- 和 p^+。

这两个模型在以下意义上处于目标模型的"01"归一化距离：

$$Model01 = E^{p^+}[V] - E^{p^-}[V]$$

约束条件为

$$< P^+, P^- > = \cos(\varphi^*)$$

如上所述，所有这些技术旨在评估固有模型风险，而不是残差或总风险；然而，他们都在一个明确定义的可接受模型类别内评估固有风险。因此，风险的度量取决于所选择的模型族。事实上，在一些方法中确保可接受类中的所有模型都被校准为一组基础工具，被解释为消除固有的风险，并且只留下剩余风险。这不是作者分享的观点。

大多数技术更严重的弱点是它们严重依赖于风险中性定价方法。因此，它们非常适合分析衍生品模型风险，但不容易评估银行中广泛存在的风险，特别是信用评分模型。但这不是贝叶斯平均法的弱点。

最后我们注意到，解决总体模型风险的方法仍处于早期阶段。其核心是测量总体模型风险的问题需要了解和量化无数模型中的复杂依赖关系。这是一个复杂的问题，最基本的尝试是试图评估对类似模型的常见变量或参数（如"01"）的敏感度。

结论

我们给出了危机后金融环境下商业银行面临的紧迫的量化问题。这份清单并不详尽，在有限的空间内，我们只能在表面上点到这些微妙而复杂的问题。行业面临的许多其他量化问题同样富有复杂性和重要性，这一事实使笔者认为，数量金融的黄金时代不是处于黄昏，而是处于我们面前的地平线。

注释

①美国财务会计准则（FASB）157号，http：//www.fasb.org/summary/stsum157.shtml.国际会计准则（IAS）39号，http：//ec.europa.eu/internal_market/accounting/docs/consolidated/ias39_en.pdf。

②确切地说，被套期担保衍生品的无担保衍生资产需要资金，因为对冲负债将需要担保资金。相反，无担保衍生金融负债将从对冲资产的担保流入中受益。

③NINJA贷款是被轻视的贷款，被认为是掠夺性的。NINJA首字母缩略词来自No Income，No Jobs no Assets（没有收入，没有工作，没有资产）。

④参见http：//www.fincen.gov/statutes_regs/bsa/。

⑤更准确地说，x_k是导出的训练数据属性。例如，对于每个信用卡交易，将聚合一组属性，如特定位置的交易数量或过去三个月的交易平均数量。

⑥美国联邦储备委员会发行的文件称为SR-11-7，美国通货审计官办公室文件称为2011-12。

⑦一是在模型不确定性降低到市值不确定性（买卖价差）的意义上；二是可以以无模型方式复制的衍生物没有不确定性；三是多元化和对冲交易期权减少不确定性。

⑧DV01=美元"利率"基点下降的价值。

⑨实际上阿巴斯托和科斯特相对于海灵格距离中所有i的相等重量概率测量$p_i = 1/N$，并进行最小化，从而证明最终结果是相同的。

参考文献

1. Abasto, Damian and Kust, Mark P., "Model01: Quantifying the Risk of Incremental Model Changes", September 5, 2014. Available at SSRN: http://ssrn.com/abstract=2492256 or 10.2139/ssrn.2492256.

2. Basel Committee on Banking Supervision (BCBS), "International Covergence of Capital Measurement and Capital Standards A Revised Framework Comprehensive Version", June 2006. http://www.bis.org/publ/bcbs128.pdf.

3. Basel Committee on Banking Supervision (BCBS), "Observed range of practice in key elements of Advanced Measurement Approaches (AMA)", July 2009. http://www.bis.org/publ/bcbs160b.pdf.

4. Basel Committee on Banking Supervision (BCBS), "Operational Risk-Supervisory Guidelines for the Advanced Measurement Approaches", June 2011. http://www.bis.org/publ/bcbs196.pdf.

5. Basel Committee on Banking Supervision (BCBS), "Basel Ⅲ: A Global Regulatory Framework for More Resilient Banks and Banking Systems (Revised)", June 2011. http://www.bis.org/publ/bcbs189.pdf.

6. Berkane, Maia. Wells Fargo & Co., Private Communication, March 2015.

7. Bhattacharyya, Siddhartha., Jah, Sanjeev., Tharakunnel, Kurian., Westland, J. Christopher., "Data Mining for Credit Card Fraud: A Comparative Study", *Decision Support Systems*, 50 (3), February 2011, 602 – 613.

8. Bolton, Richard J., and David J. Hand, "Statistical Fraud Detection: A Review", *Statistical Science*, 17 (3), 2002, 235 – 249.

9. Chan, P. K., Fan, W., Prodromidis, A. L., Stolfo, S. J., "Distributed Data Mining in Credit Card Fraud Detection", *Data Mining*, (November/December), 1999, 67 – 74.

10. Chen, R. C., Chen, T. S., Lin C. C., "A New Binary Support Vector System for Increasing Detection Rate of Credit Card Fraud", *International Journal of Pattern Recognition*, 20 (2), 2006, 227 – 239.

11. Cont, Rama. "Model Uncertainly and Its Impact on the Pricing of Derivative Instruments", *Mathematical Finance*, 16, July 2016.

12. Derman, E, "Model Risk", Risk, 9 (5), 1996, 139 – 145.

13. Glasserman, P., and Xu, X. "Robust Risk Management and Model Risk",

Journal of Quantitative Finance, 2013.

14. Grocer, Stephen, "A List of the Biggest Bank Settlements." *The Walls Street Journal*, 23 June 2014.

15. Hoeting, J., Madigan, A. D, Raftery, A. E, Volinsky, C. T., "Bayesian Model Averaging: A Tutorial", *Statistical Science*, 14 (4), 382 – 417.

16. Jorion, Philippe. GARP (Global Association of Risk Professionals) (2009 – 06 – 08). *Financial Risk Management Handbook* (Wiley Finance) Wiley. Kindle Edition.

17. Kenyon, Chris., Stamm, Roland., "*Discounting, Libor; CVA and Funding: Interest Rate and Credit Pricing*". Houndmills, Basingstoke: Palgrave Macmillan, 2012. Print.

18. Morini, Massimo., "*Understanding and Managing Model Risk: A Practical Guide for Quants, Traders and Validators*", Hoboken: Wiley, 2011.

19. Ngai, W. T., Hu, Yong., Wong, Y. H., Chen, Yijun., Sun, Xin. "The Application of Data Mining Techniques is Financial Fraud Detection: A Classification Framework and an Academic Review of Literature." *Decision Support Systems*, 50 (3), February 2011, 559 – 569.

20. OCC Bulletin 2011 – 12/Federal Reserve Bulletin SR 11 – 7, "Supervisory Guidance on Model Risk Management", April 4, 2011. http://www.occ.gov/news – issuances/bulletins/2011/bulletin – 2011 – 12a. odf.

21. Platt, J. C., "Fast Training of Support Vector Machines Using Sequential Minimal Optimization", in: B. Scholkopf, C. J. C. Burges, A. J. Smola (Eds.), *Advances in Kernel Methods—Support Vector Learning*, MIT Press, Cambrige, MA, 1998, 185 – 208.

22. Raftery, A. E., "Bayesian Model Selection in Structural Equation Models", *In Testing Structural Equation Models*, K. Bollen and J. Long, eds. Newbury Park, CA: Sage, 1993, 163 – 180.

23. Rebonato, R, "Theory and Practice of Model Risk Management", in Modern Risk Management: A History; *Risk Waters Group*, 2003, 223 – 248.

24. Ross, S. L., Yinger, J., "*The Color of Credit: Mortgage Discrimination, Research Methodology, and Fair – Lending Enforcement*". Cambrige, Mass: MIT Press, 2002.